Deutsche
Weltliteratur

Deutsche Weltliteratur
Von Goethe bis Ingeborg Bachmann

Festgabe für
J. Alan Pfeffer

Herausgegeben
von Klaus W. Jonas

Max Niemeyer Verlag
Tübingen

ISBN 3-484-10156-3

J. Alan Pfeffer

Vorwort des Herausgebers

>Ich sehe mich ... gerne bei fremden Nationen um und rate
jedem, es auch seinerseits zu tun. Nationalliteratur will jetzt
nicht viel sagen, die Epoche der Weltliteratur ist an der Zeit, und
jeder muß jetzt dazu wirken, diese Epoche zu beschleunigen.«
Johann Peter Eckermann: Gespräche mit Goethe

Lieber Alan:

Das internationale Gästebuch, das wir Dir zu Deinem 65. Geburtstag
überreichen, enthält Studien von fünfzehn mit der University of Pittsburgh freundschaftlich verbundenen Mitarbeitern aus aller Welt, die im
Spiegel deutscher Autoren der beiden letzten Jahrhunderte Aspekten der
Goetheschen »Weltliteratur« gelten. Ursprünglich bestand die Absicht, alle
diejenigen Gelehrten zur Mitarbeit zu gewinnen, die während des vergangenen Jahrzehnts in unserem Deutschen Seminar der University of
Pittsburgh Vorlesungen gehalten haben. Ohne Ausnahme haben sie sich
alle freudig und gern hierzu bereit erklärt. Wenn trotzdem nicht jeder
von ihnen endgültig zum Mitarbeiterkreis gehört, so hat dies verschiedene Ursachen. Zunächst erwies sich eine thematische Einschränkung als
erforderlich – nur einige Hauptvertreter der deutschen Literatur seit der
Goethezeit bis hinein in die Gegenwart sollten behandelt werden, während Themen aus dem Gebiet der älteren Germanistik nicht berücksichtigt
werden konnten. Innerhalb des gewählten Zeitraumes untersuchen sieben
Beiträge Probleme oder Gestalten des 19. Jahrhunderts; ein achter stellt
den Übergang vom 19. zum 20. Jahrhundert auf dem Gebiete des Romans
dar, während weitere sieben Essays sich mit Dichtern unseres Jahrhunderts befassen. Die Arbeiten über Theodor Fontane, Thomas Mann und
Rainer Maria Rilke enthalten neuentdeckte literarische Dokumente.

Der allen unvergessene Londoner Germanist Frederick Norman hatte
mir noch im Spätherbst 1968 aus Wien einen Beitrag Dir zu Ehren ver-
sprochen, der jedoch durch seinen plötzlichen Tod ungeschrieben blieb.
Noch ein anderer englischer Gast erlebt das Erscheinen dieser Festschrift
nicht mehr: Eudo C. Mason aus Edinburgh. Er hatte bereits die Einladung
als »Andrew Mellon Visiting Professor« angenommen, wollte jedoch

seine Lehrtätigkeit in Pittsburgh erst nach seiner Emeritierung beginnen. Sein unerwarteter Tod hat die Ausführung dieses Planes verhindert. Noch in seinem letzten Brief an mich versprach er mir seinen in diesem Bande veröffentlichten Rilkebeitrag, zu dem sich ein handschriftliches Konzept in seinem Nachlaß fand.

Verschiedene der ursprünglich vorgesehenen Bearbeiter einzelner Kapitel schieden aus diversen zwingenden Gründen aus und mußten durch andere ersetzt werden, so daß der Kreis der Mitarbeiter schließlich über den anfangs vorgesehenen der Gastprofessoren unseres »Department of Germanic Languages and Literatures« hinausging und nunmehr Vertreter der Germanistik bzw. der Literaturwissenschaft aus neun Ländern umfaßt: Australien, Belgien, der Bundesrepublik Deutschland, Frankreich, Großbritannien, Holland, Kanada, Schweden und den Vereinigten Staaten von Amerika. Drei Mitarbeitern schulde ich als Nicht- oder »Noch-nicht«-Gästen unseres Deutschen Seminars besonderen Dank für ihre Beiträge zu diesem Sammelband zur deutschen Weltliteratur: Frau Dr. Gunilla Bergsten, Universität Uppsala; Professor Momme Mommsen, früher Freie Universität Berlin, heute Carleton University, Ottawa; sowie Deinem einstigen Kollegen, Professor George C. Schoolfield, Yale University.

Als Du, lieber Alan, mit Deiner Lebensgefährtin Bertha im Herbst 1962, nach langen Jahren akademischer Lehrtätigkeit an der Columbia University und später der University of Buffalo, nach Pittsburgh kamst, war einer der ersten Pläne, die wir gemeinsam besprachen, das internationale Gästeprogramm, dessen Ausbau auf breiter Basis Dir ganz besonders am Herzen lag. In den späten fünfziger Jahren hatte ich es als Dein Vorgänger im Amte des »Chairman« ins Leben gerufen, doch die anfangs sehr bescheidenen Mittel zwangen uns zu großen Einschränkungen. Zu den deutschen Gästen, die damals auf Einladung der University of Pittsburgh zu uns kamen, gehörten u. a. Botschafter Wilhelm Grewe und Konsul Dr. Horst Pelckmann, der Schriftsteller und einstige Kulturattaché Bruno E. Werner, Professor Herbert Mainusch aus Münster sowie der erste Präsident der Internationalen Vereinigung der Germanistik, der Münchner Professor Hans-Heinrich Borcherdt.

Als dann durch eine großzügige Stiftung des »Andrew Mellon Charitable and Educational Trust« in Pittsburgh eine Reihe besonderer Lehrstühle, die »Andrew Mellon Professorships«, geschaffen wurden, begann ein neues Stadium in der Geschichte der University of Pittsburgh und speziell unseres German Department, »a decade of progress«. In diesem

Jahrzehnt hast Du die Geschicke des Seminars mit hohem Verantwortungsbewußtsein erfolgreich geleitet und Dich mit ganzer Kraft für geistige Verständigung zwischen den Völkern eingesetzt. So bist Du zum Brückenbauer, zum Mittler zwischen den Kulturen geworden, vor allem zwischen Europa und dem amerikanischen Kontinent. Auf diesem Gebiet hast Du Dir bleibende Verdienste erworben und bist von vielen Seiten geehrt worden, nicht zuletzt durch die Deutsche Forschungsgemeinschaft und den Deutschen Akademischen Austauschdienst. Aber nicht nur durch die Verwirklichung des internationalen Gästeprogramms sowie die Organisation eines Studentenaustausches zwischen der University of Pittsburgh und der Rheinischen Friedrich-Wilhelms-Universität Bonn hast Du einen gewichtigen Beitrag zur »Internationalität der Germanistik«, wie Herman Meyer es einmal in einem seiner Vorträge bei uns genannt hat, geleistet. Auch auf anderen Gebieten hast Du Dich durch uneigennützigen Einsatz für eine gute Sache hervorgetan: Deine amerikanischen Kollegen haben Dich, wie der *Who is Who in America* zeigt, in zahlreiche ehrenvolle Ämter gewählt, von denen Dir die verantwortliche Aufgabe als Editor des Fachorgans der »Federation of Modern Language Teachers«, des *Modern Language Journal* (1958–1962), wohl am meisten Freude und Befriedigung gegeben hat. Heute kommen Deine Erfahrungen auf dem Gebiet der Methodik des neusprachlichen Unterrichts der in München erscheinenden Zeitschrift *Zielsprache Deutsch* zugute, deren Redaktionsausschuß Du als Berater angehörst.

Vor allem aber bist Du in der Welt bekannt geworden als Leiter des von Dir im Auftrage des U. S. Office of Education begründeten »Institute for Basic German«, in dem Du – in Zusammenarbeit mit einem Kreis international anerkannter Sprachwissenschaftler aus Europa und Amerika – die Grundstrukturen des gegenwärtigen Deutsch in Wortschatz und Grammatik herausarbeitest. Wieviel an Ergebnissen bisher schon vorliegt, zeigt die Bibliographie am Schlusse dieses Bandes. In Kürze wird Dein neuestes »mittleres« Wörterbuch des Grunddeutschen in zweisprachigen Ausgaben für mehr als ein Dutzend Sprachen erscheinen. Dies, glaube ich, ist Deine eigentliche Berufung und Lebensaufgabe: die Erforschung der deutschen Sprache und deren Verbreitung im In- und Ausland. Dieser Aufgabe wirst Du Dich auch in Zukunft mit Deiner allen bekannten Energie widmen. Wenn Du im Garten Deines Hauses in Südkalifornien, in Santa Barbara, an den Problemen des Grunddeutschen arbeitest, dann werden Dir die Sonne des Pazifik und der weite Blick über das Meer neue Inspiration und Schaffenskraft geben.

Deine zahlreichen Freunde und Kollegen in aller Welt, vor allem aber die Mitarbeiter dieses Bandes und die Gratulanten, deren Namen Du in der Tabula gratulatoria verzeichnet findest, grüßen Dich zu Deinem 65. Geburtstag am 26. Juni 1972 und wünschen Dir, lieber Alan, weiterhin viel Erfolg und Freude, Glück und Wohlergehen im Kreise Deiner Familie, und viele weitere Lebensjahre in gewohnter Aktivität.

In herzlicher Verbundenheit
Dein Klaus

Momme Mommsen

Goethes Verhältnis zu Christus und Spinoza: Blick auf die Wertherzeit

I.

Im Jahre 1830 sagte Goethe zum Kanzler von Müller: »Sie wissen, wie ich das Christentum achte – oder Sie wissen es vielleicht auch nicht; – wer ist denn noch heutzutage ein Christ, wie Christus ihn haben wollte? Ich allein vielleicht, ob ihr mich gleich für einen Heiden haltet.« Mit diesen Sätzen ist ein außerordentlicher Anspruch erhoben. Nimmt man sie wörtlich, wie es doch erforderlich ist, so verlangen sie nach Erklärung. Was hat Goethe damit im Sinn? Inwiefern konnte er sich überzeugt halten, der einzige echte Christ zu sein, bezweifeln, daß »heutzutage« ihm darin jemand gleichkäme? Das christliche Dogma kann unmöglich in Rede stehn. Von ihm distanzierte sich schon der junge Goethe der Straßburger Zeit. Offenbar gibt es nur einen denkbaren Bezug. Wo nicht im Glauben, so doch in seinem Handeln, seiner Lebensführung vermeint der Dichter Christ zu sein, Christ, wie Christus ihn haben wollte. Er betrachtet es als selbstverständlich, daß hiervon niemand wisse. Auch der befreundete Kanzler von Müller hat in diesen Bereich der Goetheschen Existenz keinen Einblick. Bedauernd, doch gelassen nimmt der Dichter es hin, von ihm wie von allen verkannt zu sein.

Die Verkennung dauert bis heute. Von spezifisch christlichen Zügen in Goethes Lebensführung weiß man noch immer verhältnismäßig wenig. Ein 1964 erschienenes Buch über Goethes Verhältnis zu Christus streitet in kategorischer Weise dem Dichter das »Christsein als Lebensform« ab.[1] Fragen wir, wo in Goethes Leben Handlungen zu finden sind, die christlich erscheinen und die Geltendmachung seines Christentums im spätesten Greisenalter erklären könnten, so ist die Antwort nicht leicht. Es ist damit zu rechnen, daß Goethe diese Dinge geheimhielt. Ein Anhalt ist gegeben durch den Zusammenhang, den der von Kanzler von Müller

[1] Gerhard Möbus: *Die Christus-Frage in Goethes Leben und Werk.* Osnabrück 1964.

überlieferte Ausspruch innerhalb des Gesprächs hat. Die Unterhaltung
ging damals, am 7. April 1830, um die »Heiligkeit der Ehe«, die Scheu
vor »ungeregelten, ehelosen Liebesverhältnissen«; beides betrachtet
Goethe als Kulturerrungenschaft des Christentums. Wir kommen darauf
zurück. Zuvor mag es naheliegen, im Bereich dessen Umschau zu halten,
was der späte Goethe »Entsagung« nennt. Scheint doch hier eine Ver-
wandtschaft mit christlichen Anschauungen am ehesten gegeben. Über
dies Entsagen ist lang und breit diskutiert worden. Dabei war zuviel
von Entsagung als Theorie die Rede, zuwenig von etwas anderem: daß
Goethe auch in seinem Handeln ein großer Entsagender war, daß er
nämlich lebte, was er lehrte. Denken und Tun in Einklang zu bringen,
die große Lehre des »Entsagungs«-Romans der »Wanderjahre« zu verwirklichen, war Goethes Bemühn. Bei genauerer Untersuchung lassen
sich Anzeichen hierfür beim jungen wie auch beim alten Goethe finden.
Die folgenden Betrachtungen, Teilstück einer umfassenderen Arbeit, gelten einer Epoche des jungen Goethe.

Eine der wichtigsten Auslassungen Goethes über das Entsagungsthema
in »Dichtung und Wahrheit« enthält den Hinweis, daß der Dichter tatsächlich an sein Verhältnis zu Christus dachte, wenn er von Entsagen
sprach. Auch deutet er in diesem Zusammenhang ähnlich kühn auf sich
selbst wie in der so erstaunlichen Gesprächsäußerung gegenüber dem
Kanzler von Müller. Beides ist aber in »Dichtung und Wahrheit« so unauffällig, ja versteckt gesagt, daß nur sorgfältiges Lesen zur Wahrnehmung der Winke führt. Betrachten wir daraufhin die folgenden Sätze
aus dem von Spinoza handelnden Abschnitt im 16. Buch von »Dichtung
und Wahrheit«, geschrieben 1813:

> Unser physisches sowohl als geselliges Leben, Sitten, Gewohnheiten, Welt-
> klugheit, Philosophie, Religion, ja so manches zufällige Ereignis, alles ruft
> uns zu: daß wir entsagen sollen. So manches, was uns innerlich eigenst an-
> gehört, sollen wir nicht nach außen hervorbilden; was wir von außen zu
> Ergänzung unsres Wesens bedürfen, wird uns entzogen ... Ehe wir hier-
> über recht ins klare sind, finden wir uns genötigt, unsere Persönlichkeit erst
> stückweis und dann völlig aufzugeben.« Der Mensch ist nun allenfalls – so
> sagt Goethe weiter – »fähig, dem einzelnen in jedem Augenblick zu ent-
> sagen, wenn er nur im nächsten Moment nach etwas Neuem greifen darf;
> und so stellen wir uns unbewußt unser ganzes Leben immer wieder her. Wir
> setzen eine Leidenschaft an die Stelle der andern; Beschäftigungen, Neigun-
> gen, Liebhabereien, Steckenpferde, alles probieren wir durch, um zuletzt
> auszurufen, daß alles eitel sei. Niemand entsetzt sich vor diesem falschen, ja
> gotteslästerlichen Spruch; ja man glaubt etwas Weises und Unwiderlegliches
> gesagt zu haben. Nur wenige Menschen gibt es, die solche unerträgliche Emp-

findung vorausahnen und, um allen partiellen Resignationen auszuweichen, sich ein für allemal im ganzen resignieren. [Absatz.] Diese überzeugen sich von dem Ewigen, Notwendigen, Gesetzlichen und suchen sich solche Begriffe zu bilden, welche unverwüstlich sind, ja durch die Betrachtung des Vergänglichen nicht aufgehoben, sondern vielmehr bestätigt werden. Weil aber hierin wirklich etwas Übermenschliches liegt, so werden solche Personen gewöhnlich für Unmenschen gehalten, für gott- und weltlose; ja man weiß nicht, was man ihnen alles für Hörner und Klauen andichten soll.

Beachten wir die beiden Möglichkeiten, die Goethe unterscheidet, und die sich ergebenden Folgen. Entsagung wird verlangt von allen, jeder übt sie teilhaft und bis zu einem gewissen Grade, ob er sich nun von Sitte, Weltklugheit, Philosophie oder Religion leiten läßt. Nicht ein jeder aber vermag es, sich auf die Höhe zu erheben, daß er alle partiellen Resignationen als unzureichend betrachtet und nun »ein für allemal im ganzen« resigniert. Mit diesem totalen Entsagen »im ganzen« ist etwas »Übermenschliches« gemeint. Es ist ein Schwerstes und Letztes, zu dem nur wenige gelangen, solche, die etwas wissen vom »Ewigen, Notwendigen, Gesetzlichen«, d. h. nach Goetheschem Sprachgebrauch: von Gott. Diese wenigen – man könnte sie Heilige nennen, Goethe vermeidet nur den Ausdruck –, diese wenigen aber werden von ihrer Umgebung und Nachwelt verteufelt, man dichtet ihnen Hörner und Klauen an, hält sie für gott- und weltlos. Das Übermenschliche gilt als unmenschlich.

Es erhebt sich die Frage: wer gehört zu diesen wenigen, wer ist gemeint? Die Formel »gott- und weltlos« gibt einen Fingerzeig. Der Gottlose ist Spinoza, von dem Goethe ja hier generell spricht mit ausdrücklicher Ablehnung herkömmlicher Vorwürfe der Gegner, die den Philosophen als »verwerflichen Atheisten« bezeichnen, ihm Hörner und Klauen andichten. Goethe vermag den Mann, der »ein Menschen und Gott gefälliges Leben« führte, nicht als gottlos anzusehen und verweist auf das Bibelwort: »An ihren Früchten sollt ihr sie erkennen.« Der Weltlose ist der nicht namentlich genannte, in der versteckten Formulierung aber vor allem gemeinte Christus. Wurden doch Christus und seine Jünger gehaßt, weil sie »nicht von der Welt waren«.

Joh. Kap. 17, 11 ff.: »Ich [Christus] bin nicht mehr in der Welt ... die Welt haßte sie [die Jünger]; denn sie sind nicht von der Welt. Wie denn auch ich nicht von der Welt bin.« Joh. Kap. 15, 18: »So mich die Welt haßt, so wisset, daß sie mich vor euch gehaßt hat. Wäret ihr von der Welt, so hätte die Welt das Ihre lieb; weil ihr aber nicht von der Welt seid ... darum haßt euch die Welt.« Vgl. Joh. 18, 36: »Mein Reich ist nicht von dieser Welt.« Bis zuletzt wird Christus seine Weltlosigkeit vorgehalten: »Ist er der König Israels, so steige er nun herab vom Kreuz.«

Wirklich wird also Christus von Goethe mit der Entsagungslehre zusammengebracht. Er gehört wie Spinoza zu den wenigen total Entsagenden und damit Übermenschliches Leistenden. Daß Goethe seinen Lieblingsphilosophen Spinoza so unbekümmert mit Christus in einem Atem nennt, darf nicht verwundern. In der Lebensepoche, die »*Dichtung und Wahrheit*« hier behandelt und von der wir zu sprechen haben, war dem Dichter der Vergleich Spinozas mit Christus bereits geläufig. Schon damals galt ihm Spinoza als »*homo temperatissimus*«, also als in superlativischem Maß Entsagender.[2] Wenn Goethe ein Jahrzehnt später Spinoza seinen Heiligen nennt, ihn statt »*atheum*« lieber »*theissimum*, ja *christianissimum* nennen und preisen« möchte, so drückt er Gesinnungen aus, die ihn schon zur Wertherzeit erfüllten.

Der angeführte Passus über Entsagung, die auf ihrem höchsten Grad übermenschliche Kräfte und Anstrengungen voraussetzt, folgt in »*Dichtung und Wahrheit*« auf eine Charakteristik der Lebensführung Spinozas. Auf Grund seines »Menschen und Gott gefälligen Lebens« bietet Spinoza ein Beispiel für Verwirklichung totaler Resignation. An diesem Beispiel orientiert sich Goethe, er ist selbst bestrebt, Spinoza nachzueifern. Wie Spinoza befindet er sich dabei in der Nachfolge Christi. Nicht geringeres enthält das Gesagte. Über seine eigene Position sich expressis verbis auszudrücken vermeidet Goethe mit diskreter Zurückhaltung. Der Dichter sagt nicht geradezu, er selbst gehöre zu den wenigen, die dahin gelangen, »ein- für allemal im ganzen zu resignieren«. Diesen Schluß zu ziehen überläßt er dem Leser, wobei er nur durch Andeutungen hilft. Die Erwähnung des Titelkupfers im Buch des Colerus, wo Spinoza »signum reprobationis in vultu gerens« erscheint, dazu der Hinweis auf Hörner und Klauen als Zeichen der Verteufelung sind solche Winke. Auch Goethe selbst war schon öffentlich dargestellt worden als Teufel, der Christus versucht – auf einem Kupferstich in Lavaters »Jesus Messias« (1783).[3] Noch deutlicher ist der Wink, den der Text von »*Dichtung und Wahrheit*« gibt durch die auffällig oft wiederholte Erwähnung der beruhigenden Einwirkung Spinozas auf Goethes Leben. »Inneren Frieden«

---

[2] »Goethe ... behauptet, Keiner hätte sich über die Gottheit so ähnlich ausgedrückt wie Er [Spinoza] ... Er sei ein äußerst gerechter, aufrichtiger, armer Mann gewesen. Homo temperatissimus.« (Lavater Tagebuch 28. Juni 1774.) Der 1774 geplante »Ewige Jude« sollte beide, Christus wie Spinoza, als Gestalten bringen. – Zeugnisse jetzt übersichtlich zusammengestellt in der von mir angeregten Dissertation: Martin Bollacher. Der junge Goethe und Spinoza. Tübingen 1969.

[3] *Goethe. Jahrbuch der Goethe-Gesellschaft.* Bd. 19. Weimar 1957. S. 48.

hatte das Studium des Philosophen zur Folge. »… welche Beruhigung
und Klarheit über mich gekommen … Diese Wirkung war mir noch ganz
deutlich … Friedensluft wehte mich an … Mein Zutrauen auf Spinoza
ruhte auf der friedlichen Wirkung, die er in mir hervorbrachte.« So heißt
es in dem betreffenden Abschnitt von Buch 16. Doch schon im 14. Buch
von »*Dichtung und Wahrheit*« war von den »bedeutenden Wirkungen«
gesprochen worden, von der »Beruhigung der Leidenschaften«, die
Goethe fand, von der »alles ausgleichenden Ruhe Spinozas«, die den
Dichter »zu seinem leidenschaftlichen Verehrer« gemacht habe. Goethe
ist als Schriftsteller nicht der Mann wortreicher Wiederholungen. Wo
solch rhetorisches Kunstmittel bei ihm begegnet, läßt es auf bestimmte
Absichten schließen. Der Dichter wünscht das Aufmerken des Lesers zu
erwecken auf unmittelbar nicht Ausdrückbares. Die Iterationen deuten
an: Spinozas Einwirkung war in ihrem Umfang so groß, daß sie auch
Goethe zu jenem totalen Entsagen führte, das nur von wenigen Über-
menschlichen geübt wird. Fraglos denkt Goethe an tatsächlich vollzogene
Handlungen, mit denen er es Spinoza gleichzutun suchte; Spinoza und
Christus – beide gelten als exemplarische Verwirklicher gänzlicher Entsagung. In der Sprache des *understatement*, die Goethes autobiographi-
sche Schriften durchweg kennzeichnet, wird somit effektiv ähnliches behauptet, wie in dem Gespräch mit Kanzler von Müller: ein Christ zu
sein, wie Christus ihn haben wollte, nämlich im Tun.

Noch anderes kann zu der Erkenntnis beitragen, daß Goethe hier wirklich
von sich, von den Maximen seines eigenen Handelns und ihrer Befolgung
spricht. Die Formel als solche nämlich, mit der der Entschluß zu totalem
Entsagen ausgedrückt ist, das Wort vom »Sich ein- für allemal im ganzen
Resignieren« hat Goethe nicht erst 1813 geprägt, als er den Spinoza-
Abschnitt für »*Dichtung und Wahrheit*« schrieb. Bereits im Jahre 1797
findet sich in einem Schreiben des Dichters an Heinrich Meyer der Satz:
»Es ist aber doch immer besser, ein- für allemal zu entsagen, als immer
einmal um den andern Tag rasend zu werden.« Ja sogar schon im Jahre
1774 schreibt der junge Goethe an Lavater: »So lang du lebst und wirkst,
wirst du nicht vermeiden mißverstanden zu werden, darauf mußt du ein
vor allemal resignieren.« Die Wendung »Ein- für allemal resignieren«
umschreibt also einen für Goethe von jeher wichtig gewesenen Gedanken,
nicht etwa nur ein spät gefundenes Aperçu. Die Briefstelle von 1774
kommt den Sätzen im Spinoza-Kapitel von »*Dichtung und Wahrheit*«
Buch 16 besonders nahe, weil der Gedanke der Resignation im ganzen
schon verknüpft ist mit dem des Von-Grund-aus-Verkanntwerdens als

einer schicksalhaften Notwendigkeit. Was die ähnliche Formulierung im
Brief an Meyer von 1797 betrifft, so ist in unserm Zusammenhang von
Interesse: gerade diesen Brief stellte Goethe an den Anfang seiner »*Reise
in die Schweiz 1797*«, als er das Manuskript in den Jahren 1823/24 gemeinsam mit Eckermann redigierte.

Verschiedenste Indizien berechtigen also zu der Folgerung: der Passus
über die totale Resignation in »*Dichtung und Wahrheit*« wäre hinsichtlich seiner wichtigsten Aussage verkannt, wenn man nicht wahrnimmt,
daß Goethe hier von sich selbst spricht. Es ist von seiner Lebensführung
die Rede, die mit dem Leben von Spinoza und Christus in Parallele gesetzt wird. Auf Grund gleichartigen Verhaltens und Tuns trifft ihn denn
auch selbst ein Schicksal ähnlich dem jener, die ein so schweres Ethos voll
verwirklichen. Haß und Verleumdung begleiten den Weg.

Des weiteren wäre zu fragen: was ist konkret unter solcher totalen Entsagung zu verstehen? Da Goethe Christus als den »Weltlosen« mit ein-
begreift, liegt es nahe, der Stellen im Neuen Testament zu gedenken, die
von ähnlichem sprechen. Das Wort Entsagung selbst kommt im Luther-
schen Bibeltext nicht vor, es hat auch bei Spinoza keine genaue Ent-
sprechung. Mit Entsagung, Resignation bezeichnet Goethe nur, was für
ihn an Spinozas Sittenlehre der zentrale Punkt ist. Andererseits gilt
Spinoza deswegen für ihn als der *christianissimus* unter den Philosophen,
weil dem Dichter die Entsagungsmaxime, noch dazu wenn sie befolgt
wird, als das spezifisch Christliche erscheint. Innerhalb des Neuen Testa-
ments darf man wohl vor allem die Stelle als der Entsagungslehre gleich-
kommend ansehn, wo Jesus selbst das Gebot des absoluten Sich-selbst-
Verleugnens ausspricht. Es ist das bekannte Wort, das in drei Evangelien
wiederholt wird, hier zitiert nach Matthäus 16, 24: »Da sprach Jesus zu
seinen Jüngern: Will mir jemand nachfolgen, der verleugne sich selbst
und folge mir.« Eine solche Selbstverleugnung dürfte dem Begriff der
totalen Resignation weitgehend entsprechen. Ähnliches wie dies Chri-
stuswort enthält im Philipperbrief Paulus' Aufforderung zu totaler Entäußerung, Erniedrigung (2, 5 ff.): »Ein jeglicher sei gesinnt, wie Christus
auch war: welcher, ob er wohl in göttlicher Gestalt war, sah er doch das
Gleichsein mit Gott nicht als festen Besitz an, sondern entäußerte sich
selbst und nahm Knechtsgestalt an, ward gleich wie ein anderer Mensch
... er erniedrigte sich selbst und ward gehorsam bis zum Tode, ja zum
Tode am Kreuz.« Auch hier ist offensichtlich von einer Entsagung im
ganzen die Rede. Nahe steht der Schlußsatz des 8. Buchs von »*Dichtung
und Wahrheit*«, wo es heißt, es sei unsere Pflicht, »die Absichten der

Gottheit dadurch zu erfüllen, daß wir, indem wir von einer Seite uns zu verselbsten genötigt sind, von der andern in regelmäßigen Pulsen uns zu entselbstigen nicht versäumen«.

So klären auch die Bibelworte etwas vom Sinn der Goetheschen Entsagungslehre. Wenn von Christus aus die Aufforderung an seine Jünger ergeht, sich selbst zu verleugnen, das Kreuz auf sich zu nehmen, so bedeutet das, bezieht man es auf die Jünger selbst: den Appell zu einer großen grundsätzlichen Lebensentscheidung. Die Jünger – wir wissen es – bleiben schwach, bleiben Menschen. Sie irren, sie fehlen im einzelnen. Aber sie richten in großen Zügen ihr Leben darauf ein, sich so zu verhalten, so zu handeln, daß sie die geistigen Aufgaben, die das Schicksal ihnen gestellt hat, erfüllen können. Das heißt natürlich in erster Linie, daß sie die wesentlichsten Lehren und Gebote Christi befolgen und damit ein Beispiel geben. Davon ist das oberste praktische Gebot: die Menschen zu lieben, sie zu fördern, ihnen zu helfen, nicht so sehr für sich als für andere dazusein, zu schaffen, zu wirken; zu verzichten auf ein Glück, wenn es andern schadet.

In diesem Sinne faßte Goethe die Entsagung auf: zu verzichten auf ein Glück, wenn es andern schadet. Spinoza galt ihm deshalb als ein hervorragender Vertreter christlicher Ethik, weil bei ihm Lehre wie Leben durch solche Art des Entsagens geprägt waren. Im Hinblick auf die Lebensführung Spinozas sagt Goethe in »*Dichtung und Wahrheit*« Buch 14: es sei die an dem Philosophen wahrzunehmende »grenzenlose Uneigennützigkeit«, die ihn geradezu an Spinoza »gefesselt« habe. Goethe fährt fort: »Jenes wunderliche Wort [aus Spinozas »*Ethik*«]: ›Wer Gott recht liebt, muß nicht verlangen, daß Gott ihn wieder liebe‹, mit allen den Vordersätzen, worauf es ruht, mit allen den Folgen, die daraus entspringen, erfüllte mein ganzes Nachdenken. Uneigennützig zu sein in allem, am uneigennützigsten in Liebe und Freundschaft, war meine höchste Lust, meine Maxime, meine Ausübung [!], so daß jenes freche spätere Wort: ›Wenn ich dich liebe, was geht's dich an?‹ mir recht aus dem Herzen gesprochen ist.«

Wieder erschwert vorsätzliches *understatement* das Verständnis für den Leser. Besonders wird auch hier die Anwendung auf Goethe selbst verundeutlicht. Betrachten wir daraufhin den letzten Satz etwas genauer. Er enthält allgemein die Feststellung: »Uneigennützig zu sein in allem ... war meine höchste Lust, meine Maxime, meine Ausübung.« Das sind sogar vergleichsweise kühne Worte, stellt man sie sich verwirklicht vor. Uneigennützigkeit so total wie das Entsagen, und das nicht als Idee, son-

dern als Ausübung! Die Uneigennützigkeit schließt selbst das Verhältnis
zum Göttlichen ein, worauf unmittelbar vorher das Zitat aus Spinozas
»*Ethik*« hinweist. Der Leser gelangt aber kaum dazu, dies alles zu realisieren dank Goethes hartnäckiger Verschleierungstaktik.[4] Denn der Dichter versieht den Satz ja mit einem Einschub, der dem Uneigennützigkeits-
gedanken sogleich – wenigstens scheinbar – viel von der Strenge seines
Anspruchs nimmt. Es heißt: »Uneigennützig zu sein in allem, am uneigennützigsten in Liebe und Freundschaft, war meine höchste Lust,
meine Maxime, meine Ausübung.« Wer das Ganze so liest, wird nur
allzusehr verleitet sein, sich zu sagen: »Ach so, Liebe und Freundschaft,
darum handelt es sich vor allem. Dann ist das mit der Uneigennützigkeit
offenbar doch gar nicht so absonderlich. Nichts Übermenschliches wird
prätendiert. Dieser Eindruck scheint sich zu bestätigen dadurch, daß
Goethe dem Satz einen scheinbar nochmals abschwächenden Schluß hin-
zufügt: »…so daß jenes freche spätere Wort: ›Wenn ich dich liebe, was
geht's dich an?‹ mir recht aus dem Herzen gesprochen ist.« Damit ist ja
auf Philine angespielt, die »zierliche Sünderin« aus »*Wilhelm Meisters
Lehrjahren*«.

So wird innerhalb des dreigestuften Satzgefüges Schritt für Schritt das
Außerordentliche, Goethes Handlungsweise im Kern Bezeichnende gleichsam zurückgenommen, jedenfalls völlig verundeutlicht. Und doch ermöglicht bei sorgfältigem Lesen gerade diese Stelle, den Begriff der totalen Entsagung, nach dem wir fragten, mit konkretem Inhalt auszufüllen.
Vergegenwärtigt man sich nämlich, was hier tatsächlich ausgesprochen
ist: daß die »grenzenlose Uneigennützigkeit« Spinozas auch für Goethe
Maxime, ja Ausübung war, so ist damit grundsätzlich konkretisiert, was
Goethe unter der »Resignation im ganzen« verstand. Damit aber begreifen wir viel besser, inwiefern das 16. Buch von »*Dichtung und Wahrheit*« in diesem Zusammenhang von »etwas Übermenschlichem« sprechen konnte, weshalb dabei auch auf Christus verwiesen wird. Denn
solche grenzenlose Uneigennützigkeit ist von Christus gelehrte, gelebte,
von den Jüngern geforderte Tugend.

---

[4] Den Zusammenhang mit dem Göttlichen hätte deutlicher machen können jener Passus, in dem Goethe berichtet: in der Jugend sei es sein Lieblingsgedanke gewesen,
die »liebliche Naturgabe« der Dichtung »als ein *Heiliges uneigennützig* auszuspen-
den«. Der Passus steht aber nicht hier im 14. Buch von »*Dichtung und Wahrheit*«,
sondern in Buch 16, am Ende des dortigen Spinoza-Abschnitts. An dieser Stelle
wiederum fehlen sonstige Hinweise auf die »Uneigennützigkeit«, so daß die Wendung »Heiliges uneigennützig« in voller Bedeutung nur aus Buch 14 erkannt werden kann.

Der besprochene Passus sollte uns jedenfalls zweierlei lehren: erstens, daß die Wendung »Uneigennützig zu sein in *allem*« bei gebührender Beachtung Immenses an Forderungen einschließt (deren Realisierung in diesem Aufsatz nicht betrachtet werden kann); zweitens, daß Goethe mit dem Bekenntnis, Uneigennützigkeit besonders in Liebe und Freundschaft bewiesen zu haben, ein Gebiet ins Blickfeld rückt, auf dem der Dichter sich lebenslänglich – in einem bestimmten Sinne – zu totaler Entsagung durchrang, mit sehr großen Opfern, beträchtlichen Leiden. Die uneigennützige Liebe zu Frauen insbesondere, eine Liebe, die nicht an das eigene Glück, sondern an das Wohl von andern denkt, an die Notwendigkeit, ihnen nicht zu schaden, nicht wehe zu tun – diese Liebe hat Goethe wieder und wieder betätigt von der Wertherzeit ab bis in seine spätesten Jahre. Die großen Altersromane, die »*Wahlverwandtschaften*« und die »*Wanderjahre*«, aber auch vieles andere, so die »Novelle«, die »Klassische Walpurgisnacht« machen es klar, daß der Dichter mit dem Wort Entsagung in erster Linie – wenn auch nicht ausschließlich – den Liebesverzicht aus Gewissensgründen meint. Nicht zuletzt im Hinblick auf diese Form der Entsagung fühlte Goethe sich in seinem Handeln als Christ. Es zeigt sich jetzt, wie bedeutungsvoll es ist, daß jenes Wort: »Wer ist denn noch heutzutage ein Christ, wie Christus ihn haben wollte?« geäußert wurde innerhalb eines Gesprächs über die Heiligkeit der Ehe – das Problem, dem Goethe ein ganzes Werk, seine »*Wahlverwandtschaften*«, gewidmet hatte. Goethe war sich bewußt, daß er in dieser Hinsicht: die Heiligkeit der Ehe nicht anzutasten, viele Male in seinem Leben ein Äußerstes getan hatte.

Mit der anscheinend so harmlos klingenden Formel »Uneigennützigkeit in der Liebe« bezeichnet Goethe also doch etwas sehr Schwerwiegendes: eine Form der Nachfolge Christi. Wenn der Dichter in diesem Zusammenhang sogar an Philine erinnert und an ihre Uneigennützigkeit in der Liebe, so will das recht verstanden sein. Es bedeutet, daß auch dieses Wesen, das ganz Leib, personifizierte Sinnenfreude und Lebensbejahung ist, durch gewisse Züge agapeischer Liebe teilhat an spinozistisch-christlicher Haltung. Jene »Uneigennützigkeit« – ausgesprochene Liebe zu Wohltätigkeit ist ihr beigemischt – hebt Philine auf eine höhere Stufe. Das ermöglicht in den »*Lehrjahren*« den scherzhaft paradoxen Spruch von der »auf dem Wege zur Heiligkeit« befindlichen Philine. Deshalb hat auch am Schluß der »*Wanderjahre*« Philine ohne Umstände Zutritt zu Makarie, der echten Heiligen.

Durch die Nennung Philines im Spinoza-Abschnitt von »*Dichtung und*

Wahrheit« ist andererseits auch eine Abgrenzung gegenüber allzu christlicher Auslegung vollzogen. »Grenzenlose Uneigennützigkeit« totaler
Entsagung ist für Goethe nicht gleichbedeutend mit Askese. Goethe war
kein Asket. Wenn Sinnenfeindlichkeit und Abtötung des Leibes christlichen Vorstellungen zufolge heilig machen sollen, so strebte Goethe nicht
nach solcher Heiligkeit. Bejahung des Eros gehört zum Wesen des klassischen Menschen. Es gab bekanntlich im Leben des Dichters Epochen
freizügigen erotischen Genießens. Und der Satz: »Nun in allen Lebens-
reihen / Müsset ihr genießen können« aus dem »*West-östlichen Divan*«
bildet einen Teil der Goetheschen Altersweisheit. Erscheint Goethe hierin
recht modern, so trennt ihn doch zweierlei von heutiger Mentalität. Erstens stand die Bejahung des Eros bei Goethe im Zeichen souverän geistiger Heiterkeit nach Weise der Antike oder des Alten Orients; dafür
gibt es in moderner Zeit keine Parallele. Zweitens bedeutet Genußfreude
für Goethe nicht ungehemmtes Ausleben der Triebe im modernen Sinne.
Eine gewisse Grenze bleibt immer gezogen. Zu allen Zeiten, auch in des
Dichters Jugend, hielt der Freizügigkeit im Genießen ein sehr bestimmtes
Maßgefühl die Waage. Das Einhalten dieser Grenze, dieses Maßes führte
zu schweren inneren Kämpfen bei einer so unvorstellbar leidenschaftlichen und leidensfähigen Natur wie der Goethes. Was der Dichter in
diesem Ringen erreichte, das In-Schranken-Halten größter Affizierbar-
keit, betrachtete er als Entsagen im Sinne Spinozas, als sein praktiziertes
Christentum.

Lebenslänglich erzog sich Goethe auch dazu, in den kleineren Dingen des
Alltags verzichten und entbehren zu können. Daß der Mensch seine
Affekte beherrschen müsse, war ein Postulat Spinozas, das Goethe zu
befolgen suchte. Wie weit er es darin brachte, zeigt ein Wort Friedrich
Riemers, der den Dichter aus jahrzehntelangem Umgang kannte. Riemer
berichtet: die stoische Formel »sustine et abstine« habe Goethe »tatkräf-
tig durch ein ganzes Leben hindurch ausgeführt«.[5] Riemer betont, wie
schwer es dem Dichter im Grunde fiel, sich zu solcher Haltung durch-
zuringen. Die Ruhe, wie Spinoza sie forderte, lag – so sagt Riemer –
ursprünglich nicht in Goethes ungeduldig-lebhaftem Wesen; »aber das
dunkelgefühlte Bedürfnis nach ihr stand wie ein letztes Ziel all dieser
Bewegungen in seiner Seele. Er mußte sie erst sich anerwerben oder durch
Erfahrung, Vernunft und Studium dahin gelangen.« Wenn Goethe es

---

[5] Friedrich Wilhelm Riemer: *Mitteilungen über Goethe*. Hrsg. von Arthur Pollmer.
Leipzig 1921. S. 362.

vermochte, so berichtet Riemer weiter, sich Geduld und Gelassenheit anzuerziehen und sein ganzes geselliges Betragen und Benehmen zu regulieren, so habe ihm dabei vor allem auch geholfen das Betrachten von
Kunstgegenständen, von griechischer Plastik, italienischer Malerei ...[6]
Es ist aber zu sagen, daß a l l e s , was Goethe durch Selbsterziehung erreichte, schwer erworben war, daß es seiner Natur abgerungen werden
mußte. Der Dichter war eigentlich ungestüm, expansiv, heftig in *jeder*
Regung, in Zuneigung und Lieben, in Ablehnung und Zorn. Er brachte
sich aber dazu, auf allen Gebieten sein Temperament zu zügeln. Man
braucht es nicht in Abrede zu stellen, daß auch die Akte der Selbsterziehung im Kleinen, Alltäglichen noch ins Gebiet des Entsagens bei Goethe
gehören. Der Dichter selbst sah es etwas anders. Er bezeichnete solche
Selbsterziehung lieber mit dem Wort Kultur. Der Mensch, der sich unter
Kontrolle nimmt, sich bändigt, Schwächen bekämpft, gibt sich damit eine
Kultur und erfüllt erst so die Voraussetzung, für ein höheres Menschliches in Betracht zu kommen. In Eckermanns Gesprächssammlung begegnen wir dem Wort Kultur überaus häufig in diesem Sinne. Eckermann
stellte es als eine Hauptlehre Goethes dar, die der Dichter nicht müde
wurde, seinen Freunden einzuprägen: sich auf solche Weise eine Kultur
zu geben. Dem gesamten Buch Eckermanns liegt als eine der wesentlichsten Tendenzen zugrunde: darzutun, daß Goethe selbst es in staunenswertem Maß erreicht hatte, seine eigene Existenz zu einer derartigen
Kultur zu bringen.

Hingegen was Goethe mit dem Wort Entsagung, totaler Entsagung,
Resignation im ganzen bezeichnet, meint eigentlich etwas anderes. Es
ist damit gedeutet auf gewisse grundlegende, einzelne Lebensentscheidungen. Hierbei handelt es sich weniger um den Kampf des Menschen
mit einzelnen Fehlern und Untugenden. In diesem Kampf wird der einzelne nie ganz frei von menschlichen Schwächen. Die großen Lebensentscheidungen dagegen, in denen sich die totale Resignation manifestiert, sind Schritte, mit denen mehr geleistet wird als den Menschen
üblicherweise zu erfüllen gelingt, Akte der ungewöhnlichen Selbstlosigkeit, der schweren Überwindung. In »*Wilhelm Meisters Lehrjahren*« ist
das Wesen solcher Akte gekennzeichnet mit dem schönen Wort: »große
und kühne Aufopferungen«. Der Oheim in den »Bekenntnissen einer

---

[6] Riemer S. 68. Ähnlich S. 116: man müsse gestehn, daß G. »Selbstbeherrschung
und Resignation in einem ungewöhnlichen Grade besaß, die um so höher anzuschlagen waren, als er sie gegen die Hindernisse eines lebhaften Naturells sich
erworben und angeübt hatte.«

schönen Seele« meint damit das Leben bestimmende Handlungen des Glücksverzichts, und zwar des Verzichts auf Eheglück. Wenn »*Dichtung und Wahrheit*« von der Uneigennützigkeit in Liebe und Freundschaft spricht, so ist damit benannt, in welcher Form Goethe besonders oft solche großen Lebensentscheidungen getroffen hat. Handlungen dieser Art gehören auch zum Fundament dessen, was Goethe in »*Dichtung und Wahrheit*« beiläufig einmal seinen »sittlichen Lebensbau« nennt (Buch 12). Von diesem sittlichen Lebensbau – Goethe setzt ihn seinem literarischen als ebenbürtig zur Seite – ist allzu wenig bekannt. Ihm gelten unsere Betrachtungen, zeigt sich doch hier recht eigentlich das Verhältnis des Dichters zu Christus und Spinoza.

Ein Fall, wo Goethe Uneigennützigkeit in Liebe und Freundschaft exemplarisch bewährte, ist immerhin allgemein sichtbar: des Dichters Verzicht auf Marianne von Willemer. Ausschlaggebend bei diesem Entsagen war die Respektierung einer Freundesehe. Die Versuchung war die größte. Erstmals im Leben hatte Goethe eine Frau getroffen, die ihm geistig ebenbürtig war, eine Dichterin. Nach dem Tode Christianes 1816 war Goethe selbst frei. Der Freund Jacob von Willemer wäre bereit gewesen, Marianne abzutreten. Die Reise zu Willemers im Juni 1816 brach Goethe jedoch ab, nachdem eines jener »zufälligen Ereignisse« eingetreten war, von denen »*Dichtung und Wahrheit*« sagt, daß auch sie uns zurufen: daß wir entsagen sollen. Ein Unfall des Reisewagens veranlaßte die Rückkehr nach Weimar. Es war Goethe endgültig klargeworden, daß er die Frau eines Freundes nicht antasten, die Heiligkeit der Ehe nicht verletzen dürfe, die er selbst in den »*Wahlverwandtschaften*« verteidigt hatte gegen die laxe Ehemoral sich christlich gebärdender Romantiker. Denken und Tun hätten nicht in Einklang gestanden, wie Goethe es doch forderte. Der Dichter hat Marianne von Willemer nie wiedergesehen. Den Schmerz hierüber bekunden die Dichtungen der Altersjahre.

Ein anderes Beispiel ähnlicher Entsagung, des Liebesverzichts aus Gewissensgründen, fällt in die Jugendepoche, über die »*Dichtung und Wahrheit*« berichtet, wo von Goethes »sittlichem Lebensbau« die Rede ist. (Kommen doch, wie schon Riemer wußte, bei Goethe dieselben Gedanken immer wieder vor, in »seiner jugendlichen, mittleren oder späteren Epoche«.[7]) Es ist der den Erlebniskern für den »*Werther*« bildende Liebesverzicht, von dem wir nun zu sprechen haben. »*Dichtung und Wahrheit*« gibt hierüber anscheinend umfassende Informationen. In einem entschei-

---

[7] Riemer S. 128.

denden Punkt erweisen sie sich jedoch als unzureichend. Das *understatement* der Autobiographie läßt nicht erkennen, wie groß auch in diesem Fall die Versuchung war, der Goethe zu widerstehen hatte. Das Außerordentliche im Verlauf der Wertherkrise wird erst dann sichtbar, berücksichtigt man die Rolle, welche die ungeheure Attraktionskraft des jungen Goethe spielte. Diese Attraktionskraft bildete ein Gefahrenmoment solcher Art, daß ein ganz anderer Ausgang nur allzu nahegelegen hätte. Woran zu denken ist, soll ein kurzer Überblick in Erinnerung bringen.

Schon seit seinen Jünglingsjahren machte Goethe an sich die Erfahrung, daß von seiner Persönlichkeit die allergrößte, intensivste Wirkung auf Menschen ausging. Eine Anziehungskraft war ihm gegeben, die mit unwiderstehlicher Gewalt die Herzen gewann. Jüngere schlossen sich ihm an, Ältere wollten von ihm lernen. Wo er hinkam, stand er im Mittelpunkt, bildeten sich um ihn Kreise heiterer oder auch ernster Geselligkeit. Denken wir an den Studenten Goethe im Kreise Oesers, seine Wirkung unter den herrnhutischen Frommen in Frankfurt, an seine dominierende Rolle in der Straßburger Tischgesellschaft (»er hatte die Regierung am Tisch, ohne daß er sie suchte«). Mittelpunkt ist Goethe im Kreis der Darmstädter Gemeinschaft der Heiligen, gebildete Frauen schwärmten für ihn, Frauen von Freunden, denen Goethe deshalb nicht zunahetrat, wie er in dichterischer Form andeutete. Im Kreise des Gießener Professors Höpfner – wir sind in der Wertherzeit – macht die Erscheinung Goethes furore: man läßt ihn »fast allein« sprechen, »verwundert und begeistert« hören alle dem »Götterjüngling« zu. »Götterkraft in seinem Wesen« schrieb ihm Heinse zu, und von götterähnlicher Wirkung Goethes bei festlichen Zusammenkünften spricht wiederholt Friedrich Heinrich Jacobi. Lavater empfand Goethes beherrschende Ausstrahlung als die eines »Königs«, dem Männer und Frauen gleicherweise huldigten. Als »größtes Genie und zugleich der liebenswürdigste Mensch unserer Zeit« wird Goethe von Wieland gefeiert. Mit Worten wie »Königswürde«, »echter Geisterkönig«, »liebenswürdigster, größter und bester Menschensohn« sucht Wieland den Eindruck wiederzugeben, den der junge Goethe bei seiner Ankunft in Weimar machte. »Menschensohn« deutet auf Christus – so erschien Goethe dem Rationalisten Wieland, der damals berichtete: »Außer mir kniet' ich neben ihm, drückte meine Seele an seine Brust, und betete Gott an.«

> So hat sich nie in Gottes Welt
> Ein Menschensohn uns dargestellt.

Die Wielandschen Verse von Anfang 1776 spiegeln den gleichen Erleb-
nisbereich. Das Gedicht »An Psyche«, dem sie entstammen, schildert das
Charisma Goethes auch im Hinblick auf dessen erotische Ausstrahlung:

> Ein schöner Hexenmeister es war,
> Mit einem schwarzen Augen-Paar,
> Zaubernden Augen voll Götterblicken,
> Gleich mächtig zu töten und zu entzücken.

Welche Wirkung auf Frauen vom jungen Goethe ausgegangen sein muß,
darüber sind wir auch informiert durch die Autobiographie Hufelands:
»Man kann sich keinen schöneren Mann vorstellen. Dabei sein lebhaf-
ter Geist und seine Kraft, die seltenste Vereinigung geistiger und körperlicher Vollkommenheit, groß, stark und schön; in allen körperlichen
Übungen: Reiten, Fechten, Voltigieren, Tanzen war er der Erste.« So
habe Goethe eine »wunderbare Revolution« durch sein Kommen in Weimar hervorgerufen: »Alle jungen Leute legten Goethes Uniform: gelbe
Weste und Beinkleider und dunkelblauen Frack an, und spielten junge
Werther... Alles kam aus seinen Fugen.« Wie »durchaus geliebt« und
»angebetet« Goethe damals war, ist u. a. von Klinger und Schiller bezeugt. Der Bericht einer »vornehmen Dame« – überliefert von Zimmermann – läßt die unvergleichliche Verführungsgabe ahnen, die Goethe zu
jener Zeit eigen war. Ihr zufolge sei Goethe damals gewesen: »der schönste Mensch, der lebendigste, originellste, der feurigste, ungestümste, der
sanfteste, der verführerischste und der *gefährlichste* für das *Herz* einer
Frau, den sie in ihrem Leben gesehen habe.« Als Charlotte von Stein
Goethe kennengelernt hatte, schrieb sie zunächst, ihrer Natur nach zur
Kritik neigend, an Zimmermann: »Es ist nicht möglich, mit seinem Betragen kömmt er nicht durch die Welt; wenn unser sanfter Sittenlehrer
gekreuz'get wurde, so wird dieser bittere zerhackt... Ich fühl's, Goethe
und ich werden niemals Freunde.« Zwei Monate später schrieb sie an
denselben Adressaten: »Jetzt nenn ich ihn meinen Heiligen.«
Aus solchen zeitgenössischen Zeugnissen – sie lassen sich vermehren –
erhellt die eigentliche Situation in der Wertherkrise. Sie lassen darauf
schließen, welche Möglichkeiten Goethe gegeben waren, als er Lotte
Kestner begegnete, und welche innere Kraft die Lebensentscheidung erfor-
derte, die er damals traf: der Entschluß zum Verzicht. Was wir aus »*Dichtung und Wahrheit*« erfahren, ist zusammengefaßt dies: im Sommer
1772, als Goethe am Reichskammergericht in Wetzlar tätig war, entstand
ein Liebesverhältnis zwischen ihm und der Verlobten seines Freundes
Kestner. Die drei, Kestner, Goethe und Lotte verbrachten zwei Monate

als »unzertrennliche Gefährten«. In Goethes ausführlichem Bericht heißt
es weiter: »Sie hatten sich alle drei aneinander gewöhnt ohne es zu wollen, und wußten nicht, wie sie dazu kamen, sich nicht entbehren zu können.« Den Zauber jener Epoche schildert »*Dichtung und Wahrheit*« mit
den Worten: »Und so nahm ein gemeiner Tag den andern auf, und alle
schienen Festtage zu sein; der ganze Kalender hätte müssen rot gedruckt
werden.« Plötzlich aber, an einem Septembertag des Jahres 1772 verließ
Goethe Wetzlar, ohne sich von Kestner und Lotte zu verabschieden. Das
Verhältnis zu Lotte sei – so berichtet »*Dichtung und Wahrheit*« – »lei-
denschaftlicher als billig« von Goethes Seite geworden. Da habe er, als
die Eheschließung näherrückte, sich freiwillig entfernt, um nicht »durch
das Unerträgliche vertrieben« zu werden.

Was Goethe erzählt, entspricht im ganzen den tatsächlichen Vorgängen,
über die wir gut unterrichtet sind. Und doch fehlt in »*Dichtung und
Wahrheit*« etwas Entscheidendes. Goethe verschweigt, was sein eigentliches Verdienst in der damaligen Situation gewesen ist. In Wirklichkeit
lagen doch die Dinge so: selbstverständlich hätte er damals Lotte für sich
gewinnen, hätte er die Verlobte des Freundes diesem abspenstig machen
können. Es wäre dazu nichts weiter vonnöten gewesen als der Entschluß
Goethes, die ganze Macht seiner Persönlichkeit einzusetzen. War Goethe
ernstlich willens, Menschen zu gewinnen, so konnte sich niemand dem
entziehen. Er überwand alle Widerstände. Selbst ehemalige Gegner und
Kritiker – wie Jacobi, Wieland, Charlotte von Stein – machte er zu seinen
Adoranten. In diesem Fall aber, bei der Entscheidung um Kestners Lotte,
unterließ Goethe es bewußt und freiwillig, von seiner Macht über die
Menschen Gebrauch zu machen. Es war dies ein Akt des Entsagens, der
»großen und kühnen Aufopferung«, daß er verzichtete, sich eine Frau
anzueignen, die schon vergeben war. Goethe versagte es sich, einem
Freund sein Glück zu rauben und gab damit auf – wie später noch oft-
mals – das eigene Glück.

Betrachtet man die Nachrichten aus der Wetzlarer Zeit genauer, so bedarf
es nur einiger Aufmerksamkeit, um zu erkennen, daß tatsächlich ein solch
freiwilliger Verzicht Goethes vorlag. Obgleich Kestner es in seinen Aufzeichnungen begreiflicherweise zumeist so hinstellt, als habe Lotte nie
eigentlich geschwankt, so ist doch ersichtlich, wie sehr sie Goethe geliebt
hat. Nach dessen plötzlicher Abreise war sie zu Tränen erschüttert. Entscheidend ist – neben vielen andern Zeugnissen – ein Geständnis Kestners, das er damals brieflich ablegte. Goethe habe – so schrieb er einem
Freund – »solche Eigenschaften, die ihn einem Frauenzimmer, zumal

einem empfindenden und das von Geschmack ist, gefährlich machen können« – also war er Lotte gefährlich geworden. Kestner fährt fort: »Es
entstanden bei mir innerliche Kämpfe, da ich auf der einen Seite dachte,
ich möchte nicht imstande sein, Lottchen so glücklich zu machen, als er,
auf der andern Seite aber den Gedanken nicht ausstehen konnte, sie zu
verlieren.« Demnach stand Kestner sehr wohl die Möglichkeit vor Augen,
daß der weit überlegene Goethe Lotte gewinnen könnte und daß diese
damit notwendig hätte glücklicher werden müssen als mit ihm. Es war
Goethes freiwilliger Verzicht, daß es hierzu nicht kam. Welche Gesinnung hinter diesem Verzicht stand, das verrät einer der vielen Briefe
Goethes an das Kestnersche Paar nach der Trennung. Darin heißt es:
»Daß ich sie so lieb habe ist von jeher uneigennützig gewesen.« Kein
Zweifel also, daß bereits damals tatsächlich die Devise »Uneigennützigkeit in Liebe und Freundschaft« von Goethe gekannt und befolgt, »aus-
geübt« worden ist. Die Autobiographie sagt hierin nichts als die lautere
Wahrheit.

Der Wertherroman, der dieses Erlebnis spiegelt, wurde geschrieben anderthalb Jahre nach Goethes Trennung von Lotte. Es traf sich merk-
würdig, daß Goethe während der Niederschrift des Romans – die in
wenigen Wochen, Frühjahr 1774, erfolgte – nochmals in einen Span-
nungszustand versetzt wurde ähnlich dem im Roman geschilderten. Im
Januar 1774 heiratete die 18jährige Maximiliane La Roche, Tochter der
Schriftstellerin Sophie von Laroche, den Frankfurter Kaufmann Brentano. Für Maximiliane, die spätere Mutter von Clemens und Bettina
Brentano, faßte Goethe bereits eine sehr intensive Neigung, seit er sie
im Herbst 1772, nach seinem Weggang von Wetzlar, kennengelernt
hatte. Deshalb wurde es ihm zu einem tiefschmerzlichen Erlebnis, als sie
Anfang 1774 nach Frankfurt zog, nun aber verheiratet mit einem viel
älteren Manne, den sie nicht liebte. Ungewollt fiel Goethe eine Zeitlang
die Rolle des Hausfreundes zu, der die junge Frau trösten mußte – wie
Merck damals schrieb – über den Geruch von Öl und Käse im Hause des
Kaufmanns und über dessen schlechte Manieren. »*Dichtung und Wahrheit*« teilt mit, daß diese Erlebnisse den unmittelbaren Anstoß zur Niederschrift des »*Werther*« gaben. Goethe betont in seiner Autobiographie,
das Verhältnis zu Maximiliane sei ohne Beimischung von Leidenschaftlichkeit, dennoch aber für ihn »peinigend genug« gewesen. Seine Briefe
aus der damaligen Zeit aber lassen erkennen, inwiefern dies richtig war.
Hier erfahren wir, was Maximiliane für Goethe bedeutet hat. Von ihr
»könne er nicht lassen, solange er lebe, und er werde sie immer lieben« –

so schrieb der Dichter. Nach der Trauung macht er es sich bewußt zur
Aufgabe, die Ehe nicht zu stören, keinen Anlaß zu Eifersucht zu geben.
Deutlich wird aus den Briefen, daß Goethe wiederum als Entsagender
ein echtes Opfer brachte, indem er sich vom Hause Brentano zurück-
zieht. »Glauben Sie mir«, schrieb er an die Mutter Sophie Laroche, »daß
das Opfer das ich Ihrer Max mache sie nicht mehr zu sehn, werther ist
als die Assiduität des feurigsten Liebhabers, daß es im Grunde doch
Assiduität ist. Ich will gar nicht anrechnen was es mich gekostet hat.«
Das Opfer des Liebesverzichts ist »werther« als die Beharrlichkeit des
feurigsten Liebhabers – dies schrieb Goethe im Augenblick, als der Wertherroman soeben fertig war – man darf annehmen, daß sogar das Bei-
wort »werther« in dem Briefpassus noch eine Anspielung auf den Titel
des Romans ist. Am selben Tag schreibt Goethe an Lotte Kestner: der
neue Roman, eben im Druck, heiße »*Werther*«.
Wieder muß man sich vergegenwärtigen, welche sieghafte Anziehungskraft von Goethe ausging, wenn er Menschen gewinnen wollte. Auch
Maximiliane, die durch ihre Eheschließung versagte Frau, hätte damals
einer ernstlichen Werbung Goethes nicht widerstehen können. Nur dadurch, daß er sich zurückzog und alle Werbung unterließ, daß er davon
absah, des Nächsten Weib zu begehren, wurde die Gefahr von der Ehe
ferngehalten. Es war wirklich ein Opfer, wieder gemäß jener Devise der
Uneigennützigkeit in Liebe und Freundschaft.
Ein seltsames Zeugnis beweist uns, daß Goethes Verhalten während der
Wertherkrise nicht nur dem Geiste Spinozas entsprach, daß er vielmehr
dabei vor allem auch an Christus dachte – an ein durch Tat verwirklichtes
Christentum. Ende Februar 1774, gerade zu der Zeit, da Goethe den
»*Werther*« schrieb, das Werk, das geboren ist aus dem Erlebnis des
Liebesverzichts, gerade als der Dichter soeben den Brentanos gegenüber
Uneigennützigkeit in Liebe und Freundschaft erwies, hat sich folgendes
zugetragen. Unter einen Brief an die mit Brentanos befreundete Johanna
Fahlmer setzt Goethe als Unterschrift ein großes G, das durch einen nach
unten verlängerten Senkrechtstrich verbunden ist mit dem Zeichen eines
Kreuzes. Das Kreuz steht so auf dem Kopf.[8] Der Dichter selbst weist am
Schluß des Briefes auf das Besondere dieser Art von Namensunterzeich-
nung hin: »zuletzt die wahre Monogrammatische Unterschrift Dero
Ergebnen Dieners...« Es folgt hier das G, das auf einem Kreuz steht.
Alles ist Symbol. Das »Wahre« an der Unterschrift ist: wie Goethe sein

---

[8] Vgl. Abbildung.

Monogramm mit dem Kreuz verbindet, so sieht er damals seine ganze Existenz gleichsam als aufgebaut und beruhend auf dem christlichen Kreuz, dem Kreuz als Zeichen echten christlichen Erleidens. Mit der einen schweren Lebensentscheidung, dem Verzicht auf Lotte, war es nicht getan. Der Dichter des »*Werther*« mußte sich einen zweiten, womöglich noch schmerzlicheren Liebesverzicht aus Gewissensgründen abringen. Notwendig wurde der »gewaltsame Entschluß« – so »*Dichtung und Wahrheit*« –, sich auch aus dem »Halbverhältnis« mit Maximiliane Brentano »zu befreien«. Aus dieser Handlung jedoch erwuchs unmittelbar das Werk, und bei der Abfassung dieses Werks lebte Goethe ganz intensiv in der Vorstellung, ein Christ zu sein, »wie Christus ihn haben wollte«, indem er nämlich sein Tun unter ein Hauptgesetz christlichen Handelns stellte. Wenn das Kreuz dabei auf dem Kopf steht, so mag auch das noch symbolisch sein. Der christliche Geist, den Goethe im Sinn hatte, war war nicht der Geist der Kirche, die im Glauben, aber nicht im Tun das wahre Heil sieht.

Mit der bedeutsamen Lebensentscheidung, die das Uneigennützigsein in Liebe und Freundschaft zum Gesetz machte, hat Goethe wirklich die Wege seiner künftigen Existenz vorgebildet. Viele Male wurde später von ihm das Gesetz erfüllt. Es entstand aber – dies gilt es festzuhalten – bereits das Jugendwerk, das Goethe den größten Erfolg seiner literarischen Laufbahn brachte, der »*Werther*«, auf ähnliche Weise im Geiste des Entsagens wie soviele der großen Dichtungen späterer Epochen. In »*Dichtung und Wahrheit*« wird der Einschnitt, den die die Wertherdichtung begleitende Lebensentscheidung machte, einmal bezeichnet mit den Worten: die wahre Sehnsucht dürfe nur auf ein Unerreichbares gerichtet sein (Buch 12). Dieser Satz gilt fürs ganze Leben Goethes und bestimmte weitgehend sein Verhältnis zu Frauen. Bekanntlich war es zumeist die unerreichbare, die entfernte Geliebte, die Goethe als dichterisch Schaffenden am meisten inspirierte.

Der Wertherroman ist alles andere als etwa die eindeutige und womöglich prahlerische Darstellung eines moralischen Sieges. Was der Dichter sich als Verdienst anrechnen durfte, darüber sprach er nicht. Das Kreuz, das er auf sich nahm, das er in der erwähnten Briefunterschrift einmal andeutungsweise sehen ließ, im Werke hielt er es verborgen. »*Dichtung und Wahrheit*« tut ein übriges, die wirkliche moralische Leistung zu verschleiern, z. B. wenn Goethe dort den »*Werther*« eine Beichte nennt. Nach der Niederschrift, so heißt es, habe der Dichter sich »wie nach einer Generalbeichte wieder froh und frei gefühlt«. Mit derartigem lenkt Goethe

eher von der Hauptsache ab. Es gab nichts zu »beichten«. Vielmehr hätte
die Möglichkeit bestanden – andere Poeten hätten sie nicht vorbeigelas-
sen – auf Grund der eigenen Verdienste als mahnender Prophet aufzutreten und direkt aufzufordern: handelt so wie ich, begeht keinen Ehebruch, entsagt, verzichtet, seid uneigennützig... Nichts davon gab er
dem Werke mit. Ganz anders ging Goethe vor. Wie so oft später kehrt
er auch hier die Erfahrungen seines Lebens um. Er stellt nicht dar, wie
er sich verhielt, der im Besitz ungewöhnlicher moralischer Kräfte war
und die Stärke besaß, auch aus der verführendsten Situation herauszu-
finden. Vielmehr schildert er einen gutgearteten, aber haltlosen Menschen, den das Unerträgliche zur Verzweiflung, zum Selbstmord treibt.
Dabei benutzte er als Modell das damals gerade aktuelle Ereignis: den
Selbstmord des jungen Jerusalem wegen unglücklicher Liebe zu einer
verheirateten Frau. Der Fall war für Goethe besonders interessant, weil
Jerusalem Bewunderer Spinozas war, mit seiner Tat aber dessen Satz
zuwiderhandelte: das »*suum esse conservare*« gehöre zur *virtus humana*.

Mit der Einbeziehung des Selbstmordmotivs ward dargetan, welche Auswirkung der Liebesverzicht auf den Dichter hatte, wie schwer er tatsächlich darunter litt. Die Entsagung war auch für ihn lebensgefährlich, sie
brachte ihn wirklich – »*Dichtung und Wahrheit*« bezeugt es – in einen
Zustand, wo der freiwillige Tod als verlockende Lösung erschien. In ganz
anderer Weise wird die Schwere des Verzichts erkennbar, denkt man daran, daß der »titanische« Goethe jener Zeit eigentlich so temperamentvoll
wie nur möglich war. Nichts lag ihm damals ferner als weltabgewandte
Askese. Seine satirischen Dichtungen der Jahre 1773–75 zeigen im Gegenteil die Freude an vitalster Sinnlichkeit. Hier vollzieht sich im begin-
nenden Sturm und Drang ein Durchbruch heidnischer Erotik, der in seiner
Art unvergleichlich ist. Da hätte die eine oder andere mit einem Ehebruch
verbundene Liaison für den Goethe dieser Epoche durchaus attraktiv und
möglich erscheinen können. Dergleichen ereignete sich alltäglich – gerade
jene satirischen Dichtungen weisen darauf hin. Goethe entschied sich
anders. Es ist die Spannung zwischen diesen beiden Bereichen: Bejahung
des Eros und Liebesverzicht aus Gewissensgründen, die bewältigt zu
haben seine eigentliche Leistung ist.
Auch die Wertherdichtung wird erst voll verständlich, wenn man sie im
Zeichen der Bewältigung solcher Spannungen sieht. Goethe hat im
Roman diese Bewältigung vorsätzlich verborgen. Daß auch Werther ein
Entsagender ist, daß er, wenn er wollte, dem Freunde Albert seine Lotte

abgewinnen könnte, wird kaum angedeutet. Der Dichter hat sich ge-
scheut, das Verdienst seines eigenen Liebesverzichts im Roman vordergründig zu spiegeln. So hütete sich Goethe denn auch, den Helden Werther komplett mit den eigenen Vorzügen auszustatten, etwa mit der
überwältigenden Anziehungskraft, mit der Macht über Menschen, die
ihm, dem Dichter selbst zu eigen war. Nur gelegentliche Züge weisen auf
derartiges hin – so wenn Werther einmal sagt: »Ich weiß nicht, was ich
anzügliches für die Menschen haben muß, es mögen mich ihrer so viele,
und hängen sich an mich« – was dann vor allem durch sein Verhältnis
zu Kindern sichtbar wird. Erst der Gestalt des Egmont verlieh Goethe
alles dies, als er sie 1775 schuf: »ungemessene Lebenslust, das grenzenlose Zutrauen zu sich selbst, die Gabe, alle Menschen an sich zu ziehen
(attrativa)«. So sicher ist sich Werther durchaus nicht, und damit wird
sein Entsagen entsprechend anders akzentuiert als beim Dichter selbst.
Es erscheint weniger als Opfer denn als Leiden; weniger als Verdienst
denn als Ursache der Verzweiflung. Der Gewissenskampf wird nur angedeutet, das Selbstmordmotiv tritt in den Vordergrund, alles andere über-
schattend.

Im übrigen gab sich der junge Goethe der allzu optimistischen Hoffnung
hin, das Publikum würde die Fabel vom Selbstmord aus Liebesverzweif-
lung so nehmen, wie sie gemeint war: als Warnung; man würde gleichsam die Lehre *ex contrario* ziehen und begreifen, es komme darauf an,
stärker zu sein als der schon von Haus aus labile, hypochondrische Werther. Die Rechnung ging nicht auf. Das Publikum sah, wie üblich, nur
auf das Stoffliche, Äußerliche. Entsprechend waren die Folgen. Es kam
zu einer Reihe von Selbstmorden, die dann dem Dichter als Schuldigen
zur Last gelegt wurden. In »*Dichtung und Wahrheit*« stellt Goethe die
Diskrepanz zwischen äußerer Wirkung und innerem Sinn einer Dichtung
dar gerade am Beispiel des »*Werther*«. Es heißt dort:

> Man kann von dem Publikum nicht verlangen, daß es ein geistiges Werk
> geistig aufnehmen solle. Eigentlich ward nur der Inhalt, der Stoff beachtet,
> wie ich schon an meinen Freunden erfahren hatte, und daneben trat das alte
> Vorurteil wieder ein, entspringend aus der Würde eines gedruckten Buchs,
> daß es nämlich einen didaktischen Zweck haben müsse. Die wahre Darstel-
> lung aber hat keinen. Sie billigt nicht, sie tadelt nicht, sondern sie entwickelt
> die Gesinnungen und Handlungen in ihrer Folge und dadurch erleuchtet und
> belehrt sie.

Dichtung, die wahrhaft erleuchten und belehren kann, entsteht nur,
wenn der Schaffende selbst lebt, was er lehrt. Wie der Dichter des »*Wer-*

ther« das Entsagen, das geheime Thema des Werks, verwirklichte, dafür gibt es aus dem Wertherjahr 1774 noch ein Beispiel. Bald nach Erscheinen des Werks wurde Goethe mit Lili Schönemann bekannt. Die in »*Dichtung und Wahrheit*« breit erzählte Lili-Geschichte mit dem Entsagungsausgang vermeldet nichts von einem Liebesverzicht, über den der Autobiograph freilich schweigen mußte. Wir wissen hierüber aus einem Brief, der Goethe im Jahr 1830 erreichte. Dieses Briefes sei gedacht, da er von einem Opfer spricht, ganz im Geiste jener »wahren monogrammatischen« Unterschrift gebracht, der Goethe zur Zeit der Wertherkrise erfüllte. Am 3. Dezember 1830 schrieb Henriette von Beaulieu-Marconnay an Goethe über – die damals noch lebende – Lili:

> Mit seltener Aufrichtigkeit gestand mir Frau von Türckheim, ihre Leidenschaft für Goethe sei mächtiger als Pflicht und Tugendgefühl in ihr gewesen, und wenn seine Großmut die Opfer, welche sie ihm bringen wollte, nicht standhaft zurückgewiesen hätte, so würde sie späterhin, ihrer Selbstachtung und der bürgerlichen Ehre beraubt, auf die Vergangenheit zurückgeschaut haben, welche ihr im Gegenteil *jetzt* nur beseligende Erinnerungen darböte. Seinem Edelsinne verdanke sie einzig und allein ihre geistige Ausbildung an der Seite eines würdigen Gatten und den Kreis hoffnungsvoller Kinder, in welchem sie Ersatz für alle Leiden fände, die der Himmel ihr auferlegt. Sie müsse sich daher als *sein* Geschöpf betrachten und bis zum letzten Hauch ihres Lebens mit religiöser Verehrung an seinem Bilde hangen.

Es lag an Goethe selbst, daß sein tätiges Christentum so verborgen blieb. Das Verhältnis zu Christus hielt er geheim wie Mignon, seine Lieblingsgestalt. Im Verborgenen trug Mignon das Kreuzzeichen auf ihrem Arm. Erst nach ihrem Tode entdeckten es die Freunde: »ein Kruzifix, von verschiedenen Buchstaben und Zeichen begleitet, sah man bläulich auf der weißen Haut.« Das Kreuzsymbol deutet hier – wie so vieles an Mignon – auf bestimmte Seiten in Goethes Wesen, die nicht am Tage liegen. Auch die erwähnten Buchstaben und Zeichen enthalten einen Wink. Durch Buchstaben und Zeichen gibt der Dichter Kunde von seinem Innern. Solche dichterischen Zeichen teilen auch etwas mit von Goethes eigentlichem Verhältnis zu Christus. Sie gilt es zu entziffern. Die »wahre Poesie«, so sagt Goethe in »*Dichtung und Wahrheit*«, sei ein »weltliches Evangelium«. In seinem dichterischen Schaffen sah Goethe – mag er auch sonst dem Christentum ferngestanden haben – so etwas wie ein Gegenstück zu den christlichen Evangelien. Es lag darin ein geheimes Wetteifern mit Christus, auf anderer Ebene.
Bekannt ist Goethes Abneigung gegen das christliche Kreuz, wie sie die

Abraxas-Strophen aus der Divandichtung beispielhaft zeigen. Da mag es verwunderlich erscheinen, daß im selben Jahr 1796, das die Veröffentlichung der »*Lehrjahre*« mit der Erwähnung des Mignon-Kreuzes brachte, auch das berühmt bissige Distichon gegen das Kreuz erschien (in den »*Venezianischen Epigrammen*«). Der Widerspruch löst sich, bedenkt man die ambivalente Stellung Goethes zum Christentum überhaupt. Ist das Kreuz Symbol für Echtheit der Haltung, so läßt auch Goethe es gelten, wie er ein Christentum der Tat ehrt. Als bloß konventionelles Zeichen und Darstellung einer Marterszene ist es ihm zuwider, wie er auch ein nur konventionelles Glaubenschristentum ablehnt. In der sorgsamen Verhüllung künstlerischen Gestaltens erscheint das Kreuz als Bewährungssymbol auch in Goethes Dichtung. In »*Wilhelm Meisters Lehrjahren*« überreicht der Oheim – Goethes Ebenbild – der »schönen Seele« ein Kreuz, »kunstmäßiger und schöner gearbeitet und emailliert, als man es sonst zu sehen gewohnt war«. Ein gleiches Kreuz sieht Wilhelm später an der Brust Nataliens. In »*Wilhelm Meisters Wanderjahren*« scheint, wie die Forschung glaubhaft machte,[9] dem rätselhaften Schlüssel des Kästchens die Form eines Kreuzes zugrunde zu liegen. In allen Fällen ist das Kreuz Symbol für tätige Bewährung, für ein Tun und Entsagen, wie Christus oder auch Spinoza »es haben wollten«. Eckermann erweist sich wie in so vielem auch darin als nächster Goethejünger, daß er an den Schluß seiner Gesprächssammlung dies gewichtige Wort des Dichters stellt, gleichsam als dessen Hauptvermächtnis: »Auch werden wir alle nach und nach aus einem Christentum des Wortes und Glaubens immer mehr zu einem Christentum der Tat kommen.«

II. Das Fragment »Jugend-Epoche«

Was Goethes Verhältnis zu Spinoza betrifft, so war der Dichter darüber ähnlich verschwiegen wie über sein Verhältnis zu Christus. Das hatte zur Folge, daß man lange Zeit Spinozas Bedeutung für den *jungen* Goethe kaum wahrhaben wollte. Und doch beziehen sich die einzigen längeren Auslassungen des Dichters über sein Spinoza-Erlebnis, die Abschnitte in »*Dichtung und Wahrheit*«, auf die Wertherzeit. Unter den nicht verwendeten Aufzeichnungen zu »*Dichtung und Wahrheit*« findet sich, verbor-

---

[9] Vgl. Friedrich Ohly in: *Euphorion* Bd. 55, 1961, S. 422 ff.

gen, eine weitere Äußerung Goethes über die frühe Bedeutung Spinozas. Es ist das Fragment »*Jugend-Epoche*«, in den Goetheausgaben gewöhnlich an den Anfang der Abteilung »*Biographische Einzelheiten*« gestellt. In unserem Zusammenhang darf uns das Fragment interessieren, weil die für Goethe so wichtige ethische Hauptlehre Spinozas darin zwar ähnlich wie in den ausgeführten Abschnitten von »*Dichtung und Wahrheit*« dargestellt ist, jedoch dabei noch ein anderer Aspekt sichtbar wird. Goethe berichtet in dem Fragment, er habe »vor seinem zwanzigsten Jahre fast die Schulen sämtlicher Moral-Philosophen durchlaufen«, schildert dann ausführlich, was er darin gefunden habe und bricht ab genau an der Stelle, wo der Name Spinozas hätte erscheinen müssen. Die Schlußpartie von »*Jugend-Epoche*« lautet wie folgt:

> Diese Lehren widersprachen einander öfter, als daß sie sich untereinander hätten ausgleichen lassen. Durchaus aber war immer von einer gewissen Mäßigkeit die Rede, von der ich, meinem Naturell nach, am wenigsten begriff und wovon man überhaupt in der Jugend – weil Mäßigkeit, wenn sie nicht angeboren ist, das klarste Bewußtsein fordert – nichts begreifen kann und bei allem Bestreben darnach nur desto unmäßigere ungeschicktere Streiche macht. Alle diese Gedanken und Denkweisen waren aber nun einmal bei mir aufgeregt, und wenn das Jünglingsleben auch noch so heiter, frei und lebhaft hinschritt, so ward man doch oft genug an jene wünschenswerte und unbekannte Norm erinnert. Je freier und ungebundener ich lebte, und je froher ich mich gegen meine Gesellen und mit meinen Gesellen äußerte, wurde ich doch sehr bald gewahr, daß uns die Umgebungen, wir mögen uns stellen wie wir wollen, immer beschränken, und ich fiel daher auf den Gedanken, es sei das Beste uns wenigstens innerlich unabhängig zu machen.

Mit diesen Worten lassen die Goetheausgaben das Fragment enden. In der Handschrift findet sich der letzte Satz noch um einige Worte erweitert. Hier heißt es: ». . . es sei das Beste uns wenigstens innerlich unabhängig zu machen, w o b e y m i r m e i n e h m a l s s c h o n g e l i e b t e r . . .« Der Name, der nun folgen müßte, ward nicht mehr geschrieben. Es ist keine Frage, daß er »Spinoza« hätte lauten müssen. Goethe schickt sich an, zu bekennen, daß er Spinoza bereits »ehmals«, in seiner Jugend, »geliebt« habe, was dann später in Buch 14 und 16 von »*Dichtung und Wahrheit*« so eindringlich bekräftigt wird. Daß das Fragment »*Jugend-Epoche*« abbricht gerade da, wo Spinoza zu nennen gewesen wäre, hat gute Gründe. Ausschlaggebend mag ein Bedenken chronologischer Art gewesen sein. Als der zweiundsechzigjährige Autor von »*Dichtung und Wahrheit*« im Spätherbst 1811 das Fragment diktierte, schwebte ihm vor, daß Spinoza sehr früh für ihn von Bedeutung gewesen war. Hier-

über wollte er Bekenntnisse ablegen. Der genaue Zeitpunkt seiner ersten
Begegnung mit dem Philosophen aber mag ihm fraglich erschienen sein.
Die Betrachtungen von »*Jugend-Epoche*« erstrecken sich auf den Zeitraum der ersten zwanzig Lebensjahre, reichen also bis ca. 1769. Offenbar
kamen Goethe bei der Abfassung Zweifel, ob bis zu diesem Zeitpunkt
Spinoza schon seinen Einfluß ausgeübt hätte. Ernstliche Hinweise hatte
der einundzwanzigjährige Goethe zweifellos von Herder in Straßburg
erhalten, Winter 1770/71. Das hat, wie alles von Herder Vermittelte,
seinen Eindruck nicht verfehlt. Suchte Goethe aber in seiner Erinnerung
nach der frühsten umfassenden Auswirkung Spinozas, so stand ihm
natürlich die Wertherzeit vor Augen. Von ihr wußte Goethe mit Sicherheit, wievieles er Spinoza damals verdankte. So mag er während der Abfassung des Fragments zu dem Entschluß gekommen sein, über das Thema
Spinoza erst in einem späteren Buch von »*Dichtung und Wahrheit*« zu
sprechen, bei Charakterisierung der Wertherzeit. Plötzlich ward sich
Goethe vermutlich darüber klar, wieviel reicher, dankbarer die Behandlung dieses Stoffes dann zu gestalten wäre; so plötzlich, daß er, beim Dik-
tat an den Namen des »geliebten« Philosophen gekommen, innehielt und
schließlich abbrach. Erst zwei Jahre danach, 1813, verfaßte er die Spinoza-
Abschnitte, die wir kennen. Ihnen gegenüber verhalten sich die Betrachtungen von »*Jugend-Epoche*« wie eine erste Improvisation.

Bei Vergleichung des Inhalts zeigt sich das Frühere dem Späteren gegenüber durchweg verwandt. Doch findet sich in dem Fragment »*Jugend-
Epoche*« ein Gesichtspunkt, der Goethes Einstellung zu Spinoza verdeutlicht, über das in »*Dichtung und Wahrheit*« Gesagte hinaus. Die
Spinoza-Partien von 1813 enthalten prinzipiell die nämlichen Gedanken wie das Fragment von 1811. Was Goethe hier »Mäßigkeit« nennt,
bezeichnet er dort als Beruhigung der Leidenschaften, ausgleichende
Ruhe, Friedensluft usw. Wie im Fragment so wird auch in Buch 14
hingewiesen auf den »Kontrast« zwischen Mäßigkeitsanspruch und
Leidenschaftlichkeit des Jugendalters. In den eingangs von uns zitierten
Sätzen aus Buch 16 findet sich die überzeugendste Parallele zu den Gedanken des Schlußsatzes von »*Jugend-Epoche*«. Wird hier gesagt: die
» Umgebungen beschränken uns, wir mögen uns stellen wie wir
wollen«, so heißt es dort: Gesellschaft, Sitten, Philosophie usw., alles ruft
uns zu, daß wir entsagen sollen.

Unter einem andern Aspekt gesehen ist im Fragment, was Goethe als
das Heilmittel gegen Beschränkung durch die »Umgebungen« bezeichnet. Es taucht der Begriff der Freiheit auf. In »*Jugend-Epoche*« sagt

Goethe, er habe gesucht, sich »innerlich unabhängig zu machen«.
»*Dichtung und Wahrheit*« nennt als Arkanum gegen die von außen
andringenden Entsagungsansprüche: Beruhigung der Leidenschaften,
»Resignieren im ganzen«. Es ist aber daran zu erinnern, daß
beides für Goethe wesensgleich war. In dem Begriff der inneren Freiheit
ist befaßt, was totale Resignation ihm bedeutete. Angesichts der Spär-
lichkeit seiner Mitteilungen über Spinoza darf uns jedes Wort von Wert
sein, das die Bekenntnisse der Autobiographie ergänzt. Zwar sagt Goethe
auch in dieser (Buch 14) andeutend ähnliches wie im Fragment: er habe
sich »in aller Welt um ein Bildungsmittel umgesehn« und sei endlich auf
Spinozas »*Ethik*« geraten. Der nun folgende, auf den Freiheitsbegriff
bezügliche Passus ist aber wieder so versteckt in der Formulierung, daß
man den Inhalt kaum erfaßt: »Was ich mir aus dem Werke mag heraus-
gelesen, was ich in dasselbe mag hineingelesen haben, davon wüßte ich
keine Rechenschaft zu geben, genug ich fand hier eine Beruhigung
meiner Leidenschaften, es schien sich mir eine große und freie
Aussicht über die sinnliche und sittliche Welt aufzutun.« Mit Rückblick auf das Fragment »*Jugend-Epoche*« läßt sich dem entnehmen: Spinozas Entsagungslehre brachte Goethe innere Freiheit.
Suchen wir nach weiteren Erweisen, daß totale Resignation und innere
Freiheit für Goethe zusammengehörten, so verhelfen uns zur Einsicht
erstens Spinozas »*Ethik*« und zweitens Goethesche Dichtung. Bei Spinoza
ist das ethische Postulat, das Goethe mit »im ganzen Resignieren« bezeichnet, genannt: Macht über die Affekte erlangen. Diese Macht über
die Affekte aber ist es, die Spinoza zufolge dem Menschen einzig innere
Freiheit, »Freiheit des Geistes« gibt. Das letzte Buch seiner »*Ethik*«, das
lehrt, Macht über die Affekte zu erlangen (durch den Intellectus), ist
denn auch betitelt: »*Von der menschlichen Freiheit*«. In solcher Form
erschien dem Deterministen Spinoza Freiheit möglich und höchstes Gut.
Goethe, mit seiner Sympathie für deterministische Weltanschauungen
(Spinoza, Calvinismus, Islam), dachte nicht viel anders.
Innerhalb von Goethes Dichtung legt die folgende Stanze aus dem Fragment »*Die Geheimnisse*« Zeugnis ab, daß totale Entsagung (hier heißt
es: »sich Überwinden«) und innere Befreiung gegenüber der einengen-
den Außenwelt unlösbar zusammenhängen, wesensgleich sind:

> Denn alle Kraft dringt vorwärts in die Weite,
> Zu leben und zu wirken hier und dort;
> Dagegen engt und hemmt von jeder Seite
> Der Strom der Welt und reißt uns mit sich fort.

> In diesem innern Sturm und äußern Streite
> Vernimmt der Geist ein schwer verstanden Wort:
> Von der Gewalt, die alle Wesen bindet,
> Befreit der Mensch sich, der sich überwindet.

Die »*Geheimnisse*« wurden geschrieben, als Goethe durch den Pantheismusstreit zu erneutem intensivem Studium Spinozas veranlaßt ward. Das Gedicht ist mit seiner Verherrlichung des Rosenkreuzes zugleich eine Äußerung Goethes über seine Stellung zu Christus. Noch wenige Wochen vor seinem Tode schrieb Goethe an Zelter mit Bezug auf »*Die Geheimnisse*«: »Daß ich das Kreuz als Mensch und als Dichter zu ehren und zu schmücken verstand, hab ich in meinen Stanzen bewiesen.« Aber auch im Fall der »*Geheimnisse*« verlor Goethe sich in Schweigen. Das Gedicht blieb unvollendet. Wie er über Christus und Spinoza dachte, behielt Goethe weitgehend für sich, gemäß der Devise des »*Westöstlichen Divan*«:

> Soll man dich nicht auf's schmählichste berauben,
> Verbirg dein Gold, dein Weggehn, deinen Glauben.

Albert Fuchs

Zur Theorie und Praxis der Textinterpretation

»Gretchens Stube. Gretchen am Spinnrade allein.«
(Goethe, ›Faust‹, V. 3, 374–413)

I. Die Methode

Einen *Text* interpretieren heißt, ihn *an sich*, in manchen Fällen aber auch *als Teil eines größeren Ganzen* in der Gesamtheit seines Inhalts und seiner Form verstehen und verständlich machen. Vier Punkte kommen dabei in Betracht:

> Was wird gesagt?
> Wie wird es gesagt?
> Welches ist der Gesamtcharakter des Gesagten?
> Wohin gehört das Gesagte?

Angesichts der Beängstigung mancher Studierenden erlaube man mir das Wort, daß die Beantwortung dieser Fragen keine Hexerei ist, sondern eine Sache des Willens zur Klarheit über die Bestandteile und danach über das organisierte Ganze eines Textes. Es bedarf dazu wesentlich der zunächst analysierenden, dann synthetisierenden Überlegung und, namentlich bei lyrischen Gebilden, der Gabe der seelischen Teilnahme. Vorausgesetzt ist ein sei es auch noch nicht voll entwickeltes Sprachgefühl.

Die Aufgabe besteht demnach in einem *Auseinandernehmen* und einem *Wiederzusammensetzen.* Bei jenem gehen wir die Einzelheiten durch und untersuchen ihren Sinn; bei diesem forschen wir nach der Logik, die den an sich beurteilten Gegebenheiten des Textes innewohnt und sie in Beziehung zueinanderbringt. Wir erstreben eine Erhellung des Komplexes, die sich durch ihre innere Geschlossenheit empfiehlt. Es geht, mit andern Worten, um eine *denkerische Rekonstruktion.* Hier können wir dazu gebracht werden, die vom Autor geschaffene Ordnung außer acht zu lassen; doch ist das, wie wir sehen werden, durchaus kein Übelstand.

Bei dieser Rekonstruktion, die, ich wiederhole es, rein intellektueller Natur ist, beschäftigen wir uns noch nicht mit den Äußerlichkeiten der erzählten Anekdote, des berichteten Ereignisses. Wenn wir z. B. Goethes Gedicht ›An den Mond‹ – »Füllest wieder Busch und Tal ...« – betrachten, begnügen wir uns nicht damit festzustellen, daß wir Goethe in einer gewissen Landschaft und beim Sinnen über gewisse Umstände seines Lebens sehen; wir sind erst befriedigt, wenn wir die grundlegende psychologische Haltung und damit den geistigen Mittelpunkt, den Leitgedanken,[1] *das Thema* des Textes erfaßt haben.

Danach gilt es, dieses Thema auf eine Formel zu bringen. (Im vorliegenden Fall würde sie Bedürfnis nach Seelenfrieden lauten.) Gelingt es uns, so wird unser Gesamtbemühen außerordentlich erleichtert; denn wir haben das Gravitationszentrum entdeckt, um welches alles und jedes wie von selbst seine Stelle findet, seine Bedeutung und Funktion enthüllt. Bezüge werden sichtbar. Eine Ordnung drängt sich auf.

Die Prozedur mag, wie schon gesagt, zur Vernachlässigung – zur vorläufigen Vernachlässigung – der Verknüpfung der Materialien, wie sie im Text selbst vorliegt, führen, da dieser nicht das sofortige rationale Darlegen der Logik der Tatsachen, sondern etwa das Bild der Irrungen und Wirrungen eines Angstzustandes im Auge haben kann. Trotzdem ist diese Technik berechtigt; denn Interpretation hat in erster Linie das Gebot der Klarheit fordernden Intelligenz zu befolgen. Läßt man diesen Grundsatz nie unberücksichtigt, so hat man die größte Aussicht, nicht auf Abwege und ins Dunkle zu geraten.

Nach einer derartigen Sicherung der Basis unserer Interpretation haben wir uns unter Umständen der textgegebenen Disposition der Einzelheiten zuzuwenden, da *die vom Autor gewollte ordnende Form* nicht grund- und zwecklos ist. Auch hier geht es darum, einen Sinn zu erkennen.

Bis jetzt haben sich unsere Untersuchungen, die das Thema und seine Entwicklung zum Gegenstand hatten, im Abstrakten bewegt. Nun ist aber ein literarischer Text ein Kunstwerk und wendet sich in dieser Eigenschaft an alle Fähigkeiten des Menschen. Als solches enthält er Elemente, die der Abstraktion Konkretheit verleihen. (Man sehe, wie das gleiche

---

[1] Vorausgesetzt, daß es einen solchen gibt, was meistens der Fall sein wird. Wenn nicht, muß es ausdrücklich gesagt, und die Interpretation entsprechend angelegt werden. Man darf nicht vergessen, daß bestimmte Texte, etwa in der romantischen oder der zeitgenössischen Lyrik, kaum auf einen genau zu umschreibenden intellektuellen Nenner zu bringen sind und in diesem Sinne eine sehr vorsichtige Annäherung erheischen. Man wird dann von Stimmung oder allgemeiner geistiger Haltung sprechen.

Motiv – die Liebe als absolute und tragische Macht – in ›*Romeo und
Julia*‹ und im ›*Faust*‹ abgewandelt wird.) Unsere äußeren und inneren
Sinne empfangen Anregungen, dank denen unsere Phantasie hört, sieht,
fühlt, berührt, und zwar mit einer Eindringlichkeit, die stärker als die
der uns umgebenden Wirklichkeit sein kann. (»Heard melodies are sweet,
but those unheard / Are sweeter«, sagt Keats.) Damit gibt der Schriftsteller oder Dichter seiner Schöpfung ihre einmalige Eigenart; aber, was
mehr bedeutet: der so geschaffene Einzelfall spricht uns stärker an, bewegt
uns tiefer als eine Allgemeinheit. Wir analysieren seine Daten im Hinblick auf das Thema, das sie bereichern, indem sie es sowohl gehaltvoller
als sinnenhafter machen. Wie dieses und in organischer Beziehung zu
diesem sind sie ein Teil des Textinhalts. Doch wenn das Thema intellektueller, geistiger Natur ist, ist bei dieser individualisierenden Konkreti-
sierung weitgehend Stoffliches im Spiel. Mit allem dem rühren wir an die
Probleme der ästhetischen Form, die sich als Einkleidung eines geistigen
Gehalts an unsere sinnliche Reaktionsfähigkeit wendet. Nachzuweisen,
was ein Text hier bietet, ist ein ganz wesentlicher, aber viel zu häufig
übergangener Punkt der Interpretation.

Nun aber fällt die Aufgabe, einen Inhalt zu vermitteln und Form zu sein,
der *Sprache* zu, in der ja Begriffliches und Sinnenhaftes eng ineinander
verflochten sind. Welches ist der Charakter der Sprache eines Textes? Auf
welche Weise bringt sie nahe, schafft sie Gegenwart? Genauer gesagt:
Welches sind ihre Ausdrucksmittel? Wenden sie sich im wesentlichen an
den Verstand? An den Willen? Sind sie lyrisch geartet? Bis zu welchem
Grad bewegen sie in diesem Fall unser Gefühl und regen sie Träumerei
oder Meditation an, die sich aus sich selbst nähren und fortsetzen? Inwiefern kann diese Sprache, in der Sinn und Form so untrennbar verbunden sind, absolute Form werden, in welcher Klang, Rhythmus, Tempo
an sich selbst, fern aller begrifflichen Bedeutung, wirken? Eine derartige
Analyse eines Textes als Wortkunstwerk ist unerläßlich, besonders wenn
es sich um Lyrisches handelt, und die Unterscheidung der zwei Seiten
der Sprache erweist sich als der am behutsamsten anzugreifende Punkt
unserer Arbeit. Ist die erzeugte lyrische Schwingung die Frucht des Sinns
oder der Form? Die Antwort ist weniger schwierig, als man meinen
könnte. Es ist schon sehr viel gewonnen, wenn man sich des Problems
bewußt bleibt.

Durch die ordnende Form entsteht die Textstruktur, wie der Autor sie
gewollt hat. Durch die ästhetische Form werden Abstraktion und Begrifflichkeit zu Sinnenhaftigkeit. Hier und dort zeigt sich der Zugriff des

gestaltenden Künstlers. Ein Text ist nicht mehr Spekulation, Philosophie, Wissenschaftlichkeit und wird Literatur, d. h. Kunst, gesteigertes Leben. Die beiden Formkategorien sind für die Interpretation insofern wichtig, als die Einsicht in die ihnen gemeinsamen Züge erlaubt, den *Stil* des Textes zu definieren, anders gesagt, das Prinzip, das dessen Aspekte vereinheitlichend prägt, zu bestimmen oder aber hervorzuheben, daß Stilmengung – die allerdings auch einen Stil ausmacht – vorliegt. Gleich dem Thema wirkt der Stil als magnetischer Pol, dem die Einzelheiten sich zuordnen; doch handelt es sich diesmal um Formales.

Ich fasse zusammen. Der Interpretierende wird sich in hohem Grade unterstützt fühlen, wenn er begriffen hat, daß man sich und andern nur Das nahebringt, was man selber tief, weit und klar verstanden hat. Er wird deshalb die Elemente einer derartig aufgefaßten größtmöglichen Kenntnis zusammentragen und danach durch eine intellektuell überwachte Anordnung deren Zusammenhang aufzeigen. Er muß dabei sehr genau zwei Stadien unterscheiden, die, meiner Erfahrung nach, allzuoft vermengt werden:

1. für sich selbst durchforschen und ordnen (die Vorbereitung der Interpretation);
2. darlegen, was er durchforscht und geordnet hat (die eigentliche Interpretation).

Da die Ausgangspunkte und die Schritte in den beiden Fällen nicht die gleichen sind, sind auch die Verfahren verschieden wie das Vorgehen eines Wanderers, der seinen Weg sucht, und das eines Führers, der diesen kennt. Der eine wird mehr als einmal nach rechts oder links abirren, der andere mit Entschiedenheit dem Ziel zustreben, das er bezeichnen und damit Vertrauen einflößen kann.

II. Die Anwendung der Methode

Zur Verdeutlichung der hier vorgeschlagenen Technik wurde ein Text gewählt, an dem die Probleme der Interpretation, darunter besonders das des Verhältnisses zwischen intellektueller Rekonstruktion und vom Autor gewollter ordnender Form, mit Einfachheit und Eindringlichkeit vorgeführt werden können.

Gretchen am Spinnrade allein

Meine Ruh ist hin,	Sein hoher Gang,
Mein Herz ist schwer;	Sein' edle Gestalt,
Ich finde sie nimmer	Seines Mundes Lächeln,
Und nimmermehr.	Seiner Augen Gewalt,
5 Wo ich ihn nicht hab,	25 Und seiner Rede
Ist mir das Grab,	Zauberfluß,
Die ganze Welt	Sein Händedruck,
Ist mir vergällt.	Und ach, sein Kuß!
Mein armer Kopf	Meine Ruh ist hin,
10 Ist mir verrückt.	30 Mein Herz ist schwer;
Mein armer Sinn	Ich finde sie nimmer
Ist mir zerstückt.	Und nimmermehr.
Meine Ruh ist hin,	Mein Busen drängt
Mein Herz ist schwer;	Sich nach ihm hin:
15 Ich finde sie nimmer	35 Ach, dürft ich fassen
Und nimmermehr.	Und halten ihn
Nach ihm nur schau ich	Und küssen ihn,
Zum Fenster hinaus,	So wie ich wollt,
Nach ihm nur geh ich	An seinen Küssen
20 Aus dem Haus.	40 Vergehen sollt!

1. Die Vorbereitung der Interpretation

Der Monolog Gretchens am Spinnrade ist ein *Teil eines größeren Ganzen*, dessen Kenntnis zu den Voraussetzungen einer genügend vertieften Interpretation gehört. Das bedeutet nicht, daß aus den 3300 vorhergehenden und den 2200 darauffolgenden Versen des ersten sowie aus dem zweiten Teil der Tragödie alles Fausts Persönlichkeit und Handeln Kennzeichnende heranzuziehen ist; es genügt, das für seine Beziehung zu Margarete in Betracht Kommende hervorzuheben. Margarete ihrerseits muß in ihrer Persönlichkeit, ihrer Umwelt, ihrem Verhalten charakterisiert werden, wie diese Elemente sich bis zum Augenblick des Selbstgesprächs und danach darstellen.[2]

Beim *Auseinandernehmen des Textes*, das nunmehr beginnen kann, untersuchen wir dessen Einzelheiten und ihre Bedeutung. Jedesmal vermerken wir mehr oder weniger stichwortartig unsere Auslegung. Wir tragen

---

[2] Um Wiederholungen zu vermeiden, wird diese Vor- und Nachgeschichte erst weiter unten S. 38 f., 44 mitgeteilt; doch ist schon jetzt Kenntnis davon zu nehmen.

unsere Materialien zusammen, aber unter Vorbehalt eines späteren Über-
prüfens, Ausscheidens, Ergänzens, Ordnens.

»*Gretchens Stube. Gretchen am Spinnrade allein.*«

Die Stube, an sich eine Stätte »der Stille, der Ordnung, der Zufriedenheit« und von Margarete bisher als solche empfunden – wie lange
noch? Obgleich allein, ohne Überwachung durch die Mutter, arbeitet
sie. Ein Aspekt der bürgerlichen Tugenden, zu denen sie erzogen worden ist. Aber eine ganz mechanische Beschäftigung. Das eintönige Surren des Spinnrads (Symbol einer seelischen Besessenheit). Nichts lenkt
sie ab. Sie kann ihren Gedanken nachhängen, sich ihren Gefühlen hin-
geben. Bis zu welchem Punkt, zu welchen Folgen?

V. 1: »*Meine Ruh ist hin.*«
Innere Bewegtheit, Unruhe, Verwirrung. Kommende Haltlosigkeit?
V. 2: »*Mein Herz ist schwer.*«
Bedrücktheit, verminderte Lebenskraft.
V. 3, 4: »*Ich finde sie nimmer / Und nimmermehr.*«
Aufgeben aller Hoffnung auf Wiederherstellung des Normalzustandes.
Versagen der geistigen Kräfte. Der typische Extremismus gewisser lie-
benden Seelen, die sich rückhaltlos hingegeben haben.
V. 5, 6: »*Wo ich ihn nicht hab, / Ist mir das Grab.*«
Faust stellt für Margarete das Leben dar.
V. 7, 8: »*Die ganze Welt / Ist mir vergällt.*«
Ohne Faust ist die Welt mit ihrem Glanz und ihren Verheißungen
(Margarete ist jung und sollte vertrauensvoll sein) nicht nur reizlos,
sondern auch widerlich (Galle). Lebensekel und verfälschtes Urteil.
Gibt Margarete sich Rechenschaft? Wohin wird das führen?
V. 9, 10: »*Mein armer Kopf / Ist mir verrückt.*«
Ihre Denkfähigkeit ist beeinträchtigt, wenn nicht aufgehoben. Wird
sie noch wissen, was sie tut? Wird sie versuchen, sich wieder in ihre
Gewalt zu bekommen?
V. 11, 12: »*Mein armer Sinn / Ist mir zerstückt.*«
Geistiges Leben und Persönlichkeit haben ihren Zusammenhalt ver-
loren. Wird sie sich treiben lassen? Wird sie die Gefahr richtig ermes-
sen? Wie wird sie gegebenenfalls versuchen, wieder Herrin ihrer selbst
zu werden?
V. 13–16: »*Meine Ruh ...*«
Für den Augenblick reagiert sie nicht, sondern wiederholt den Aus-

druck ihrer Verwirrung und Bedrücktheit. Die Gefangene einer Besessenheit, ihrer Liebe.

V. 17–20: »*Nach ihm nur schau ich / Zum Fenster hinaus, / Nach ihm nur geh ich / Aus dem Haus.*«
Folgen dieser Besessenheit, dieser Liebe: Denken und Tun kennen nur noch Faust. Faust als ihr Absolutes. Was wird das Wiederfinden sein, und mit welchen Folgen? Aller Wahrscheinlichkeit nach die letzte Hingabe. Tragische Folgen?

V. 21: »*Sein hoher Gang.*«
Sie ruft sich Fausts Bild vor Augen; seine beeindruckende physische Erscheinung im Vorwärts der Bewegung.

V. 22: »*Sein' edle Gestalt.*«
Der Adel seiner Schönheit.

V. 23: »*Seines Mundes Lächeln.*«
Seine der Sanftheit und der innigen Gefühlsverbindung fähige Seele.

V. 24: »*Seiner Augen Gewalt.*«
Die Mächtigkeit seines inneren Lebens. Die Stärke seiner Persönlichkeit; Vergeblichkeit eines Widerstands. Sucht Margarete eine Erklärung, eine Entschuldigung für die Vergangenheit und vielleicht mehr noch für Kommendes?

V. 25, 26: »*Und seiner Rede / Zauberfluß.*«
Beeindruckender Glanz von Fausts Seele und Intelligenz. Schlägt aber nicht auch der Klang der Stimme sinnlich in Bann?

V. 27: »*Sein Händedruck.*«
Erinnerung an die Erschütterung durch eine körperliche Berührung, die an sich nichts Besonderes bedeutet. Alles, was in Beziehung zur Persönlichkeit Fausts steht, hat außerordentliches Gewicht.

V. 28: »*Und ach, sein Kuß.*«
Fast bis zur Vernichtung führende Erschütterung der Persönlichkeit durch die körperliche Berührung im Kuß. Zeichen von Margaretens Drang zu Faust hin, ihres Verlangens, sich hinzugeben und in ihm wie in einem Absoluten aufzugehen. Das Ich kommt nur noch als Mittel zur Vereinigung, Verschmelzung in Betracht. – Die Verse 21–28 zeichnen die Entstehung, die Entwicklung und das (vorläufige) Resultat von Margaretens Liebe für Faust nach. Drohende Aussichten.

V. 29–32: »*Meine Ruh...*«
Zum dritten Mal äußert sich Margarete als die Gefangene ihrer Besessenheit, ihrer Liebe, der sie sich wehrlos ausgeliefert fühlt.

V. 33, 34: »*Mein Busen drängt / Sich nach ihm hin.*«

Sie kennt nur noch das Bedürfnis, den Drang nach der vollständigen Vereinigung. (Im ›Urfaust‹ heißt es viel unumwundener: »Mein Schoos! Gott! drängt...«) Alle sittlichen oder sozialen Hemmungen sind weggefegt. Die Liebe ist die alles beherrschende Macht.

V. 35, 36: »*Ach, dürft ich fassen / Und halten ihn.*«
Wille, Faust als das höchste Gut in Besitz zu nehmen.

V. 37, 38: »*Und küssen ihn, / So wie ich wollt.*«
Das Verlangen, sich Faust hinzugeben, ihr Wesen in das seine zu ergießen, das seine in das ihre aufzunehmen. Das Körperliche, ein Mittel zur Seelengemeinschaft, Seelenverschmelzung. Margarete ist wesentlich nicht vom Geschlecht, sondern von der Seele, dem Herzen beherrscht. Die Tragik dieser Liebe.

V. 39, 40: »*An seinen Küssen / Vergehen sollt.*«
Sie ist bereit, mit ihrem Leben zu zahlen. Die Liebe als ihr Absolutes. Margarete wird zum Zusammenhalt ihrer Persönlichkeit (vgl. zu V. 11, 12) zurückfinden, um einem Ziel zuzustreben, das ihr Verderben sein wird.

Das Wiederzusammensetzen und *die denkerische Rekonstruktion* hat die soeben an sich beurteilten Einzelheiten des Texts in logische Beziehung zueinander zu bringen. Wir gehen dabei von den Versen 21 bis 28 aus, die die Entstehung, die Entwicklung und das (vorläufige) Resultat von Margaretens Liebe für Faust darstellen. Andere Verse beschreiben das Resultat genauer: für Margarete gibt es nur Faust; er ersetzt ihr die Welt, stellt für sie das Leben dar (V. 5–8) und bestimmt sie in allem (V. 17–20). Daher bei ihr Unruhe, Bedrücktheit, verminderte Lebenskraft (V. 1–4, 13–16, 29–32). Der dreifache immer gleiche Ausdruck dieses Zustands zeigt dessen nie aussetzende lastende und bohrende Gewalt mit dem Versagen des Denkvermögens (V. 9 f.) und dem Zerfall der Persönlichkeit (V. 11 f.) als Folge. Da keine von außen kommende Regel mehr gilt, bleibt nur noch das Verlangen nach Hingabe und Aufgehen (V. 33–38) und die Bereitschaft, dafür mit dem Leben zu zahlen (V. 39 f.). Nun aber verdient Margarete zu leben und glücklich zu sein, wie aus ihren Antezedentien und dem Symbol des Spinnrads (Arbeit, Pflichterfüllung) hervorgeht. – Die denkerische Rekonstruktion hat zu einer Morphologie der Liebe in einem tragisch bedrohten Sonderfall geführt.

Wir können nun mühelos den Leitgedanken, *das Thema* des Textes erfassen und es auf eine Formel bringen: Die Liebe als absolute, tragisch bedrohende Gewalt. Wenn man das Thema in Beziehung zu den einzelnen

Textelementen setzt, wird man erkennen, wie deren jedes seine Stelle findet, seine Bedeutung und Funktion enthüllt, und wie sich eine Ordnung aufdrängt.

Die vom Autor gewollte ordnende Form ist nicht die soeben von uns aufgestellte. Margarete spricht nicht zuerst von der Entstehung ihrer Liebe, sondern von ihrer seelisch-geistigen Verfassung (V. 1–4), dann von deren Ursachen (V. 5–8), um jedoch sofort zu jener zurückzukehren (V. 9–16). Darauf äußert sie ihre Sehnsucht nach Faust (V. 17–20), und nun erst ist von der Entstehung und Entfaltung ihrer Liebe die Rede (V. 21–28). Sie kommt auf ihren Seelenzustand zurück (V. 29–32). Aber das bis jetzt unausgesprochene körperliche, sinnliche Verlangen – fürchtete sie das klare Wort? – bricht durch (V. 33–38). Alle Hemmung ist verschwunden. Der Tod als der Liebe möglicher Preis schreckt nicht (V. 39 f.). – Die Abfolge dieser Reaktionen ist nicht durch eine intellektualistisch vorgehende Logik bestimmt; denn sie ist der spontane Ausdruck einer Unruhe, die das helle Denken ausschaltet. Die textordnende Form entspricht einer psychologischen Situation und ergänzt damit unsere Kenntnis des Inhalts.

Zur *ästhetischen Form*, die der Abstraktion Konkretheit verleiht, gehört schon die Bühnenanweisung »Gretchen am Spinnrade allein«. Sie erinnert uns an alles, was wir von Margarete und ihrer Welt wissen. Vor unserer Phantasie, unserem inneren Auge und Ohr steht als Einkleidung des geistigen Gehalts des Monologs die Gestalt eines Mädchens in der Blüte seiner Jugend, Schönheit und Reinheit, das in seinem Glück und seiner Ehre bedroht ist. In einem Zimmer, das mit tragischer Ironie »Gefühl der Stille, der Ordnung, der Zufriedenheit« atmet, ist Margarete sich selbst, ihren Gefühlen und Gedanken überlassen. Das eintönige, nie aussetzende Geräusch des Spinnrads wirkt wie die Stimme einer dunklen Gefahr, die über einem liebenswerten Wesen lauert. Wir erfassen einen Einzelfall, der uns tiefer als eine Allgemeinheit bewegen wird.

Was bei der nicht mehr in ihrer Begrifflichkeit, sondern rein als Form betrachteten Sprache zunächst auffällt, ist die Prosodie der iambisch-anapästischen, d. h. steigenden, drängenden Verse mit gelegentlich betonten Anfangs- und unbetonten Endsilben: Goethe hat für den Monolog zur Volksliedzeile[3] gegriffen und einen sehr ausdrucksvollen Rhythmus geschaffen. In fünf Strophen gibt es nur je zwei wirklich stark betonte Hebungen. 1. Strophe: nim, mehr. 2. Strophe: ihn, gällt. 4. Stro-

---

[3] Vgl. Wolfgang Kayser, ›Kleine deutsche Verslehre‹ (1960), S. 23.

phe: wie in der ersten. 5. Strophe: ihm, ihm. 8. Strophe: wie in der
ersten. Eine Strophe, die dritte, besitzt keine derartige Hebung. Die sechste hat deren drei: Mun, Au, walt; die siebente sieben: Re, Zau, fluß,
Hän, druck, ach, Kuß; die neunte vier: Bu, hin, fas, hal; die zehnte vier:
küs, wollt, Küs, ge. Der Rhythmus beschleunigt und verstärkt sich, wenn
Faust, als sei er wirklich gegenwärtig, erwähnt wird und damit Seele
und Sinnlichkeit erregt (6. und 7. Strophe). Eine gewisse Verlangsamung
in Verbindung mit verstärktem Anschlag kennzeichnet die beiden Schlußstrophen: der Wille rafft sich zusammen, aber die Vorwegnahme einer
Ekstase wirkt hemmend. Der Rhythmus paßt sich den psychologischen
Bewegungen an und macht sie unmittelbar fühlbar. Der Gesamteindruck:
ein Wechselspiel von Ermattung und Getriebenheit; keine bewußte, gewollte Gelenktheit. – Unregelmäßigkeit in der Handhabung der Reime.
In den meisten Strophen – 1, 3, 4, 6–10 – nur je ein einziges Reimpaar;
in den beiden andern, ein verschiedenes Schema: 2. Strophe: aa bb;
5. Strophe: ab ab. Ungesuchtheit der Reime, aber gewisse sind ausdrucks-
voll durch ihr Gewicht – schwer, nimmermehr –, ihr Durchdringendes –
Welt, vergällt –, ihre Fülle – ...fluß, Kuß –, ihre Nachlässigkeit – ich,
ich. Nur männliche Reime ohne Schwingungskraft: Bedrücktheit oder für
einen Augenblick zusammengefaßte Energie – ...fluß, Kuß; wollt, sollt.
Mit sieben Ausnahmen sind die anderen Versschlüsse ebenfalls männlich.
Alle Versschlüsse verstärken den durch den Rhythmus hervorgerufenen
Eindruck. – Der Wortschatz ist der von Margaretens sozialer Schicht;
»Zauberfluß« erinnert an das Märchen. Die Worte: die Einsilbler wiegen
überraschend vor, machen etwa drei Viertel der Gesamtheit aus; dreißig
Zweisilbler, sechs Dreisilbler: Ausdruck des Stoßweisen, der Erschöpfung,
hie und da eines Vorwärts. Verstärkung der Wirkungen von Rhythmus
und Reim. – Außerordentliche Einfachheit der Syntax. Parataxe, abgesehen von zwei Ausnahmen, die jedoch absolut durchsichtig bleiben –
2. Strophe und Ende der 10. Strophe. Wenn das glänzende Bild Fausts
auftritt, zwei angelsächsische Genitive – V. 23 f. (gehobene Rede). In den
Augenblicken der stärksten psychologischen Spannung fehlt das Zeitwort – 6., 7., 9., 10. Strophe – oder wird der Satzbau sehr frei – V. 39 f.
statt »sollt' ich an seinen Küssen vergehen«. Auch die Syntax bezeugt
die Unfähigkeit zur Anstrengung, das Versagen, außer an zwei Stellen,
wo Gefühl und Verlangen durchbrechen. Unregelmäßigkeit. Alle formalen Aspekte der Sprache haben die gleiche Bedeutung, tragen durch ihr
Sinnenhaftes zur Schaffung der geistigen Atmosphäre bei.
Der Stil als der gemeinsame Nenner der ordnenden und der ästhetischen

Form. Durch ihre Anpassung an die psychologischen Regungen ist die
ordnende Form realistisch. Realismus auch der Sprache in ihren Elemen-
ten und ihrer Struktur. Die Stellen gehobenen Stils stehen nicht im
Widerspruch mit der Persönlichkeit Margaretens. Die Verwendung des
Verses ist allerdings nicht mehr streng realistisch, entspricht aber ander-
seits dem Brauch des Volkslieds, und Margarete singt ja »Wenn ich ein
Vöglein wär'«. Die Verse ihres Monologs könnten das Werk eines
›Volksdichters‹ sein, dessen Gaben jedoch über den Durchschnitt gehen
würden; denn in diesen Strophen ist Goethesches: der Sinn für den
Rhythmus und die Konzentration wie im ›Mailied‹ und die energische,
unverfälschte, dichte Wiedergabe der Wirklichkeit wie etwa in ›Christel‹.
Aber die so persönliche Note anderer Gedichte Goethes fehlt: Goethe
schrieb ein Rollengedicht und unterwarf sich einer andern, äußern Wirklichkeit als der seinen. Zusammengefaßt: ein realistischer Stil, der dem
Volklied nahesteht, aber eine Kraft und Geschmeidigkeit aufweist, die
Goethesches Gut sind. Die Freiheit in der Behandlung der Form gemahnt
an den Sturm und Drang und sein Verlangen nach getreuer Wiedergabe
der Wirklichkeit.

Das Verhältnis des Texts zum darauf Folgenden. Die Liebe zu Faust, das
Verlangen, sich dem geliebten Manne hinzugeben erklären es, daß Margarete den Schlaftrunk für die Mutter entgegennimmt und Faust mit
allen Folgen angehören wird, die ihr Tun nach sich zieht: verzweifelte
Angst, »Schmach und Tod«, Kindesmord, Elend in der Fremde, Gefängnis, Hinrichtung, Rettung durch die göttliche Gnade. Ihr Monolog enthält
ihr Geschick. Ihre Tragik ist in den Worten beschlossen: »Doch – alles,
was dazu mich trieb, / Gott! war so gut! ach war so lieb!«

2. Die Interpretation

Der Text als Teil eines größeren Ganzen

Margaretens Spinnrad-Monolog im ersten Teil von Goethes ›Faust‹ stellt
auf das erhellendste das innere Verhältnis des jungen Mädchens zu dem
Manne, den es liebt, dar. Es handelt sich dabei um den psychologisch entscheidenden Moment einer Bindung, die nur Bedenken, ja Beängstigung
erregen kann. Um es zu verstehen, genügt es, an die extremistische, nie
befriedigte Dynamik Fausts zu erinnern, von der Mephistopheles im
›Prolog im Himmel‹ spricht, an Fausts Welt- und Lebensverachtung, an
seinen hemmungslosen Willen zur Selbstbetäubung und zum Untergang
seiner selbst und der Schöpfung, die seines Erachtens nichts Wertvolles

zu bieten hat, und der gegenüber nur die Behauptung der eigenen Persönlichkeit und Stellungnahme in Betracht kommen kann. Er hat Margarete erblickt, sie schön gefunden, aufs formloseste angesprochen und will, wie er sich ohne Bedenken noch Zurückhaltung ausdrückt, »sie haben«. Doch sind dann bessere, liebende Gefühle in ihm aufgestiegen, die aber bei der Labilität seiner Stimmungen keinerlei Gewähr für Dauer bieten. Margarete ihrerseits ist das ehrbare Mädchen aus dem Kleinbürgertum, dessen peinlich strenge Ordnungs-, Sitten- und Ehrbegriffe sie als selbstverständlich empfindet. Sie urteilt, es gehe für sie »noch nicht an … in die Ehe zu treten«, ist aber bereits ohne es zu wissen, für die Liebe reif geworden. Auch hat Faust sie trotz des unzarten Annäherungsversuchs durch sein sicheres Auftreten und den Schimmer seiner Persönlichkeit ebenso tief und stark wie schnell beeindruckt. Er ist für sie ein »Herr«, eine hochstehende Erscheinung. Dadurch läßt er sie sich ihres unbestimmten Verlangens nach Entengung, Erweiterung, Erhebung mehr oder weniger bewußt werden und das Lied vom König in Thule singen. Diese Strophen sagen aber auch, daß sie die Liebe ganz wesentlich als eine unlösliche Verbindung zweier Herzen und Seelen versteht. Sie wird für Fausts gewinnendes Betragen und geistige Überlegenheit offen sein, ihm ihre Liebe zeigen und das Geständnis der seinen empfangen. Dann ist Faust in »Wald und Höhle« geflüchtet, um, allerdings vergeblich, gegen das sinnliche Verlangen nach Margarete anzukämpfen. Er weiß, daß er als »Unmensch ohne Rast und Ruh« dieses junge, schöne Leben zerstören wird, und nimmt es als unvermeidlich hin. Für ihr Teil kann Margarete sich mit ihren Gefühlen und Gedanken nicht von Faust lösen. »Wenn ich ein Vöglein wär'! so geht ihr Gesang« der Sehnsucht, wie Mephistopheles, der Kuppler, Faust berichtet. Der Monolog am Spinnrad setzt hier ein.

Das Wiederzusammensetzen und *die denkerische Rekonstruktion*
Gegenstand ist die Liebe Margaretens mit dem Verlangen nach der völligen Vereinigung als Ziel um jeden Preis. In intellektuellen Zusammenhang untereinander gebracht, werden die ungeordnet ausgedrückten, ganz persönlichen Gedanken, Erinnerungen und Wünsche Margaretens zu einer Morphologie der typischen Erscheinungsweise der Liebe eines Mädchens zu einem Manne in ihrer Entstehung, Entwicklung und letzten Auswirkung. Die physische Erscheinung des Mannes – »sein hoher Gang, sein' edle Gestalt« – ist der noch fast ganz sinnliche Ausgangs- und Keimpunkt. Eine seelische Beziehung, wie Güte sie herstellen kann – »seines Mundes Lächeln« –, knüpft sich danach. Sie wird vertieft durch

»seiner Augen Gewalt«, den konzentrierten Ausdruck des Geistes und
des Gefühls einer Persönlichkeit in ihrem Reichtum und ihrer Kraft. Eine
erste körperliche Berührung – »sein Händedruck« – wird zum durch-
zuckenden Erlebnis, »sein Kuß«, dieses physisch-seelische Geben und
Nehmen, zur Erschütterung des ganzen Wesens, das – »ach« – seine
Autonomie zerbrechen fühlt. Das Mädchen ist innerlich schon so hingegeben, seines Selbst entäußert, daß ohne den geliebten Mann »die
ganze Welt« mit ihrem Licht und Glanz und Leben verschwindet, »zum
Grab« herabgewürdigt ist oder, wenn sie trotzdem ins Bewußtsein tritt,
nicht nur schal, sondern abstoßend – »vergällt« – wirkt. Auch ist alles
Tun – ein Blick »zum Fenster hinaus«, ein Gang »aus dem Haus« – ein
Suchen nach dem Geliebten als der einzigen Wirklichkeit. Wo der Geliebte fehlt, gibt es für die Liebende nur quälende Erregtheit – »meine
Ruh ist hin« –, verminderte Lebenskraft – »mein Herz ist schwer« –,
ein Leid ohne Hoffnung, wie vier dreimal angeführte Verse es sagen.
Die Fähigkeit zu denken ist vernichtet – »mein armer Kopf ist mir verrückt« –, vernichtet das Gefühl, eine innerlich zusammenhängende Persönlichkeit zu sein – »mein armer Sinn ist mir zerstückt«. Errettung aus
dieser Vernichtung wird mit aller blinden Stärke des Lebenswillens, des
Selbsterhaltungstriebs gesucht und als möglich empfunden nur durch die
körperliche allernächste Nähe des Geliebten – »Mein Busen«, im ›Urfaust‹
»Mein Schoos«, »drängt sich nach ihm hin« –, durch Besitzergreifen als
»Fassen und Halten« und mehr noch – »Küssen ihn, so wie ich wollt'« –
durch das Verströmen der eigenen Seele in die Seele des geliebten Mannes. Die eigene Beglückung ist aber auch Wille zur Beglückung Fausts.
»Alles«, wird Margarete später sagen dürfen, »alles, was dazu mich
trieb, / Gott! war so gut! ach war so lieb!« Seele, nicht Sinnlichkeit sucht,
um ein Wort aus der Kerkerszene anzuführen, »einen überdrängenden
ganzen Himmel«. Hier ist das letzte Ziel, das rechtfertigende Absolute,
dem man die Existenz und was sie bisher bedeutete zu opfern bereit ist.
Ein Liebeserlebnis, das tragisch enden kann, vielleicht muß, ist das Thema
von Margaretens Selbstgespräch.

Die vom Autor gewollte ordnende Form

Es ist hervorgehoben worden, daß die Gedanken und Gefühle sich ungeordnet darstellen. Goethe konnte einen »Kopf« und einen »Sinn«, die
»verrückt« und »zerstückt« sind, nicht nach der logischen und zeitlichen
Abfolge der Ereignisse und Zustände vorgehen lassen. So berichtet Margarete nicht zuerst von der Entstehung ihrer Liebe, sondern von ihrem
seelisch-geistigen Zustand, dann von dessen Ursache – Fausts Abwesen-

heit –, um wieder auf sich selbst und ihre Verstörtheit zurückzukommen und zwar, als Zeichen von deren Tiefe, mit den Anfangsworten ihres Monologs. Danach sagt sie die Sehnsucht, die ihr ganzes Handeln bestimmt, und entsinnt sich nunmehr auch des Beginns und Wachstums ihrer Bindung an den geliebten Mann. Ein drittes Mal hört man ihre Worte von der »Ruh«, die »hin«, und vom »Herzen«, das »schwer« ist. Zuletzt entreißt sich ihr, halb Seufzer, halb Schrei, als Ausdruck des gebieterischsten Bedürfnisses, sich aus solcher Lebenslähmung zu retten, das Bekenntnis des Wunsches, Faust ganz anzugehören, ihn sich ganz zu eigen zu machen, sei es auch um die Hingabe eines Lebens, das ohne ihn sinn- und wertlos ist. Keinerlei in intellektueller Klarheit arbeitende Logik bestimmt diese Folge von Äußerungen, die den Impulsen der Gefühle und Triebe in ihrer Augenblicklichkeit unterworfen ist. Die Logik einer Psychologie, die mühsam um Selbstbesinnung und Weg ringt, ist das Gesetz der Anordnung des Stoffes.

Die ästhetische Form

Schon durch die Abstraktion hindurch, die bei der Analyse und Synthese des Monologs bisher vorgewaltet hat, ist das unheimlich Bedrohende des psychologischen Problems fühlbar geworden. Aber Ergriffenheit, Erschütterung tritt ein, wenn die nachbildende Phantasie den Einzelfall aus Fleisch und Blut und Seele ins Auge faßt, den »Margarete am Spinnrade« darstellt. Sie ist »allein«, das heißt nur auf ihre eigenen schwindenden Kräfte angewiesen. Sie befindet sich in ihrer Kammer, die, »Gefühl der Stille, der Ordnung, der Zufriedenheit« atmend, wie Faust es gefühlt hat, das Symbol einer gesicherten und vor kurzem noch Sicherheit gebenden Umwelt ist. Margarete ist ein »guts, unschuldigs Kind«; selbst Mephistopheles, der eiskalte Beobachter und Beurteiler, mußte es zugeben, und Faust konnte sie sich vorstellen, wie sie »dem Ahnherrn fromm die welke Hand geküßt«. In unberechnender Sorgfalt und Tätigkeit hat sie sich für die Mutter und ein kleines Schwesterchen verausgabt, kommt sie ihren zahlreichen häuslichen Pflichten im Gehorsam gegen die Mutter nach, die »in allen Stücken so accurat«, so peinlich anspruchsvoll ist. Trotz Herkunft aus dem Engen und Erziehung im Engen ist ihre auch geistig nicht des Wertes entbehrende menschliche Substanz offen für das, was über ihr steht. Und, wie sie rückblickend im Kerker sagt – also erst dort, wo keinerlei Eitelkeit oder Berechnung mehr in Frage kommt –: »Schön war ich auch«. Ihr gegenüber Faust, der trotz vorübergehender guter Regungen nur sich selbst, seinen Willen und seine Zwecke kennt und die ganze Macht seiner für Margarete unwiderstehlichen Persönlichkeit eingesetzt hat und weiterhin einsetzen wird. Was ist gefährdet? Ein eben erschlossenes, blühendes, selbstlos sich hingebendes, des Aufstiegs und der Entfaltung fähiges und jedes Glücks würdiges Leben. Das eintönige, sich immer selbst gleiche, nie aussetzende Surren des Spinnrads wird zum hörbaren Ausdruck eines fühl- und gnadenlosen Verhängnisses.

Die Sprache

Das ästhetische Moment, wie es in der Konkretheit von Margaretens Erscheinung gegeben ist, wird durch die Sprache als reine Form jenseits aller Begrifflichkeit verstärkt. Metrisch definiert, ist sie ein Wechsel von Iamben und Anapästen mit gelegentlichen Anfangshebungen und Endsenkungen. Es handelt sich um das Versschema der Volksliedzeile, deren Rhythmus von sehr bezeichnendem Charakter sein kann. In fünf Strophen – der ersten, zweiten, vierten, fünften und achten – gibt es nur je zwei wirklich stark betonte Hebungen; eine Strophe – die dritte – enthält keine solche, die sechste hat deren drei; in der siebenten finden sich deren sieben, in der neunten und zehnten je vier. Als Zeichen seelischer und sinnlicher Bewegtheit hat der Rhythmus sich beschleunigt und zugleich energischer hervorgehoben, als Faust gewissermaßen in körperlicher Gegenwart vor Margaretens geistigem Auge aufstieg; danach unterstreicht er viel weniger stark, um in den Schlußstrophen wiederaufzuleben, langsamer als auf seinem Höhepunkt, doch intensiver akzentuierend: der Wille drückt sich aus, aber auch die Vorwegnahme einer Ekstase, die den Atem hemmt. Die ganze Gestaltung des Rhythmus entspricht in ihrer Unregelmäßigkeit den Seelenregungen und vermittelt in Sinnenhaftigkeit den Eindruck des Erschöpftseins, Sichmühens, Sichaufschwingens, zitternden Sichhingebens. – Das gleiche gilt für die Reimtechnik. In acht unter zehn Strophen trifft man nur auf je ein Reimpaar. In den zwei restlichen wird der Reim verschieden gehandhabt: einmal paarweise, einmal gekreuzt. Nirgends versucht er eine hervorstechende originelle Tönung; doch ist mancher ausdrucksstark durch Gewicht, Klangfülle, Nachlässigkeit. Wie alle anderen Versschlüsse bis auf sieben sind die Reime männlich und bezeichnend für Niedergedrücktheit oder momentweise zusammengefaßte Energie. Eindrucksvoll als andersgeartet sind »Rede« und besonders, mit seinem verschwebenden Ausklang, »Lächeln«. In ihrer Gesamtheit empfunden unterstützen die gereimten und reimlosen Versenden die Wirkung des Rhythmus. – Der Wortschatz ist der der sozialen Schicht Margaretens und gibt umschweiflose, unmittelbare Aussage. Als Erinnerung aus Märchen oder vielleicht auch

Predigt ist das gehobene Wort »Zauberfluß« durchaus möglich. Die Einsilbler wiegen vor, da sie rund drei Viertel aller Wörter ausmachen; etwa dreißig von diesen sind Zwei-, sechs sind Dreisilbler. In seinem Erschlaffen oder Stoßweisen entspricht der Charakter dieses letzten Sprachaspekts einer Depression oder einem Sichaufraffen und stellt sich damit auf die gleiche Linie wie Rhythmus und Reim. – Der Satzbau ist einfach. Die Parataxe herrscht, mit zwei Ausnahmen ohne irgendwelche syntaktische Kompliziertheit. In den Augenblicken der stärksten psychologischen Gespanntheit fehlt das Zeitwort oder wird – im Schluß – die Konstruktion sehr frei oder tritt der stilistisch gehobene sächsische Genitiv auf. Auch hier begegnet man der anderweitig bemerkten bezeichnenden Unregelmäßigkeit, so daß die ganze Sprache sich als in diesem Sinne folgerichtig gehandhabt erweist. Im Zusammenfluß ihrer Elemente trägt sie eine solche das Gefühl und die Phantasie anregende Suggestionskraft in sich, daß sie den Monolog zum lyrischen Gedicht werden läßt.

Der Stil

Gleich dem Aufbau des Stoffs ist auch sie, und damit der ganze Stil des Selbstgesprächs, durch die Berücksichtigung der Wirklichkeit bestimmt: die gelegentliche Gehobenheit des Ausdrucks bleibt durchaus vereinbar mit der Persönlichkeit Margaretens, die ja mit Märchen und pfarrherrlicher Ausdrucksweise vertraut ist. Gewiß sind Verse einer streng durchgeführten Wirklichkeitskunst fern und fremd; aber es ist zu beachten, daß sie hier, als Teil eines dichterischen Ganzen, dessen Formprinzip sie sich anzupassen haben, dem Volkston angenähert sind, wie ja Margarete als Ausdruck ihrer Sehnsucht das Lied vom Vöglein singt, das sie so gerne wäre. So könnte denn auch ihr Monolog das Werk eines »Volksdichters« sein, der sich allerdings weit vom Durchschnitt entfernt hätte; denn die Stimme Goethes ist unüberhörbar, und seine Kunst der sparsamen Glanzlichter und der Komposition kann nicht übersehen werden. Die konkrete Stärke des Wortschatzes gemahnt, bei aller Verschiedenheit der Atmosphäre, etwa an ›Christel‹ und an ›Vor Gericht‹. Die lückenlose und doch luftdurchwehte Gedrängtheit erinnert an das ›Mailied‹. Die Meisterlichkeit im Musikalischen und Rhythmischen der Verse von »des Mundes Lächeln« und vom »Kuß« läßt an ganymedische Gelöstheit und ganymedischen Drang denken. Aber die so individualistische Note, die z. B. ›An Schwager Kronos‹ und ›Mahomets-Gesang‹ eignet, fehlt, wie auch das souverän schaltende Verfahren der Hymnen in freien Rhythmen. Es handelt sich um ein Rollengedicht, das eine solche Note und Technik ausschloß. So gehört »Margarete am Spinnrade« trotz der Ent-

stehung in Goethes Sturm und Drang-Periode dem Sturm und Drang
nur insofern an, als dieser durch Stoff, Gehalt und Gestalt lebensvoll und
dem Volkstümlich-Bodenständigen nahe ist. Bei aller lyrischen Qualität
ist auch der Stil dieses Selbstgesprächs realistisch.

Das Verhältnis des Texts zum Darauffolgenden
Im Hinblick auf die weitere Entwicklung der Gretchentragödie stellen die
zehn Strophen die Vorbereitung des Wendepunkts dar. In ihrer Liebes-
und Verschmelzungssehnsucht wird Margarete aus der Hand Fausts den
Schlaftrunk für die Mutter entgegennehmen. Es folgt die Hingabe, die
entsetzensvolle Zeit der Angst vor »Schmach und Tod«, die bürgerliche
Entehrung, wie sie ihr der eigene Bruder ohne Verständnis noch Erbarmen vorwirft, Fausts Teilnahmlosigkeit, der Kindesmord, die Flucht,
das Elend, »betteln zu müssen und noch dazu mit schlechtem Gewissen«,
der Kerker, der Wahnsinn, die Seelennot zwischen Lebensdrang und
Willen zum Tod als rettender Buße, der Schrei: »Heinrich! Mir graut's
vor dir«, die Hinrichtung. Es folgt aber auch der Aufschwung in der
schließlichen Hinnahme des Endes, die heilverheißende »Stimme von
oben«, die Mahnung an Faust, zum Rechten zurückzukehren, die Stelle
in der nächsten Nähe der Mater gloriosa, der »Unberührbaren«, die gott-
gewährte Gnade, den »früh Geliebten, nicht mehr Getrübten« wiederzufinden. Die Liebe hat die Kraft zum Verzeihen errungen; vielmehr: es
ist Margarete nicht einmal bewußt, daß sie etwas zu verzeihen haben
könnte. In Faust und mit Faust ist sie nur noch Beglücktheit in einem
noch höheren Himmel als dem, der sie einst »überdrang«.

Und doch: denkt man aus dem Empyreum an die Kammer Margaretens
zurück, so begegnet man der gleichen Persönlichkeit, dem »guten, un-
schuldigen Kind«, wie es den Pflichten den Seinen gegenüber freudig
nachkam, dem Hohen in Faust offenstand, im eigenen Glück die Beglückung des Geliebten suchte und dem Gesetz ihres Herzens als etwas
»Gutem und Liebem« alles zu opfern vermochte. Über Grauen und Grab
hinaus ist das Mädchen des Selbstgesprächs am Spinnrade der Güte und
dem Adel ihres Wesens treu geblieben. –

»Gretchens Stube. Gretchen am Spinnrade allein«: eine Bühnenanweisung und vierzig sehr kurze Verse verlebendigen eine Persönlichkeit, ein
Schicksal und ein großes Lebensgesetz in ihrer Tragik.

Otto Mann

Friedrich Schlegel als Begründer der Philosophie der Tragödie und des Tragischen

Man habe sich gewöhnt, sagt Richard Dehmel in einer Abhandlung über Tragik und Drama, von tragischer Weltanschauung zu reden und dadurch dem Begriff der Tragik, der früher ein Kunstbegriff gewesen, gleichsam den Stempel höchsten Allgemeinwertes aufzudrücken. Schiller kenne nur den tragischen Affekt und das Vergnügen an der tragischen Rührung. Noch Hebbel hüte sich wohlweislich vor der metaphysischen Anmaßlichkeit in der ästhetischen Wertbemessung, wenn er auch hinter den Kulissen mit Hegels Weltgeist liebäugle.

Dehmel bemerkt einen entscheidenden Wandel in der Auffassung der Tragödie, der in Grund und Sinn bis heute noch ungeklärt ist. Dieser Wandel ist bewirkt worden durch Friedrich Schlegel. Bis zu Friedrich Schlegel ist die Tragödie nur als ein bestimmt geartetes poetisches Kunstwerk erfaßt worden. Seit Friedrich Schlegel wird sie erfaßt als eine weltanschaulich bedeutsame Seinsmanifestation.

Die vorromantische Auffassung vom Wesen der Tragödie ist zuerst bei Aristoteles fixiert, in seiner Poetik. Die Tragödie geht aus den dionysischen Kulten hervor. Doch ist sie in ihrer fertigen Ausbildung ein autonomes poetisches Kunstwerk. Wie alle Dichtung ist sie wesenhaft in der Natur des Menschen begründet – in den Vergnügen des Dichters am poetischen Bilden und des Empfangenden an dichterischen Gebilden. Ihr Inhalt ist ein fatales Geschehen, das sich bildet durch ein Ineinanderwirken der Lage des Menschen und seiner Anlage, ein Geschehen, das zum Leiden und Scheitern des Menschen führt. Dies ist eine Grundverfassung des menschlichen Seins. Die Tragödie, sagt Aristoteles, ist philosophischer als die Geschichte – sie zeigt nicht, was geschehen ist, sondern was geschehen kann und unter bestimmten Umständen immer wieder geschehen wird. Doch ist der Endzweck der Tragödie nicht nur solches Zeigen, sondern eine Erschütterung des Gemüts zu Phobos und Eleos und eine Katharsis. Die Darstellungsweise der Tragödie ist auf diese Wirkung berechnet: Verkörperung des Vorgangs durch die Schauspieler, Anblick und Entäußerung des leidenden Menschen, Steigerung des Ausdrucks in das Melodramatische, der Tanz und Gesang des Chors.

Die Humanisten haben diese Tragödie wieder sichtbar und für die nach-antike dramatisch-theatralische Kunst wieder verbindlich gemacht. Mit Hilfe der Antike wurde im 16. und 17. Jahrhundert eine tragische Kunst von klassischem Rang geschaffen. In Deutschland gab Opitz Regeln und Muster; Gryphius bildete die Tragödie im Stil des Barock aus. Gottsched machte die französische klassizistische Tragödie als Muster verbindlich, Lessing ging auf das griechische Urbild, auf Sophokles, und auf die griechische Urerkenntnis, auf Aristoteles, zurück. In ihm begründen sich Goethe und Schiller und bringen diesen Vorgang praktisch und theoretisch zum Abschluß.

Ist die Tragödie, sagt Herder, »anerkanntermaßen das schwerste und mächtigste Poem, mithin das künstlichste Kunstwerk, dem … viele große Geister sowohl zum Studium als zur Darstellung und Ausführung ihr Leben widmeten; ist's ein so vollkommnes und wie man sagt, unentbehrliches Werkzeug, auf die Gemüter der Menschen zu wirken; so steht es notwendig unter der prüfenden Wage des sorgsamsten Urteils«. Solch maßgebliches Urteil ist schon bei Aristoteles zu finden. So ist für Lessing jeder Schritt von Aristoteles weg ein Schritt weg von der richtig verstandenen Tragödie. Aristoteles, sagt auch Herder, »lebte in Zeiten, da das griechische Theater ausgebildet war; es hat sich nachher zu keiner glänzenderen Höhe gehoben. Auch war er der Mann, der die Regel eines Kunstwerks wohl abzuziehen wußte«.

Das Thema der Tragödie kann präzisiert werden durch seinen Gegensatz zum Thema des Epos. Das Epos, sagt Lessing, stelle den handelnden Helden vor und bewirke Bewunderung, die Tragödie den leidenden Helden und bewirke Mitleid. Oder Goethe und Schiller: das epische Gedicht stellt persönlich beschränkte Tätigkeit, die Tragödie persönlich beschränktes Leiden vor. Dies sind grundsätzliche Möglichkeiten des menschlichen Seins. In seiner Abhandlung über das Drama in der »*Adastrea*« macht Herder die griechische Tragödie als Schicksalsfabel sichtbar und bekennt sich hierzu. Er sieht den Widerspruch seiner aufgeklärten Zeitgenossen voraus: »Aber Schicksal, und immer Schicksal! Wir Christen und Weise, glauben kein Schicksal.« Und er widerspricht ihnen: »So nenne man's Schickung, Begegnis, Ereignis, Verknüpfung der Begebenheiten und Umstände; unentweichlich stehen wir unter der Macht dieses Schicksals.«

Endzweck der Tragödie ist die Erschütterung und Reinigung des Gemüts. Lessing übersetzt Phobos nicht mehr, wie seine Zeit, mit Schrecken, sondern mit Furcht, um den Erfahrungscharakter der Gemütswirkung zu betonen, daß der Zuschauer im Gemüt gestimmt wird, indem er das zu Fürchtende schaut und hört, und präzisiert Eleos als tragisches Mitleid, um das Mitleiden des Leidens abzugrenzen gegen das unverbindliche philanthropisch selbstgenüßliche Mitleid seiner Zeit. Indem die Tragödie so erschüttern soll, bedarf sie einer bestimmten Darstellungsweise und Fügung. Die Tragödie, sagt Schiller, ist 1. die *Nachahmung* einer Handlung, 2. die Nachahmung einer Reihe von Begebenheiten, einer *Handlung*, 3. die Nachahmung einer *vollständigen* Handlung, 4. die poetische Nachahmung einer *mitleidswürdigen* Handlung, 5. Nachahmung einer Handlung, welche uns *Menschen im Zustand des Leidens* zeigt. »Die Tragödie endlich vereinigt alle diese Eigenschaften, um den mitleidigen Affekt zu erregen.«

Wenn dieser Auffassung der Tragödie durch Friedrich Schlegel eine grundsätzliche neue Auffassung entgegengesetzt wird, so kann dies nicht in einem Fortschritt und in einer Verbesserung der Erkenntnis begründet sein. Vielmehr sind hier seinspraktische Interessen leitend. Die Romantiker sind die erste Generation, in der eine Seinslage akut wird, die man die moderne Seinskrise zu nennen pflegt. Ihre philosophische und kunstphilosophische Bemühung gilt nicht zuerst der theoretischen Erkenntnis, des Seins, der Kunst, der Dichtung, sondern der Sichtung, Klärung, Bewältigung ihrer Seinsnot. So deutet Fr. Schlegel seine eigene Seinsnot in die überlieferte Tragödie hinein. Für die Griechen und noch für Lessing, Goethe, Schiller ist die Tragödie ein hohes Kunstziel. Für Friedrich Schlegel ist sie ein poetisches Gebilde, worin der Mensch eine Seinsnot manifestiert, sie zu klären, zu bewältigen sucht. Sophokles hat in seinen Tragödien nicht zur Anschauung und zur Wirkung auf das Gemüt gebracht, daß der Mensch grundsätzlich dem Leiden und Scheitern ausgesetzt ist, sondern hat in ihnen eine Seinsnot manifestiert, in die der griechische Mensch in dieser Zeit geraten ist.

Das erste Dokument dieser neuen Auffassung ist Friedrich Schlegels Aufsatz »Über die Schulen der griechischen Poesie« 1797. Die Neuauffassung kann hier verdeckt bleiben, denn Schlegel tritt nicht als der Neuandeuter der griechischen Dichtung und besonders der griechischen Tragödie auf, sondern als klassischer Philologe, als begeisterter Verehrer der Antike und als Schüler Winckelmanns. 1764 war Winckelmanns *»Geschichte der Kunst des Altertums«* erschienen, der erste Versuch, über die archäologische Gelehrsamkeit hinaus eine ganzheitliche Geschichte der antiken bildenden Kunst zu geben. Herder hatte eine gleiche Leistung für die antike Dichtung gefordert, einen Winckelmann mit Rücksicht auf die antike Poesie. Friedrich Schlegel trat mit dem Anspruch auf, dieser Winckelmann der Poesie zu sein. Sein Aufsatz über die Schulen der griechischen Poesie ist ein erster Entwurf für eine Geschichte der antiken Poesie, die Schlegel nach dem Muster des Winckelmannschen Werks schreiben wollte.

Winckelmann begründet sich in dem Glauben, daß das höchste ästhetische Ideal der bildenden Kunst die Schönheit ist und daß die Griechen dieses Ideal in einem höchstmöglichen Grade verwirklicht haben. Hierin gründet die Vorbildlichkeit der griechischen bildenden Kunst. Doch war Würdigung und Wertung der griechischen bildenden Kunst nur die eine Aufgabe, die Winckelmann sich in seinem Werk stellte. Sein Werk als eine Geschichte der antiken Kunst diente einem anderen Ziel. Die Griechen waren nicht sofort mit dem Ideal der Schönheit hervorgetreten, sondern hatten es erst in mehreren Etappen, in einer Folge von Stilprägungen erreicht. Sie hatten das erreichte Ideal nicht festgehalten; sie waren hiervon abgewichen. Die griechische Kunst war wieder gesunken. Ihr Gang zeigte also ein Werden und Vergehen. Ferner hatten nur die Griechen dieses Ideal erreicht, keine andere Nation. Hier war Erklärungsbedürftiges gegeben. Die Aufgabe des Winckelmannschen Werks als Geschichte ist, diese Tatsache zu erklären.

Das Werden der griechischen Kunst erklärte Winckelmann durch das Verhältnis des Menschen zur Kunstwirklichkeit. Das höchste ästhetische Ideal kann nicht sofort gesichtet und technisch bewältigt werden. So zeigt die Geschichte der griechischen Kunst einen konsequenten Fortschritt in der Sichtung des schönen Körpers und einen Fortschritt in der Technik — vom knetbaren Ton zum schnitzbaren Holz oder Elfenbein, zum Behauen des Steins, schließlich zum Gießen des Erzes. Daß die Griechen auf dem Gipfel nicht verharrten, erklärte Winckelmann durch ein psychologisches Gesetz. Der Mensch unterliegt dem Bedürfnis nach Veränderung. So weicht er auf dem Gipfel der schönen Kunst von dieser Schönheit wieder ab; die Kunst sinkt. Daß nur die Griechen dieses Ideal erreichten, erklärte Winckelmann durch die besondere Gunst des griechischen Daseins, das nicht hemmte und nur förderte: durch die Gunst des Himmels, das ist die natürliche Anlage der Griechen zur Kunst, das milde Klima, die vielfältig zerteilte Landschaft, sodann durch die Würde der Kunst, die Würde des Künstlers, durch die politische Freiheit. Hiernach ist Winckelmanns Werk eine erklärende Theorie von dem Werden und Vergehen der griechischen Kunst. So hat er auch sein Werk begriffen – als eine Theorie vom Werden und Vergehen der griechischen Kunst. Auch für Herder war Winckelmann »in seiner Kunstgeschichte mehr darauf bedacht, ..., eine historische Metaphysik des Schönen aus den Alten, absonderlich Griechen, zu liefern, als selbst auf eigentliche Geschichte ...« So sollte auch Friedrich Schlegels Geschichte der antiken Poesie eine Theorie sein vom Werden und Vergehen der griechischen Dichtung.

Daß nur die Griechen das Ideal der schönen Dichtung erreicht haben, erklärte auch Schlegel durch die Gunst des griechischen Daseins. Doch war der Gang der griechischen bildenden Kunst nicht unmittelbar auf die griechische Dichtung anzuwenden. Die griechische Dichtung entfaltete sich nicht in *Einem* Gang zu *Einem* Ziele, sondern als eine Folge von gleichberechtigten Gattungen, der epischen, lyrischen, dramatischen Dichtung. In jeder dieser Gattungen wurde ein absoluter Gipfel erreicht. Von einem Gipfel zum andern führte kein Weg. Die homerischen Gesänge wuchsen aus Heldengesängen und Mythen hervor, die Tragödie aus den dionysischen Kulten. Auch zu jedem dieser Gipfel war kein Weg aufzuzeigen. Nur die Gipfelwerke waren erhalten, keine Vorstufen der homerischen Epen oder der Tragödie. Um hier einen der Winckelmannschen Kunstgeschichte analogen Gang aufzuzeigen, mußte Friedrich Schlegel der griechischen Dichtung einen neuen Inhalt zusprechen. Sie sei nicht primär Zeugnis des griechischen Kunstwollens und Kunstkönnens, sondern primär Zeugnis für die Seinsverfassung der Griechen. Im Gange der griechischen Dichtung zeige sich ein konsequenter Gang der Seinsverfassung der Griechen. Nun war seit dem Humanismus die antike Kultur der Inbegriff alles Vorbildlichen – in der Philosophie, Wissenschaft, Kunst, Dichtung, urbanen Lebensgestaltung. Winckelmann hatte soeben dargetan, daß die Griechen das Ideal der schönen Kunst erreicht hatten. Friedrich Schlegel wollte aufzeigen, daß die Griechen auch ein Ideal der Seinsverfassung des Menschen erreicht hätten. Das Medium aber, worin sich dies zeigte, sollte die griechische Dichtung sein. So fielen hier Kunstvollendung und Seinsvollendung in eins. In der Kunstvollendung der griechischen Dichtung manifestierte sich die Seinsvollendung. In der griechischen Dichtung zeigte sich ein einheitlicher Fortschritt in dem Seinsverhältnis des Griechen. Die epische Dichtung zeigte hiervon nur die erste Stufe; der Gipfel wurde erst in der Tragödie erreicht.

Dieses Seinsverhältnis sichtete und begriff Friedrich Schlegel im Horizont der Philosophie des jungen Fichte. Fichte beanspruchte, mit den Denk-

mitteln des Kantischen transzendentalen Kritizismus die von Kant der
menschlichen Erkenntnis gesetzten Schranken zu überwinden, durch philosophische Spekulation bis zum Seinsgrund vorzudringen und von diesem Grund her alle Welt- und Menschenwirklichkeit zu deduzieren. Hierdurch war seine Wirkung auf die etwas jüngere Generation der Romantiker faszinierend – bei Fichte erst schien das philosophische Denken sich
ganz selbst ergriffen zu haben; es war gleichsam dem Menschen der absolute Geist selbst verfügbar geworden. Für Friedrich Schlegel waren die
drei größten Tendenzen des 18. Jahrhunderts die französische Revolution, Goethes *Wilhelm Meister* und Fichtes Wissenschaftslehre. Zugleich
aber hatte Fichte für diese Generation nur den ersten Schritt dieser neuen
Philosophie getan.

Einmal war Fichte der Wirklichkeitsfülle des Seins nicht gerecht geworden. Kant hatte die Philosophie als Metaphysik gestürzt, um Raum zu
schaffen für den Glauben; er hatte den Menschen auf den religiösen
Bezug auf Gott verwiesen, auf Glaube, Hoffnung, Liebe. Er hatte dem
Menschen die Natur als Erscheinung in ihrer raum-zeitlichen Unendlichkeit zugeordnet, als ein Zeugnis göttlicher Unendlichchkeit in der endlichen Welt. Für ihn war das Erhabenste der Sternenhimmel über ihm
und das moralische Gesetz in ihm – die Erfahrung Gottes in seiner Schöpfung und als Stimme des Gewissens. Fichte, indem er beanspruchte, zu
dem Seinsgrund vorzudringen, hatte die Unendlichkeit und Fülle dieses
Seins preisgegeben. Dem Ur-Ich, zu dem er vordrang, verblieb als einziges Seinsprädikat die Freiheit, die nur darum substantielle Freiheit war,
weil sie die Freiheit des Ur-Ich war. Die Welt begriff Fichte als dieses
Ich, das sich selbst als Seinen absoluten Gegensatz, als Nicht-Ich, entgegengesetzt hatte; sie war nur noch Sein in der Form der Nicht-Freiheit,
nur noch Material der Sittlichkeit, die in unendlichem Progreß Natur
wieder in Freiheit überführen sollte. Hier bildeten Schelling und Hegel
Fichtes Philosophie fort. Noch vom Theismus herkommend, hatte Fichte
das eigentliche Sein in den Geist gesetzt, der Natur kein eigengewichtiges
Sein zugesprochen. Schelling unternahm es, in einer Naturphilosophie die
Natur in ihrem konkreten Reichtum zu entfalten. Fichte hatte die Natur
aus dem Geiste hervorgehen lassen. Schelling vermied die Alternative,
das Sein in den Geist oder in die Natur zu setzen. Er ging davon aus, daß
dem Menschen das Sein nur dualistisch, als Geist und Natur gegeben sei
und daß die Philosophie nur dieses Gegebene ausmessen könne. Die Identität von Geist und Natur setzte er in einen Seinsgrund, der der philosophischen Erkenntnis transzendent bleibt. So hielt er sich hier schon offen

für seine späte Entscheidung, den Seinsgrund alles Seienden wieder in Gott zu setzen. Hegel hielt den Erkenntnisansatz Fichtes fest, daß alles Seiende aus einem durch die philosophische Erkenntnis ergreifbaren Seinsgrund, aus dem Sein als absoluten Geist abzuleiten ist; doch begriff er diesen Geist als ein sich zu totaler Weltfülle entfaltendes Sein. Es entfaltet sich zunächst in sich selbst als Geist, geht dann als Natur in seinen eigenen Gegensatz über, entfaltet sich in der Natur bis zur Rückkehr zum Selbstbewußtsein im Menschen, entfaltet sich in der Bewußtseinswirklichkeit des Menschen bis zu der Stufe, auf der es sich und seine Entfaltung adäquat begriffen hat.

Ferner aber, und dies wird für die Romantiker entscheidender, war Fichte dem Bezug des Menschen auf das absolute Sein nicht gerecht geworden. Er hatte in seiner Philosophie Mensch und Sein getrennt. Damit wurde durch die Philosophie Fichtes ein Seinsproblem aktualisiert, das das Grundproblem auch der christlichen Religion ist und das durch diese Religion ergriffen und gelöst worden war. Der Mensch ist von Gott erschaffen worden nicht als ein Teil der Natur, sondern als das Wesen, das, über alle Natur erhöht, primär Gott zugeordnet ist. Er lebt also nicht in der Ordnung der Natur, sondern in bezug auf Gott und auf Gottes Gebot. Doch mit dieser Zuordnung zu Gott ist dem Menschen sofort die Möglichkeit gesetzt, statt in Bindung an Gott sich selbst zu leben. Der Mensch hat diese Möglichkeit auch realisiert; so ist er, wie er jetzt als Mensch existiert, das grundsätzlich problematische Wesen; so stets gewillt, sich selbst zu seinem Gott zu machen, und doch stets in der Not, daß er, als Gottes Geschöpf, sich nur in Gott erfüllen kann. Des Menschen Geschichte beginnt mit seinem Abfall von Gott. Diese Geschichte aber wird mehr als durch des Menschen Abfall durch den Willen Gottes bestimmt, den Menschen nicht verloren gehen zu lassen. Gott hält dem Menschen den Weg offen zur Rückbindung an ihn, zuletzt durch Jesus Christus, der gekommen ist, Mensch und Gott wieder zu versöhnen. Dieser persönliche Bezug des Menschen auf Gott wird durch Fichte aufgehoben, indem er an die Stelle Gottes das überpersönliche Sein des Ur-Ich setzt. Zugleich ist für Fichte auch keine Einung mit diesem Sein möglich. Denn es begegnet dem Menschen als das ganz Andere des Nicht-Ich, als Material eines unendlichen sittlichen Progresses, so daß eine Einung von Mensch und Sein nie erreicht werden kann.

Damit ist das spezifisch romantische Seinsproblem gesetzt. Es ist das ursprünglich religiöse Problem, die mögliche Trennung des Menschen von Gott; doch wird es nicht im Horizont christlicher Theologie gesichtet,

sondern der Philosophie Fichtes. Der Mensch erfährt sich als vom Sein
getrennt. Diese Trennung wird gesetzt durch die Philosophie Fichtes;
doch wird dies nicht als eine grundsätzliche Folge der Philosophie Fichtes
begriffen, sondern als eine nur vorläufige Schranke, die durch eine Modifikation dieser Philosophie zu beseitigen ist. Ja, wie Fichte glaubte, in
Kant die Voraussetzungen zu finden für die Überwindung des Kantischen
Kritizismus, so glaubten die Romantiker in der Philosophie Fichtes die
Voraussetzungen zu finden für die Überwindung der Trennung von
Mensch und Sein. Fichte hatte die grundsätzliche und qualitative Trennung vom Sein Gottes und des Menschen aufgehoben. Der Mensch war
nicht mehr nur Gottes Geschöpf, er war absolutes Sein selbst in der Form
des eingeschränkten, des empirischen Ich. So schien es möglich, die
Schranke, die Fichte diesem empirischen Ich gesetzt hatte, aufzuheben
und das empirische Ich mit dem absoluten Ich zu einen. Dies ist die Aufgabe, die sich Friedrich von Hardenberg und Friedrich Schlegel setzen.
Schelling und Hegel haben eine theoretische Philosophie ausgebildet, die
alles Sein angemessen begreifen soll. Hardenberg und Friedrich Schlegel
bilden eine seinspraktische Philosophie aus, deren Sinn es ist, Mensch
und Sein wieder zu einen.

Hardenberg kommt von dem pietistischen Erlebnischristentum her und
bleibt ihm stets nahe. Doch ist bei ihm der christliche Theismus auf-
geweicht durch die Philosophie Fichtes. Fichtes Weltsicht erhält hier eine
mystisch-pantheistische Färbung. Geist und Natur sind die beiden Weisen
des Einen Seins. Das menschliche Bewußtsein ist der Ort, an dem diese
Weisen als identisch erfahren werden können; die Natur wird hier bewußt, und das Bewußtsein erfüllt sich hier mit der Natur. Diese Einheit
soll für den Pietisten Hardenberg erfahrbar sein. Hier hält er sich in der
Spannweite möglicher Seinserlebnisse. Entscheidend wird für ihn, durch
den frühen Tod seiner Verlobten Sophie von Kühn, die Erfahrung des
Todes. Es geht darum, die Seinsschranke zu überwinden, die dem Menschen durch den Tod gesetzt ist. Leben kann jetzt im Horizont der Philosophie Fichtes als eine noch beschränkte Seinsweise erfahren werden,
Sterben als der Übergang aus dem beschränkten in das unbeschränkte,
aus dem endlichen in das unendliche Sein. Da das empirische Ich ein
Moment im unendlichen Sein ist, scheint dieser Übergang schon in diesem
Leben erfahrbar und vollziehbar. Der Mensch lebt durchschnittlich in der
gegenständlichen Tagwelt; der Tod ist ihm wie das Nichts der Nacht. Der
Todeserfahrene taucht ein in diese Nacht; er erfährt sie als das eigentliche Seiende, als das unendliche Sein, an dem gemessen alles Tagsein

beschränkt ist und arm. Der Weg hierzu ist der Rausch – erotischer Rausch oder der Rausch durch Rauschmittel, durch Wein oder den Saft des Mohns.

Hardenberg hat in seinen »*Hymnen an die Nacht*« von diesem Todeserlebnis gekündet. Er hat es auch philosophiegeschichtlich begriffen: in der Antike lebte der Mensch im diesseitigen Leben. Doch dieses Leben zerbrach; jetzt herrschte das Grauen des Todes; der Tod mußte jetzt durch Jesus Christus, durch seinen Tod und seine Auferstehung überwunden werden. Doch dominiert bei Hardenberg das subjektive Erlebnis. Bei Friedrich Schlegel dominiert der Denker. Er versucht, das durch Fichte gesetzte Seinsproblem durch philosophische Spekulation zu klären und zu bewältigen. Hierbei stützt er sich vornehmlich auf Schiller, auf dessen philosophische Schriften, und besonders auf Schillers Abhandlung »*Über Anmut und Würde*«.

Schiller hatte in seiner Abhandlung eine Ergänzung und Modifikation der Kantischen Ethik gegeben. Kant hatte, angesichts der Neigung einer modernen sensualistischen und eudämonistischen Ethik, das sittliche Handeln sehr in die Nähe eines verfeinerten Utilitarismus zu rücken, scharf die Begründung aller Ethik in der Unbedingtheit des göttlichen Sittengebots herausgestellt, daß der Mensch dieses Gebot als ein Sollen schlechthin erfahre, als einen kategorischen Imperativ, dem ohne Rücksicht auf Nutzen und Nichtnutzen im Leben zu folgen sei. Dieses Sollen schien bei Kant stets auf den Widerstand des natürlichen Menschen, des sinnenhaften Wollens zu stoßen und dies stets überwinden zu müssen. Hier erwog Schiller, ob dem Menschen nicht eine sittliche Läuterung der Natur möglich und ob es nicht vielleicht eine höhere Formierung des Menschen sei, wenn er die Pflicht mit Neigung erfülle, in Harmonie mit sich selbst, also mit Anmut. Diese innere Harmonie, zwischen der sittlichen Vernunftordnung und der sinnlichen Naturordnung, begriff Schiller in Analogie zur ästhetischen Harmonie der Schönheit – dem Menschen kam gleichsam eine Schönheit des Bewußtseins zu; er ist »schöne Seele«.

Schiller wahrte hier die Grundposition der christlichen Theologie, der Kantischen und Fichteschen Ethik. Das wahre und geltende Sein ist Gott als Geist, den der Mensch durch den kategorischen Imperativ als den sittlichen Geist, als seine wahre Freiheit erfährt. Die Natur im Menschen ist nur legitimiert, soweit sie die Pflicht mit Neigung tut. Steht das Sittengebot im Widerspruch zum Naturtrieb, so wenn es die Aufopferung des Lebens verlangt, muß der Mensch sich zur Würde erheben. Friedrich Schlegel ergriff in diesem Bildungsideal Schillers nur die Form dieses

Ideals, die innere Harmonie. Den Inhalt tauschte er gegen ein Seinsideal
aus. Ihm ging es nicht um eine Harmonie des Menschen mit sich selbst,
sondern mit dem umgreifenden Sein. Damit begriff er auch Geist und
Natur in neuer Weise. Geist ist bei ihm nicht mehr das Eine eigentliche
Sein, nicht mehr der Geist Gottes. Statt von Geist spricht er fast stets von
Freiheit, und wieder nicht im Sinne Kants, Schillers oder Fichtes von der
Freiheit des Menschen durch Teilhabe an einer sittlichen göttlichen Vernunftordnung, sondern als von Freiheit des Menschen schlechthin, also
als von einer Möglichkeit des Menschen, durch Freiheit sich aus dem umgreifenden Sein herauszulösen, sich ihm entgegenzusetzen. Dies kann
nun als eine Möglichkeit des Menschen begriffen werden, so wie für
Schiller das Ideal der schönen Seele eine dem Menschen stets mögliche
Formierung des Menschen ist. Doch soll dies für Friedrich Schlegel nicht
nur als Möglichkeit bestehen. Vielmehr ist ihm hier das Schema der
christlichen Geschichtstheologie gegenwärtig, daß der Mensch diesen
möglichen Akt der Freiheit realisiert hat und daß diese Realisierung eine
für das Ganze des menschlichen Seins und seiner Geschichte entscheidend
gewordene Tatsache ist. Ein solcher Vorgang scheint ihm nun in der
Antike stattgefunden zu haben. Der griechische Mensch hat ursprünglich
in unreflektierter Einheit mit der Natur, gleichsam noch in einem Zustand
paradiesischer Geborgenheit gelebt. Doch gehört zum Ideal menschlicher
Bildung die Freiheit – der Grieche hat sich in die Freiheit erhoben. Hierbei ist er über das Ziel hinausgegangen – er ist durch Freiheit in Gegensatz getreten zum umgreifenden Sein als Natur. Es ist aber den Griechen
gelungen, diese Trennung zu überwinden. So wie für Winckelmann die
Griechen ein Höchstmaß der körperlichen Schönheit erreicht haben, so
haben sie für Friedrich Schlegel ein Höchstmaß eines idealen Seinszustandes erreicht, der Harmonie von Freiheit und Natur. So ist in Griechenland
auch das Ideal des menschlichen Seinszustandes zu finden.
Gang und Realisierung dieses Seinszustandes zeigen sich in der griechischen Dichtung. Die epische Dichtung ist eine Manifestation des Griechen,
der noch unreflektiert in der Natur lebt, sich noch nicht zur Freiheit erhoben hat. In der lyrischen Dichtung zeigt sich der Grieche schon zur
subjektiven Innerlichkeit fortgeschritten. In der Tragödie aber manifestiert sich der Grieche, der als Freiheit in Gegensatz zum umgreifenden
Sein getreten ist. Die griechische Tragödie stellt diesen Gegensatz dar;
zugleich wird dieser in der Tragödie überwunden. Die Tragödie endet
in dem Höchstmaß der Seinsversöhnung, die dem Menschen möglich
ist.

Friedrich Schlegel wandte so nicht nur das Schema der Winckelmannschen *Geschichte der bildenden Kunst der Antike* auf den Gang der griechischen Dichtung an – er folgte Winckelmann auch in der Erkenntnisweise. Auch seine *Geschichte der antiken Dichtung* sollte eine Theorie sein, durch die die Vollkommenheit dieser Dichtung, ihr Werden und Vergehen erklärt wurden. Nur ging er hier weit über Winckelmann hinaus. Winckelmann gab nur eine Theorie vom Daseinsschicksal der antiken schönen Kunst, von ihrem Werden und Vergehen. Friedrich Schlegel hingegen gab eine Theorie vom Wesen und von dem geschichtlichen Gang der griechischen Dichtung selbst, indem er diese Dichtung, als eine Manifestation des griechischen Seinszustands, an sich selbst als ein raum-zeitliches Phänomen begriff, womit ihr an sich selbst ein Werden und ein Vergehen zukam. Ferner gab Winckelmann eine wissenschaftliche Theorie, d. h. er erklärte ein empirisch Gegebenes durch empirisch gegebene Tatsachen, die nur insofern Elemente einer Theorie blieben, als sie in ihrem Wirken nicht empirisch aufgezeigt werden konnten. Friedrich Schlegel hingegen gab eine philosophische Theorie. Er begründete die griechische Tragödie in einer Seinsverfassung der Griechen, die nicht empirisch gegeben war, die er vielmehr als Erklärungsgrund zu dem empirisch Gegebenen hinzudachte.

Er glaubte sich hier auf Kant und Schiller stützen zu können. Kant hatte sein Erkenntnisverfahren transzendental genannt und hatte sein transzendentales Denken abgegrenzt gegen das transzendentale Denken der dogmatischen Metaphysik. Diese Metaphysik wandte die logische Denkgewißheit auf transzendente Wirklichkeit an, wie Gott oder Unsterblichkeit der Seele; sie glaubte, indem sie diese Wirklichkeit als denkgewiß aufzeigte, ihr auch Seinsgewißheit zusprechen zu können. Kant hingegen suchte den archimedischen Ort seines Denkens zu sichern in der Verfassung des menschlichen Bewußtseins selbst; und sein transzendentales Denken beschränkte sich auf die apriorischen Bedingungen, die als Möglichkeit der menschlichen Erfahrungsweise gedacht werden mußten. So kam seiner Erkenntnis eine überempirische Sicherheit zu, da sie in der Verfassung des menschlichen Bewußtseins selbst begründet war, zugleich kam solcher Erkenntnis eine überempirische Geltung zu – gestützt auf die Grundverfassung des menschlichen Bewußtseins zeigte Kant nicht nur ein Seiendes, sondern auch ein Seinsollendes auf.

Diesen Erkenntnisansatz Kants hatte besonders Schiller weitergebildet. Er begründete in seiner Abhandlung »*Über Anmut und Würde*« die Tatsache und die Geltung seines Bildungsideals durch transzendentale Deduktion, und in gleicher Weise in seinen »*Briefen über die ästhetische Erziehung*«, daß der Mensch sich aus dem ursprünglichen Zustand der Naturgebundenheit zur ästhetisch kontemplativen Erfahrung erheben müsse, um so den Übergang zu finden in die höhere Ordnung der sittlichen Freiheit. So sollte auch für Friedrich Schlegel Bestand und Geltung der antiken Seinsharmonie in der Verfassung des menschlichen Bewußtseins begründet sein. Die Griechen hatten ein Bildungsideal verwirklicht, dem ein Höchstmaß an Geltung, damit an Vorbildlichkeit zukam.

Doch ging Friedrich Schlegel mit seinem Erkenntnisanspruch grundsätzlich über Kant und Schiller hinaus. Diese hatten im Sichbeschränken auf das menschliche Bewußtsein eine Formierung dieses Bewußtseins als seiend und als seinsollend aufgewiesen. Schlegel hingegen richtete sich auf einen empirisch gegebenen Tatbestand, auf die griechische Dichtung; und er trug an diesen Tatbestand die Kantische und Schillersche Bewußtseinsphilosophie heran, daß die hier aufgezeigten Bewußtseinsverfassungen der Seins- und Erklärungsgrund für die griechische Dichtung ihre Geschichte seien. Er ging über die transzendentale Deduktion des menschlichen Bewußtsein hinaus zu der philosophischen Deduktion eines empirischen Tatbestands, der bis jetzt die Domäne wissenschaftlicher Forschung gewesen war. Ein empirisch gegebener Kulturbestand sollte sich philosophisch deduzieren lassen.

Damit ordnet sich Friedrich Schlegel, Schelling und Hegel zu. Schelling versuchte, die Inhalte der empirischen Naturerfahrung philosophisch zu deduzieren, und Hegel schritt zu einer philosophischen Deduktion alles empirisch gegebenen Seienden fort. Zugleich geht Schlegel als klassischer Philosoph nicht so weit. Er hält fest, daß es nur eine Theorie gibt, und daß diese Theorie nur in dem Maße Geltung besitzt, wie sie sich als Erkenntnisschlüssel für das empirisch Gegebene bewährt.

In dem Gebrauch seiner Theorie schließt sich Friedrich Schlegel weniger an Kant und Schiller oder an Schelling an, als vielmehr an die Denkweise der Theologie. Das nächste Vorbild ist der christliche Erkenntnisbezug auf das Wesen der Natur. Es steht hier fest, daß die wesenhafte Erkenntnis der Natur nur gewonnen werden kann, indem zu der Natur Gott als Seinsgrund hinzugedacht wird; denn die Beschaffenheit der Natur – ihre Größe, ihre unausmeßliche Vielfalt und die Zweckmäßigkeit der organischen Natur, ihre Schönheit – setzen eine absolute Intelligenz, eine absolute Schöpfermacht und ein höher Göttliches voraus, das diese Natur als Schönheit durchglänzt. Insofern führt die Natur zwingend auf Gott, und sie ist auch für ein unvoreingenommenes Denken immer ein zwingender Gottesbeweis gewesen. Diese Auffassungsweise wendet Friedrich Schlegel auf die griechische Dichtung an. Er denkt zu dem empirisch Gegebenen ein empirisch nicht Gegebenes als Seinsgrund hinzu, und er bedient sich dieses Seinsgrundes als Schlüssel zum Verständnis des empirisch Gegebenen.

Doch kann diese Erkenntnis sich mit einer theologischen oder philosophischen Seinsbestimmung der Natur nicht messen. Zunächst operiert der Theologe mit einem zweifachen Gegebenen, der Offenbarung und der Natur. Er benutzt, wie Herder in den »*Ideen*«, die Offenbarung als Schlüssel zur tieferen Erfassung der Natur, und die Natur zur Bestätigung der Wahrheit der Offenbarung. Ferner leitet die Natur für ein unbestochenes wissenschaftliches Denken zwingend auf Gott hin, da sie nur als Schöpfung Gottes zu begreifen ist. So steht für Max Planck für den religiösen Menschen Gott am Anfang, für den Naturforscher am Ende. Für Friedrich Schlegel hingegen wird die Wirklichkeit des hinzugedachten Seinsgrunds nur gewährleistet dadurch, daß er als Schlüssel zum Verständnis des empirisch Gegebenen unbedingt gefordert wird; doch ist dieses empirisch Gegebene für die unbestochene Erfahrung sowohl in Herkunft wie in seiner besonderen Formierung nicht von der Art, daß es der Setzung eines solchen Seinsgrundes bedarf. Daß Dichtung besteht, ist durch des Menschen Anlage zur Kunst hinreichend erklärt, durch das Vergnügen des Dichters am dichterischen Bilden und des Empfangenden an den dichterischen Gebilden. Wie Dichtung besteht, erklärt sich am besten durch Thema und Zweck jeder Dichtungsart. Daß die Homerischen Epen den äußerlich handelnden Menschen zeigen, soll für Friedrich Schlegel zeigen, daß der Mensch noch der Äußerlichkeit verhaftet ist, sich als Innerlichkeit noch nicht entdeckt hat. Darum seien diese Epen auch eine lockere Folge von Gesängen, noch ohne eine zentrale Komposition. Doch ist dieses äußere Handeln das grundsätzliche Thema eines epischen Gedichts. Es zeigt, nach Goethe und Schiller, »den außer sich wirkenden Menschen: Schlachten, Reisen, jede Art von Unternehmung, die eine gewisse sinnliche Breite fordert«. So schickt Goethe auch seinen Wilhelm Meister auf Reisen, oder er schafft in »*Hermann und Dorothea*« den epischen Raum, indem er bedeutend Schicksalvolles in den Raum des bürgerlichen Lebens hineinwirken läßt. Die Reihung von Gesängen oder Erzählungen gehört auch der epischen Fügung zu, wie durch »*Tausendundeinenacht*«, oder durch den »*Decamerone*« sich zeigt; im übrigen aber sind die homerischen Epen keine solche Reihungen. Das zentrale Thema der *Ilias* ist der Streit zwischen Achill und Agamemnon und dessen Wirkung auf die Kämpfe vor Troja, der *Odyssee* aber die Not der Penelope, die Heimreise des Odysseus und die Auflösung der Not durch dessen Rückkehr. Ist hier die Ausdeutung ungenau, so ist die Ausdeutung der Tragödie künstlich und gezwungen. Da die griechische Tragödie als Inhalt keine Harmonie zeigt zwischen Mensch und Göttern und auch nicht als stets gleiche Lösung eine Versöhnung zwischen Mensch und Göttern, so zieht Friedrich Schlegel als Beleg für seine These die Form der griechischen Tragödie heran, daß der Grieche sie als einen Gipfel der schönen Poesie ausgebildet habe; so habe er den tragischen Zwiespalt zwischen Mensch und Sein in die höhere Besinnung aufgenommen und, wenn nicht inhaltlich, so doch formal in Harmonie aufgelöst. Schon Schiller hat diese These verspottet:

Jokaste erhängt sich, Ödipus sticht sich die Augen aus;
Also hat das Spiel in Harmonie sich gelöst.

Bis zu Friedrich Schlegel stellte die Zueignung antiker Kulturgüter kein grundsätzliches Problem. Kunst und Dichtung waren die Ergebnisse von Kunstzielen, die sich der antike Künstler und Dichter gesetzt hatte und die sich die Nachantike wieder setzen konnte. Indem für Schlegel die antike Dichtung nicht mehr einer Zielsetzung entstammte, sondern einem Seinsursprung, war solche Übernahme nicht mehr möglich. Die antike Dichtung konnte nur durch eine der Antike analoge Seinsverfassung des nachantiken Menschen erneuert werden. Doch war es dies auch, was Friedrich Schlegel erstrebte. Der nachantike Mensch sollte in den Besitz und den Genuß der antiken Seinsharmonie kommen. Seine Dichtung sollte Ausdruck davon sein, daß er die antike Seinsversöhnung verwirklicht habe. Dann war zu fragen, wie eine solche Versöhnung dem nachantiken Menschen möglich sein könne.

Friedrich Schlegel war ausgegangen von dem ursprünglich religiösen und von dem in der christlichen Religion gesichteten und begriffenen Problem, von der Trennung von Mensch und Gott. In seiner Lösung dieses Problems hielt er Grundzüge der christlichen Lösung fest. Hiernach hat Gott den Menschen nicht verlorengehen lassen wollen; so hat er vorhersehend des Menschen Geschichte so gefügt, daß durch sie dem Menschen die Möglichkeit zu einer Versöhnung mit Gott offen und ergreifbar blieb. Mithin stand der Mensch in der Geschichte als in einer ihn umgreifenden Macht, die auf sein Heil hinführte. Auch Friedrich Schlegel begriff die Geschichte als Manifestation einer umgreifenden Macht. So waren es für ihn nicht eigentlich diese Griechen, die die antike Kunst und Dichtung schufen, sondern es war eine umgreifende Seinsmacht, die sich in den Griechen manifestierte, die ihre Kunst und Dichtung schuf und deren geschichtlichen Gang leitete. Im 16. Jahrhundert war die barocke Kunst und Dichtung durch einen neuen Klassizismus abgelöst worden, doch jetzt weniger im Namen der Schönheit, als der Vernunft und Natur. Die Griechen hatten ein Ideal der vernünftigen und natürlichen Kunst und Dichtung verwirklicht; die Schönheit war wie die Folge. Dies führte zu einem organologischen Denken, für das die griechische Kunst und Dichtung wie ein Produkt der Natur sein sollte. Fichte und noch mehr Schelling ermöglichten, die Natur selbst zu einer absoluten Seinsmacht zu erheben, so daß die griechische Kunst und Dichtung nun als die Manifestation des Seins als Natur begriffen werden konnte. So waren sie für Friedrich Schlegel in Art und Gang Erzeugnisse des Seins als Natur. »Die Natur selbst, welche die griechische Poesie als ein Ganzes erzeugte, teilte auch dieses Ganze in wenige große Massen, und verknüpfte sie mit leichter Ordnung in eins« (IV, 7). Es war die Natur selbst, die sich im Gange der griechischen Dichtung zur Freiheit erhob, und auch der Untergang der griechischen Dichtung war nicht mehr, wie für Winckelmann, durch ein psychologisches Gesetz zu erklären, sondern durch die Seinsweise der die griechische Dichtung leitenden Macht – durch das Gesetz des Kreislaufes. Als Produkt dieser Natur hatte die griechische Dichtung mit Sicherheit das ästhetische Ideal erreicht, hatte aber auch als Produkt dieser Natur wieder vergehen müssen.

Durch diese geschichtsphilosophische Spekulation hat Friedrich Schlegel zunächst das Problem verschärft, wie dem nachantiken Menschen die antike Seinsharmonie möglich ist. Doch hat er so auch die Prämissen zu dessen Auflösung gesetzt. 1797 veröffentlichte er eine Schrift »*Über das Studium der griechischen Poesie*«. Es springt für ihn »in die Augen, daß die moderne Poesie das Ziel, nach welchem sie strebt, entweder noch nicht erreicht hat; oder daß ihr Streben überhaupt kein festes Ziel, die Masse ihrer Geschichte keinen gesetzmäßigen Zusammenhang, das Ganze keine Einheit hat« (S. 45). Schlegel ist bestrebt zu zeigen, daß der Zustand der nachantiken Kultur nur chaotisch zu sein scheint, daß auch ihr charakteristisch gemeinsame Züge zukommen. »Schon jene durchgängige Anarchie in der Masse der modernen Poesie ist doch etwas Gemeinsames; ein charakteristischer Zug, der nicht ohne gemeinsamen innern Grund sein kann (S. 55).« Dieses Gemeinsame ist, wie in der Antike, ein gemeinsamer Seinsgrund. So wie die antike Dichtung in einer Manifestation des Seins als Natur begründet ist, so könnte die nachantike Dichtung in der Manifestation des Seins als Geist begründet sein. Dann steht der nachantike

europäische Mensch in einem übergreifenden Seinsgeschehen, dessen Ziel
dasselbe ist wie in der Antike. Hier waltet nur einmal die Differenz, daß
das Seinsziel erreicht wird, indem der Mensch als Freiheit sich an das Sein
als Natur zurückbindet, mithin das Ideal der Poesie in der Nachantike
auf entgegengesetztem Wege erreicht wird, als Gang von der Freiheit
zur Natur. Ferner ist dieses Ideal noch nicht erreicht, sondern muß erst
erreicht werden. Drittens aber, in diesem Bildungsgang ist eine Fatalität
möglich und hat sich verwirklicht, durch die das anzustrebende Seinsziel
verfehlt wird. In der Antike leitete die zwar nicht reflektierte, aber eben
darum unfehlbare Natur. Den nachantiken Menschen aber leitet der Geist
als Verstand. Er ist zwar das Vermögen der Wahrheit, aber auch die
Möglichkeit des Irrtums. Und diesem Irrtum ist der nachantike Mensch
verfallen. So steht er nicht nur in einer Kultur des Verstandes, sondern
in einer verirrten Kultur. Statt das Ziel seiner Bildung, die Seinsversöhnung zu erreichen, hat er sich hiervon immer mehr entfernt. Hierfür
ist repräsentativ die nachantike Tragödie, und für sie am repräsentativsten ist die Tragödie Shakespeares. Sie ist eine philosophische Tragödie,
und als solche ist sie der polare Gegensatz zur ästhetischen Tragödie des
Sophokles. »Diese ist die Vollendung der schönen Poesie, besteht aus
lauter lyrischen Elementen, und ihr endliches Resultat ist die höchste
Harmonie. Jene ist das höchste Kunstwerk der didaktischen Poesie, besteht aus lauter charakteristischen Elementen, und ihr endliches Resultat
ist die höchste Disharmonie« (S. 76). Für die Tragödien Shakespeares ist
am repräsentativsten der »*Hamlet*«. »In ihm ist der Geist seines Urhebers
am sichtbarsten; hier ist, was über die andern Werke des Dichters nur
einzeln zerstreut ist, gleichsam, ganz beisammen« (S. 79). »Der Mittelpunkt des Ganzen liegt im Charakter des Helden... Es gibt vielleicht
keine vollkommnere Darstellung der unauflöslichen Disharmonie, welche
der eigentliche Gegenstand der philosophischen Tragödie ist... Der
Totaleindruck dieser Tragödie ist ein Maximum von Verzweiflung. Alle
Eindrücke, welche einzeln groß und wichtig schienen, verschwinden als
trivial vor dem, was hier als das letzte, einzige Resultat alles Seins und
Denkens erscheint; vor der ewigen Kolossalen Dissonanz, welche die
Menschheit und das Schicksal unendlich trennt« (S. 77 f.). Doch ist diese
Tragödie »durchaus nur eine vorübergehende Krise des Geschmacks;
denn sie muß sich endlich selbst vernichten«. Die Dichtung ist auf dem
Wege, diese Krise zu überwinden. »Goethens Poesie ist die Morgenröte
echter Kunst und Schönheit« (S. 90). Die Gegenwart wird sich in einer
neuen antiken Dichtung erfüllen, durch die vollendete Versöhnung der

Freiheit mit der Natur. Hier kann ein Werk fördern, das, wie Winckelmann das Ganze der antiken bildenden Kunst, das Ganze der antiken Dichtung sichtbar macht. Dies will Friedrich Schlegel für seine Zeit leisten.

Mit diesem geschichtsphilosophischen Entwurf ist das neue Schema vollendet, worin jetzt die Tragödie begriffen wird. Sie wird nicht mehr in Kunstzielen begründet, sondern in Seinsursprüngen; sie geht nicht auf eine Wirklichkeit hin, sondern kommt von einer Wirklichkeit her. Sie ist letztlich Zeugnis von einem Offenbarungsvorgang in Analogie zur religiösen Offenbarung. So ist auch das in der Tragödie sich Offenbarende nicht primär der Mensch selbst, sondern ein den Menschen umgreifendes Sein, das Sein als Natur oder als Geist. Dieses Sein bringt die Tragödie hervor und bestimmt ihren Ort in ihrem Entfaltungsgang. In diesem Gang ist die Tragödie ein ganz bestimmtes Moment – sie zeigt den Menschen, der in Gegensatz geraten ist zum umgreifenden Sein. Damit bringt der Dichter in der Tragödie nicht mehr eine überzeitliche Möglichkeit zum Anschauen und zur Wirkung auf das Gemüt, sondern manifestiert in ihr eine zeitliche Wirklichkeit, den realen Zwiespalt zwischen Mensch und Sein. Damit ist genauer die Tragödie die Manifestation einer Seinskrise. Indem diese Krise sich primär in der Tragödie manifestiert, also Ursprung und Inhalt der Tragödie ist, kann diese Krise als spezifisch tragisch begriffen werden. Für die klassische Auffassung kommt der Tragödie kein spezifisch tragischer Inhalt zu, indem sie nur des Menschen Grundverfassung aufzeigt, wie er dem Leiden und Scheitern ausgesetzt ist – die Tragödie ist nur die poetische Kunst, die diese Grundverfassung vorzüglich zu ihrem Thema machte. Jetzt kann ein Begriff des Tragischen konzipiert werden. Als tragisch wird eine bestimmte Konstellation in der Seinsgeschichte begriffen, und zwar der Moment, worin der Mensch als Freiheit in Gegensatz geraten ist zum umgreifenden Sein. Das Tragische wird so zu einem Moment in einem Seinsgang, und zwar zu einem negativen Moment. Das Tragische muß überwunden werden. Die Griechen haben es durch ihre schöne Tragödie selbst überwunden. In ähnlicher Weise soll es der nachantike Mensch überwinden, indem er das tragische Geschehen im Medium einer romantischen Poesie darstellt. Dies ist Tiecks Absicht in seiner »*Heiligen Genoveva*« und seinem »*Kaiser Octavian*«.

Durch diese Neuauffassung wird der Tragödie nicht nur ein neuer Inhalt zugesprochen, sondern auch ihre Form wird neu begriffen. Für die klassische Auffassung ist das tragische Kunstwerk nur die Kunstfügung, durch die der Dichter die tragische Erfahrung bewirkt. Das Tragische ist

so sehr als Inhalt solcher Erfahrung zu bestimmen, daß sich Aristoteles
ganz hierauf richtet, auf die Erschütterung zu Phobos und Eleos und auf
die Katharsis, ohne den genaueren und ihm selbstverständlichen Tatbestand zu fixieren, daß dies eine Wirkung der optischen theatralischen
Darstellung und des ins Musikalische gesteigerten Sprachausdrucks ist.
Er begnügt sich, Inhalte und Fügungen der Tragödie aufzuzeigen, die für
solche Wirkung günstig oder notwendig sind. Die Bedeutung der Dar-
stellungform hat Lessing genauer herausgehoben; daß der Tragödie die
theatralische Form zukomme, da durch sie allein die tragische Wirkung
erreicht wird. Form ist also nach klassischer Auffassung die Formierung
eines Dichtwerks, durch die es seinen poetischen Zweck erreicht. Nachdem Schiller die Gestaltungszüge der Tragödie fixiert hat, fährt er fort:
»Der letzte Grund, auf den sich alle Regeln für eine bestimmte Dichtungsart beziehen, heißt der Zweck dieser Dichtungsart; die Verbindung der
Mittel, wodurch eine Dichtungsart ihren Zweck erreicht, heißt ihre Form.
Zweck und Form stehen also miteinander in dem genauesten Verhältnis.
Diese wird durch jenen bestimmt und als notwendig vorgeschrieben, und
der erfüllte Zweck wird das Resultat der glücklich beobachteten Form
sein«. Tragischer Dichter ist, wer diese Wirkungsform beherrscht. Er ist,
wie Goethe bemerkt, »selbst nicht gerührt, noch getäuscht, kennt aber
die Mittel, Rührung und Täuschung hervorzubringen«.
Auch Friedrich Schlegel betont den Kunstsinn und das Kunstkönnen des
tragischen Dichters; doch ist für ihn die tragische Dichtung nicht hierin
begründet. Sie gründet vielmehr in des Dichters tragischer Erfahrung,
die in ihm die Form poetischer Gestalt gewinnt. Primär ist also ein im
Dichter geschehender Offenbarungsvorgang, ein Offenbarwerden im
poetischen Wort und in poetischer Form. August Wilhelm Schlegel hat
diesen neuen Formbegriff in seinen *Vorlesungen über die dramatische
Kunst und Literatur«* (Wien 1808) verdeutlicht. Der Dichter ist Organ,
worin sich das Sein als der Geist der Poesie offenbart. Es leuchtet für
A. W. Schlegel ein, »daß der unvergängliche, aber gleichsam durch verschiedene Körper wandernde Geist der Poesie, so oft er sich im Menschen-
geschlechte neue gebiert, aus den Nahrungsstoffen eines veränderten
Zeitalters sich auch einen anders gestalteten Leib zubilden muß« (II, 112).
Dieses Zubilden eines Leibes begreift A. W. Schlegel im Anschluß an das
organologische Denken des 18. Jahrhunderts. Dem Kunstwerk kommt
eine organische Form zu. Sie »ist eingeboren, sie bildet von innen heraus,
und erreicht ihre Bestimmtheit zugleich mit der vollständigen Entwicke-
lung des Keimes. Solche Formen entdecken wir in der Natur überall, wo

sich lebendige Kräfte regen ... Auch in der schönen Kunst, wie im Gebiete der Natur, der höchsten Künstlerin, sind alle echten Formen organisch ...« (II, 111). Dieser organischen Naturform aber, die an sich nur Gestalt ohne Gehalt ist, unterschiebt A. W. Schlegel eine ganz andere Auffassung vom Wesen und der Funktion einer Form. Die Form soll nicht bloße Gestalt, sondern sie soll die Formwerdung eines Gehalts sein. Die Kunstform ist »durch den Gehalt des Kunstwerks bestimmt« (II, 112). Die ästhetische Form eines Kunstwerks ist damit nicht eine an sich selbt bestehende Naturgestalt, sondern nur die Formierung eines Kunstgehaltes, der sich in solcher Gestalt offenbar macht. So ist die Form »nichts anderes als ein bedeutsames Äußeres, die sprechende durch keine störenden Zufälligkeiten entstellte Physiognomie jedes Dinges, die von dessen verborgenem Wesen ein wahrhaftes Zeugnis ablegt. Mit dieser Neubestimmung vom Wesen des Dichtwerks wird auch für dessen Erfassung ein neuer Grundsatz geltend gemacht. Nach klassischer Auffassung ist die poetische Wirklichkeit als Schau und Zustand des Gemüts im Erfahrenden gegenwärtig und also hier zu erschließen, etwa als Phobos, Eleos, Katharsis, und das poetische Kunstwerk ist die Summe der Formzüge, durch die die poetische Erfahrung bewirkt wird. Jetzt ist die poetische Wirklichkeit im Dichtwerk selbst offenbar geworden, und sie ist zu erschließen, indem von der Gestalt der Dichtung auf den Gehalt zurückgegriffen wird, der sich im Dichtwerk manifestiert hat.

Friedrich Schlegel hat von dieser neuen Auffassung der Dichtung und der Tragödie das Programm entworfen. August Wilhelm Schlegel machte es zu seiner Aufgabe, in weitwirkenden Vorlesungen in Berlin und in Wien diese Auffassung zur Grundlage einer neuen Einsicht besonders in das Wesen der antiken und nachantiken europäischen Dichtung zu machen. Der bisherigen Auffassung, daß es nur die eine Dichtung gebe, die schon in der Dichtung ausgebildet worden sei und jetzt noch Muster der nachantiken Dichtung sein müsse, stellte er die These entgegen, daß die antike und die nachantike Dichtung einem polar entgegengesetzten Seinsursprung entstammten und insofern polar entgegengesetzt seien. Diese Erkenntnis sei »der wahre Schlüssel zur alten und neuen Geschichte der Poesie und der schönen Künste ...« Diejenigen, die einen solchen Gegensatz annahmen, »haben für den eigentlichen Geist der modernen Kunst, im Gegensatz mit der antiken oder klassischen, den Namen romantisch erfunden« (I, 8).

Friedrich Schlegel und August Wilhelm Schlegel haben beansprucht, mit diesen Thesen die Literaturwissenschaft über die philologische Gelehrsamkeit und die kunstkritische Beurteilung hinaus als eine vertiefte und systematische Wissenschaft zu begründen. Ihr Anspruch und damit ihr Auffassungsschema ist im Grundsätzlichen anerkannt und zur Grundlage der Literaturwissenschaft gemacht worden. »Als die eigentlichen Begründer der Literaturgeschichte in unserem Sinne«, sagt noch R. Unger, »müssen die Brüder Schlegel gelten« (S. 11). So kann für E. Rothacker gefragt werden, »ob die wissenschaftsgeschichtlichen Formen von geistesgeschichtlichen Fächern wie Literaturgeschichte, Kunstgeschichte, Religionsgeschichte nicht völlig ihre Struktur verlören, wollte man ihr einmal die Gestaltungsfaktoren entziehen, die sie direkt aus der romantischen Vorstellungsweise ererbten«. *(Einleitung in die Geisteswissenschaften,* 2. Aufl., S. 116.) Rothacker macht hier auf ein Phänomen in den Geisteswissenschaften aufmerksam, das »merkwürdigerweise in seinem ganzen Umfang methodologisch nie erfaßt und deshalb nie erörtert wurde, das ›emanatistische Denken‹« (S. 115). Die Phänomene der Kultur würden seit der Romantik als Manifestationen des Volksgeistes begriffen; in ihnen »manifestiere sich«, »offenbare sich«, »äußere sich« der Volksgeist.

Dieses emanatistische Denken ist durch Friedrich Schlegel begründet worden, indem er die antike und die nachantike Dichtung als Manifestation des Seins als Natur und Geist begriff. Hegel hat diesen Denkansatz systematisch ausgebildet – für ihn ist alles dem Menschen faßbare Seiende – Natur, Mensch, Geschichte, Kultur – Manifestation des absoluten Seins als Geist. Die Begründer der sogenannten historischen Schule, besonders Carl von Savigny, setzen als ein solches sich manifestierende Sein den Volksgeist. In dieser Lehre begründet sich die Germanistik; von ihr überkommt die Lehre von der Dichtung als Manifestation des Volksgeistes auch der Literaturwissenschaft.

In der Literaturwissenschaft ist es so zu einer ihre Erkenntnisweise begründenden These geworden, daß ein Dichtwerk zu erfassen sei als die Gestaltwerdung eines Gehalts. Diese romantischen Thesen werden bis zur Gegenwart wiederholt. So ist für Dilthey das Dichtwerk das Ergebnis eines organischen Bildeprozesses – jede Dichtung ist »lebendiges Geschöpf eigner Art« (S. 200). Für Robert Petsch haben »ein inneres Lebensgesetz, das der Seele des Menschen vergleichbar und verwandt ist, ... alle lebendigen Organismen und geistigen Wirkungseinheiten ...; dieses Gesetz, das alle ihre Lebensvorgänge beherrscht, ist die innere Formkraft, kraft deren sich das Wesen eine Gestalt zu geben sucht. Das gilt also in besonderem Maße für die künstlerischen Gebilde ...« *(Wesen und Formen des Dramas,* 1945, S. 28.) Auch noch für Wolfgang Kayser ist das sprachliche Kunstwerk die Gestaltwerdung eines Gehalts. Es ist ein »Ausdruck«, und zwar »als durchgängige gestaltungsmäßige Bestimmtheit durch ein Inneres..., als Identität von Äußerem und Innerem, Gestalt und Gehalt... Aller Gehalt, der sich ausdrückt, ist in der Gestaltung anwesend... Jede Dichtung stellt also eine einheitlich geformte dichterische Welt dar...« *(Das sprachliche Kunstwerk,* 1948, S. 290). So kommt es bei der Erkenntnis eines lyrischen Kunstwerks »darauf an, die im lyrischen Sprechen wirksamen Kräfte zu erkennen und das Kunstwerk als von ihnen geformtes Gefüge zu verstehen« (S. 347). So wird auch heute noch die Tragödie emanatistisch verstanden, daß sich in ihr ein spezifisch tragischer Seinsgehalt in poetischer Gestalt manifestiert habe.

In dieser Erkenntnis bleibt zunächst noch der ursprüngliche Erkenntnisansatz gewahrt, daß hier keine empirische wissenschaftliche Erkenntnis intendiert wird, sondern das tiefere Verständnis des empirisch Gegebenen durch einen hinzugedachten, empirisch nicht gegebenen Seinsgrund gewonnen wird, der sich als wirklich erweisen soll, indem er ein Erkenntnisschlüssel für das empirisch Gegebene ist. So stellt August Wilhelm Schlegel seine These von dem polaren Gegensatz der antiken und nachantiken Kunst und Dichtung noch als eine philosophische Theorie auf, die sich an dem empirisch Gegebenen bewähren muß. »Vielleicht wäre mit diesem Gedanken der wahre Schlüssel zur alten und neuen Geschichte der Poesie und der schönen Künste gefunden« (I, 7 f.). Die Einsicht in diese Erkenntnisverfassung geht in dem Maße verloren, wie mit dem fortschreitenden Realismus im 19. Jahrhundert das metaphysische Sein der Romantik und des philosophischen Idealismus preisgegeben und das Sein auf das physische Sein, auf die Natur und die sinnenhaft gegebene Wirklichkeit reduziert wird. Auch jetzt wird nach wie vor in Seinsgründen gedacht. So ist der Materialismus nur eine neue Seinssetzung – als Seinsgrund alles Seienden wird jetzt nicht mehr Gott gesetzt oder der absolute Geist Hegels, sondern die Natur als Materie. Doch gründet diese Setzung zugleich in dem Irrtum, als sei hier nicht zu dem empirisch Gegebenen ein empirisch nicht gegebener Seinsgrund hinzugedacht, sondern als sei hier gleichsam die empirisch gegebene Ursache zu einem empirisch Gegebenen entdeckt worden, so daß der Materialismus sich auch rühmt, eine Weltanschauung auf wissenschaftlicher Grundlage zu sein.

Für die Erkenntnis der Tragödie wirkt sich dies dahin aus, daß jetzt ihr Seinsgrund nicht mehr in ein metaphysisches, sondern in ein physisches Sein gesetzt wird, nicht mehr in ein den Menschen umgreifendes Sein, sondern in das Sein des Menschen selbst, und hier wieder nicht in einen

Menschen, der auf metaphysisches Sein bezogen, sondern in einen Menschen als reines Natursein in einer rein natürlichen Welt. Hierdurch wird zunächst die nachantike Tragödie, vornehmlich die Shakespeares, neu begriffen. Friedrich Schlegels These, daß in Shakespeare die moderne Seinskrise gipfle, war bald, besonders durch Tieck, preisgegeben worden – der eigentliche Shakespeare ist jetzt der Komödiendichter, besonders des »*Sommernachtstraum*« und des »*Sturm*« und damit ein Gipfel der romantischen Poesie. A. W. Schlegel schränkt die Tragödie auf die Antike ein; Shakespeare habe mehr romantische Schauspiele geschrieben. Die realistisch werdende Wissenschaft ordnet Shakespeare in eine Geistesgeschichte ein, die jetzt nicht mehr, wie noch für Hegel, die Entfaltung des absoluten Geistes, sondern des menschlichen Geistes ist. Sinn und Ziel dieser Geschichte ist, daß der Mensch sich fortschreitend frei macht von dem Glauben an übergreifende, ihn bindende metaphysische Mächte, daß er sich selbst als autonom erkennt und ergreift. Die nachantike Tragödie, besonders die Shakespeares, soll jetzt Manifestation des autonom gewordenen Menschen sein, der als Schicksal nur seinen eigenen Charakter erkennt. Der Gegensatz zwischen antiker Tragödie und nachantikem romantischem Schauspiel wird jetzt als der Gegensatz begriffen zwischen antiker Schicksals- und moderner Charaktertragödie. Besonders Lessing wird jetzt durch den Vorwurf getroffen, daß er diesen grundsätzlichen Gegensatz zwischen Sophokles und Shakespeare nicht erkannt und mithin auch seine Tragödie nicht als Charaktertragödie gebildet habe. Das innerste Kompositionsgeheimnis Shakespeares besteht für H. Hettner darin, daß Shakespeare »aus dem vertieften Freiheitsgefühl der modernen protestantischen Weltanschauung erwachsen, durchweg mit den überweltlichen Schicksalsmotiven, an welchen die antike Tragödie nach Maßgabe des antiken Schicksalsglaubens so reich ist, aufs schärfste gebrochen hat … Wir nennen die Shakespearsche Tragödie Charaktertragödie, weil in ihr jeder seines Glückes Schmied ist, weil die Katastrophe immer nur aus dem Erleben und dem Verhalten des Menschen zu ihm selbst quillt. Dieses innerste Wesen der Shakespearschen Charaktertragödie und deren tiefen Gegensatz gegen die antike Tragödie hat sich Lessing niemals zu klarer Erkenntnis gebracht«. (Hettner, *Geschichte der deutschen Literatur des 18. Jahrhunderts* II, 328). Hier sei Herder über Lessing hinausgekommen. Für Lessing war Shakespeare der kongeniale Bruder des Sophokles; Herder hingegen »betonte aufs schärfste den tiefen, durch die Verschiedenheit des Volksnaturells und des Zeitalters bedingten geschichtlichen Gegensatz. Aus dem von Grund aus verschiedenartigen Ursprung des griechischen und nordischen Theaters suchte er zu erweisen, daß Sophokles' Dramen und Shakespeares Dramen zwei Dinge seien, die in gewissem Betracht kaum den Namen gemein haben« (III, 26). Doch hat auch Herder »noch ebensowenig wie Lessing sich zum Bewußtsein gebracht..., daß der eigenste und tiefste Unterschied der antiken und modernen Tragödie vor allem in dem tiefgreifenden Gegensatz liege, daß die moderne Tragödie mit ihrem gesteigerten und verinnerlichten Freiheitsgefühl die Katastrophe, den Untergang des Helden nicht, wie die antike Tragödie aus einem unentrinnbaren Götterverhängnis, sondern vielmehr aus der verantwortlichen tragischen Schuld des Handelnden selbst ableite...« (S. 27 f.). Auch für den frühen Dilthey manifestiert sich im Drama Shakespeares der moderne autonome Mensch. Shakespeares Philosophie ist die der Stoa und Montaignes, in deren Mitte der Mensch als autonome Persönlichkeit steht. Die Helden seiner Dramen »leben im Gefühl ihrer Macht« (S. 214). In allen Dramen Shakespeares zeigt sich »vor allem ein Dringen in die Tiefen, in denen Charakter und Schicksal verwoben sind« (S. 7).

Indem die Tragödie als Manifestation des nur noch daseienden Menschen begriffen wird, wird für ihre Erfassung auch die Grundweise menschlichen Daseins verbindlich – daß der Mensch in ihr sich einmal zeigt als er selbst, sodann als daseiend im Raum, ferner als daseiend in der Zeit. Der Mensch ist also ein Wesen des Selbstseins, des Raumseins, des Zeitseins. Die Wissenschaft von der Dichtung ist dann für den Positivismus einmal die Psychologie. »Das psychische Element ist der wesentlichste Faktor aller Kulturbewegung, um den sich alles dreht; und die Psychologie ist daher die vornehmste Basis aller in höherem Sinne gefaßten Kulturwissenschaft«. (H. Paul, *Prinzipien der Sprachgeschichte*, S. 6). Scherer hat versucht, eine Poetik auf psychologischer Grundlage zu schreiben, und Johannes Volkelt schrieb eine psychologische Ästhetik des Tragischen, da alle ästhetische Erfahrung, als in der subjektiven Erfahrung des Empfangenden bewirkt, durchaus ein nur »seelisches Bestehen« hat (S. 2). Der Versuch, die Dichtung als eine Manifestation des räumlich daseienden Menschen zu erfassen, führt zunächst zu dem Bestreben, des Menschen räumliche Daseinsform konkret zu bestimmen, um hier einen Ansatz zu finden für den Zugriff und die Analyse der Wissenschaft. Diese räumliche Daseinsform des Menschen scheint die Gesellschaft zu sein; die sie erfassende und analysierende Wissenschaft ist die Soziologie. So ist die zweite Grundwissenschaft der Literaturwissenschaft die Soziologie. Für die positivistische Kulturerkenntnis sind charakteristisch die

»Bestrebungen um Grundlegung und Ausbau der Soziologie als der historischen Grundwissenschaft« (R. Unger, *Philosophische Probleme in der neueren Literaturwissenschaft*, S. 24). So ist auch für Dilthey seine »*Einleitung in die Geisteswissenschaften*« der »Versuch einer Grundlegung für das Studium der Gesellschaft und der Geschichte«. In der marxistischen Literaturwissenschaft wird der Mensch wesenhaft als das Gesellschaftswesen und seine Dichtung als Manifestation des so seienden Menschen, des feudalistischen, bürgerlich-kapitalistischen, des proletarischen Menschen begriffen. Daß schließlich die Dichtung begriffen werden muß als Manifestation des in der Zeit daseienden Menschen, ja daß dies die für den Menschen bedeutsamste Seinsweise ist, wird der realistischen Wissenschaft nahegelegt durch das Erbe der romantischen und idealistischen Geschichtsphilosophie. Deren These, daß der eigentliche Erkenntnisgegenstand der Dichtungswissenschaft das in der Dichtung sich offenbarende und im geschichtlichen Gang sich entfaltende Sein sei, wurde nur ausgetauscht gegen die These, daß in der Dichtung sich der Mensch in seinem zeitlichen Dasein zeige und daß sie mithin als Moment eines historischen Daseinszusammenhangs zu erkennen sei.

Die historische Erkenntnis der Dichtung hat, im Anschluß an eine genetisch historische Wissenschaft, besonders der Positivismus ausgebildet. Er spitzte sie zweifach zu, einmal, indem er nach dem Vorbild der Daseinshistorie versuchte, ein Dichtwerk als Produkt historischer Daseinsfaktoren zu erfassen, ferner indem er nach dem Vorbild der Naturwissenschaft einen Kausalzusammenhang des Bewirkens zu sichern suchte. Hier setzte eine Gegenbewegung ein, deren für die Literaturwissenschaft am wirksamsten gewordener Vertreter Wilhelm Dilthey ist. Dilthey scheint zunächst die positivistische Wissenschaft fortsetzen zu wollen. Er lehnt nur das kausale Erklären geistiger Gebilde ab und fordert für sie ein Verstehen, und zwar eine verstehende Psychologie noch im Sinne des Positivismus. So soll das Dichtwerk, statt als Ergebnis eines mechanisch kausalen Vorgangs, als Ergebnis einer zu verstehenden psychischen Genesis erfaßt werden. »Das höchste Verständnis eines Dichters wäre erreicht, könnte man den Inbegriff der Bedingungen in ihm und außer ihm aufzeigen, unter denen die sein Schaffen bestimmende Modifikation des Erlebens, Verstehens, Erfahrens entsteht, und den Zusammenhang umfassen, der von ihr aus Motiv, Fabel, Charaktere und Darstellungsmittel gestaltet.« (*Goethe und die dichterische Phantasie*, S. 200.) Doch bleibt so das Tiefere verdeckt, daß Dilthey, als Philosoph, als Biograph Schleiermachers, als Kenner Friedrich Schlegels und Hegels die Erkenntnisposition des philosophischen Idealismus erneuert. Nur offenbart sich für ihn das Sein nicht als Geist, sondern als Leben. So steht sein Sichoffenbaren in dessen Zeichen. Sein wird als Leben erfahren im Erlebnis, zunächst als Lebensgefühl. Wie für die Romantik ist das vornehmlichste Organ dieser Seinsoffenbarung der Dichter. Im Dichter zeigt sich dieses Sein zuerst als Lebensgefühl, es vergegenständlicht sich zur poetischen Lebensanschauung, es klärt sich bis zum Lebensideal, Lebensbegriff. An der Dichtung von der Antike bis zur Gegenwart ist mithin das bis jetzt offenbar gewordene Leben zu ergreifen; dies ist der eigentliche Sinn des Verstehens, das Dilthey für seine Geisteswissenschaft fordert. Wie für Hegel das vorbegrifflich offenbarte Sein, das Sein als ästhetische Anschauung und als religiöse Innerlichkeit, zu transformieren ist in die ihm adäquate Form des Sichselbstwissens im Begriff, so ist für Dilthey das in poetischer Anschauung offenbar gewordene Sein zu transformieren in die Form des Verstandenseins.

Diese Lebensphilosophie Diltheys gewinnt entscheidende Bedeutung für die Auffassung des Tragischen in der Tragödie. Für den Positivismus ist die moderne Tragödie Charaktertragödie, in der der Mensch seine Autonomie bewährt. Dies ist auch noch die Auffassung des jungen Dilthey. Shakespeare ist eine Renaissancegestalt. Das Ideal der Aufklärung hat überall eine Beziehung »zu der Verwirklichung der Souveränität des Menschen« (S. 62). Für Lessing liegt der Wert unseres Daseins »in letzter Instanz darin, daß wir im Gefühl der Independenz der Person, ihrer von jedem äußeren Schicksal unabhängigen Würde leben« (S. 82). Das Seinsziel des modernen Menschen ist eine heitere Diesseitigkeit. Lessing lehre durch seine Dichtung: »Erfülle dich mit dem selbständigen Wert jedes Tages, der so wiederkehrt!« (Schleiermacher, S. 15). Von Goethes Weisheit »geht eine unbeschreibliche Kraft zu frohmütigem Handeln aus, Bejahung der Bedeutung des diesseitigen Daseins«. (*Goethe und die dichterische Phantasie*, S. 252). In Goethes Gesprächen tritt uns »ein unerschütterlicher beglückender Glaube an den wertvollen und bedeutungsvollen Zusammenhang der Welt entgegen« (S. 253).

Der späte Dilthey hegt diesen Fortschritts- und Daseinsoptimismus nicht mehr. Er sichtete wieder das ursprüngliche Thema der Tragödie: sie zeigt einen »Zusammenhang des Handelns, Leidens und Sterbens«. Dies zu zeigen, ist einmal auch für Dilthey wie für Lessing ein Anspruch. So scheint das durchschnittliche 18. Jahrhundert hier versagt zu haben – zwar wird die Tragödie noch als die höchste Dichtung anerkannt; doch fehlt den Tragödien das eigentlich Tragische. Diesen Anspruch aber, daß der Mensch sich offen halten soll für den tragischen Zusammenhang des Handelns, Leidens und Sterbens, den Anspruch an das Erfahren und Wissen tauscht Dilthey sofort aus gegen einen Anspruch an das Erleben – im 18. Jahrhundert ist versäumt worden, das Tragische zu erleben. So vernimmt man hier »nicht die tiefen Laute, die aus dem Erlebnis des Tragischen stammen« (S. 15). Von dieser Kritik aber wird auch Lessing getroffen. Denn seine Tragödien setzen zwar die Erfahrung und das Wissen davon voraus, daß der Mensch dem Leiden und Scheitern ausgesetzt ist, doch entstammen sie nicht spezifischen tragischen Erlebnissen des Dichters. So sei nicht das poetische Gestalten an sich für Lessing die Hauptsache, »nicht der Ausdruck eines inneren Erlebens, sondern die damit beabsichtigte Wirkung«. (Clivio, *Lessing und das Problem der Tragödie*, S. 88.) Dieser Mangel kann auch geistesgeschichtlich begriffen werden. Erst nach Lessing vollzieht sich »der Übergang zur Erlebnisdichtung, der Dichtung als Gestaltung persönlicher Erlebnisse«. In Klopstocks Oden »fällt die dichterische Gestaltung des Erlebnisses noch auf, dann wird sie erlaubt und schließlich notwendig« (S. 85). »Dieser Dichtungsauffassung steht Lessing noch ganz fremd gegenüber« (S. 64). Damit fehlen auch in den Tragödien Lessings die tiefen Laute des tragischen Erlebens. Seiner »durch Nachahmung und Reflexion hervorgebrachten Dichtung fehlt ein gewisser Ernst, welcher nur der Erlebnisdichtung zukommt, und sie erhält etwas Spielerisches«.

So wird durch Dilthey die Literaturwissenschaft dahin geführt, daß sie den Seinsgrund der Tragödie in das tragische Erlebnis des Dichters setzt und daß sie die Tragödie als die Manifestation der spezifisch tragischen Erlebnisse des Dichters zu verstehen versucht. Dies ist durch Dilthey und seit Dilthey in zweifacher Weise versucht worden.

Einmal ist versucht worden, das Tragische als ein ganz spezifisches persönliches Erlebnis des Dichters zu erfassen. Solcher Erfassung schien besonders das Werk Heinrich von Kleists günstig. 1922–1925 erschienen die Kleistbücher von Fr. Gundolf, Walter Muschg, Friedrich Braig, als Versuche, in intuitiver Gesamtschau die Tragödien Kleists in Kleists Wesen zu begründen. G. Fricke lehnte 1929 solche Schau als sichtlich subjektivistisch ab, ohne in seiner gründlichen Untersuchung über »*Gefühl und Schicksal bei Heinrich von Kleist*« einen festeren Boden zu finden. So wird jetzt wieder mehr und mehr versucht, die Tragödie als ein geistesgeschichtliches Phänomen zu erfassen. Diese Erfassung führt wieder in die Nähe von Friedrich Schlegel. Die Tragödie soll in einer durch den Gang des modernen Geistes bewirkten Seinskrise begründet sein. Dies ist der Denkansatz in zwei gewichtigen modernen Werken – in der »*Geschichte der deutschen Tragödie von Lessing bis Hebbel*« von Benno von Wiese 1948 und der »*Geschichte und Poetik der deutschen Tragikomödie*« von Karl S. Guthke 1961.

Für B. von Wiese ist das eigentlich Tragische in der deutschen Tragödie das Tragischwerden des deutschen Menschen, und der deutsche Mensch wird tragisch durch Seinsverlust, und diesem Seinsverlust verfällt er durch die Säkularisation, durch die er sich aus dem umgreifenden Sein herauslöst. B. von Wiese bekennt, »daß die Geschichte der deutschen Tragödie von Lessing bis Hebbel für ihn selber als Ganzes zu einer ergreifenden Tragödie geworden ist, die er in dem Vorgang erblicken mußte, wie sich die noch glaubende und vertrauende Seele immer stärker in die Unentrinnbarkeit des Unglaubens, in das Wagnis des Zweifels und die Verzweiflung hineingerissen sieht«. Wenn B. von Wiese durch die Säkularisation das Tragischwerden der Tragödie begründet, so daß sie durch den Fortschritt der Säkularisation immer tragischer wird, die Tragödien von Heinrich von Kleist also um vieles tragischer sind als die Tragödien Lessings, so versucht Guthke aufzuzeigen, daß durch die Säkularisation dem modernen Menschen die Tragödie nicht mehr möglich und daß er nur noch imstande ist, die Wirklichkeit tragisch-komisch zu erleben. Damit begründet nun seinerseits Guthke die Tragikomödie geistesgeschichtlich. So wie es für B. von Wiese echte Tragödie nur da gibt, wo in ihr sich der säkularisierte Mensch manifestiert, so ist für Guthke echte Tragikomödie nur da, wo sich in ihr der moderne desorientierte Mensch manifestiert. So ist die Tragikomödie der Spanier im 16. Jahrhundert noch nicht als echt tragikomisch anzusprechen. Ansätze zum echten Tragikomischen sind erst bei Lessing aufzuzeigen und das Tragikomische gipfelt erst in der Gegenwart, in der sich der moderne Dichter des grotesk und absurd Komischen und des Tragikomischen sichtlich bedient, um seinen Pessimismus und seinen Nihilismus zu demonstrieren.

Schriftenverzeichnis

Josef Clivio, *Lessing und das Problem der Tragödie*, 1928.
Wilhelm Dilthey, *Leben Schleiermachers*, 2. Aufl. 1922.
   Einleitung in die Geisteswissenschaften = Ges. Schriften, I. Bd., 1922.
   Das Erlebnis und die Dichtung, 8. Aufl. 1922.
Hermann Hettner, *Geschichte der deutschen Literatur des 18. Jahrhunderts*, hrsg. von Georg Witkowski, 1929.

Wolfgang Kayser, *Das sprachliche Kunstwerk*, 1948.
Hermann Paul, *Prinzipien der Sprachgeschichte*, 4. Aufl. 1909.
Robert Petsch, *Wesen und Formen des Dramas*, 1945.
Erich Rothacker, *Einleitung in die Geisteswissenschaften*, 2. Aufl. 1930.
August Wilhelm Schlegel, *Vorlesungen über dramatische Kunst und Literatur*, kritische Ausgabe von G. V. Amoretti, 2 Bde., 1923.
Friedrich Schlegel, *Sämtl. Werke*, 2. Original Ausg., 1846, Bd. IV.
    Über das Studium der griechischen Poesie, hrsg. und eingeleitet von Paul Hankamer, 1947.
Rudolf Unger, *Aufsätze zur Prinzipienlehre der Literaturgeschichte*, 1929.
Johannes Volkelt, *Ästhetik des Tragischen*, 1897.

Richard Samuel

Heinrich von Kleists Novellen

Heinrich von Kleist hat als seine hauptsächlichen dichterischen Werke,
acht Dramen und acht »Novellen« hinterlassen. Seine Novellen sind oft
hinter seinen Bühnenspielen zurückgestanden. Es ist überliefert, er selbst
habe das Novellenschreiben als eine demütigende Arbeit aufgefaßt, die
er nebenbei betrieben habe, um sich Geld zu verdienen. Wenn dem so
war, so hat er trotzdem in dieser dichterischen Form eine Meisterschaft
bewährt, die der Meisterschaft des Theaterdichters gleichwertig zur Seite
steht. In die Novellen hat Kleist genau so wie in seine Bühnenwerke sein
ganzes Wesen, sein Weltbild, seine Sprachgewalt, seine Formkraft, seine
Künstlerschaft hineingegossen. In vieler Beziehung hat er der deutschen
Novelle des 19. Jahrhunderts ihren Charakter gegeben.
Dem Philologen, der sich mit der Genesis, der Arbeitsweise und dem
biographischen Hintergrund der dichterischen Arbeiten Kleists befaßt,
geben die Novellen genau so viele Probleme und Rätsel auf, wie die
Bühnenwerke. Nicht eine einzige Handschrift der Novellen ist überliefert.
Wir wissen nicht, wann und in welcher Reihenfolge sie verfaßt wurden.
Briefliche Äußerungen von irgendwelchem Gewicht über sie gibt es nicht.
Sechs der acht Novellen wurden vom Verfasser zwischen 1807 und 1811
in Zeitschriften veröffentlicht:

1. »Jeronimo und Josephe. Eine Szene aus dem Erdbeben zu Chili, vom Jahre
   1647«; »*Morgenblatt für gebildete Stände*«, 10.–15. September 1807.
2. »Die Marquise von O . . .«; »*Phöbus*«, 2. Heft, Februar 1808.
3. »Michael Kohlhaas« (1. Viertel); »*Phöbus*«, 6. Heft, Juni 1808.
4. »Das Bettelweib von Locarno«; »*Berliner Abendblätter*«, 11. Oktober
   1810.
5. »Die heilige Cäcilie oder die Gewalt der Musik. Eine Legende«; »*Berliner
   Abendblätter*«, 15.–17. November 1810.
6. »Die Verlobung in St. Domingo«; »*Der Freimüthige oder Berlinisches Un-*

terhaltungsblatt für gebildete, unbefangene Leser«, 25. März – 5. April
1811.

Im Herbst 1810 erschienen bei Georg Reimer, Berlin, in einem Band
zusammengefaßt und unter dem Titel *Erzählungen von Heinrich von
Kleist* die folgenden drei Novellen: »Michael Kohlhaas (Aus einer alten
Chronik)«, vollständig; »Die Marquise von O...«; »Das Erdbeben in
Chili« (oben 3, 2, 1). Ein Jahr später, im August 1811, erschien im gleichen Verlag: *Erzählungen von Heinrich von Kleist. Zweiter Band,* der
neben »Die Verlobung in St. Domingo«, »Das Bettelweib von Locarno«
und »Die heilige Cäcilie«, die alle drei kurz vorher einzeln veröffentlicht worden waren, noch

7. »Der Findling« und
8. »Der Zweikampf«

enthielt.
Von sechs der acht Erzählungen gibt es nur eine Fassung. Nur zwei er-
möglichen einige Rückschlüsse auf Kleists Arbeitsweise, weil die Buchausgabe Änderungen gegenüber den Erstdrucken aufweist:

> »Michael Kohlhaas.« Das »*Phöbus*«-Fragment von 1808 ist in der zwei Jahre
> späteren Buchfassung entscheidend verändert. »Die Heilige Cäcilie« ist im
> zweiten Band der Erzählungen gegenüber dem acht Monate jüngeren Erst-
> druck in den »*Berliner Abendblättern*« stilistisch überarbeitet und beträcht-
> lich erweitert worden.

Über die Entstehung und Chronologie der acht Novellen ist viel spekuliert worden. Da so wenig dokumentarisches Material vorliegt, hat man
versucht, durch stilistische Untersuchungen, Motivvergleiche, Auffindung
angeblicher Brüche, Beziehungen zu den Dramen, Heranziehung bestimmter Ereignisse im Leben Kleists, angebliche Hinweise in Briefen,
Erinnerungen von Zeitgenossen und anderen äußeren und inneren Kriterien chronologische Folgereihen der Novellen herzustellen. Die Ergebnisse waren so widersprüchlich, daß von einer einheitlichen Auffassung
nicht die Rede sein kann. Demgegenüber haben wir an Fakten nur die
Erscheinungsdaten der Erstdrucke, einige ganz wenige Bemerkungen in
erhaltenen Briefen und die biographisch belegte Erfahrung, daß Kleist
keine Manuskripe ansammelte, sondern solche, wenn er sie abgeschlossen
hatte, so schnell wie möglich bei einem Verleger oder Zeitschriftenredak-
teur unterzubringen suchte, wobei in Fällen des *Phöbus* und der *Berliner
Abendblätter* er selbst Mitredakteur oder Redakteur war. Die überlieferten Tatsachen sprechen dafür, daß Kleist sich der Form der Erzählung

erst verhältnismäßig spät zuwandte, frühestens 1806 in Königsberg, vielleicht aber erst in der erzwungenen Muße der Kriegsgefangenschaft auf Fort Joux im französischen Jura in der ersten Hälfte von 1807. Von dort schickte er das »Erdbeben« an seinen Freund Rühle; die »Marquise« brachte er selbst nach Dresden zurück. Über die Entstehung von »Kohlhaas« in drei bis vier Phasen ist ebenfalls viel spekuliert worden: alles, was wir davon wissen ist, daß das Fragment Mitte 1808 erschien und am 10. Mai 1810 Kleist dem Verleger es, wahrscheinlich bearbeitet, mit der Bemerkung sandte: »[ich] denke, wenn der Druck [für die *Erzählungen*] nicht zu rasch vor sich geht, den Rest, zu rechter Zeit, nachliefern zu können.« Dies deutet darauf, daß damals nichts als das »Fragment« (Kleists eigene Bezeichnung) vorlag und er zwischen Mai und August 1810 (die *Erzählungen* erschienen im September) den »Rest« schrieb. In Vorbereitung für den zweiten Band der *Erzählungen* schrieb er dem Verleger Reimer am 17. Februar 1811, daß für den »Druck schon einige Erzählungen fertig sind,«[1] was sich auf »Bettelweib« und »Cäcilie« (kurz vorher veröffentlicht) und »Verlobung« (fertig für den »*Freimüthigen*«) beziehen muß. Was nicht fertig und sicher auch noch nicht geschrieben war, waren »Findling« und »Zweikampf«.[2]
Der Verleger hat den beiden Bänden von 1810 und 1811 den Titel *Erzählungen* gegeben. Kleist selbst hatte ihn dagegen in einem Briefe vom Mai 1810 lakonisch angewiesen: »Der Titel ist: ›Moralische Erzählungen von Heinrich von Kleist‹.«[3] Zu Kleists Zeit wurde der Titel von Cervantes »*Novelas ejemplares*« als *Moralische Novellen* übersetzt. Das Adjektiv ist bedeutsam für Kleists Intentionen. Gerade dieser Hinweis berechtigt zur Bezeichnung dieser Erzählungen als *Novellen*, denn er stellt sich damit in die Tradition eben der europäischen *Novelle*. Was die Länge von Kleists »Novellen« angeht, so sind sie, abgesehen von »Michael Kohlhaas«, weniger breit und ausladend als die des Cervantes. In ihrer Knappheit und Gespanntheit passen sie sich vielmehr denen des Boccaccio an.

---

[1] Das Original dieses Briefes ist im Besitz der Historical Society of Pennsylvania, Philadelphia. Erstdruck mit Faksimile von C. E. Schweitzer: »A New Letter by H. v. Kleist« in *American-German Review*, Vol. 28 (1961), S. 11–12. Wiederabdruck in H. J. Kreutzer »*Die dichterische Entwicklung H. v. Kleists*«, Berlin 1968, S. 192 und in H. Sembdner: »*Dichter über ihre Dichtungen. H. v. Kleist*«, Verlag Heimeran ohne Ort und Datum [1969]), S. 64, Faksimile am Eingang dieses Buches.

[2] H. Sembdner *(Kleist Sämtliche Werke und Briefe*, Hanser, München 1961, Bd. 2, S. 905 und 907) nimmt denn auch an, daß beide Erzählungen »im Sommer 1811 zur Füllung des 2. Bandes entstanden sind.« Näher begründet in Sembdner: »*Die Berliner Abendblätter H. v. Kleists*«, Berlin 1939, S. 213–217.

[3] cf. Sembdner, Bd. 2, S. 835 (Brief Nr. 165).

Nur fehlt dessen Novellen das »Moralische« des Cervantes, der in seiner Vorrede sagt, er habe sie *ejemplares* genannt, weil keine unter den zwölf sei, der sich nicht eine nützliche Lehre *(ejemplo)* abgewinnen ließe. Dies, d. h. praktische Lehren aus den erzählten Geschichten zu ziehen, versteht allerdings Kleist nicht unter *moralisch;* sondern er versteht es in dem Sinne, daß die zerbrechliche, anfällige, fragwürdige Welt als solche zurechtgesetzt, mit sich selbst in Übereinstimmung gebracht werden soll. Boccaccio schreibt zur Unterhaltung, schon der gesellschaftliche Rahmen des *Decamerone* macht das deutlich; Cervantes, der wie Kleist seiner Sammlung keinen Rahmen gibt, will der Forderung des Horaz »aut prodesse volunt aut delectare poetae« (»deleitar aprovechando«, sagt er) entsprechen. Kleist nimmt eine Zwischenstellung zwischen dem italienischen und dem spanischen Novellisten ein. In dieser Zwischenstellung schafft er sich seine eigenartige Form und Moralauffassung.

Nach Goethe ist die Novelle nichts »anders als eine sich ereignete unerhörte Begebenheit«. Wenn einer, so ist es Kleist, der diese Begriffsbestimmung erfüllt hat, und für die Kennzeichnung seiner Erzählkunst ist keine andere Definition nötig. Die Begebenheit ist das Wesentliche und die Charaktere wachsen, umgekehrt wie im Drama, aus ihnen heraus, sie werden in sie hineingezogen und durch sie bestimmt. Gleich in den ersten Sätzen der meisten seiner Novellen gibt Kleist die Natur der Begebenheit, in die er seine Charaktere hineinstellt, an und bezeichnet gleichzeitig die Unerhörtheit der Situation:

1. »Das Erdbeben in Chili.« Das Thema: die Erderschütterung auf der einen Seite, ein junger Mensch, auf ein Verbrechen angeklagt, auf der anderen. Der junge Mensch will sich *gerade* im Augenblick der Erderschütterung erhenken. In dem einen Satz wird ein Mensch mit einer für ein übliches Leben unerhörten Begebenheit verknüpft. Aus diesem Augenblick ergibt sich folgerichtig alles andere. Wir fragen uns, was der junge Mann getan hat. Das wird unmittelbar nach diesem Satz, in fliegender Hast eine lange Zeitspanne zusammenballend, erzählt. Auch das, was er getan hat, ist *unerhört* im Sinne der üblichen Moral: Jeronimo Rugiero hat ein Mädchen, weit über seinem Stande, geliebt; sie wurde wegen ihrer Erwiderung dieser Liebe von ihrem Vater in ein Kloster geschickt; dorthin findet der junge Mann Zugang und im Klostergarten vereinigen sich die beiden; das Mädchen, Josephe Asteron, kommt 9 Monate später während der Fronleichnamsprozession der Nonnen auf den Stufen der Kathedrale mit einem Kinde nieder und soll, im Augenblicke des Erdbebens, hingerichtet werden.

2. »Die Marquise von O ... Hier ist schon gleich im ersten Satz in der Form einer Zeitungsanzeige das Unerhörte selbst als das Hauptthema gegeben:

eine ehrsame Witwe erwartet ein Kind und weiß nicht, wie sie es und von wem sie es empfangen hat. Aus ihm entwickelt sich alles wie von selbst: Wie die Situation entstanden ist, wie sich die Marquise, die diesen »sonderbaren, den Spott der Welt reizenden Schritt mit solcher Sicherheit« tat (2. Satz), zu dieser Situation verhält.

3. »Das Bettelweib von Locarno.« Der erste Satz gibt ebenfalls die Situation an. Das Bettelweib, dem die Schloßherrin mitleidsvoll Aufnahme in einem Zimmer gewährt hat. Die Auflösung des Themas dieser kürzesten, aber vielleicht wirkungsvollsten Novelle Kleists, wird ganz zu Anfang angedeutet: Das Schloß liegt heute in Schutt und Trümmern. Warum? Das wird im Laufe von 3 Abschnitten erzählt.

4. »Die heilige Cäcilie.« Der erste Satz scheint hier wenig zu sagen. Und doch ist das Thema, wie im Bettelweib, in einem scheinbar ganz gelegentlich eingefügten Wort gegeben: *Bilderstürmerei*: »als die Bilderstürmerei in den Niederlanden wütete.« Sogar noch etwas mehr läßt sich aus diesem Satz ablesen: Drei Brüder treffen sich in Aachen mit einem vierten, der aus Antwerpen, d. h. den Niederlanden kommt und Prädikant (Hilfsprediger) ist. Bald stellt sich heraus, daß seine Erzählung vom Bildersturm die drei antreibt, das Gleiche in Aachen zu tun – und die Handlung ist in vollem Gange.

Im Eingang zweier anderer Novellen, 5. »Michael Kohlhaas« und 6. »Die Verlobung« scheint die Person und nicht die Sache, die Begebenheit, in den Mittelpunkt gestellt zu werden. Beide Personen, die genannt werden, Kohlhaas und Kongo Hoango, zeigen Widersprüche auf. Kohlhaas, »einer der rechtschaffensten und entsetzlichsten Menschen seiner Zeit«.[4] Hoango »ein fürchterlicher Neger«, aber »in seiner Jugend von treuer und rechtschaffener Gemütsart«. Es sind diese Gegensätze, die diese Menschen außerordentlich machen. Sie entstehen aber erst durch das, was ihnen geschieht. »Das Rechtsgefühl ... machte [Kohlhaas] zum Räuber und Mörder« heißt es am Ende des ersten Abschnitts und ebenso hören wir von Hoango, daß er seinen eigenen Herrn unbedenklich ermordete »eingedenk der Tyrannei, die ihn seinem Vaterlande entrissen hatte«. Die Verletzung des Rechtsgefühls ist der Gegenstand der Handlung in »Michael Kohlhaas«, in sie wird er sofort hineingestellt, wenn die Behandlung seiner Pferde durch den Junker von Tronka unmittelbar nach der Einleitung erzählt wird. Der Anfang der »Verlobung« stellt uns zwar einen zentralen Charakter vor, aber noch nicht die Hauptakteure der Handlung, die Mestize Toni, Stieftochter Hoangos und den Schweizer Gustav von der Ried, der als Offizier bei der französischen Kolonialmacht dient und für sich und seine Verwandten Obdach im

---

[4] In der Erstfassung (Fragment): »einer der außerordentlichsten und fürchterlichsten ...«

Hause des abwesenden Hoango sucht. Die Handlung konnte nicht in
Gang kommen ohne den Neger Hoango.

Eine ähnliche scheinbare Ablenkung findet sich im Eingang von (7) »Der
Zweikampf«. Ein Mord steht zu Anfang und man erwartet, daß die Aufklärung dieser unerhörten Begebenheit das Ziel der Handlungsführung
ist. Das ist auch der Fall. Der Verdacht des Lesers fällt auf den Halb-
bruder des ermordeten Herzogs von Breysach, auf den Grafen Jakob,
denn: die beiden Brüder lebten »in Feindschaft miteinander«. Die Aufklärung des Mordes ist aber nur der Rahmen für das Zentralthema, das
sich aus dem Versuch Jakobs, ein Alibi für die Mordnacht zu finden, entwickelt: er habe die Nacht mit der Witwe Littegarde von Auerstein zugebracht (6. Abschnitt), eine Dame, die – wie die verwitwete Marquise –
»bis auf den Augenblick dieser schmählichen Anklage die unbeschol-
tenste und makelloseste Frau des Landes war« (7. Abschnitt). Nichts
führt den Leser des Anfangs auf diese Haupthandlung,[5] obwohl der Erzähler, scheinbar unvermittelt, einen Namen in diesen hineinschmuggelt:
Friedrich von Trota, Kämmerer des tödlich verwundeten Herzogs, der,
wie wir später erfahren (9. Abschnitt), Frau Littegarde liebt und uner-
schütterlich an ihre Unschuld glaubt und der als Partner im Zweikampf
(Gottesurteil) mit Graf Jakob neben Littegarde zum zweiten »Helden«
der Handlung wird. Wie in der »Cäcilie« das Wort »*Bilderstürmerei*« auf
die Haupthandlung führt, so hier der Name Friedrich von Trota.

In vier Novellen führt also der Erzähler zu Anfang in medias res der
unerhörten Begebenheit; demgegenüber scheint in einer Novelle (»Kohlhaas«) der Zentralcharakter im Mittelpunkt des Anfangs zu stehen; in
zwei weiteren wird die Zentralhandlung zunächst verhüllt und der Hintergrund breit ausgemalt, auf dem sie sich abspielt: in der »Verlobung«
der »Rassenkampf« zwischen den Schwarzen und Weißen, im »Zweikampf« der Brudermord.

In der achten Novelle, »Der Findling«, deutet der Anfang scheinbar auf
gar nichts. Zwei Hauptpersonen: der Güterhändler Piachi und seine
zweite junge Frau Elwire werden eingeführt, aber noch nicht die Titel-
person, der Findling. Dennoch ergibt sich auch hier wie in den anderen
Novellen die Handlung und Problematik folgerichtig aus dem Anfang.
Es ist klar, daß die Reise Piachis schwerwiegende Folgen haben wird. Das
Stichwort, das dies andeutet, ist »eine pestartige Krankheit«, die im Reise-

---

[5] Es ist viel darüber spekuliert worden, ob nicht ein früherer Entwurf bestand, der
sich ganz auf den Brudermord konzentrierte (s. Hans M. Wolff: »*H. v. Kleist*«,
Bern 1955, S. 194 ff. u. a.). Beweisen läßt sich das nicht.

ziel, Ragusa, ausgebrochen war. Aus ihm ergibt sich das Weitere: Piachis
Sohn kommt auf der Reise an der Pest um und Piachi kehrt mit einem
»Findling«, der diesen Sohn angesteckt hatte, nach Rom zurück. Dieser
Findling Nicolo ist eine »Pest« im Hause Piachis und wird zur Ursache
des schrecklichen Schicksals, das das Paar befällt. Der generöse Piacho
wird wie Kohlhaas zum Mörder, ebenfalls durch von ihm erlittene Rechtsbeugung und durch verrottete soziale Zustände. Verschiedene Forscher
haben den »Findling« zur chronologisch ersten Novelle Kleists erklärt.
Wie schon erwähnt, sie gehört zweifellos mit dem »Zweikampf« zu den
letzten. Für sich gesehen, wäre diese Novelle ein düsterer Abschluß des
Gesamtwerks eines Mannes, der so tief an der Gebrechlichkeit der Welt
litt. Aber die Tatsache, daß »Findling« und »Zweikampf« strukturell
und gehaltlich offenbar gewollte Antithesen sind und »Zweikampf« von
Kleist an das Ende des 2. Bandes der Sammlung gestellt wurde, läßt auch
andere Schlüsse zu.

Die Anfänge der Novellen führen auch in knappster Weise in die Zeit
und das Lokal der Begebenheiten ein. Sechs der Novellen sind in historisch zurückliegende Zeiten verlegt, die Schauplätze sind weit zerstreut:

»Der Zweikampf« spielt im Mittelalter, »gegen Ende des 14. Jahrhun-
  derts« in Schwaben.
Dagegen spielen sich die Geschehnisse von vier Novellen im Zeitalter
der Reformation und Renaissance ab.
»Michael Kohlhaas«: »um die Mitte des 16. Jahrhunderts« in Branden-
  burg und Sachsen.
»Heilige Cäcilie«: »am Ende des 16. Jahrhunderts« in Aachen.
»Findling«: keine genaue Zeitangabe; die Novelle spielt im Rom des
  Kirchenstaats nach einer Reise nach Ragusa im Zeitalter der Renais-
  sance.
»Bettelweib«: ebenfalls keine Zeitangabe, aber wohl auch im 16. Jahr-
  hundert (vgl. der »florentinische Ritter«) nahe Locarno im oberen
  Italien.
»Erdbeben«: Eine genaue Jahreszahl, 1647, ist angegeben. Der Schau-
  platz ist »in St. Jago, der Hauptstadt des Königsreichs Chili« in Süd-
  amerika.
Die zwei restlichen Novellen spielen in Kleists Gegenwart:
»Marquise«: Kein genaues Datum, aber die Anwesenheit von russischen
  Truppen weist eindeutig auf den Koalitionskrieg von 1799/1800. Der
  Schauplatz ist »in M[ailand?], einer bedeutenden Stadt im oberen

Italien«. Das Inhaltsverzeichnis des Erstdrucks (*Phöbus*, 2. Stück, Februar 1808, S. 48) hat den Zusatz zum Titel: »(nach einer wahren Begebenheit, deren Schauplatz von Norden nach dem Süden verlegt worden)«, was im Druck der Erzählungen ausgelassen ist.

»Die Verlobung«: spielt »zu Anfange dieses Jahrhunderts« (1. Satz), »im Jahr 1803« (2. Absatz) »zu Port au Prince, auf dem französischen Anteil der Insel St. Domingo« im Westindischen Archipelagus auf einer Pflanzung außerhalb der Stadt.

Eine Novelle spielt also im Mittelalter, fünf im 16. und 17. Jahrhundert und zwei in Kleists Gegenwart. In Deutschland spielen drei Novellen (Schwaben, Brandenburg-Sachsen und Aachen), drei in Italien (Rom, Locarno, Mailand) und zwei in der neuen Welt (Chile, St. Domingo). Aber nicht das Historische oder das Lokalkolorit beeindruckt, sondern die Art wie erzählt wird. Sie suggeriert dem Leser immer, auch wenn ein entferntes Zeitalter oder eine exotische Weltgegend beschrieben wird, unmittelbare Gegenwart auf. Als Erzähler löst sich Kleist von seinem Stoff ab, berichtet Fakten, ist scheinbar ganz objektiv. Die Fakten selbst werden in sachlich-realistischer Weise erzählt, ohne Verbrämung, immer nur das Wesentliche herausgreifend, das oft auch im Detail einer Bewegung, eines Kleidungsstücks, einer unscheinbaren Handlung gefunden wird.

Kleists Realismus hat zwei verschiedene Seiten. In der »Verlobung« und im »Findling« geht er ins Grausige, im »Kohlhaas« und der »Marquise« dagegen ins Komische. Der komische Realismus in der *Abdeckerszene* liegt in der Situation: Großmächtige Herren, wie der Kämmerer des Kurfürsten und sein Vetter, der verächtlich dargestellte Wenzel, umgeben von einer Schar von Rittern, werden mitten in ein Volk von hohnlachenden Handwerksmeistern, »Tagedieben und Straßendieben«, gestoßen und müssen mit dem Abdecker und Schinder verhandeln, dessen Robustheit so drastisch beschrieben wird. Das Paradoxe der Komik ist hier, daß der Vorfall für Kohlhaas den Wendepunkt zum Schlimmen bedeutete, oder wie der Chronist zu Beginn der Szene sagt: »das Unglück aber Herrn Wenzels, und noch mehr des ehrlichen Kohlhaas wollte, daß er der Abdecker aus Döbbeln war.«

Die Komik des stürmischen Heiratsantrags in der »Marquise« ist ebenfalls paradox; sie beschwört eine Situation herauf, die zweideutig und verschleiert ist. Der Besuch des Grafen findet zu einer Zeit statt, als die Marquise noch keine Ahnung von ihrer Schwangerschaft hat. Dagegen

ist der Leser durch den Eingang der Novelle (die Zeitungsnotiz) davon
unterrichtet und versteht Bemerkungen, wie, der Graf »müsse über eine
gewisse Forderung seiner Seele ins Reine sein«, während sie der Marquise unverständlich sind. Kleist wendet hier die gleiche Methode wie
im *Zerbrochnen Krug* an: Der Leser weiß, was die Beteiligten der Geschichte nicht wissen – nämlich: wer der Schuldige ist. Die Spannung
liegt darin, wie sich allmählich das vor dem Beginn der Handlung Vor-
gegangene den Beteiligten enthüllt. Die Komik liegt hier in der Diskrepanz des Wissens des Lesers und der Unwissenheit der Beteiligten. Und
wiederum: Erst n a c h dem Besuch des Grafen wird die Marquise ihren
Zustand gewahr, wird das tragisch Erschütternde ihrer Situation ihr
selbst deutlich. Dem Leser wird diese Situation wiederum in einer komischen Umrahmung dargestellt: der Hebammen-Szene. Diese Komik, sie
liegt in der Diskrepanz zwischen der niedrigen, faktisch-sachlichen Feststellung der Hebamme und der Ungeheuerlichkeit dieser Feststellung für
die Marquise, unterstreicht die Größe dieser Frau, setzt sie erst in Stand,
dem überwältigenden Vorurteil der Welt gegenüber, Verstoßung und
Verachtung zu ertragen und ganz sie selbst zu werden, was Kleist in dem
zentralen Satz der Geschichte so ausdrückt:

> »Durch diese schöne Anstrengung mit sich selbst bekannt gemacht, hob sie
> sich plötzlich, wie an ihrer eigenen Hand, aus der ganzen Tiefe, in welche
> das Schicksal sie gestürzt hatte, empor.«

Kleists außerordentliche Situationen in den Novellen kreisen um drei
zentrale Probleme:

1. das der Liebesbeziehungen der Menschen untereinander;
2. das des Rechts- und der Gesellschaft;
3. das des religiös-metaphysischen Bereichs.

In bezug auf die Beziehungen der Geschlechter ist Kleist so radikal, wie
kaum ein deutscher Schriftsteller vor ihm. In vier Novellen spielen sie
eine bedeutende Rolle: in der »Marquise«, dem »Zweikampf«, dem
»Erdbeben« und der »Verlobung«.
Die unwissentliche Empfängnis in der »Marquise« und die ungeheuer-
liche Anklage gegen Littegarde im »Zweikampf«, sie habe eine Nacht
bei dem Grafen Jakob zugebracht, stellen zwei unschuldige Frauen in
einen für sie unbegreifbaren Gegensatz zur Welt, stellen sie auf eine
kaum ertragbare Probe, die sie am Ende triumphierend bestehen, obwohl
der Schein der Tatsachen lange gegen sie sprach.
Im »Erdbeben« und der »Verlobung« finden wir demgegenüber ganz

andere Situationen. In beiden stellt sich die spontane Liebe zweier junger Menschen gegen Gesetz und Konvention. Im »Erdbeben« gegen die Standes- und Moralauffassung der Gesellschaft und der Kirche, in der »Verlobung« gegen den Rassenkampf, den die Neger in Haiti zu ihrem obersten Gesetz gemacht haben: die Mestize Toni, dem Rassenhaß der Neger verschworen, ergibt sich dem weißen Flüchtling, den sie verderben soll.

Für Kleist beruht die Beziehung zwischen Menschen auf dem *Vertrauen* zu-ein-ander. Der Mensch als Individuum steht allein in der Welt; Kommunikation rationeller Art ist nicht möglich. Betrug zwischen Mensch und Mensch dagegen ist immer möglich. Nichts bleibt dem Einzelmenschen übrig als zu vertrauen, daß der andere nicht betrügt. Das gleiche gilt von der Welt – nur das Vertrauen auf sie, auf ihre gerechte Ordnung, macht das Leben lebenswürdig. Diese Erkenntnis liegt Kleists Welt- und Lebensauffassung zugrunde. Von den vier Novellen, die ganz intime Beziehungen zwischen Menschen darstellen, gehen zwei »glücklich« und zwei tragisch aus. Die Marquise und Littegarde meistern die Situation, weil ihr Vertrauen zu sich selbst unerschüttert bleibt. Die Marquise ist fürchterlich betrogen worden von einem Menschen, den sie als einen Engel, als ihren rettenden Engel angesehen hat. Deshalb erscheint er ihr, als er, zerknirscht und bußfertig enthüllt, was er getan hat, als ein Teufel. Aber er bewährt sich. In Entsagung erwirbt er sich das Vertrauen der Marquise; um »der gebrechlichen Einrichtung der Welt willen« wird ihm verziehen; eine zweite Bewerbung, ein zweites Jawort und eine zweite Hochzeit, setzt diese gebrechliche Welt wieder ins rechte Gleichgewicht und die Novelle kann mit einer lächelnden Note enden: »Eine ganze Reihe von jungen Russen folgte jetzt noch dem ersten . . .«

Der »Zweikampf« ist demgegenüber das hohe Lied des ungetrübten Vertrauens. Littegarde steht nicht allein wie die Marquise; sie hat als Stütze das unbedingte Vertrauen des Kämmerers Friedrich von Trota, der sie unbedingt liebt, allem Schein der Tatsachen, allen berechtigten Zweifeln zum Trotz, Zweifel, die ihn zu dem Ausruf führten:

»Gott, Herr meines Lebens, bewahre meine Seele selbst vor Verwirrung!«

Wir haben den Ausruf des in das Extrem versetzten rein Liebenden:

»O meine teuerste Littegarde . . . bewahre deine Sinne vor Verzweiflung! türme das Gefühl, das in deiner Brust lebt, wie einen Felsen empor: halte dich daran und wanke nicht, und wenn Erd und Himmel unter dir und über dir zugrunde gingen.«

Da, wo das unbedingte Vertrauen das Fundament der Liebe ist, wird alle Tragik überwunden. Wo das Vertrauen aber gestört wird, wie in der »Verlobung«, setzt die Tragik ein. Tonis Hingabe an Gustav war basiert auf unbedingtem Vertrauen in ihn. Als sie zu einer Ausflucht greifen muß, und bei der unerwarteten Ankunft Hoangos ihn fesselt, erliegt er dem Schein der Tatsachen und ermordet sie, die seine und seiner Familie Rettung herbeigeführt hatte. Ihre letzten Worte waren: »Ach, du hättest mir nicht mißtrauen sollen«. Gustavs Selbstmord ist die logische Folge, die logische Sühne.

Im »Erdbeben« ist die Liebe der beiden jungen Menschen, Jeronimo und Josephe, ganz problemlos, was ihre eigenen Beziehungen angeht. Sie lieben sich, sie finden die Erfüllung ihrer Liebe in ihrem Kinde. Aber Liebe und Kind sind erhalten worden im Gegensatz zur gesellschaftlichen Ordnung. Sie waren der Furie der Konvention, besonders der religiösen Konvention ausgesetzt. Das Erdbeben befreite sie. Es gestaltete eine neue Gesellschaft. Das Idyll, das Kleist im zweiten Abschnitt der dreiteiligen Novelle malt, ist die dichterische Vision von Rousseaus Gesellschaft der Zukunft.

> »Es war, als ob die Gemüter seit dem fürchterlichen Schlage, der sie durchdröhnt hatte, alle versöhnt wären ... Und in der Tat schien mitten in diesen gräßlichen Augenblicken, in welchen alle irdischen Güter der Menschen zugrunde gingen und die ganze Natur verschüttet zu werden drohte, der menschliche Geist wie eine schöne Blume aufzugeben. Auf den Feldern, so weit das Auge reichte, sah man Menschen von allen Ständen durcheinanderliegen, Fürsten und Bettler, Matronen und Bäuerinnen, Staatsbeamte und Tagelöhner, Klosterherren und Klosterfrauen, ... sich wechselseitig Hülfe reichen ... als ob das allgemeine Unglück alles, was ihm entronnen war, zu e i n e r Familie gemacht hätte.«

Für die kleine Familie (Jeronimo, Josephe und ihr Kind Philipp) und ihre Freunde war das Erdbeben eine Bestätigung der Unschuld ihrer Liebe. Als die Nachricht kam von der feierlichen Messe, die in der verwüsteten Stadt gehalten werden sollte, fühlte Josephe »den Drang ihr Antlitz vor dem Schöpfer in den Staub zu legen ...« Im Vertrauen auf die neue Gesellschaft, die das Erdbeben geschaffen hatte, und entgegen den Warnungen ihrer Freunde, gehen sie in die Kirche.

> »Niemals schlug aus einem christlichen Dom eine solche Flamme der Inbrunst gen Himmel wie heute aus dem Dominikanerdom zu St. Jago.«

Das Vertrauen auf die neue Gesellschaft wird aber getäuscht. Der zelotische Prediger sieht das Erdbeben als Strafe für die Sittenverderbnis der

Stadt an, exemplifiziert in dem Verhalten der beiden Liebenden, die erkannt und von der aufgepeitschten Volksmenge zerrissen werden. Nur der kleine Philipp bleibt übrig, durch eine Verwechslung, als ein Lichtschein für eine vielleicht doch noch mögliche bessere Zukunft.

Vertrauen regiert auch das Verhältnis des Einzelmenschen zur Gesellschaft. Im »Erdbeben« liegt der Schnittpunkt von Kleists Individualauffassung und seiner Gesellschaftsauffassung. Eine Reihe von Interpreten haben das Ende der Novelle als Sühne für das am Anfang stehende moralische Verbrechen der beiden Liebenden angesehen. Nichts könnte irrtümlicher sein. Die Novelle endet mit einer vernichtenden Kritik an der gesellschaftlichen Ordnung. Kleist ist einer der radikalsten Gesellschaftskritiker seiner Zeit. Er ist nicht »Die Fackel Preußens« (Joachim Maaß); er ist nicht der Verfechter einer feudalen Gesellschaftsordnung, als welchen ihn manche marxistische Kritiker gesehen haben. In dieser Beziehung braucht man sich nur den Inhalt verschiedener Novellen anzusehen: Die Verrottetheit der Junkerklasse und ihr vernichtender Einfluß auf die Staatsgeschäfte im »Michael Kohlhaas«, ein Einfluß, der es den Anständigen in der oberen Gesellschaftsschicht schwer macht, dem Rechte Geltung zu verschaffen. In dieser Beziehung kann diese Novelle an Radikalität Schillers *Kabale und Liebe* an die Seite gestellt werden. Eine ähnlich verrottete Gesellschaft wird im »Findling« dargestellt. Im »Bettelweib von Locarno« ist es wiederum ein Adliger, der Marchese, der sich eines mitleidlosen Unrechts gegen eine arme alte und kranke Frau schuldig macht. In der »Verlobung« wird der Rassenkampf der Schwarzen gegen die Weißen mit einer kühlen Objektivität dargestellt, die alles andere als bloße Verdammung der Schwarzen bedeutet. Die Institution der Kirche wird im »Erdbeben« wie im »Findling« als herrschende Macht an den Pranger gestellt, wenn sie das Recht beugt (wie im »Findling«) oder bigott das Volk um zweifelhafter moralischer Zwecke willen aufwiegelt (wie im »Erdbeben«). Andrerseits wieder stellt Kleist die Schönheit und Magie des katholischen Kultus und das Recht der Kirche auf göttlichen Schutz wundervoll-grauenerregend dar (in der »Heiligen Cäcilie«), wenn diese Institution des Schutzes bedürftig ist gegenüber der sinnlosen Zerstörungssucht der Außenwelt, in diesem Falle der Bilderstürmer.

Kleist ist ein Fanatiker des Rechts. »Das Rechtsgefühl« machte den ehrlichen Kohlhaas »zum Räuber und Mörder«. Das *Rechtsgefühl* ist das Fundament der Beziehung des Einzelmenschen gegenüber der Gesellschaft, wie das *Vertrauen* das Fundament der Beziehung des Einzelmenschen gegenüber dem Du ist. Rechtsgefühl und Vertrauen sind identische Begriffe bei Kleist. Wird eines von diesen erschüttert, so gerät die Weltordnung aus den Fugen. Wird diese Weltordnung wieder eingerenkt, dann entsteht ein Zustand der »Heiterkeit«, den Kleist ersehnt. Bleibt sie aber un-eingerenkt, gebrochen, so geht der Einzelmensch tragisch unter. Sein tragisches Geschick stellt dann dem vom Künstler angesprochenen Leser (oder Zuschauer) die Aufgabe, die Welt wieder einzurenken. Kleist stellt in seinen Novellen unerhörte Fälle und Situationen dar, extreme Fälle, die keine Grenzsituationen vertragen. Alle diese Situationen haben dies gemeinsam, daß sie einen außerordentlichen Sturz der in sie verwickelten Menschen verursachen, einen Sturz, aus dem sie sich entweder erheben können oder dem sie ver-fallen. Es sind exemplarische Situationen – deshalb die Erinnerung an Cervantes Titel, an die *novelas ejemplares*.

Dennoch ist Kleist sich ebenso der gebrechlichen Einrichtung dieser Welt bewußt. Von Kohlhaas sagt er, nachdem diesem das Unrecht mit den Pferden geschehen:

> »Denn ein *richtiges*, mit der gebrechlichen Einrichtung der Welt schon bekanntes Gefühl machte ihn, *trotz* der erlittenen Beleidigungen, geneigt, falls nur wirklich dem Knecht ... eine Art Schuld beizumessen ist, den Verlust der Pferde, als eine *gerechte* Folge *davon*, zu verschmerzen.«

Das folgende Verhör des Knechtes, das sich über mehrere Seiten erstreckt, beweist, daß der Knecht schuldlos ist, und Kohlhaas greift zu seiner immer schrecklicher werdenden Selbsthilfe. Sein Ende aber ist nicht tragisch – trotz der Hinrichtung. Denn dem Recht ist Genüge getan, das stellt Kohlhaas mit »unaussprechlicher Heiterkeit« fest. Er selbst aber hat der Gebrechlichkeit dieser Welt nicht Genüge getan, dadurch, daß er selbst das Recht, durch Verletzung des öffentlichen kaiserlichen Landfriedens, gebeugt hat. Für Kleist ist Rechtsverletzung keine quantitative, sondern eine qualitative Angelegenheit. Der Gegenstand der Rechtsverletzung, mag er noch so gering sein – und wenn es zwei Hunde gewesen wären, heißt es im »Kohlhaas« – ist unwichtig; auch die geringste Rechtsverletzung hebt die Weltordnung aus den Angeln. Worauf es Kleist ankommt, ist die Stellung des Einzelnen in der Gesellschaft – sie beruht auf dem Vertrauen des Einzelnen zu ihr, d. h. auf dem Recht, das die Gesamtheit dem Einzelnen unverbrüchlich, unwiderruflich gewährt. Das kommt besonders klar in der Szene zwischen Luther und Kohlhaas zum Ausdruck. Zu Luthers Entsetzen behauptet Kohlhaas, er sei aus der Gemeinschaft der Menschen verstoßen worden, und erläutert das so:

»Verstossen ... nenne ich den, dem der Schutz der Gesetze versagt ist! ...
wer mir ihn versagt, der stößt mich zu den Wilden in die Einöde hinaus; er
gibt mir, wie wollt ihr das leugnen, die Keule, die mich selbst schützt, in die
Hand.«

Selbst Luther muß zugeben, daß Kohlhaas' Auffassung rechtmäßig ist,
weltlich gesehen, wenn auch nicht theologisch.

Hier denn setzt der letzte Punkt ein: Kleists Stellung zu den letzten
Fragen, der Frage des Verhältnisses zwischen Mensch und Gott. Dazu
sei zunächst gesagt, daß Kleist, entgegen der Auffassung so mancher
Interpreten, ein Verhältnis zu Gott hatte. Schon die Einsicht in die Gebrechlichkeit dieser Welt verrät dies. Luther gibt Kohlhaas die Gerechtigkeit seiner Sache zu, aber fragt ihn: »Hättest du nicht, um Deines Erlösers
willen, besser getan dem Junker zu vergeben?« Kohlhaas ist bereit,
allen zu vergeben, außer dem Junker, der den leichtfertigen Anlaß zu
allem Unheil gegeben hatte – und deshalb weigert sich Luther, ihm das
Abendmahl zu gewähren. Warum aber gewährt Luther ihm dennoch,
kurz vor der Hinrichtung, »die Wohltat der heiligen Kommunion«? Weil
Kohlhaas bereit war, »die Welt wegen des allzu raschen Versuchs, sich
selbst in ihr Recht schaffen zu wollen [durch den Tod] zu versöhnen«.
Das Wesentliche an diesem Vorgang ist, daß beide Recht behalten: Luther
und Kohlhaas. Das Recht als göttliche Institution ist zu seinem Recht
gekommen (Bestrafung des Junkers, Auffütterung der Pferde etc.). Dadurch, daß Kohlhaas sich der Gebrechlichkeit der Welt beugt, erhält
Luther sein Recht.

Kleist weiß, daß der Mensch in eine unbegreifliche Welt hineingestellt
ist, daß er dadurch in die Einsamkeit gestoßen ist, daß er seine Existenz
in ihr sich selbst schaffen muß. Die Weltordnung ist gebrechlich, das bedeutet aber nicht, daß diese Gebrechlichkeit passiv-untätig hingenommen
werden muß. Wo immer sich die Weltordnung gebrechlich zeigt, springt
Kleist in die Bresche, wird er, ist er, Rebell. Mit dem Rätsel des Existen-
tiellen verbindet er das Rätsel des Christlichen. Thomas Mann fühlt sich
verblüfft, über die Ambivalenz Kleists in den Novellen in bezug auf die
katholische Welt, das Christliche.[6] Hier liegt aber, wie schon gesagt, keine
Ambivalenz, sondern durchaus klare Logik vor. In allen Novellen, mit
Ausnahme des »Bettelweibs« wird das Christliche beim Namen genannt,
spielt es eine integrale Rolle, selbst im »Bettelweib«, äußerlich eine Spuk-
geschichte, ist das Christliche immanent. Gegensätze auch hier – gipfelnd

---

6 »Heinrich von Kleist und seine Erzählungen« (Vortrag, Zürich 1955, Thomas Mann,
   Werke, Fischer Bücherei MK 115, Frankfurt 1968, S. 307 ff.).

in der christlichen Novelle der »Heiligen Cäcilie« auf der einen Seite, der abgründigen Ablehnung durch Piachi im »Findling« auf der anderen.

> »Willst Du der Wohltat der Erlösung teilhaftig werden? ... Willst Du das Abendmahl empfangen?«, fragten ihn die beiden Priester vor der Hinrichtung. »Nein«, antwortete Piachi. – »Warum nicht?« – »Ich will nicht selig sein. Ich will in den untersten Grund der Hölle hinabfahren. Ich will den Nicolo [den Findling], der nicht im Himmel sein wird, wiederfinden und meine Rache, die ich hier nur unvollständig befriedigen konnte, wiederaufnehmen!«

> Drei Tage versuchte man, ihn zu erweichen. Piachi aber rief die ganze Schar der Teufel herbei, ihn zu holen, verschwor sich, sein einziger Wunsch sei, gerichtet und verdammt zu werden, und versicherte, er würde noch dem ersten besten Priester an den Hals kommen, um des Nicolo in der Hölle wieder habhaft zu werden.

Das ist, wie Thomas Mann richtig sagt, das Äußerste, das Über-Äußerste. Aber warum? Weil die »empörende Rechtsverderbnis« (Mann) in diesem Falle von der Kirche selbst ausgegangen ist und damit diese sich außerhalb der göttlichen Weltordnung gestellt hat, so daß nur noch der Teufel die metaphysisch verrenkte Situation wiederherstellen kann. Die »Findling«-Situation ist in der Tat die äußerste, die in Kleists Welt existiert. Zwischen ihr und der Situation in der »Heiligen Cäcilie« lotet der Erzähler die verschiedenen Tiefen christlichen Verhaltens aus. Michael Kohlhaas, in seinem Rechtstrotz lehnt die Bitte seiner sterbenden Frau ab, dem Bibelvers: »Vergib Deinen Feinden, tue wohl denen, die dich hassen« zu folgen, verkündet seine Proklamationen »mit einer Art von Verrückung« wie Kleist sagt, als Statthalter Michaels, des Erzengels, im Namen Christi und findet doch am Ende das rechte christliche Verhalten. Die »Marquise« besprengt Vater, Mutter und Bruder mit Weihwasser und flieht, als der Graf sich ihr als Teufel enthüllt, und doch verzeiht sie ihm, um der gebrechlichen Einrichtung der Welt. Wie Josephe im »Erdbeben«, so liegt Toni in der »Verlobung«, vor dem Bildnis der heiligen Jungfrau und fleht »den Erlöser ihren göttlichen Sohn, in einem Gebete voll unendlicher Inbrunst, um Mut und Standhaftigkeit an, dem Jüngling, dem sie sich zu eigen gegeben, das Geständnis der Verbrechen, die ihren jungen Busen beschwerten, abzulegen«. Wunderbar gestärkt durch dieses Gebet, vollbringt sie unerhörte Taten und – obwohl am Ende vernichtet – schließt die Novelle, wie das »Erdbeben«, mit einem Lichtblick. All dies zeigt, daß Kleist ein innerliches Verhältnis zum Christentum

hatte, was bisher entweder metaphysisch übertrieben worden ist, wie in
der an sich wertvollen Biographie Friedrich Braigs (1925), oder übersehen
wurde. Daß Kleist im eigentlichen Sinne Christ war, wird damit nicht
behauptet, dafür war er zu sehr ein Rebell. Das Leben war ihm uner-
forschlich; aber dennoch sagt er:

> »Es kann kein böser Geist sein, der an der Spitze der Welt steht; es ist ein
> bloß unbegriffner.« (An Rühle, Königsberg 31. Aug. 1806)

und eine Stelle in der letzten seiner Novellen, im »Zweikampf«, erläutert
gerade dies, wenn Friedrich von Trota sagt:

> »Wo liegt die Verpflichtung der höchsten göttlichen Weisheit, die Wahrheit,
> im Augenblick der glaubensvollen Anrufung selbst, anzuzeigen und aus-
> zusprechen. O Littegarde! ... im Leben laß uns auf den Tod und im Tode
> auf die Ewigkeit hinaussehen und des festen, unerschütterlichen Glaubens
> sein: deine Unschuld wird ... zum heiteren, hellen Licht der Sonne gebracht
> werden!«

Dies ist Kleists entscheidendes metaphysisch-religiöses Bekenntnis.
Kleist war weder ein Mensch ohne Biographie, weder ein Mensch ohne
Gesellschaft, isoliert von Zeit und Geschichte, ein Mensch im Niemandsland, ein Mensch ohne Gott – all dies ist behauptet worden. Die Widerlegung dieser Behauptungen findet sich in seinen Novellen, in denen er
alles, was ihn bewegte, in bezug auf das Ich und sein Verhältnis zur
Welt, zu Gesellschaft und zu Gott, in variierter Thematik, dichterisch
visionär und als Chronist erzählend, aussagt.[7]

---

[7] Siehe hierzu u. a.: Gerhard Fricke, »Gefühl und Schicksal bei H. v. Kleist«, Berlin
1929. G. Blöcker, »H. v. Kleist oder das absolute Ich«, Berlin 1962; Hans Mayer,
»H. v. Kleist. Der geschichtliche Augenblick«, Pfullingen 1962; Heinz Ide »Kleist
im Niemandsland?«, K. O. Conrady, »Notizen über den Dichter ohne Gesellschaft«
und W. Müller-Seidel, »Kleist und die Gesellschaft. Eine Einführung« (in Kleist
und die Gesellschaft. Eine Diskussion, Jahresgabe der Kleist-Gesellschaft 1964,
Berlin 1965).

Horst Rüdiger

Zwischen Staatsraison und Autonomie der Kunst

E. Th. A. Hoffmanns poetologischer Standort

Ernst Theodor Amadeus Hoffmanns letzte Lebensmonate vom Januar
bis zum 25. Juni 1822, seinem Todestag, wurden durch die Verfolgung
verdüstert, der er wegen einer satirischen Episode in seinem Märchen
vom ›Meister Floh‹ als angeblicher ›Demagoge‹ ausgesetzt war. Sie
zwang ihn zu einer Rechtfertigungsschrift, in der er – sonst karg mit
poetologischen Äußerungen – seine Auffassungen vom Wesen der Dichtung und von ihrem Verhältnis zur staatlichen Macht darlegte. Um sie
im einzelnen verstehen und analysieren zu können, ist es unerläßlich,
die Umstände zu schildern, die zu ihrer Niederschrift führten, auch auf
die Gefahr hin, bekannte und mehrfach dargestellte Tatsachen wiederholen zu müssen.[1] Allerdings scheint es erst jetzt, nach der Veröffent-

---

[1] Georg Ellinger, Das Disziplinarverfahren gegen E. T. A. Hoffmann. In: *Dt. Rundschau* 128, 1906. S. 79–103; zit.: Ellinger. – Hans von Müller, *Hoffmanns Ende.
Briefe, Urkunden, Verhandlungen* ... [München] 1909. Diese Schrift habe ich nicht
einsehen können; nach Briefwechsel III 387, 393 (vgl. Anm. 2) handelt es sich um
einen Vorabdruck aus von Müllers Buch *Hoffmann und Hippel* ... Berlin 1912, und
aus der ersten Ausgabe des *Briefwechsels*. Berlin 1912. H. 2 und 3, die durch die
Neuausgabe (vgl. Anm. 2) überholt ist. – Gottfried Fittbogen, E. T. A. Hoffmanns
Stellung zu den »demagogischen Umtrieben« und ihrer Bekämpfung. In: *Preuß. Jb.*
189, 1922, H. 1. S. 79–92; zit.: Fittbogen I. – Ders., Zu E. T. A. Hoffmanns ›Meister
Floh‹. Ebd. 193, 1923, H. 2. S. 213–220; zit.: Fittbogen II. – Wulf Segebrecht, *Autobiographie und Dichtung. Eine Studie zum Werk E. T. A. Hoffmanns*. Stuttgart
1967, mit reichhaltiger Bibliographie, in der Tecchis Buch (vgl. Anm. 15) freilich
fehlt. – Ders., E. T. A. Hoffmanns Auffassung vom Richteramt und vom Dichterberuf. Mit unbekannten Zeugnissen aus H.s juristischer Tätigkeit. In: *Jb. der Dt.
Schiller-Gesellschaft*. Hrsg. von Fritz Martini u. a. 11. Jg. Stuttgart 1967. S. 62–138;
zit.: Segebrecht. In dieser Untersuchung werden zehn von H. bearbeitete juristische Fälle übersichtlich referiert, darunter sechs, die mit den ›Demagogen‹-Verfol-
gungen in Zusammenhang stehen (Verleumdungsklage Jahn gegen Kamptz, ferner
Follen, Roediger, Jahn, Mühlenfels, Hoffmann), außerdem zwei bisher unbekannte
veröffentlicht (Wehner, Totschlag, und Schmolling, Mord), bei denen es vornehm-

lichung neuer Dokumente in dem von Hans von Müller und Friedrich
Schnapp herausgegebenen ›Briefwechsel‹,[2] möglich, die Affaire in allen
Einzelheiten und mit allen Hintergründen zu durchschauen. Und viel-
leicht hat sich der Blick eines im letzten Drittel des XX. Jahrhunderts
Lebenden auch geschärft für jene Formen der Unterdrückung der Mei-
nungsfreiheit, die vor anderthalb Jahrhunderten üblich waren.

Nach der Ermordung Kotzebues durch den Burschenschafter Sand im
März 1819 berief der österreichische Staatskanzler Metternich jene Kon-
ferenz ein, die im August die berüchtigten Karlsbader Beschlüsse faßte.
Unter österreichisch-preußischem Druck billigte sie der Bundestag am
20. September »mit unwürdiger Hast« (Alexander Scharff). Noch eiliger
hatte es der preußische König Friedrich Wilhelm III., der bereits am
16. September einige Juristen, unter ihnen den Kammergerichtsrat Hoffmann, zu Mitgliedern der neu errichteten »Königlichen Immediat-Unter-
suchungs-Commission« in Berlin berufen hatte (III 111 f.); die Ernennung erfolgte am 1. Oktober (ebd. 113 f.). Die Aufgabe der »K.I.U.C.«,

---

lich um die Frage der Zurechnungsfähigkeit der Täter im Augenblick der Tat geht.
Segebrecht versucht ferner eine literarische Ehrenrettung Hitzigs und hebt dessen
»unterschiedliche Auffassung ... vom Richteramt« gegenüber H. hervor (S. 130 f.):
»Für H. ... bleibt der Richter auch dann kompetent, wenn er einen Sachverständigen
zur Hilfe heranzieht.« Daß H. schon v o r seinem Tode aus der »Immediat-Unter-
suchungs-Commission« ausgeschieden sei (S. 81, Anm. 79; so auch Harich 369
[s. u.]), hat bereits Fittbogen II, S. 213–217, mit guten Gründen widerlegt und daraus den für die Beurteilung der Affaire um den ›Meister Floh‹ wichtigen Schluß
gezogen, H. habe »noch im Amt die Pflicht der Amtsverschwiegenheit verletzt«
(S. 217; vgl. unten S. 107 f. und Anm. 35): wichtig darum, weil auch weniger klein-
liche Vorgesetzte, als H. sie hatte, eine solche Verfehlung nicht hätten dulden dürfen. Noch entschiedener hat Eugen Walter, Das Juristische in E. T. A. Hoffmanns
Leben und Werk. Diss. Heidelberg 1950 (masch.; zit.: Walter), eine Arbeit aus
der Schule Radbruchs, auf H.s Berufsethos und »überdurchschnittliche« juristische
Begabung hingewiesen (S. 11). Die Knarrpanti-Episode nennt er »eine schriftstellerische Tat von eminenter rechtspolitischer Bedeutung« (S. 46); bei der Lektüre
seiner Schriftsätze ergreift den Juristen hymnische Begeisterung (S. 51). – Die
Affaire wird natürlich auch in den Monographien behandelt, so etwa von Walther
Harich, E. T. A. Hoffmann, Bd. II. Berlin o. J. [1920]. S. 368–374; zit.: Harich.
[2] E. T. A. Hoffmann, Briefwechsel. Gesammelt und erläutert von Hans von Müller (†)
und Friedrich Schnapp, hrsg. von Friedrich Schnapp. I. Bd.: Königsberg bis Leipzig
1794–1814. München 1967; II. Bd.: Berlin 1814–1822. Ebd. 1968; III. Bd.: Nachträgliches ..., Amtliche Briefe, Die Affäre des ›Meisters Floh‹ ... Ebd. 1969. Nach
dieser Ausgabe zitiere ich mit Angabe von Band und Seitenzahl; besonders die
Vorbemerkungen und Fußnoten habe ich dankbar benutzt. Vgl. meine Rezensionen
des ›Briefwechsels‹: Dichter zwischen Partitur und Prozeßakten ... bzw. Ein Exzen-
triker sollte »gefährliche Umtriebe« bekämpfen ... In: Der Tagesspiegel. Berlin,
Nr. 7329 vom 19. 10. 1969 bzw. Nr. 7577 vom 16. 8. 1970.

wie die Institution schon damals im dienstlichen Verkehr abgekürzt wurde, bestand in der Untersuchung »der Theilnahme an hochverrätherischen Verbindungen und andern gefährlichen Umtrieben« und richtete sich insbesondere gegen die Burschenschaften, gegen liberal, republikanisch oder demokratisch gesonnene Professoren und Studenten sowie einzelne Personen, die sich durch angebliche »Umtriebe« mißliebig gemacht hatten.[3] Arndt wurde seines Amtes als Bonner Professor enthoben, Schleiermacher bespitzelt, Jahn verhaftet. Bücher und Zeitschriften unter zwanzig Druckbogen unterlagen der Zensur – es herrschte die begründete Vorstellung, daß dicke Bücher weniger staatsgefährdend sind als solche von konzentriert explosivem Charakter. Die Emigration derer, die liberal dachten oder auch nur suspekt waren, so zu denken, setzte ein, vor allem in die Schweiz, nach Skandinavien, England, Frankreich und in die Vereinigten Staaten; den romantischen ›Deutschrömern‹ folgte die erste Welle liberaler ›Deutschamerikaner‹. Die Karlsbader Beschlüsse blieben bis 1848 in Kraft.

Hoffmann erfüllte seine Pflichten untadelig. Der Kammergerichtspräsident Woldermann bezeugt (III 263, 23. 2. 22), er habe im Dienst »auch nicht einmal eine Spur seines comischen Schriftsteller-Talents blicken« lassen. Die Akten bestätigen das Zeugnis.[4] Neben anderen Fällen war er insbesondere an der Untersuchung gegen den ›Turnvater‹ Jahn beteiligt. Dieser war ein patriotischer Wirrkopf, aber kein Hochverräter im Sinne des Gesetzes. Als Untersuchungsgefangener pochte er auf seine Rechte und erhob gegen den Chef des Polizeiministeriums, Karl Albert von Kamptz, Verleumdungsklage. Da das Belastungsmaterial gegen Jahn nicht stichhaltig war, beschloß die K.I.U.C. unter Hoffmanns Federführung, ihn freizulassen und seiner Beleidigungsklage stattzugeben, obwohl Hoffmann den ›Krakeeler‹ persönlich wenig schätzte (II 127; 235, Anm. 3). Nach vielen vergeblichen Versuchen, dem Recht zum Siege zu verhelfen, mußte sie sich endlich vom König selbst belehren lassen (III 177, 13. 3. 20), »daß die von dem Doctor Jahn gegen den wirklichen Geheimen Ober Regierungs Rath von Kamptz angestellte Injurien-Klage nicht begründet« und die Akten zu »reponiren« seien – nicht etwa die Untersuchungsakten gegen Jahn, sondern seine Klage. Die K.I.U.C. ließ sich aber auch durch »Allerhöchste Kabinetsordre« nicht einschüchtern, sondern drängte bei Justizminister von Kircheisen immer wieder auf Bekanntgabe der »Maaßregeln . . ., die in staatspolizeilicher Hinsicht bey

---

[3] Vgl. Fittbogen I, S. 79–84.   [4] Dazu Segebrecht, S. 67 f.

der Entlassung des Jahn statt finden sollen, damit wir den Rücksichts
dieser Entlassung gefaßten Beschluß in Wirksamkeit setzen können«
(III 190, 15. 4. 20). Als der Erfolg wiederum ausblieb, sandte Hoffmann
dem Justizminister ein Schreiben, mit dem er ebenso »ehrerbietigst« wie
energisch darauf hinwies (III 198, 18. 5. 20), daß die K.I.U.C. »als ein
förmlicher selbstständiger CriminalGerichtshoff mit allen Gerechtsamen
und Prärogativen der LandesjustizCollegien, constituirt worden« sei,
»dessen rechtliche Beschlüsse rechtsgültige Kraft haben und behalten müssen«. Das Schreiben schloß mit den Worten: »Sollte auch dieser erneute
Antrag unberücksichtigt bleiben so würden wir uns genöthigt finden Se.
Majestät den König zu imploriren uns in der . . . uns gegebenen Stellung
aufrecht zu erhalten da eine andere Stellung die unsere nach rechtlicher
Ueberzeugung gefaßten Beschlüsse ganz wirkungslos macht, als mit
Unserm RichterAmt unverträglich uns veranlassen müßte, sofort um un-
sere Entlassung von der uns übertragenen richterlichen Commission zu
bitten.« Die Worte erfüllen Schillers Forderung nach »Männerstolz vor
Königsthronen«; zugleich enthalten sie eine in zopfigem Behördenjargon
versteckte Drohung: Wäre sie in die Tat umgesetzt worden, so hätte der
Rücktritt auch außerhalb des Deutschen Bundes unliebsames Aufsehen
erregt. Der König verfügte also die Konfinierung Jahns nach Kolberg
(III 199, 31. 5. 20). Der zu Unrecht Verdächtigte wurde aber erst fünf
Jahre später gerichtlich freigesprochen – was den König nicht hinderte,
seine Freizügigkeit weiterhin einzuschränken.[5]
Bildet schon die Untersuchung gegen Jahn kein Ruhmesblatt für Friedrich Wilhelm III. und seine Minister, so hat die Affaire des Juristen
Ludwig von Mühlenfels tragikomische Züge. Der Verhaftete hatte als
Freiwilliger im preußischen Heer gedient und war schwer verwundet
worden, doch nichtsdestoweniger demagogischer Umtriebe verdächtig.
Obwohl er auf Beschluß der K.I.U.C. ebenfalls freigelassen werden sollte,
blieb er fast zwei Jahre in Untersuchungshaft (III 180 f., Anm. 3). Am
5. Mai 1821 gelang ihm die Flucht nach Schweden (er wurde bald darauf
als Professor für deutsche und nordische Literatur an die Universität
London berufen und 1830 ebenfalls völlig rehabilitiert: III 213, Anm. 3).
Bei seiner Flucht hinterließ er ein Schreiben für die K.I.U.C.; es war auch
an Hoffmann gerichtet, der ihm den Entlassungsbeschluß seiner Behörde

---

[5] III 332, Anm. 3. Vgl. die erbitterte Reaktion des Polizeiministers von Schuckmann
auf das »höchst anstößige, sophistische Urtheil des Frankfurther Ober-Landes-
Gericht [sic] gegen den, als Verführer der Jugend gefährlichsten jener Inquisiten,
den Dr: Jahn ...« (III 334, 18. 10. 28).

mitgeteilt hatte, welchen der Minister dann freilich wiederum nicht durch-
führte (III 211, Anm. 2). Daraus folgerte Mühlenfels (III 212, etwa
4. 5. 21), er befinde sich in Notwehr und sei »nach den Gesetzen der
Natur berechtigt und verpflichtet, mich aus den Klauen meines Verfolgers
[von Kamptz] zu retten«. Ausdrücklich betonte er jedoch die »Ehrerbie-
tung vor meinem erhabenen Herrscher« und versicherte ehrenwörtlich,
er werde sich jedem Gerichtsurteil unterwerfen, »dafern mir das Königl.
Wort bis dahin und insonderheit nach erfolgter Freisprechung, Freiheit
und Schutz gegen alle polizeiliche Angriffe und Beeinträchtigungen zumal
aber gegen den ungerechten Haß des Herrn von Kamptz zusagt«. Solches
Ansinnen war einigermaßen naiv, wenn man bedenkt, daß der König
sein im Mai 1815 dem Volk gegebenes Versprechen, Preußen eine Verfassung und eine Volksvertretung zu geben, nicht gehalten hatte. Doch
gerade dieses naive Vertrauen verstärkt das moralische Gewicht von
Mühlenfels' Anklage gegen souveräne Willkür und Rechtsbeugung. Es
wird auch durch ein ironisches Postskriptum nicht beeinträchtigt, in dem
der Flüchtling der K.I.U.C. mitteilt (III 213), die Polizei selbst habe ihm
unfreiwillig den Weg zur Flucht gewiesen: »Sehn Sie nicht den Gottes-
Finger darin?«
Wer ihn – auf seine Art – gesehen haben dürfte, war Hoffmann. Selbst
wenn es richtig sein sollte, daß sich »der geschichtliche Anachronismus
der Restaurationszeit... in der grenzenlosen Vertauschbarkeit der Figuren [seiner Erzählungen] ebenso wie in ihrer sozialen Unbestimmtheit«
spiegelt,[6] war er alles andere als ein politisch engagierter Schriftsteller.[7]
Schon am 14. Mai 1807, bald nach der militärischen Katastrophe von Jena
und Auerstädt, hatte er aus Warschau an seinen »Freund und Bruder«
Itzig geschrieben (I 209): »Von politischen Ereignissen schweige ich
natürlicher Weise ganz still, sie afficiren mich auch nicht mehr sonderlich.« Sie affizierten ihn indessen bald sehr. Denn nach der Besetzung
Warschaus durch die Franzosen hatte er sein Amt als Regierungsrat verloren und mußte die Stadt mittellos verlassen, weil er sich – wie »jeder
rechtliche Mann« – geweigert hatte, eine »UnterwerfungsAkte, die einen
HuldigungsEid [für Napoléon] enthielt, zu unterschreiben...«[8] Und sie

---

[6] Hans Mayer, Die Wirklichkeit E. T. A. Hoffmanns. In: Mayer, Von Lessing bis
Thomas Mann. Wandlungen der bürgerlichen Literatur in Deutschland. Pfullingen
1959. S. 198–246, hier: S. 224; zit.: Mayer.
[7] So schon Fittbogen I, S. 84: »ein a-politischer Mensch«.
[8] I 221, 20. 10. 07. Die Entlassung scheint erst Anfang 1807 erfolgt zu sein, nicht –
wie Mayer, S. 213, schreibt – »bekanntlich 1806«. Die Bittbriefe um ein Drittel
seines »bis zum Frieden [von Tilsit, 6./7. 7. 07] rückständigen Gehaltes« an den

affizierten ihn auch weiterhin: wurden sie doch der unfreiwillige Anlaß für sein Künstlerleben in Bamberg, Dresden und Leipzig. Obwohl er sich von 1808 bis 1814 meist im »stinkenden Pfuhl seines armseeligen BrodbettelLebens« befand (I 397, 13. 7. 13), waren es doch wohl seine glücklichsten Jahre. Zur Rückkehr in die »juristische Walkmühle« entschloß er sich im wesentlichen, um seine Frau versorgt zu wissen (II 45, 12. 3. 15). Der »JustizGroßmogul« von Kircheisen, Minister seit 1810, hatte mithin so unrecht nicht, wenn er Hoffmann für »ein exotisches Produkt« hielt, »das in der Justiz sich nicht einbürgern kann«. Ohne den Druck der materiellen Not hätte er der Justiz den Rücken gekehrt, »denn zu heterogen ist sie der Kunst, der ich geschworen« (II 47, 28. 4. 15).[9] W i e heterogen sie nach seiner Meinung war, zeigt drastisch die Federzeichnung, die er dem Bamberger Verleger Kunz von seiner Berliner Wohnung sandte (II, nach S. 66, 18. 7. 15): Während die Wohnung selbst, das Theater, die Kirchen, Weinstuben, Poeten und Komödianten mit liebevollen Details ausgeführt sind, ist das Kammergericht in die rechte obere Ecke der Zeichnung gequetscht, und vor ihm verrichtet ein »Anonymus« respektwidrig seine Notdurft...

Hoffmann war also keineswegs ein ›Liberaler‹, den die Scharfmacher der Restauration hätten fürchten müssen. Dem vertrauten Freunde Hippel, damals Chefpräsident in Marienwerder, bekannte er (II 263, 24. 6. 20): »... wie Du mich kennst, magst Du Dir wohl meine Stimmung denken,

---

König und den Justizminister von Goldbeck sind vom 14. 8. 07 datiert (I 216–218). – Wie übrigens die vertriebenen »südpreußischen Offizianten« von ihren Ministern in Berlin aufgenommen wurden, ist bemerkenswert. Von Goldbeck sagte zu H. (II 44, 12. 3. 15): »Es ist mir unangenehm, Sie hier zu sehen. Sie hätten in Warschau bleiben sollen u. d. m.« H. war darüber »empört«; mit Recht hätte er sagen können, der Minister habe ihn zum Verrat aufgefordert; denn nur wer die »Unterwerfungs-Akte« unterschrieben hatte, durfte in Warschau bleiben.

[9] Um seine These zu stützen, nach der »Richteramt und Dichterberuf nur zwei Seiten innerhalb der von H. akzeptierten und postulierten Duplizität des Lebens sind«, möchte Segebrecht H.s »negative Einstellung zum Richteramt«, die sich aus »mehreren Briefstellen« ergibt, »nicht in jedem Fall so wörtlich ... nehmen« (S. 134, 69 f.). Eine solche Abwertung authentischer Zeugnisse ist aber gar nicht nötig. Segebrecht verwahrt sich wiederholt (S. 63, Anm. 4; S. 64, 137 f.) gegen die »immer noch gängige Ansicht«, nach der H. »ein ›absolutes Doppelleben‹ gelebt habe«, und konstruiert einen »Integrationsimpuls« (S. 91), der H. veranlaßt habe, »Juristisches in seine Dichtung zu integrieren« (S. 63). Schlicht gesagt, geht es um das von H. beanspruchte Recht, sich an Schilderungen des juristischen Milieus zu ergötzen (vgl. unten S. 112 f.). Diese Haltung sollte aber nicht dazu führen, den doppelten Zwiespalt zu übersehen, unter dem H. faktisch gelitten hat (vgl. unten S. 95, 101). Die brieflichen Bekenntnisse lassen sich weder bagatellisieren – »wo gäbe es [solche Verwünschungen des Berufsalltags] nicht?« – noch weginterpretieren.

als sich vor meinen Augen [bei der Arbeit in der K.I.U.C.] ein ganzes
Gewebe heilloser Willkühr, frecher Nichtachtung aller Gesetze, persönlicher Animosität, entwickelte! – Dir darf ich nicht erst versichern, daß ich
eben so wie jeder rechtliche vom wahren Patriotismus beseelte Mann
überzeugt war und bin, daß dem hirngespenstischen Treiben einiger
junger Strudelköpfe Schranken gesetzt werden mußten, um so mehr, als
jenes Treiben auf die entsetzlichste Weise ins Leben zu treten begann.«
Nachdem er Beispiele, u. a. »Sand's verabscheuungswürdige meuchel-
mörderische That«, angeführt hat, fährt er fort: »Hier war es an der Zeit,
auf gesetzlichem Wege mit aller Strenge zu strafen und zu steuern. Aber
statt dessen traten Maßregeln ein, die nicht nur gegen die That, sondern
gegen Gesinnungen gerichtet waren.« Dies ist eine der wenigen Äußerungen Hoffmanns, die mit einigem Recht als ›politisch‹ zu charakterisieren wäre; genauer: sie ist juristisch korrekt und menschlich anständig.
Um so bezeichnender und bedauerlicher, daß Hippel aus Angst vor der
Verletzung des Briefgeheimnisses selbst nach Hoffmanns Tod nicht
wagte, den vollständigen Text für Hitzig abzuschreiben, und daß dieser
ihn erst 1839 auszugsweise veröffentlichte.[10]
Während seiner Tätigkeit bei der K.I.U.C. litt Hoffmann also unter einem
doppelten Zwiespalt: zwischen Amt und Neigung und zwischen richter-
licher Redlichkeit und obrigkeitlicher Rechtsbeugung. Dem Unbehagen
am Amt begegnete er, indem er das tat, wovor Platen später den Juristen
Adolf Müllner, Verfasser trostloser Schicksalsdramen, warnen zu müssen
glaubte:[11] Er ging »morgens zur Kanzlei mit Akten, abends auf den
Helikon«. Von dem das Gewissen schwerer belastenden Zwiespalt suchte
er sich auf andere Weise zu befreien: Er fügte in das vierte und fünfte
Kapitel seines ›Meister Floh‹ die Knarrpanti-Episode ein. Vielleicht war
er wirklich guten Glaubens,[12] es sei »rein unmöglich selbst bey der größten Neigung hämisch mißdeuten zu wollen, etwas aus dem Buche, das
keinem Gegenstande entfernter liegt als der Politik, heraus zu finden«.

---

[10] Vgl. II 231, Anm. 2. Der Brief ist nur in dieser verstümmelten Form überliefert.
[11] *Die verhängnisvolle Gabel*, I. Akt, Schlußrede Schmuhls. In: *Werke*. Hrsg. von G. A.
Wolff und V. Schweizer. Bd. II. Leipzig/Wien o. J. (= Meyers Klassiker-Ausg.). S. 23.
[12] II 355, 28. 1. 22, an den Verleger Wilmans. Bei der Bewertung dieser Aussage ist
jedoch zu bedenken, daß H. befürchtet haben mag, seine Korrespondenz werde von
Spitzeln überwacht. Dann könnte er die Bemerkung sogar absichtlich eingeflochten
haben, um die Zensoren irrezuführen; dafür spräche ihre Einfügung am Rande des
Textes. – Das Briefgeheimnis wurde übrigens schon 1806 verletzt; vgl. Seumes
Brief an Karl Ludwig von Münchhausen nach der Schlacht von Jena und Auerstädt:
»Man sagt mir, daß man alle Briefe erbreche und lese« (Unbekannte Briefe Johann
Gottfried Seumes ... Hrsg. von Rolf Kraft. In: *Euphorion* 63, 1969, S. 200).

Als Ganzes hat ›*Meister Floh*‹ mit Politik freilich nichts zu tun; aber die
Episode ist eine Satire, zwar nicht auf die Politik schlechthin, aber auf
ein odioses Verfahren politisch depravierter Kreaturen. Ihre Rache war
zu fürchten.

Die erste Anregung zu einer Satire könnte Hoffmann schon erhalten
haben, noch ehe er am ›*Meister Floh*‹ arbeitete. Der Schriftsteller Ludwig
Robert, ein Bruder der Rahel Levin, dem Hoffmann von seiner amtlichen
Tätigkeit berichtet hatte, antwortete ihm (II 235, 20. 1. 20; vgl. I 200,
Anm. 6; II 350, Anm. 12): »Märchenstoff mögen Ihnen Ihre jüngsten
Amtsgeschäfte wohl genugsam geben.« Und dann entwickelte er einige
fade satirische Einfälle, fügte aber gleich hinzu, er wolle Hoffmann nicht
vorgreifen. Ratschläge solcher Art hatte dieser auch nicht nötig; aber
Roberts Bemerkung könnte ihm die verwegene Idee eingegeben haben,
Märchen und politische Satire zu verknüpfen. In der Tat scheint er das
Märchen schon am 10. März 1820 »im Sinn« gehabt zu haben, wenngleich zunächst als »artiges Weihnachtsbüchlein« (II 242, dazu Anm. 3
und 4); doch andere Arbeiten verhinderten die Ausführung. Erst am
25. August 1821 kam er wieder darauf zu sprechen, nannte den endgültigen Titel und glaubte, dem Verleger Wilmans in Frankfurt am Main
sein »sichres Wort« geben zu können, das Manuskript werde Ende Oktober eintreffen (II 310–312, 314). Davon war freilich nicht die Rede; die
erste Lieferung erfolgte am 6. November, die zweite am 21. Dezember.
Die Verzögerung, u. a. auch durch Krankheit bedingt, hatte die peinliche
Folge, daß Hoffmann der Zusammenhang der Handlung nicht mehr
gegenwärtig war. Um den Anfang des Märchens nochmals nachlesen zu
können, bat er dringend um die Aushängebogen, erhielt sie aber nicht
(II 333, Anm. 11 und 13; vgl. 347, Anm. 4); so erklären sich einige
Ungereimtheiten in der ohnehin verwickelten Märchenhandlung. Die
nächsten Lieferungen folgten am 12. und 19. Januar 1822, der Rest nach
Überarbeitung am 7. März. Anfang April konnte das Buch erscheinen
(II 342–344, 346–348, 373, 377, Anm. 1).

Hier scheint es an der Zeit, die Knarrpanti-Episode kurz zu rekapitu-
lieren.[13] Der 36jährige Hagestolz Peregrinus Tyß, wohnhaft in Frankfurt
am Main, wird nach wunderlichen Abenteuern unter dem falschen Verdacht, er habe eine Dame entführt, vom Rat der Stadt verhaftet. Die
treibende Kraft bei der Aktion gegen ihn ist der Geheime Hofrat Knarr-

---

[13] Zit. nach *Sämmtl. Werke.* Serapions-Ausg. Berlin/Leipzig 1922. (Bd. X, S. 168),
   Bd. XIV, S. 170–180, (Bd. X, S. 172).

panti, »ein sogenanntes Factotum an dem Hofe eines kleinen Fürsten . . ., von dem nur zu sagen ist, daß es ihm beständig an Geld fehlte und daß von allen StaatsEinrichtungen, die er aus der Geschichte kannte, ihm keine besser gefiel als die Geheime StaatsInquisition wie sie ehemals in Venedig statt fand. Diesem Fürsten war . . . vor einiger Zeit eine von seinen Prinzessinnen abhanden gekommen, man wußte nicht recht, wie?« (XIV 171). Um sich in günstiges Licht zu setzen, berichtet der zufällig durch Frankfurt reisende Knarrpanti dem Fürsten von dem Gerücht, hier sei ebenfalls eine Dame entführt worden, und erhält den Auftrag, beim Rat der Stadt Nachforschungen anzustellen. Dieser entgegnet, das Gerücht sei längst widerlegt, denn es sei hier gar niemand entführt worden, »es könne daher von Ausmittlung eines Entführers nicht die Rede seyn« (ebd.). Knarrpanti hingegen behauptet (172), »daß es seiner ungemeinen Sagazität bereits gelungen den Thäter zu erforschen. – Auf die Erinnerung, daß doch eine That begangen seyn müsse, wenn es einen Thäter geben solle, meinte Knarrpanti, daß, sey erst der Verbrecher ausgemittelt, sich das begangene Verbrechen von selbst finde. Nur ein oberflächlicher leichtsinniger Richter sey, wenn auch selbst die Hauptanklage wegen Verstocktheit des Angeklagten nicht festzustellen, nicht im Stande dies und das hinein zu inquiriren, welches dem Angeklagten doch irgend einen kleinen Makel anhänge und die Haft rechtfertige.« Kurz, Peregrinus sei als Täter zu verhaften und seine Papiere zu beschlagnahmen. Knarrpanti weiß auch zwei Zeugen beizubringen, die aussagen, sie hätten beobachtet, wie Tyß »eine gepuzte Dame in sein Haus gebracht« (ebd.), was zwar den Tatsachen entspricht, aber mit der angeblichen Entführung gar nichts zu tun hat.

Wohl oder übel muß nun der Rat den »stillen unbescholtenen Bürger« (172) verhaften und seine Papiere beschlagnahmen lassen, »Wasch- und Küchenzettel nicht ausgenommen« (173). Die Untersuchung der Dokumente führt freilich zu ganz verschiedenen Ergebnissen. Während der Beauftragte des Rats nichts Belastendes feststellen kann, findet Knarrpanti in Peregrinus' Tagebuch öfter das Wort ›entführen‹ und seine Ableitungen, etwa in dieser Form: »Es ist doch was hohes, herrliches um diese Entführung!« (174). Und nun verfährt er mit dem Scharfsinn eines Sherlock Holmes: »Alle die erwähnten Worte nebst hundert andern Phrasen, waren nur die Wörter: Entführung, entführen, entführt, darinn enthalten, hatte der weise Knarrpanti nicht allein mit Rothstift[14] dick unter-

---

[14] XIV 174; so richtig statt des falschen »Rotschrift«; vgl. 178. – Zu dem folgenden »zusammengestellt« vgl. II 347, 19. 1. 22, und Anm. 5 (hier auch richtig: »Roth-

strichen, sondern noch auf einem besondern Blatte zusammengestellt, welches sich sehr hübsch ausnahm und mit welcher Arbeit er ganz besonders zufrieden schien.« Belastend scheint ihm vor allem die Eintragung (ebd.): »›Heute war ich leider m o r d faul.‹ – Die Sylbe m o r d war dreimal unterstrichen und Knarrpanti meinte, ob jemand wohl verbrecherischere Gesinnungen an den Tag legen könne als wenn er bedaure heute keinen Mord verübt zu haben!« Der Beauftragte des Rates ist jedoch noch immer nicht überzeugt, denn im Zusammenhang lautet jene erste Stelle (175): »Heute sah ich im Theater Mozarts Entführung aus dem Serail zum zwanzigsten mal mit demselben Entzücken. *Es ist doch was hohes, herrliches um diese Entführung.*« Doch Knarrpanti bleibt dabei, »daß selbst der Zusammenhang die Sache nicht bessere, da es eben arglistige Schlauheit der Verbrecher sey solche Aüßerungen so zu verhüllen daß sie auf den ersten Blick ... für ganz unschuldig gelten könnten« (176). Schließlich wird Peregrinus verhört, und Knarrpanti bemüht sich festzustellen, was der Verdächtige sich bei der Niederschrift wohl g e - d a c h t habe (177): »Das Denken ... sey an und vor sich selbst schon eine gefährliche Operation und wurde bey gefährlichen Menschen eben desto gefährlicher.« Doch Peregrinus durchschaut mit Hilfe eines ins Auge gesetzten Zauberglases, das ihm Meister Floh zur Verfügung gestellt hat, die geheimen Gedanken seines Gegners, die in Eigenlob und Heimtücke gipfeln (178): »Gepriesen sey die Kunst der gleichgültigsten Sache einen Anstrich von gehässiger Bedeutsamkeit zu geben. Es ist eine Gabe, die mir die Natur verlieh ... Ich muß lachen, daß der Rath Wunder glaubt, wie viel mir an der wirklichen Ermittlung der Wahrheit gelegen ist, da ich doch nur mich selbst im Auge habe und die ganze Sache als ein Mittel betrachte, mich bey dem Herrn wichtig zu machen ...« So wird es Peregrinus ein Leichtes, Knarrpantis böse Absichten zu durchkreuzen: Das Verhör endet mit seiner Freilassung. »Der seltsame EntführungsProzeß wurde zum Stadtgespräch und der würdige Knarrpanti mußte zu seinem nicht geringen Verdruß bemerken, daß die Leute sich mit allen Zeichen des Ekels und Abscheus die Nasen zuhielten wenn er vorüberging, und ihre Plätze verließen wenn er sich an die Wirtstafel setzen wollte. Bald machte er sich fort aus der Stadt« (179).

---

stift«); III 261. In beiden Fällen erinnert sich H. der Stelle nicht genau und schreibt »Zusammenstellung«. Die Bemerkung über den »gewesenen älteren Collegen«, der sich des Wortes »zu oft bediente, weshalb ich mit einem jüngern Collegen ihn scherzweise den Zusammensteller nannte«, ist wahrscheinlich erfunden, um die peinliche Anspielung auf Kamptz zu verharmlosen.

Es ist bezeichnend, daß Bonaventura Tecchi die Episode des »poliziotto maniaco« in seiner trefflichen Analyse des ›Meister Floh‹ nur kurz erwähnt.[15] Auch Hans Mayer behandelt sie – trotz ihrer »gesellschaftskritischen Wucht« – nur beiläufig.[16] In der Tat wirkt sie in dem »Märchen in sieben Abentheuern zweier Freunde« als ästhetischer Fremdkörper,[17] der ohne wesentlichen Schaden für die Wirkung des Ganzen eliminiert werden konnte, als die Zensur es verlangte. Denn im Gegensatz zu den anderen persiflierenden Elementen des Märchens, besonders zur Satire auf die gelehrten Konkurrenten Leuwenhöck[18] und Swammer (= Swammerdam), die mit den verschiedenen Handlungssträngen organisch verknüpft ist, wird die satirische Absicht der Knarrpanti-Episode so unverhüllt deutlich, daß der Leser dem phantastischen Intrigenspiel um den Besitz einer Frau, eines Flohes und eines Zauberglases erbarmungslos entrissen wird. Gegen diese Auffassung hat sich Walter Müller-Seidel gewandt,[19] nicht ohne zum Teil auf Argumente zurückzugreifen, die der Problematik der Gegenwart entnommen sind. Für ihn ist »die Knarrpanti-Episode... keine Episode – sie wäre sonst ein Fremdkörper im Ganzen«. Doch die Gründe, weshalb sie angeblich keinen episodischen Charakter hat, überzeugen gerade dann nicht, wenn man versucht, das Kunstwerk »aus den eigenen Voraussetzungen heraus zu verstehen«. Zu diesen gehören neben den ästhetischen auch die zeitgeschichtlichen Fakten: jener Erdenrest, der im gelungenen Kunstwerk sublimiert, im weniger geglückten, nicht völlig ›integrierten‹ hingegen »zu tragen peinlich« ist. Natürlich ist Humor die Grundstimmung des ›Floh‹-Märchens; doch in der Knarrpanti-Episode »übergreift« der Humor die Episode

---

[15] *Le fiabe di E. T. A. Hoffmann.* Firenze 1962. S. 189–210, hier: S. 200; zit.: Tecchi. – Auch auf Elizabeth Teichmann, *La Fortune d'Hoffmann en France.* Genève/Paris 1961, sei hingewiesen. ›Meister Floh‹ gehört zu den Werken, die in Frankreich am frühesten bekannt wurden (S. 18 f.). Die Verfasserin bemerkt treffend, das Märchen habe dem französischen Publikum wie ein »›Candide‹ à rebours« erscheinen müssen (S. 42). Negative (S. 44, 159) und positive Urteile (S. 91) wechselten miteinander ab; Mme de Girardin und Scribe benutzten das Märchen für einen »roman philosophique« bzw. ein Vaudeville (S. 125 f.); George Sand erwähnte es in einer »boutade« (S. 112).
[16] A.a.O., S. 231.
[17] Fittbogen I, S. 91, spricht von der »ästhetischen Anfechtbarkeit« der Episode.
[18] Zur Falschschreibung des Namens Leuwenhoek vgl. II 323, Anm. 10; zu den beiden Alchimisten Harich, S. 356.
[19] Im Nachwort zu E. T. A. Hoffmann, *Späte Werke.* Darmstadt 1968. S. 835–840 – zit.: ›Späte Werke‹ –, gegen Ellinger, S. 101 f. Es versteht sich, daß ich mir dessen juristische Forderung nach »mildernden Umständen« im Folgenden nicht zu eigen mache.

nicht, sondern geht in der Tat in »außerkünstlerische ›Kundgebungen‹« über. Was wäre dabei auch Schlimmes? Es kann nicht das Ziel der Literaturkritik sein, jede Episode eines Erzählers als ›Kunstwerk‹ zu legitimieren; ihre Aufgabe besteht vielmehr in Unterscheidung und Wertung. Wenn Heine über den ›Meister Floh‹ enttäuscht war – »Keine Zeile fand ich darin, die sich auf die demagogischen Umtriebe bezöge« –, so doch offensichtlich, weil er in der kastrierten Fassung, die er lesen mußte, politische ›Kundgebungen‹ vermißte. Darf man Hoffmann nicht konzedieren, was man Heine ohne Zögern zubilligen würde? Der episodenhafte Charakter der Knarrpanti-Geschichte erklärt sich leicht, wenn man darauf verzichtet, sie um jeden Preis als künstlerisch notwendigen Bestandteil des ›Meister Floh‹ zu lesen – wenn man sie als das versteht, was sie ist: der satirische Ausfall eines von Natur aus zwar unpolitischen, hier aber politisch betroffenen Schriftstellers. Dazu paßt auch der flaue Schluß des Märchens (vgl. unten S. 104 f.): Das Scheitern des Versuches, sich politisch zu engagieren, führte 1822 noch nicht zu den erheblich aggressiveren Reaktionen der Jungdeutschen, sondern ins unbedenkliche Lämmerhirtenidyll. Nun meinte schon Hitzig (II 347, Vorbemerkung[20]), niemand hätte die Tendenz der Persiflage überhaupt bemerkt, wenn sich Hoffmann nicht selbst verraten hätte; doch dürfte er sowohl die Witterung der ›Demagogen‹-Schnüffler für »Umtriebe« als auch den Gehalt der Episode an Realitäten unterschätzt haben. Mit Sicherheit kann freilich nur eine Stelle als anstößig bezeichnet werden (es ist das inkrimierte Wort »mordfaul« – wir kommen darauf zurück [s. unten S. 105]); die Wahrscheinlichkeit spricht aber auch für das Mißfallen der Behörde an Passagen der Episode, die uns weniger gravierend erscheinen. Allein die Tatsache, daß es dem Fürsten, in dessen Diensten Knarrpanti steht, an Geld mangelt und daß er an der venezianischen Staatsinquisition Gefallen findet, konnte mühelos auf reale Personen und Umstände bezogen werden,[21] und bei der Farce der Kriminaluntersuchung ist die Beziehung zur Realität ohnehin so evident, daß Hoffmann selbst sie ohne Zögern eingestand.

Hinzu kommen aber weitere Umstände, die teils dem Zufall, teils der poetischen Divination zuzuschreiben sein dürften. Die Erzählung spielt in Frankfurt, einer Stadt, die Hoffmann nie besucht hat, und Tecchis

---

[20] Schnapp stimmt ihm zu; auch Ellinger, S. 102, und Harich, S. 369 f., sind dieser Meinung.

[21] Ellinger, S. 102, weist darauf hin, daß Kamptz zu Beginn seiner Laufbahn wirklich im Dienst »eines kleinen Fürsten«, dessen von Mecklenburg-Strelitz, gestanden hatte. Auch Walter, S. 75, meint, man habe an den König zu denken.

Vermutung spricht an,[22] der Erzähler habe sie vielleicht nur darum gewählt, weil er sein Märchen einem Frankfurter Verleger zum Druck übergeben wollte. Aber nicht nur einige Straßen sind genannt; vielmehr bat Hoffmann Wilmans ausdrücklich (II 344, 12. 1. 22; vgl. ›*Sämmtl. W.*‹ X 209), er möge die von ihm genannten Weinhäuser durch andere ersetzen lassen, »sollten die Namen falsch seyn oder sollte es berühmtere, besuchtere in F. geben«. Solcher ›Realismus‹ bezeugt zunächst nichts anderes als Hoffmanns Bemühen um Lokalkolorit, das auch für seine anderen Märchen charakteristisch ist.[23] Die eigentliche Bedeutung dieses Verfahrens aber scheint darin zu liegen, daß es den inneren Zwiespalt des Dichters, von dem oben die Rede war (vgl. S. 95), auf einer anderen Ebene offenbart: nicht den Zwiespalt von Amt und Neigung, sondern den der Alltagswelt, in der wir leben, mit dem Reiche der Phantasie, in dem wir dichten. Je härter die beiden Welten aufeinanderstoßen – und sie kollidieren im ›*Meister Floh*‹ in schroffster Weise –, um so mehr fühlt sich der Leser dem verborgenen Unheimlichen der Alltagswelt ausgeliefert, um so wirklicher erscheint ihm das Phantastische. Gerade diese Grenzverwischung fehlt in der Knarrpanti-Episode – mit Ausnahme der burlesken Verwendung des gedankenlesenden Zauberglases, das aber hier eher als erzähltechnisches Vehikel denn als phantastisches Gerät wirkt.

Das Divinatorische aber liegt auf einem anderen Felde. Die Untersuchung gegen Hoffmann spielte sich – wie die gegen Peregrinus – zunächst in Frankfurt ab, dem Schauplatz des ›*Meister Floh*‹ und dem Wohnsitz des Verlegers. Die Frankfurter Behörden werden in der Episode als begabt mit gesundem Menschenverstand und renitent gegen Knarrpantis absurde Kombinationen und Forderungen geschildert. Während nun bei der ›*Floh*‹-Affaire der preußische Gesandte beim Frankfurter Bundestag, Graf von der Goltz, »mit der größten Bereitwilligkeit... sofort und augenblicklich« alle nötigen Schritte unternahm, um den Polizeiminister von Schuckmann in Berlin zufriedenzustellen, mußte er diesem berichten (III 232 f., 25. 1. 22): »Der entschiedene Mangel an gutem Willen bei den hiesigen deshalb in Anspruch genommenen Behörden hat der Sache die größten und verwickeltesten Schwierigkeiten entgegengestellt«, und er bat den Minister, »überzeugt zu sein daß mehr als erreicht worden ist, hier nicht erreichbar war«. Man befand sich eben auf dem Gebiet einer Freien Stadt, die auf ihre – relative – Unabhängigkeit Wert legte und nicht ohne weiteres bereit war, die Rolle des Büttels der preußischen

---

[22] A.a.O., S. 191.   [23] Vgl. Mayer, S. 201 ff.

Polizei zu übernehmen. Sollte Hoffmann den Plan einer Satire in der Tat schon Anfang 1820 erwogen haben (vgl. oben S. 96), so wäre es nicht ausgeschlossen, daß ihn Überlegungen politischer Zweckmäßigkeit bestimmt haben könnten, das Märchen in Frankfurt spielen zu lassen und es einem Frankfurter Verleger zum Druck zu übergeben.

Das allgemeine politische Desinteresse Hoffmanns, seine untadelige Amtsführung und die Entstehungsgeschichte des ›Meister Floh‹ lassen die Tragikomödie nicht voraussehen, die sich zwischen Mitte Januar und Anfang März 1822 in Frankfurt und Berlin abspielte. Uneingedenk der Tatsache, daß jedes Polizeiregime die Staatsdiener mit besonderem Eifer bespitzelt; wohl auch ohne genaue Kenntnis des Umstandes, wie sehr er sich höheren Ortes durch sein rechtliches Verhalten bei den Untersuchungen gegen Jahn, Mühlenfels und andere ›Demagogen‹ mißliebig gemacht hatte (vgl. III 242: Schuckmann an Hardenberg am 4. 2. 22[24]), erzählte Hoffmann in Weinlaune einigen Bekannten, wen er mit dem Geheimen Hofrat Knarrpanti (= Narr Kamptz: II 347, Vorbemerkung) meinte[25] und auf welche Verhältnisse er anspielte (vgl. III 236: Kamptz an Schuckmann am 31. 1. 22). Am 10. Januar 1822 wußte Varnhagen von Ense zu berichten (III 217): »Hr Kammergerichtsrath Hoffmann schreibt an einem humoristischen Buche, worin die ganze demagogische Geschichte, fast wörtlich aus den Protokollen, höchst lächerlich gemacht wird.« Wie so oft bei Varnhagen entspricht der Bericht nur zum Teil den Tatsachen; wir werden sehen, was es mit der Bemerkung »fast wörtlich aus den Protokollen« auf sich hat. Der Denunziant hieß Joachim von Otterstedt, später Wirklicher Geheimer Rat in preußischen Diensten; der lange Arm des Polizeiministers war ein erfolgloser Theaterdirektor und Polizeiagent namens Dr. Klindworth. Er wurde, mit Empfehlungsschreiben reich ausgestattet, wegen »dringender Gefahr im Verzuge« (III 218, 16. 1. 22; 240, 4. 2. 22) zum Grafen von der Goltz nach Frankfurt eiligst in Marsch gesetzt, um bei Wilmans gegen den ›Flohstich‹ oder den ›Gewaffneten Floh‹, wie man den Titel mißverstanden hatte (III 218), mit

---

[24] Über die einzelnen Anlässe ausführlich Ellinger, S. 79–87, Segebrecht, S. 75–82.
[25] Über Kamptz vgl. Ellinger, S. 80, 86 f., wo eine bezeichnende Stelle aus Kamptz' Aufsatz »Bemerkungen über den Tatbestand und den Versuch des Hochverrats« abgedruckt ist; ferner Fittbogen I, S. 83–85, mit dem treffenden Urteil: »Die Justiz will er zur Magd der Polizei erniedrigen.« – Auch bei der Unterdrückung der philhellenistischen Bewegung in Preußen hat sich Kamptz (neben Schuckmann) besonders hervorgetan; vgl. Johannes Irmscher, Der Philhellenismus in Preußen als Forschungsanliegen. Berlin 1966 (Sitzungberichte der Dt. Ak. der Wiss. zu Berlin, Klasse für Sprache, Lit. und Kunst, Jg. 1966, Nr. 2). S. 24 f., 36–38.

Amtshilfe der Frankfurter Behörden einzuschreiten. Der Verleger wurde
also von der Frankfurter Polizei verhört. Er wies zunächst darauf hin
(III 220, 21. 1. 22), das Buch werde wahrscheinlich »die Zahl von 20. Bogen überschreiten«, sei also nicht zensurpflichtig; andernfalls werde er
es vorlegen. Sei es aus Angst, sei es aus reinem Gewissen, zeigte er sich
jedoch bald »erbötig aus besonderer Achtung gegen seine Obrigkeit«
(III 221), das Manuskript, die Probebogen und sogar die Korrespondenz
auszuliefern, womit er sich das »amtliche Wohlgefallen« verdiente (III
223, 22. 1. 22). Für möglichen geschäftlichen Schaden mußte ihm die
preußische Regierung 2600 Gulden hinterlegen.

Unter der so willfährig eingereichten Korrespondenz befand sich auch
Hoffmanns Brief vom 19. Januar 1822, mit dem er – bereits in Kenntnis
des nahenden Unheils – Wilmans gebeten hatte (II 347 f.), zwei Stellen
aus der Knarrpanti-Episode zu streichen oder notfalls überkleben zu lassen, weil sie ihm »gewisser Umstände halber großen Verdruß machen
könten«. Es handelte sich um die erwähnten Sätze über Knarrpantis Rot-
stiftaktion und über seinen ruhmlosen Abschied aus Frankfurt (s. o.
S. 97 f. = ›Sämmtl. W.‹ XIV 174 und 179). Wilmans war seinem Autor
gegenüber loyal genug, die Streichung v o r der Auslieferung der Druckbogen an die Polizei zu verlangen. Der Bericht über den nun in Szene
gesetzten Staatsakt mag dem polizeigerichtlichen Protokoll vorbehalten
bleiben (III 228 f., 23. 1. 22); »Herr Comparent [Wilmans] bate ... um
die Erlaubniß dem Antrage des Hrn. Hofkammergerichtsrath Hofmann
gemäß, die in dessen Schreiben benannten Stellen des Manuscripts vor
dessen Aushändigung streichen zu dürfen, welchem Antrage man bey
der ausdrücklich erklärten Einwilligung des anwesenden Königlich Preu-
sischen Bevollmächtigten Herrn Dr Klindworth amtlich willfahrte und
jene lezte Stelle demnächst [= sogleich] auf dem Amtszimmer Beyseyns
d Hrn. Willmanns von dem obbenannten Hrn. Bevollmächtigten mit
einer ihm zu dem Ende gegebenen Feder eigenhändig durchstrichen
wurde, wogegen die erstere Stelle so wie solche ihrem Sinne nach allegirt
worden nicht ausgefunden werden konnte, als weshalb Hr. Willmanns
sich gegen den Hrn. Hofkammergerichtsrath Hofmann durch seine Bereitwilligkeit dessen Antrag in dieser Hinsicht befolgen zu wollen ver-
wahrte.« Kein Satz könnte den Unterschied zwischen dem Stilniveau
deutscher Amtsstuben und deutscher Erzähler, zwischen verkalkter Büro-
kratie und satirischer Intelligenz im Jahre 1822 treffender demonstrieren.
Daß die erste Stelle nicht »ausgefunden« werden konnte, vielleicht weil
Hoffmann sie erst nachträglich an den Rand des Manuskriptes geschrie-

ben hatte,[26] stellt der Sorgfalt der Beteiligten kein günstiges Zeugnis aus.

Von einem neuerlich empfehlenden Schreiben des Gesandten von der Goltz an den Minister von Schuckmann begleitet (III 232 f., 25. 1. 22), reiste Klindworth alsbald nach Berlin zurück und übergab seinem Herrn Manuskript, Probebogen, Korrespondenz und Protokolle. In Berlin ging man mit beachtlichem Eifer ans Werk. Schon am 31. Januar erstattete von Kamptz dem Minister Bericht (III 235 f.), wobei er auf »einen eclatanten Effect« der Aktion hoffte, »damit die Anhänger des bösen Prinzips nicht behaupten, sie sei ohne Resultat und vergeblich gewesen«. Die bewährte Methode der Verteufelung Andersdenkender scheint dem Minister ausnehmend gefallen zu haben, denn er übernahm die Wendung seinerseits im Bericht an den Staatskanzler von Hardenberg (III 242, 4. 2. 22). Kamptz gab sich zunächst das Air eines literarischen Experten: ›Meister Floh‹ sei »weniger die Darstellung einer zusammenhängenden abgeschlossenen Begebenheit, als vielmehr ein Vehikel, die verschiedenartigsten Gegenstände vorzutragen und zu persifliren« (III 235). Das Urteil ist um so anmaßender, als er den Schluß des Märchens noch nicht kannte. Hätte er ihn gekannt, so wäre vielleicht sogar ihm aufgefallen, was Hoffmann selbst befürchtete (II 370, 1. 3. 22): man möchte dem Schluß »die Schwäche des kranken Autors anmerken«, oder wie seine Kritiker wiederholt festgestellt haben: das Märchen ende in »Philisterglück, das aber dennoch, nach Meinung des Erzählers, wert zu sein scheint, erstrebt und genossen zu werden«,[27] oder genauer und farbiger:[28] »Dopo tanta profluvie, quasi un diluvio, di mistificazioni e bugie, di fantasticherie matte e incredibili ..., l'idillio borghese con Rosetta Lämmerhirt è ricetta di un medico di campagna troppo ingenuo, è medicina di una farmacia troppo a buon mercato...« Doch scheint mir die Vermutung nicht abwegig, daß nicht Krankheit allein die Ursache der künstlerischen »Schwäche« war, daß vielmehr eine – wahrscheinlich unbewußte – Reaktion auf die vorauszusehenden Maßnahmen gegen den Autor vorlag: bieder-

---

[26] II 348, Anm. 6; zum Ganzen vgl. auch H.s Rechtfertigung, III 260–262.

[27] Mayer, S. 231. Harich, S. 367, meinte, die »Symbolik« des letzten Teils trete »oft nicht genügend plastisch hervor«.

[28] Tecchi, S. 204 f. – Die bei John D. Cronin, *Die Gestalt der Geliebten in den poetischen Werken E. T. A. Hoffmanns*. Diss. Bonn 1967. S. 125, referierte ›realistische‹ Interpretation des Schlusses durch Kenneth Negus, *E. T. A. Hoffmann's Other World. The Romantic Author and His New Mythology*. Philadelphia 1965. Ohne Seitenangabe, lohnt die Mühe der Widerlegung nicht; es genügt der Hinweis, daß wir es mit einem Märchen zu tun haben. Was Cronin selbst, S. 126 f., über den Schluß zu sagen weiß, erklärt die Schwäche der Gestaltung nicht.

meierlicher Rückzug ins Idyll, auch Überdruß am tollen Spuk- und Zau-
berwesen – dafür spricht Peregrinus' Verzicht auf das Zauberglas –, verbunden mit Resignation gegenüber dem gescheiterten Versuch einer politischen Satire. Über die Gestaltungsmittel, deren der neue künstlerische
Weg ins ironieferne Idyll bedurft hätte, verfügte der Romantiker jedoch
noch nicht. Vielleicht stand er mit dem *›Meister Floh‹* an einer Wende
seines romantischen Erzählstiles.

Maßnahmen waren in der Tat zu befürchten. Kamptz hatte festgestellt
(III 235), daß Hoffmann sich »insonderheit über die Untersuchung wider
den Doctor von Mühlenfels auf eine unverkennbare Art verbreitet« habe.
»Die ImmediatUntersuchungsCommission wird unter dem Abgeordneten
des Raths und die MinisterialCommission – oder wenigstens der Dezer-
nent in derselben [= Kamptz selbst] – unter dem Geheimen HofRath
Knarrpanti, jener /: Herr p Hoffmann, als Inquirent selbst :/ in einem
äußerst vortheilhaften, diese oder dieser dagegen in einem desto schlim-
meren Lichte dargestellt.« Hoffmann hatte porträtgetreu gezeichnet:
Kamptz erkannte nicht nur die Personen, sondern auch die internen
Spannungen zwischen der K.I.U.C. und dem Ministerium wieder.[29] Die
Persiflage auf die Untersuchung gegen Mühlenfels aber sei »theils dem
Sinne nach, theils wörtlich aus den in Beschlag genommenen Papieren
[Mühlenfels'] entlehnt worden« (III 236); nur sei »anstatt Freiheit...
Entführung gesagt«. Ein unwiderlegbares Zeugnis hatte Kamptz in dem
Passus »Heute war ich mordfaul!« an der Hand (vgl. oben S. 98 =
›Sämmtl. W.‹ XIV 174); die Worte seien »buchstäblich aus dem
Tagebuch des Asverus genommen«. Um diese Behauptung zu belegen,
forderte Schuckmann tags darauf vom Oberlandesgericht Breslau das
Tagebuch des wegen ›demagogischer‹ Umtriebe verhafteten Jurastuden-
ten Asverus an,[30] dessen Tagebuchnotiz vom Juli 1819 lautete (III 268):
»Mordfaul... Immer faul.« Von einer »buchstäblichen« Übernahme im
philologischen Sinne kann also nicht die Rede sein. Trotzdem hielt auch
Schuckmann, noch ehe er das Tagebuch überhaupt eingesehen hatte, dem
Staatskanzler gegenüber an der Behauptung fest,[31] die Stelle sei »ganz

---

[29] Vgl. III 331 f., 334, 18. 10. 28, Schuckmann an den späteren Justizminister von
Danckelman. Dazu Ellinger, S. 82 f., wo eine Kabinettsordre zitiert wird, in der der
König von der K. I. U. C., also einer gerichtlichen Behörde, erwartet, die solle
»jenen Staatspoliceylichen Zweck« verfolgen und die Mittel ergreifen, »welche die
Sicherheit Meines Staats und ganz Deutschlands fordern...« Ferner Hans von
Müller, zit. in III 217.

[30] III 239, 1. 2. 22. Über Asverus vgl. III 141, Anm. 5.

[31] III 241, 4. 2. 22. Das Tagebuch wurde erst am 12. 2. aus Breslau abgesandt.

w ö r t l i c h « übernommen, milderte sie in einem späteren Schreiben
allerdings dahingehend ab (III 266, 1. 3. 22), der Autor habe die Stelle
»benutzt«. Weitere unwiderlegbare Indizien gegen Hoffmann bestanden
darin, daß Kamptz – so wie es im ›*Meister Floh*‹ geschildert ist – den
fraglichen Passus »mit Röthel zweimal angestrichen«, daß Hoffmann
sich über die subversive »Tendenz« seiner Schrift gegenüber Bekannten
geäußert und die Streichung zweier Stellen in dem Schreiben an Wilmans
gefordert hatte (III 236). Ergebnis der Kamptzschen Untersuchung:

> »Es fallen daher dem p Hoffmann zur Last:
> 1) Verletzung der Sr Majestät und seinen Vorgesezten schuldigen Treue und
>   Ehrfurcht
> 2) gebrochene AmtsVerschwiegenheit und
> 3) öffentliche, grobe Verlaümdung eines StaatsBeamten wegen Ausübung
>   seines Amts.«

Erst wenn man sich der zurückgewiesenen Verleumdungsklage Jahns
gegen Kamptz erinnert, erscheint dessen schamlose Selbstgerechtigkeit im
gehörigen Licht.

Die Angelegenheit stand schlecht für Hoffmann und verschlimmerte sich
zusehends. Zwar ließ Schuckmann das Manuskript mit Erlaß an von der
Goltz, die Streichung der Knarrpanti-Episode beim Frankfurter Senat zu
beantragen, dem Verleger zurückgeben; doch Anlaß für diese Entscheidung war weder Einsicht noch Großmut, sondern die Sorge um den Ver-
lust der Kaution (III 237 f., 1. 2. 22; 241, 4. 2. 22). Bei von der Goltz
spielte auch die Vertuschung der peinlichen Angelegenheit vor der Frankfurter Öffentlichkeit eine Rolle (III 249, 251, 11. 2. 22; 269, 5. 3. 22 [32]).
Zwar zeigte sich Hoffmann in einem Brief an den Verleger vom 28. Januar
noch wohlgemut,[33] ja nach Varnhagen soll er geäußert haben, »sie könnten ihn Alle = = =«; doch gleichzeitig wies er schon auf hohe »Protektion
von Männern« hin, »die S^r. Maj: dem Könige sehr nahe stehen«,[34] und
hatte wohl selbst einige Zweifel an der »sonnenklaren guten Sache«, bei
der »nichts zu befürchten« sei als Verzögerung des Drucks. Am 4. Februar
empfahl nämlich Schuckmann dem Staatskanzler in einem ungemein gehässigen, von Kamptz entworfenen Schreiben (III 240–243) die Ver-

---

[32] Die Affaire erregte überall Aufsehen, zuerst natürlich in Berlin (vgl. Harich, S. 373),
aber auch in Breslau (II 373, 4. 3. 22).

[33] II 354 f. und Anm. 2; vgl. jedoch oben Anm. 12: Auch in diesem Falle könnte die
Befürchtung mitgespielt haben, der Brief werde durch die Zensur kontrolliert.

[34] II 355; vgl. II 363, Vorbemerkung; 364, Anm. 1; 368, Vorbemerkung. Im Falle
Pücklers ist allerdings zu bedenken, daß dieser zu seinem Schwiegervater Hardenberg in gespannten Beziehungen stand.

setzung des der »offiziellen und moralischen Unwürdigkeit« schuldigen
Beamten »in eine entfernte Provinz, z. B. nach Insterburg«. Darauf ord-
nete der König, wohl durch Hardenberg veranlaßt, beim Justizminister
von Kircheisen Hoffmanns Vernehmung an (III 243 f., 7. 2. 22). Auf
Anraten des besorgten Freundes Hippel ergriff Hoffmann nun die Flucht
nach vorn und schrieb am 8. Februar selbst an den Kanzler (II 363). Er
gab seinem »tiefen Erstaunen« über die Beschlagnahme des *›Meister
Floh‹* Ausdruck und bat Hardenberg, er möge »sich Höchstselbst von der
völligen Harmlosigkeit« überzeugen oder das Manuskript durch das Berliner »Ober Censur Collegium« prüfen lassen. Am gleichen Tage schrieb
er aber Hippel, er sei bereit, die ganze Knarrpanti-Episode zu streichen,
»wenns nicht anders wäre« (II 364); dies sollte der Freund den Staatskanzler auf Umwegen wissen lassen. Und ebenfalls am 8. Februar be-
stätigte ihm ein befreundeter Arzt, er sei vernehmungsunfähig (III 244).
Eine Woche später mahnte Hardenberg den Justizminister nochmals –
»citissime« –, die Vernehmung solle auf Befehl Seiner Majestät »bald-
möglichst« erfolgen: »Allerhöchstdieselben widmen dieser Sache die
größte Aufmerksamkeit« (III 254) – wahrscheinlich weil sich unterdessen
Gönner für Hoffmann eingesetzt hatten. Doch die Vernehmung durch
den Kammergerichtspräsidenten Woldermann konnte wegen Hoffmanns
Gesundheitszustand erst am 22. Februar in seiner Wohnung erfolgen
(III 256 f.), so daß diesem genug Zeit blieb, eine Rechtfertigungsschrift
auszuarbeiten, die dem Vernehmungsprotokoll beigelegt wurde (III 257
bis 263). Die Vernehmung selbst bezog sich lediglich auf die Fragen, ob
Hoffmann die vorgelegten Corpora delicti – beglaubigte Abschrift aus
dem Manuskript, Brief an Wilmans vom 19. Januar und Druckbogen –
als authentisch anerkenne, was er selbstverständlich bejahte.

Rechtfertigungen, Verteidigungen, ›Rettungen‹ sind in der Regel von
Peinlichkeiten nicht frei. Von dieser Regel macht auch Hoffmanns Schrift
keine Ausnahme. Er mußte verharmlosen, was weder seinen eigenen
satirischen Absichten noch dem mißtrauischen Blick der ›Demagogen‹-
Jäger noch einer auch nur halbwegs korrekten Behörde als harmlos erscheinen konnte. Er mußte zur Beschönigung, ja zur Unwahrheit Zuflucht
nehmen. Dies wird man ihm freilich nicht verargen; befand er sich doch –
ähnlich dem Untersuchungsgefangenen Mühlenfels – in Notwehr [35] gegen

---

[35] So schon Ellinger, S. 103, der freilich strenger urteilt, aber »mildernde Umstände«
geltend machen möchte. Vgl. auch Fittbogen I, S. 92 (ausweichend); II, S. 217 (vgl.
oben Anm. 1); Harich, S. 370.

eine Macht, die das Grundrecht des Menschen und insonderheit des
Schriftstellers auf freie Meinungsäußerung mißachtete. Er verhielt sich so
machiavellistisch, wie die Umstände es geboten, und handelte im Sinne
von Goethes Maxime: »Auf einen Schelmen anderthalbe!« Hinzu kommt,
daß er sich der am meisten gravierenden Beschuldigung, die man gegen
ihn erhob, der »gebrochenen Amts Verschwiegenheit« durch Benutzung
geheimer Akten, wahrscheinlich gar nicht recht bewußt war. Deshalb
verlegte er seine Verteidigung zunächst auf ein Gebiet, auf dem er Souveränität beanspruchen durfte: auf das der Kunst. Seine Rechtfertigung
geht auf die Argumente der Gegner nur teilweise und scheinbar ein; in
Wirklichkeit zwingt sie sie auf das Gebiet s e i n e r Stärke.
Hoffmann will »schriftstellerisch« dartun (III 257 f.), wie die inkrimi-
nierte Episode »sich aus dem ganzen Cannevas der Geschichte und aus
der Characteristick der darin auftretenden Personen als ein integrirender
Theil des Ganzen von selbst erzeugt, und daß kein einziges Wort darin
enthalten ist, was nicht dazu beitrüge, jene Characteristick des Ganzen
in ein helleres Licht zu stellen«. Seine Absicht sei gewesen, »durch dieses
Abentheuer das Märchen selbst und die darin vorkommenden Charactere
dem Leser klarer und lebendiger vor Augen zu führen«. Die Argumentation geht also von zwei Voraussetzungen aus: die Erzählung sei ein
organisches Ganzes, das ohne seine Teile nicht bestehen könne, und jeder
Teil diene sowohl der Charakteristik des Ganzen als auch einzelner Personen. Im Hinblick auf die Knarrpanti-Episode ist die erste Voraussetzung sicher unrichtig; sie konnte – wie wir bemerkt haben (vgl. oben
S. 99) – ohne wesentlichen Schaden für das ›Floh‹-Märchen gestrichen
werden. Hoffmann berief sich auf eine konventionelle klassizistische
These, wahrscheinlich weil er sich von ihr Wirkung auf seine Gegner versprach; als Erzähler ist er ihr nur selten gefolgt, am wenigsten in der
Knarrpanti-Episode.
Weit stichhaltiger sind die Bemerkungen über die Charakteristik. Man
erinnert sich der klassischen und der romantischen Haltung zum Charakteristischen: Während etwa Winckelmann »das Bezeichnende«, sofern es
sich verselbständigt, als unkünstlerisch ablehnt,[36] legt Friedrich Schlegel
im 116. »*Athenäum*«-Fragment auf das Charakteristische hohen Wert: [37]
»Die romantische Poesie ... will, und soll auch ... den Witz poetisie-

---

[36] *Gedanken über die Nachahmung* ... In: Winckelmann, *Sämmtl. Werke*. Hrsg. von
Joseph Eiselein. Bd. I. Donauöschingen 1825. S. 33.
[37] Krit. Ausg. Bd. II. *Charakteristiken und Kritiken* I. Hrsg. ... von Hans Eichner.
München usw. 1967. S. 182 f. Vgl. auch Nr. 310, S. 217 f.

ren..., und durch die Schwingungen des Humors beseelen... Sie kann sich so in das Dargestellte verlieren, daß man glauben möchte, poetische Individuen jeder Art zu charakterisieren, sei ihr Eins und Alles... Sie allein ist unendlich, wie sie allein frei ist, und das als ihr erstes Gesetz anerkennt, daß die Willkür des Dichters kein Gesetz über sich leide...« Die Sätze enthalten – präziser als Hoffmann selbst es zu formulieren vermochte – in nuce das Gesetz, unter dem Hoffmanns Märchen einschließlich der Knarrpanti-Episode steht. »Poetische Individuen jeder Art«, auch die bizarrsten und skurrilsten, werden charakterisiert, denn gerade an ihnen läßt sich das Charakteristische herausarbeiten; und nicht nur die Individuen, sondern die Episode selbst zeigt ein »durchaus scurriles ja gänzlich bizarres« Wesen (III 262). Hoffmann verteidigt sich durch den Hinweis, er habe darstellen wollen, wie das Gerücht vom angeblichen Entführer Peregrinus entstanden sei (III 258): »...jeder, der in der Gesellschaft war, bestätigt das, keiner weiß aber bei näherer Nachfrage, wer denn entführt worden ist. Dies ist wie ich glaube die treue Characteristick jedes Gerüchts.« Vergleicht man die ausführliche Schilderung von der Entstehung des Gerüchts in der Knarrpanti-Episode (›Sämmtl. W.‹ XIV 170) mit der klassischen Darstellung der Fama in der ›Äneis‹ (IV 173–197), so fällt der Unterschied ins Auge: hier Typisierung einer Allegorie, dort Individualisierung mit dem Ziele, das Charakteristische des Vorgangs zu betonen; bei Vergil ein Dutzend Gleichnisse, bei Hoffmann ein einziges (»sie gleichen dem Winde von dem man nicht weiß, woher er kommt und wohin er fährt«), dafür aber genaue Bezeichnung von Ort und Zeit; hier ein Mythos, dort ein peinlich-lächerlicher Vorfall in ›besseren Kreisen‹. Nicht geringerer oder stärkerer ›Realismus‹ unterscheidet die beiden Darstellungen, sondern das spezifische Verhältnis der Autoren zum Typischen und zum Charakteristischen.

Wenn Schlegel feststellt, die »Schwingungen des Humors« beseelten die romantische Poesie, so entspricht auch dieses Merkmal der Hoffmannschen Konzeption. Er nennt sich dreimal einen »humoristischen Dichter« bzw. »Schriftsteller« (III 260–262) und stellt sich in eine Reihe mit Rabener, Hamann, Lichtenberg, Kästner und Jean Paul. Neben das Charakteristische tritt als zweites Merkmal seiner Schreibweise das Komische. Peregrinus sei »ein beinahe kindischer welt- und vorzüglich weiberscheuer Mensch, und der Zufall will es, daß gerade er den Verdacht einer Entführung auf sich ladet. Der Contrast einer inneren Gemüthsstimmung mit den Situationen des Lebens ist eine Grundbasis des Komischen, welches in dem Märchen vorherrschen sollte, und so glaubte ich die Erfindung nach bewährten Theorien für glücklich halten zu dürfen. /:siehe Flögels Geschichte des Komischen:/« (III 258). Hoffmann hätte sich ebenso auf Jean Pauls bemühte Theoreme berufen können; doch abgesehen von der praktischen Verwendbarkeit des Kontrastbegriffes Carl Friedrich Flögels für seinen bestimmten Zweck, kommt es ihm auf die Unterscheidung zwischen dem auf endliche Zustände bezogenen Komischen und dem aufs Unendliche gerichteten Humor gar nicht an. Worauf er hinaus will, ist in der Tat das Komische, welches aus dem Kontrast von Charakter und Situation entsteht. Hinzu kommt ein weiterer Gesichtspunkt. »Da nun aber wirklich kein Mädchen entführt war«, fährt er fort, »so wäre der Prozeß ohne irgend ein Interesse und ohne dazu beizutragen, den Tyß in verwickelte Situationen zu bringen, in sich selbst zerfallen. Es war daher nöthig, dem Tyß noch einen Quälgeist entgegen zu stellen ... Um Interesse zu erregen, um dem komischen Geist des Ganzen treu zu bleiben, mußte dieser Mensch beschränkten Verstandes, von den seltsamsten Vorurtheilen befangen, auf lächerliche Weise egoistisch dargestellt, und ihm noch ein Anflug einer durchaus phantastischen Denkungsart und Handlungsweise gegeben werden.« Hoffmann erweitert also Flögels »bewährte Theorie«, indem er den Kontrast nun auch auf die Charaktere bezieht: der bornierte, in Vorurteilen befangene Egoist gegen den weltfremden Naivling. Er motiviert – und das scheint mir das eigentlich Wichtige – mit e r z ä h l t e c h n i s c h e n Argumenten: Es empfiehlt sich, den Helden »in verwickelte Situationen zu bringen«; es gilt – darauf weist er zweimal hin – »Interesse zu erregen«; es ist »nöthig«, Charaktergegensätze zu schaffen; der Quälgeist m u ß so sein, wie er ihn gezeichnet hat: ein »Zerrbild«, wie er offen zugibt, »welches nur dem[38] sich gegen den Dichter erlaubten Exceß eines ganz ins Gebiet des ausgelassensten Humors streifenden Märchens verziehen werden darf, und zu dem man das Original wohl vergebens auf dieser Erde suchen würde«. Nun, dieses Original war keineswegs so unauffindbar, wie der Autor vorgab. Falls wir den vorangehenden Relativsatz richtig verstanden haben, stellt Hoffmann das Märchen personifiziert dar, gleichsam als überpersönliche Macht, die sich gegen ihr Werkzeug, den Dichter, Exzesse erlaubt; der

---

[38] Der Passus lautet in der kritischen Ausgabe, S. 258, und in ›*Späte Werke*‹, S. 909: »... welches nur de*n* ...« Schnapp, mit »[sic!]« sonst nicht sparsam, gibt das Dokument diplomatisch getreu wieder. Ich verstehe den Satz nur, wenn ich »de*m*« konjiziere. Vielleicht liegt ein Konstruktionsfehler H.s, wahrscheinlicher ein Hörfehler des Referendars Hecker vor, dem H., noch bettlägerig, die Erklärung diktierte.

aber ist ihr willenlos ausgeliefert und hat zu vollziehen, was das Gesetz
der Gattung erfordert. Folglich, so muß man schließen, kann er auch
nicht zur Verantwortung gezogen werden.

Für diese Auffassung sprechen zwei weitere Stellen der Schrift. Nach
einigen juristischen Argumenten, auf die wir noch zurückkommen, fährt
Hoffmann fort (III 260):

> »Dem humoristischen Dichter muß es freistehen, sich in dem Gebiet seiner
> phantastischen Welt frei und frisch zu bewegen. Soll er sich in tausend
> Rücksichten, in mißtrauische Zweifel darüber, wie seine Gedanken gemiß-
> deutet werden könnten, wie in das Bett des Procrustes einengen? Wie würde
> es ihm möglich sein, geistreich, anmuthig zu schreiben, und Gemüth und
> Herz seiner Leser zu ergreifen?« Und ferner (III 262): ».. . ich folgte frei
> dem Fluge meiner Phantasie, wie sie sich aus den Bedingnissen des Märchens
> und den darin vorkommenden Situationen und Characteren[39] entzündet,
> ohne an andere Dinge, die außerhalb des phantastischen Gebiets in dem sich
> das Märchen bewegt, zu denken.
>
> ich bitte
>
> Den Gesichtspunkt nicht aus dem Auge zu lassen, daß hier nicht von einem
> satyrischen Werke, dessen Vorwurf Welthändel und Ereignisse der Zeit sind,
> sondern von der phantastischen Geburt eines humoristischen Schriftstellers,
> der die Gebilde des wirklichen Lebens nur in der Abstraction des Humors
> wie in einem Spiegel auffassend reflectirt, die Rede ist.«

Auch hier erscheint der Autor nahezu in passiver Spiegelfunktion: Tätig
und autonom ist allein die Phantasie, im weiteren Sinne: das überpersön-
lich gedachte Wesen der Kunst. Sie stellt dem Autor eine doppelte Aufgabe: Er soll »anmuthig... schreiben« und »Gemüth und Herz... ergreifen«, also zwei traditionelle rhetorische Forderungen erfüllen: ›delectare‹ und ›movere‹; und er soll die inhärenten Gattungsgesetze (»Beding-
nisse«) befolgen, das heißt im Sinne der oben erörterten Zusammen-
hänge »Situationen und Charactere« komischer Art schaffen. Erfüllt er
diese Aufgaben nicht, so ist die Kunst zum Scheitern verurteilt. Um sein
Ziel zu erreichen, muß er frei sein, denn die Märchenphantasie kennt
weder die Grenzen des Wahrscheinlichen noch die des Moralischen
(»Welthändel und Ereignisse der Zeit«). Der Märchendichter bewegt sich
im Raume der frei schwebenden Phantasie, der Satiriker auf dem Gebiete
der politischen Moral. Die »Willkür des Dichters« leidet nach Schlegels
Worten »kein Gesetz über sich«, und »Dichter« in diesem Sinne ist vor
allem der Erfinder romantischer Märchen.

So wenig Hoffmanns Erklärungen geeignet sein mochten, die Bedenken

---

[39] Verbessert aus »Charactere«; so auch ›*Späte Werke*‹, S. 912.

gegen den satirischen Charakter der Knarrpanti-Episode zu zerstreuen,
so überzeugt war er selbst von der Stichhaltigkeit seiner poetologischen
Unterscheidungen. Dabei gebrauchte er das Wort »frei« mit verdächtiger
Emphase, und als Jurist mußte er sich die Frage stellen, wie die postulierte
Autonomie der romantischen Kunst und die Freiheit des Schriftstellers
mit der Staatsraison vereinbar seien. Hier greift er nun zu Argumenten,
die der kritischen Analyse weniger standhalten. Es sei »der phantastischen Tendenz« von Knarrpantis Charakter »ganz angemessen, ihn als
factotum eines kleinen winzigen regierenden Herrn darzustellen...«
(III 258). Der Satz zielt offensichtlich darauf hin, allen Argwohn zu zerstreuen, der den »Herrn« mit dem preußischen König hätte identifizieren
können. Auch zeitlich und räumlich wird Abstand geschaffen: »Solche
factotums von erbärmlicher Gestalt haben sich in den letzten Jahren des
verflossenen Jahrhunderts noch im südlichen Deutschland mannigfach
umher getrieben«, wie Kotzebues Lustspiel »Die Unglücklichen« beweise.
Sollte Hoffmann in der Zwischenzeit ebenfalls von dem »entschiedenen
Mangel an gutem Willen« der Frankfurter Behörden erfahren haben (vgl.
oben S. 101), so wäre der folgende Satz gewiß nicht ohne Ironie geschrieben (III 258 f.): »Dieser Character [Knarrpanti] war hiernach geeignet
mit dem verständigen und ruhigen Abgeordneten des Raths zu Franck-
furt einen guten Contrast zu bilden.«
Zweifellos ironisch oder mindestens anzüglich klingen einige Wendungen
im Verlaufe der weiteren Argumentation. Er habe, schreibt Hoffmann
(III 259), die Gelegenheit benutzt, »um, wie es sich auch von selbst ergab,
zwei der größten criminalistischen Mißgriffe ins Licht zu stellen; einmal,
wenn der Inquirent ohne den Thatbestand des wirklich begangenen Ver-
brechens festzustellen, auf gut Glück hineininquirirt, zweimal, wenn sich
in seiner Seele eine vorgefaßte Meinung festsetzt..., die ihm allein zur
Richtschnur seines Verfahrens dient. Man könnte fragen, wie ich wohl
dazu gekommen bin, diese juristische Rügen in ein Märchen zu bringen?,
und ich kann nur darauf antworten, daß jeder Schriftsteller von seinem
Metier nicht abläßt, sondern sich an Schilderungen daraus ergötzt.« Als
Zeugen zitiert Hoffmann die Juristen Rabener, Hippel, Scott und sich
selbst mit den ›Elixieren des Teufels‹ und den ›Nachtstücken‹. »Ich gebe
zu«, fährt er fort, »daß Deutungen, woran ich nicht dachte, möglich sind,
ja, daß eine vorgefaßte Meinung solche Deutungen sogar plausibel finden
mag; welch ein Vorwurf kann aber den Dichter treffen, der nur von seiner
Welt ausgehend, alles derselben anschließend und aus derselben entneh-
mend..., dennoch wider seinen Willen einen Verdacht erregt...?« In die

Verteidigung getrieben, geht Hoffmann zum Angriff über. Es ist klar, daß die gerügten »criminalistischen Mißgriffe« eben die sind, deren sich der Berliner Polizeichef schuldig zu machen pflegte; noch klarer ist, daß der Autor den »Mißgriff« der »vorgefaßten Meinung« indirekt denen zum Vorwurf macht, die seine Satire angeblich mißdeuteten. Doch die Sätze enthalten auch ein verstecktes, aber eindeutiges Bekenntnis: Der stets gefühlte Zwiespalt zwischen Amt und Neigung wird zugunsten der Kunst entschieden. Wenn sich jeder Schriftsteller an Schilderungen aus seinem Metier ergötzt, so darf auch Hoffmann sich an den Schilderungen des juristischen Milieus ergötzen, und niemand darf es ihm verübeln, daß er »seine Welt« zum Thema einer Erzählung wählt.

Die weiteren Ausführungen der Rechtfertigungsschrift können außer Betracht bleiben. Hoffmann bemüht sich, die Vorwürfe zu entkräften, die man ihm aus dem gegenüber Wilmans geäußerten Wunsch nach Streichung zweier Stellen aus der Knarrpanti-Episode (vgl. oben S. 103) gemacht hatte. Er tut es mit wenig Glück.[40] Ob seine Argumente die maßgebenden Männer, Hardenberg und den König, überzeugt haben, wissen wir nicht; auch ist nicht sicher, ob Hoffmann mit einem Verweis bestraft wurde oder ob er nach Insterburg geschickt worden wäre, wenn er die Affaire überlebt hätte.[41] Da er vier Monate später starb, konnte der Staatskanzler beruhigt anordnen, die Akten seien »nunmehr zu reponiren« (III 272, 6. Juli [nicht Juni] 1822). Nur die Infamie des Polizeiministers Schuckmann verdient noch festgehalten zu werden (III 334 f.): Am 18. Oktober 1828, mehr als sechs Jahre nach Hoffmanns Tode, lehnte er den Vorschlag ab, der Witwe des »Aussätzigen« und »Wüstlings, der hauptsächlich für den Erwerb seines Weinhauslebens arbeitete«, eine Entschädigung zukommen zu lassen, und hielt es für seine »Pflicht...«, das: *de mortuis nil nisi bene*, bei ihm nicht in Anwendung« zu bringen. Des Königs neuer Justizminister von Danckelman erhob gegen so unedle Gesinnung keine Einwände. Kamptz-Knarrpanti, unterdessen mit dem Titel ›Exzellenz‹ ausgezeichnet, machte Karriere und wurde selbst bald Justizminister.

---

[40] Nur für diese Stellen gilt Fittbogens Pauschalurteil (I, S. 91): »... diese Verteidigung hat nur sophistisch-taktischen Wert«. Ihr hoher poetologischer Wert steht außer Zweifel.

[41] II 371, Vorbemerkung zu Nr. 1046. Vgl. jedoch III 335, 18. 10. 28, Schuckmann an Danckelman: »Die von Sr. Majestät befohlene Rüge . . . ist nur durch seinen Tod abgeschnitten worden ...« Die von Segebrecht, S. 82, referierten Widersprüche könnten sich so erklären, daß die königliche »Milde« es bei einem Verweis habe bewenden lassen, statt H. nach Insterburg zu versetzen.

Es ging uns hier nicht in erster Linie um die Rekapitulation eines tragikomischen Kapitels aus der Geschichte der ›Demagogen‹-Jagd im Gefolge der Karlsbader Beschlüsse. Hoffmann beurteilte das Gewicht der Affaire richtig, wenn er meinte (II 355, 28. 1. 22): »... gar zu viel Geschrei und keine Wolle«. Sollte unsere Darstellung indessen helleres Licht auf bestimmte Einzelheiten oder auf das unsaubere Verfahren im ganzen geworfen haben, so wäre es kein Schaden, weil die Freiheit der Meinungsäußerung und der Kunst jederzeit bedroht ist, wenn sie in Interessenkonflikt mit der Staatsraison gerät. Exemplarische Vorgänge pflegen sich in der Geschichte gern zu wiederholen.

In der Ökonomie unserer Darstellung diente die Wiedergabe der historischen Umstände vor allem der Verdeutlichung von Hoffmanns poetologischen Anschauungen. Diese Umstände zwangen ihn zu einem Bekenntnis, wie er es sonst nicht abgelegt hat und ohne Not wohl auch nicht abgelegt hätte. Er war kein Literaturtheoretiker, sondern Erzähler. In die Verteidigung gedrängt, versuchte er sich zu rechtfertigen; darum mußte er sich zunächst selbst Rechenschaft über seine poetischen Ziele und über sein Verfahren als Schriftsteller geben. Bedrückt durch die zwiespältige Lage, in der er sich als Dichter und Staatsdiener befand, entschied er sich eindeutig gegen die Staatsraison und für das Postulat der absoluten Autonomie der Kunst. Die Ideen, die er vertrat, waren keineswegs neu oder originell; aber sie haben bei ihm m o r a l i s c h e s Gewicht, weil sie der Unverbindlichkeit von Friedrich Schlegels kunstrevolutionärem Jugendenthusiasmus entwachsen waren und sich vor der rauhen Praxis der Restauration bewähren mußten, während Schlegels eigene Schriften und Vorträge der gleichen Jahre in jenem »mystisch messianischen Tone« (Ricarda Huch) verschwammen, der für die Anpassung an die Macht der Verhältnisse so kennzeichnend und – im Gefolge schöpferischer Sterilität – diese Verhältnisse so eifrig zu rechtfertigen bemüht ist. Hoffmann hat nur einen Scheinfrieden mit den kunstfeindlichen Mächten geschlossen; auch im Talar des Kammergerichtsrates ist er der Bohémien geblieben, der er stets gewesen war. Die Ideen, die er vortrug, mußten im Jahre 1822 fast schon anachronistisch erscheinen: nicht weil sie unterdessen überholt, sondern weil sie zeitlos geworden waren, wenngleich bis heute ein Ärgernis für die Apologeten unbeschränkter Befugnisse. »... ich folgte frei dem Fluge meiner Phantasie« – dieser Satz verteidigt nicht allein einen Exzeß spätromantischer Fabulierlust; er bekennt sich zu einem Prinzip, welches zu befolgen jeder Schriftsteller seiner Würde schuldig ist.

Wolfgang Preisendanz

Der Sinn der Schreibart in Heines Berichten
aus Paris 1840-1843 »Lutezia«

Es ist sicher nicht abwegig zu sagen, daß die Literaturwissenschaft im
wesentlichen Textwissenschaft ist. Der literaturwissenschaftliche Gegen-
standsbereich besteht in erster Linie aus bestimmten sprachlichen Verwirklichungen, die aus einer bestimmten Absicht entstanden sind und die
als bestimmte Texte vorliegen. Sodann darf wohl behauptet werden, ein
solcher bestimmter Text sei in erster Hinsicht ein Informationsträger,
verfaßt und geschrieben, daß ihn jemand als Information versteht. Und
also dürfte plausibel sein, daß Interpretation vor allem eine möglichst
gründliche und umfassende Informationsverwertung ist; interpretieren
heißt doch zunächst, die in einem Text angelegten und versammelten
Informationen so vollständig (und d. h. unter Berücksichtigung aller er-
heblichen Umstände, Verhältnisse, Kontexte) wie möglich zu erfassen
bzw. auszusprechen.
Ein besonderes Interesse nimmt nun die Literaturwissenschaft an den
sogenannten literarischen Texten, d. h. an Texten, die durch ihre textformale Besonderheit insofern interessant sind, als ihr Gehalt auf ausgezeichnete Weise an die Vermittlung durch eine spezifische Formgebung
gebunden ist und als sich ein Zuwachs an Intentionalität aus dieser spezifischen Formgebung ergibt. Die Interpretation solcher Texte ist eine Interpretation auf höherer Stufe, weil sie es mit Texten zu tun hat, die man
komplexe Informationsträger nennen kann: mit Texten, in denen mehr
und anderes mitgeteilt und ausgedrückt wird, als ausdrücklich in Wörtern
und Sätzen genannt ist. Komplexe Informationsträger sind Texte, in
denen die Verwendung der Sprache, der Aufbau, die Komposition, die
Verknüpfung der Informationen selbst Bedeutung haben; Texte, in denen
sich die Besonderheiten der Form, der Struktur, der Schreibart mit den
Besonderheiten der Mitteilung oder Aussage verschränken; Texte, die

man also in ihrer ›Literarizität‹, in ihrer formalen Verfassung beachten
und werten muß, weil diese formale Verfassung als solche zu einem
Moment der Information und Kommunikation wird.

Es gilt demnach nicht nur für das Gedicht, sondern, mit Gradunterschie-
den, für einen viel weiteren Kreis literarisch interessanter Texte, was
Robert Penn Warren 1957 in seiner Dankrede bei der Verleihung des
National Book Award for Poetry zu bedenken gab:

> We may say that a poem is a structure of meanings. Words have meanings.
> Events have meanings. Images have meanings. Ideas have meanings. Even
> rhyme and meter, in a somewhat different sense, may be said to have
> meanings. All these things may enter into the structure we call the poem.
> But (. . .) the poem is not only a structure *of* meanings. It is a structure *with*
> *meaning* – a new meaning not to be equated with any or all the meanings
> that went into the structure (. . .) So we have the *structure of meanings* and
> the *meaning of structure*.[1]

Anders formuliert: in einem wesentlich literarischen Text kann alles
durch die Sprache Bedeutete (Personen, Handlungen, Meinungen, Vorgänge, Umstände, Dinge) ebenso wie die Komposition und wie die
Sprachverwendung als solche zu einem Bedeutenden werden, dessen Bedeutung dann der Sinn des Textes ist.

Diese vielleicht allzu geläufigen und daher überflüssigen Bemerkungen
wurden vorausgeschickt, um die Hinsicht zu bestimmen, in welcher hier
von Heines Berichten aus Paris die Rede sein soll. Der in der Textverfas-
sung, in der Formgebung, in der Schreibart, in der Komplexität der
Sprachverwendung liegende Sinn soll ins Auge gefaßt werden. Es soll
eine spezifisch literaturwissenschaftliche Betrachtung versucht werden,
wie sie Hans Mayer in seinem Aufsatz ›Die Ausnahme Heine‹ verlangt
hat: »Heines Prosa sollte einmal in ihrer ganz einzigartigen, wenn auch
für Epigonen nicht ganz gefahrlosen Struktur untersucht werden. Man
schaute immer allzu stark und starr auf das Inhaltliche (. . .) statt nach
den Mitteln zu fragen, die solche Wirkung zu erzeugen vermochten.«[2]

Eine solche Betrachtungsweise wird von der Annahme ausgehen, daß
diese Prosa auch in Gestalt von Berichten aus der Hauptstadt Frankreichs
einen literarischen *Mehrwert* enthält, daß die Schreibart als solche einen

---

[1] Zit. nach: Elizabeth M. Wilkinson, ›Form‹ and ›Content‹ in the Aesthetics of German Classicism. In: *Stil- und Formprobleme in der Literatur.* Hrsg. von Paul Böck-
mann. Heidelberg 1959. S. 27.
[2] Hans Mayer, Die Ausnahme Heine. In: *Heinrich Heine, Werke.* Hrsg. von Christoph
Sigrist, Wolfgang Preisendanz, Eberhard Galley, Helmut Schanze mit einer Einleitung von Hans Mayer. 1. Bd. Frankfurt am Main 1969 (Insel-Heine). S. 19.

informativen und kommunikativen Effekt hat, daß die textformale Qualität dieser Tagesberichte eine sinngebende Funktion erfüllt.

Dieser Gesichtspunkt ist bisher so gut wie außer Betracht geblieben, höchstens oberflächlich und beiläufig ins Auge gefaßt worden. Die – gewiß berechtigte – Etikettierung als Publizistik oder Journalistik hat hier wie in anderen Fällen die Entwicklung einer spezifisch literaturwissenschaftlichen Analyse und Interpretation verhindert. Man hat diese Berichte zu ausschließlich als *structure of meanings* oder als Dokument politischer Einsicht und Urteilskraft gelesen. Was über die literarische Qualität und Bedeutung gesagt worden ist, geht über flüchtige und ganz allgemeine Hinweise auf die unverwechselbare Note, auf die Treffsicherheit des Ausdrucks, auf die Kunst des Andeutens und Anspielens, auf Charme und Witz kaum hinaus – Hinweise, die man natürlich auf zahlreiche andere Autoren und Texte mit demselben Recht beziehen kann.

Auch in dem kürzlich erschienenen Heine-Buch von Manfred Windfuhr geht nur der letzte Abschnitt des Kapitels über ›Lutezia‹ spärlich auf das eigentlich Literarische ein: Heine beachte alle wichtigen Aspekte des vielseitigen Gesamtphänomens Paris; Kollektives und Individuelles, Oberschicht und soziale Bewegung, Politik und Kunst seien gleichermaßen vertreten – dies ist für Windfuhr einer der realistischen Züge, welche er für Heines Berichte statuiert. Dann heißt es:

> Die einzelnen Themenkreise werden immer wieder aufgegriffen und kunstvoll miteinander verbunden (...) Heine bemüht sich wie die gleichzeitigen Romanschriftsteller um synthetische Gesamtbilder. Freilich ist ›Lutezia‹ kein Roman mit durchgehenden Figuren und zentraler Handlungsführung. Es ist ein Zeit- und Geschichtsbild aus einer Folge von Einzelartikeln. Die Totalität, für die Realisten ein Hauptziel, wird im Nacheinander aufgebaut. Aber sie ist schließlich vorhanden.[3]

Dagegen läßt sich kaum etwas sagen; es liegt ja auf der Hand. Aber man gewahrt doch die Verlegenheit oder das Desinteresse, etwas über die textspezifischen Züge und über die Signifikanz der Schreibart zu sagen – eine Bemerkung übrigens, die man bei diesem Buch immer wieder machen muß, wenn der Verfasser die verschiedenartigen Heine-Texte nicht irgendwie den überlieferten Gattungen und Formen der Literatur zuordnen kann.

Dabei hat Heine selbst, in dem Zueignungsbrief an den Fürsten Pückler-

---

[3] Manfred Windfuhr, *Heinrich Heine. Revolution und Reflexion.* Stuttgart 1969. S. 271.

Muskau, den er der Buchausgabe ›Lutezia‹ von 1854 als Einleitung vor-
anstellte, mit Betonung auf die Literarizität und sogar den Kunstfaktor
seiner Berichte aus den Jahren 1840 bis 1843 für die Augsburger Allgemeine Zeitung abgehoben, und zwar in dreifacher Beziehung:
Heine erwähnt erstens, daß er angesichts der Verstümmelung der ursprünglichen Berichte durch die Zensur versucht habe, in der Buchausgabe
»die artistische Ehre, die schöne Form« (6, 132)[4] zu retten; entsprechend
erwähnt auch die Vorrede zur französischen Buchausgabe ›Lutèce‹ von
1855 das Bestreben, noch bei Lebzeiten »du moins la bonne représenta-
tion de mon style« (6, 568) zu wahren. Heine nimmt zweitens für sich
in Anspruch, durch eine »künstlerische Zusammenstellung aller dieser
Monographien [d. h. der Tagesberichte, W. P.] ein Ganzes« zu liefern,
»welches das getreue Gemälde einer Periode bildet, die ebenso wichtig
wie interessant war« (6, 132 f.). Und deshalb nennt Heine ›Lutezia‹ drittens »zugleich ein Produkt der Natur und der Kunst«: ein Produkt der
Natur, sofern es »ein daguerrotypisches Geschichtsbuch« sei, »worin jeder
Tag sich selber abkonterfeite«, ein Produkt der Kunst, sofern es sich um
eine vom ordnenden Geist des Künstlers geleitete Zusammenstellung
solcher Bilder handle (6, 135 f.).
Ähnliche Hinweise finden sich schon in den während der Arbeit an der
Buchausgabe an den Verleger Julius Campe gerichteten Briefen. So verspricht Heine im Bewußtsein seines einsamen Ranges »in der Prosa« am
12. August 1852 »ein Musterbuch (. . .), das ganz abgesehen von seinem
interessanten und will's Gott auch pikanten Inhalt, seinen stehenden
Wert behalten wird«; so zeigt er sich am 7. März 1854 überzeugt, das
Buch werde »eine Chrestomathie der Prosa, und der Bildung des Stils für
populare Themata sehr förderlich sein«; am 14. April 1854 und am
2. Mai 1854 spricht er nochmals von seinem Bemühen, das Werk »arti-
stisch vollendet«, als »eine geschlossene Einheit«, als »eine künstlerische
Einheit« erscheinen zu lassen.
Zugestanden: das alles ist im Zusammenhang mit der Buchausgabe gesagt, ein Jahrzehnt nach dem Abfassen der eigentlichen Tagesberichte.
Dennoch darf man das meiste, was Heine in Briefen bzw. in den Vor-
reden über die literarisch-artistischen Aspekte von ›Lutezia‹ äußert, auf
die ursprüngliche Gestalt und Folge dieser Berichte beziehen. Denn obgleich es sich in Heines Mitteilungen anders ausnimmt: trotz allen Neu-

---

[4] Heines Werke werden zitiert nach: Heinrich Heine, *Sämtliche Werke*. Hrsg. von
Ernst Elster. Leipzig und Wien o. J. (1887–90). Die Ziffer vor dem Komma zeigt
den Band, die hinter dem Komma die Seite an.

formulierungen, Zusätzen und Streichungen behalten die Berichte in der Buchausgabe ihre stilistische, strukturelle und kompositorische Identität; für die Untersuchung der Schreibart ist das Faktum der keineswegs radikalen Umarbeitung unerheblich.

Freilich können die Hinweise des Autors diese Untersuchung nur sehr vag und bedingt vororientieren. Von Produkten der Kunst ist ausdrücklich nur mit Bezug auf das Kompositorische die Rede; von einem Kunstfaktor des Berichtsstils sagt Heine nichts, es sei denn, er habe ihn im Sinn, wenn er auf die »artistische Ehre« und »schöne Form« pocht. Auch scheint er beim Hinweis auf die Zusammenstellung durch die ordnende Hand des Künstlers eher an die Aufeinanderfolge der Berichte, an deren anaphorische und kataphorische Beziehungen zu denken, weniger an die Komposition und Segmentierung der einzelnen Artikel. Aber gerade innerhalb der Berichte finden wir keineswegs einen planen, linearen Informationsaufbau, sondern ein recht kunstvolles *patterning* des Mitgeteilten durch signifikante Sequenzbildung, Schnitt-Technik, Verknüpfung. Ferner wird man nur cum grano salis gelten lassen, daß Heine seine Berichte, im Bann der damals noch frischen und sensationellen Erfindung, Daguerrotypen nennt. Diese Metapher könnte wesentliche Züge verdunkeln: einmal das stete Ineinanderspielen von Nachricht und Kommentar, Meldung und Reflexion, Analyse und Orientierung, Kenntnis und Vermutung, Rückblick und Prognose; sodann den Ausdruck der eigenen Anteilnahme durch das Hervorkehren von Gewißheit und Zweifel, Erwartung und Enttäuschung, Befürchtung und Zuversicht, auch durch das unablässige gespannte Fragen, wodurch er sich immer wieder auf gleichen Fuß mit seinem fernen Leser stellt.

Vor allem aber will zu der Metapher *Daguerrotyp* schlecht passen, daß es dem Autor in diesen Tagesmonographien zuerst und zuletzt darauf anzukommen scheint, die politische und soziale Situation der Metropole in ihrer Bewegung zu zeigen, als etwas durchaus Transitorisches. Man pflegt vom Stand der Dinge, von der Lage der Dinge zu sprechen; gerade eine diesen Redensarten verhaftete Vorstellung desavouiert Heine, indem das je Gegebene in seiner Bewegtheit und Labilität vergegenwärtigt, auf der Folie des Wandels, als Moment von Prozessen. Beispiel mag der relativ kurze 2. Artikel als ganzer sein, mit welchem die Reihe der Berichte in der Augsburger Allgemeinen Zeitung einsetzte; man braucht nur auf die Tempora, temporalen Adverbien, Zeitrelationen zu achten, um auf die Betonung des Labilen, Wandelbaren, Transitorischen zu kommen:

Paris, den 1. März 1840
Thiers steht heute im vollen Licht seines Tages. Ich sage heute, ich verbürge
mich nicht für morgen. — Daß Thiers jetzt Minister ist, alleiniger, wahr-
haftiger Gewaltminister, unterliegt keinem Zweifel, obgleich viele Personen,
mehr aus Schelmerei denn aus Überzeugung, daran nicht glauben wollen,
ehe sie die Ordonnanzen unterzeichnet sähen, schwarz auf weiß im »Moni-
teur«. Sie sagen, bei der zögernden Weise des Fabius Cunctator des Königs-
tums sei alles möglich; vorigen Mai habe sich der Handel zerschlagen, als
Thiers bereits zur Unterzeichnung die Feder in die Hand genommen. Aber
diesmal, bin ich überzeugt, ist Thiers Minister — »schwören will ich darauf,
aber nicht wetten«, sagte einst Fox bei einer ähnlichen Gelegenheit. Ich bin
nun neugierig, in wieviel Zeit seine Popularität wieder demoliert sein wird.
Die Republikaner sehen jetzt in ihm ein neues Bollwerk des Königtums, und
sie werden ihn gewiß nicht schonen. Großmut ist nicht ihre Art, und die
republikanische Tugend verschmäht nicht die Allianz mit der Lüge. Morgen
schon werden die alten Verleumdungen aus den modrigen Schlupfwinkeln
ihre Schlangenköpfchen hervorrecken und freundlich züngeln. Die armen
Kollegen werden ebenfalls stark herhalten. »Ein Karnevalsministerium«, rief
man schon gestern abend, als der Name des Ministers des Unterrichts genannt wurde. Das Wort hat dennoch eine gewisse Wahrheit. Ohne die Besorgnis vor den drei Karnevalstagen hätte man sich mit der Bildung des
Ministeriums vielleicht nicht so sehr geeilt. Aber heute ist schon Faschings-
sonntag, in diesem Augenblick wälzt sich bereits der Zug des *boeuf gras* durch
die Straßen von Paris, und morgen und übermorgen sind die gefährlichsten
Tage für die öffentliche Ruhe. Das Volk überläßt sich dann einer wahnsinni-
gen, fast verzweiflungsvollen Lust, alle Torheit ist grauenhaft entzügelt, und
der Freiheitsrausch trinkt dann leicht Brüderschaft mit der Trunkenheit des
gewöhnlichen Weins. — Mummerei gegen Mummerei, und das neue Ministerium ist vielleicht eine Maske des Königs für den Karneval. (6, 143 f.)

Wohl jeder Artikel zeigt in Varianten, wie absichtlich Heine verfährt,
um das Gegenwärtige zum Transitorischen zu relativieren, es unter dem
Gesichtspunkt der Interferenz von bereits Vergangenem und schon An-
hebendem zu erfassen. Und zwar nicht nur, sofern der Berichtstoff als
Transitorisches erscheint; darüber hinaus gibt sich der Bericht selbst als
vorbehaltlich, als eingedenk, von den weiteren Entwicklungen desavouiert oder relativiert zu werden. Unverkennbar nimmt die Berichterstattung die Äußerung ihrer situativen Begrenztheit, ihrer Einstweilig-
keit, ihrer möglichen Hinfälligkeit in ihre eigene Dimension auf.
Man denke bei diesen Bemerkungen an die typischen Anfangssätze wie
»Wird sich Guizot halten?« (6, 284) oder »Hier überstürzen sich die
Hiobsposten;« (6, 202) oder »Die kostbare Zeit wird leichtsinnig ver-
zettelt.« (6, 368); man denke an die vielen Artikelschlüsse, welche durch
die verschiedensten Kunstgriffe die Offenheit der Situation suggerieren;

man denke an die Kunst, Berichtsequenzen in Pointen auslaufen zu lassen, welche die Relativität des Augenblicklichen bewußt machen, wie z. B. im 4. Artikel vom 30. April 1840:

> Wie die Republikaner sind auch die Legitimisten beschäftigt, die jetzige Friedenszeit zur Aussaat zu benützen, und besonders in den stillen Boden der Provinz streuen sie den Samen, woraus ihr Heil erblühen soll. Das meiste erwarten sie von der Propaganda, die durch Erziehungsanstalten und Bearbeitung des Landvolks die Autorität der Kirche wiederherzustellen trachtet. Mit dem Glauben der Väter sollen auch die Rechte der Väter wieder zu Ansehen kommen. Man sieht daher Frauen von der adeligsten Geburt, die, gleichsam als *Ladies patronesses* der Religion, ihre devoten Gesinnungen zur Schau tragen, überall Seelen für den Himmel anwerben und durch ihr elegantes Beispiel die ganze vornehme Welt in die Kirchen locken. Auch waren die Kirchen nie voller als letzte Ostern. Besonders nach Saint-Roch und Notre-Dame-de-Lorette drängte sich die geputzte Andacht; hier glänzten die schwärmerisch schönsten Toiletten, hier reichte der fromme Dandy das Weihwasser mit Glaceehandschuhen, hier beteten die Grazien. Wird dieses lange währen? Wird diese Religiosität, wenn sie die Vogue der Mode gewinnt, nicht auch dem schnellen Wechsel der Mode unterworfen sein? Ist diese Röte ein Zeichen der Gesundheit? . . . »Der liebe Gott hat heute viele Besuche«, sagte ich vorigen Sonntag zu einem Freunde, als ich den Zudrang nach den Kirchen bemerkte. »Es sind Abschiedsvisiten« – erwiderte der Ungläubige. (6, 152)

Sehr effektvoll zeigt sich die Methode, das Offene der Situation und zugleich die Relativität des Berichts auszudrücken, wo Heine mit kürzeren oder längeren Intervallen die Überführung der sterblichen Reste Napoleons in den Invalidendom derart zum Repoussoir seiner Situationsschilderung macht, daß dieses näherrückende Ereignis die jeweilige Szene wie ein drohender Schatten verunsichert, weil es Katalysator unabsehbarer Bewegungen sein könnte.

Die erste Erwähnung erfolgt am 14. Mai 1840; Heine betont die unerwartete, das Nationalgefühl bis in seine abgründigsten Tiefen aufregende Wirkung des Überführungsbeschlusses, mit welchem Thiers doch nur die nationale Eitelkeit habe kitzeln wollen. Im nächsten Artikel vom 20. Mai 1840 kommt, nach einigen Bemerkungen über eine meisterhafte Kammerrede Thiers', der zweite Abschnitt auf die polarisierenden Wirkungen, der dritte Abschnitt auf die vielleicht doch weniger harmlosen Motive des Ministerpräsidenten zurück:

> Wichtiger aber für die Interessen Europas als die kommerziellen, finanziellen und Kolonialgegenstände, die in der Kammer zur Sprache kamen, ist die feierliche Rückkehr der irdischen Reste Napoleons. Diese Angelegenheit beschäftigt hier noch immer alle Geister, die höchsten wie die niedrigsten. Während

unten im Volke alles jubelt, jauchzt, glüht und aufflammt, grübelt man oben
in den kälteren Regionen der Gesellschaft über die Gefahren, die jetzt von
Sankt Helena aus täglich näher ziehen und Paris mit einer bedenklichen
Totenfeier bedrohen. Ja, könnte man schon den nächsten Morgen die Asche
des Kaisers unter die Kuppel des Invalidenpalastes beisetzen, so dürfte man
dem jetzigen Ministerium Kraft genug zutrauen, bei diesem Leichenbegräb-
nisse jeden ungefügen Ausbruch der Leidenschaften zu verhüten. Aber wird
es diese Kraft noch nach sechs Monaten besitzen, zur Zeit, wenn der trium-
phierende Sarg in die Seine hineinschwimmt? In Frankreich, dem rauschen-
den Lande der Bewegung, können sich binnen sechs Monaten die sonder-
barsten Dinge ereignen: Thiers ist unterdessen vielleicht wieder Privatmann
geworden (was wir sehr wünschten), oder er ist unterdessen als Minister
sehr depopularisiert (was wir sehr befürchten), oder Frankreich ward unterdessen in einen Krieg verwickelt – und alsdann könnten aus der Asche Napoleons einige Funken hervorsprühen, ganz in der Nähe des Stuhls, der mit
rotem Zunder bedeckt ist!
Schuf Herr Thiers jene Gefahr, um sich unentbehrlich zu machen, da man
ihm auch die Kunst zutraut, alle selbstgeschaffenen Gefahren glücklich zu
überwinden, oder sucht er im Bonapartismus eine glänzende Zuflucht für den
Fall, daß er einmal mit dem Orleanismus ganz brechen müßte? (6, 171)

»Toujours lui! Napoleon und wieder Napoleon!« lautet der Anfang des
Berichts vom 30. Mai 1840 (6, 177), in welchem dann die sich durch
dieses unaufhörliche Tagesgespräch andauernd zuspitzende Konfliktsitua-
tion das Thema ist. Der Schluß des Artikels vom 3. Juli 1840 berichtet:

Von Napoleon ist in diesem Augenblick keine Rede mehr; hier denkt niemand mehr an seine Asche, und das eben ist sehr bedenklich. Denn die Begeisterung, die durch das beständige Geträtsche am Ende in eine sehr be-
scheidene Wärme übergegangen war, wird nach fünf Monaten, wenn der
kaiserliche Leichenzug anlangt, mit erneuten Bränden aufflammen. Werden
alsdann die emporsprühenden Funken großen Schaden anstiften? Es hängt
ganz von der Witterung ab. Vielleicht, wenn die Winterkälte früher eintritt und viel Schnee fällt, wird der Tote sehr kühl begraben. (6, 199)

Von dieser Vermutung sticht der Beginn des nächsten Berichts vom
25. Juli 1840 grell ab:

Auf den hiesigen Boulevards-Theatern wird jetzt die Geschichte Bürgers,
des deutschen Poeten, tragiert; da sehen wir, wie er, die »Leonore« [sic!]
dichtend, im Mondschein sitzt und singt: Hurrah! les morts vont vite – mon
amour, crains-tu les morts?« Das ist wahrhaftig ein guter Refrain, und wir
wollen ihn unserm heutigen Berichte voranstellen, und zwar in nächster Beziehung auf das französische Ministerium. – Aus der Ferne schreitet die
Leiche des Riesen von Sankt Helena immer bedrohlicher näher, und in einigen Tagen öffnen sich auch die Gräber hier in Paris, und die unzufriedenen
Gebeine der Juliushelden steigen hervor und wandern nach dem Bastillen-
platz, der furchtbaren Stätte, wo die Gespenster von Anno 89 noch immer
spuken ... Les morts vont vite – mon amour, crains-tu les morts? (6, 199)

Unter dem 4. November 1840 schließlich liest man:

> Ich zweifle nicht, daß es dem Marschall Soult gelingen wird, die innere Ruhe
> zu sichern. Durch seine Kriegsrüstungen hat ihm Thiers genug Soldaten
> hinterlassen, die freilich ob der veränderten Bestimmung sehr mißmutig
> sind. Wird er auf letztere zählen können, wenn das Volk mit bewaffnetem
> Ungestüm den Krieg begehrt? Werden die Soldaten dem Kriegsgelüste des
> eigenen Herzens widerstehen können und sich lieber mit ihren Brüdern als
> mit den Fremden schlagen? Werden sie den Vorwurf der Feigheit ruhig
> anhören können? Werden sie nicht ganz den Kopf verlieren, wenn plötzlich
> der tote Feldherr von St. Helena anlangt? Ich wollte, der Mann läge schon
> ruhig unter der Kuppel des Invalidendoms, und wir hätten die Leichenfeier
> glücklich überstanden! – (6, 226)

Im 34. Artikel vom 29. April 1841 spricht Heine von der »Konfusion
der Gegenwart« (6, 271), und in diesem Zusammenhang charakterisiert
er die Rolle des Ministerpräsidenten Guizot: »Sein eigentliches Geschäft
ist die tatsächliche Erhaltung jenes Regiments der Bourgeoisie, das von
den marodierenden Nachzüglern der Vergangenheit ebenso grimmig bedroht wird wie von der plünderungssüchtigen Avantgarde der Zukunft«
(6, 270). In diesem Satz ist benannt, was für Heine die Gesamtsituation
politisch und sozial bestimmt, was die »Konfusion der Gegenwart« bewirkt; diese Formel gibt an, welche Erfahrung und welches Bild der politisch-sozialen Wirklichkeit der Autor dem Leser auch durch Schreibart
und Struktur seiner Berichte vermitteln will. Daß alles im Zeichen des
Übergangs, der Schwebe, der Spannung und Gärung erscheint, als Moment einer nach- und schon wieder vorrevolutionären Geschichte: das
liegt nicht nur daran, daß davon allenthalben in begrifflicher, denotativer
Sprache die Rede ist, sondern der Leser erfaßt es auch als konnotativen
Inhalt, als derivative Konsequenz der Schreibart, als Sinn des Stils, der
Struktur, der Komposition.

Implikat dieser Betonung des Transitorischen und Bewegten ist die Darstellung des Widerstands, den die Zeiterfahrung der Zeiterkenntnis entgegensetzt. Im Artikel VI der ›Französischen Zustände‹ sagt Heine einiges Bemerkenswerte über Geschichtserkenntnis und Geschichtsschreibung. »(. . .) ich will so viel als möglich parteilos das Verständnis der
Gegenwart befördern und den Schlüssel der Tagesrätsel zunächst in der
Vergangenheit suchen« (5, 90), schreibt er. Zur Begründung heißt es
etwas weiter: »Der heutige Tag ist ein Resultat des gestrigen. Was dieser
gewollt hat, müssen wir erforschen, wenn wir zu wissen wünschen, was
jener will« (5, 91). Schon in diesen wenigen Worten steckt eine Wendung
gegen das Verfahren des Historismus mit seinem Verzicht, die Verbin-

dung zwischen dem Vergangenen und dem Gegenwärtigen zu reflektieren, mit seinem Grundsatz, »nur vollendete Reihen von Begebenheiten darzustellen«. Im Gegensatz zu Rankes berühmter These »Ich aber behaupte: jede Epoche ist unmittelbar zu Gott, und ihr Wert beruht gar nicht auf dem, was aus ihr hervorgeht, sondern in ihrer Existenz selbst, in ihrem eigentlichen Selbst«[5] hält sich Heine an das, was Schiller in seiner Antrittsvorlesung als die vornehmste Aufgabe des Historikers bezeichnet hatte, nämlich »das Vergangene mit dem Gegenwärtigen zu verknüpfen«.[6] Freilich gilt dieses für Heine nicht mehr in letzten Endes geschichtsphilosophischer Absicht, sondern als Gebot einer Zeitgeschichte, gar einer *Tagesgeschichte* (5, 54); darauf wollen wir später zurückkommen.

Noch erheblicher weicht von den Interessen und Prinzipien der historistischen Geschichtsschreibung das Argument ab, mit welchem Heine die Frage nach den »vergangenheitlichen Beleuchtungen« des Gegenwärtigen (5, 93) »ein doppelt nützliches Geschäft« nennt (5, 92): das Argument nämlich, daß, »indem man die Gegenwart durch die Vergangenheit zu erklären sucht, zu gleicher Zeit offenbar wird, wie diese, die Vergangenheit, erst durch jene, die Gegenwart, ihr eigentliches Verständnis findet und jeder Tag ein neues Licht auf sie wirft, wovon unsere bisherigen Handbuchschreiber keine Ahnung hatten« (5, 92). Was Heine da, 1831, empfiehlt, ist als bedachtes und anerkanntes hermeneutisches Prinzip erst Generationen später durchgesetzt worden, und noch heute kann nicht als ganz und gar selbstverständlich gelten, daß alles Erfassen und Verstehen von Geschichte durch die Geschichtlichkeit des Betrachters, durch die Vielfalt und Folge je relativer Gesichtspunkte, durch den Standpunkt der jeweiligen Gegenwart, durch die aktuellen Umstände bestimmt ist. Noch heute mag der Hinweis nicht überflüssig sein, daß die historistische Bemühung, zu erkennen wie es eigentlich gewesen ist, an dieser Geschichtlichkeit und d. h. an der perspektivischen und Interessenbedingtheit des Betrachters ihre Grenze hat, daß aber auf der anderen Seite, um es im Sinn Heines anders zu formulieren, das durch die Geschichtlichkeit der jeweiligen Perspektive am Vergangenen neu Hervortretende ebenso Licht auf das Gegenwärtige wirft, wie umgekehrt dieses Vergangene sein Licht vom Gegenwärtigen empfängt.

---

[5] Leopold Ranke, Über die Epochen der neueren Geschichte. In: Ranke, *Geschichte und Politik. Ausgewählte Aufsätze und Meisterschriften.* Hrsg. von H. Hofmann. Stuttgart 1940. S. 141.

[6] Friedrich Schiller, *Sämtliche Werke.* Hrsg. von Gerhard Fricke und Herbert G. Göpfert. 4. Bd. München 1958. S. 764.

Praktiziert hat Heine dieses Geschichtsverständnis natürlich vornehmlich in seinen mit – tatsächlich oder scheinbar – Vergangenem befaßten Schriften, von den großen Abhandlungen ›Zur Geschichte der Religion und Philosophie in Deutschland‹ und ›Die romantische Schule‹ bis zu den Balladen. Da erweist sich der Blick für das Verharren von Altem im Neuen, für die vergangenheitlichen Beleuchtungen des Gegenwärtigen und reziprok für das im Lichte des Späteren am Früheren Hervortretende als konstitutiv. In den Pariser Berichten mit ihrer Betonung des Übergänglichen, Einstweiligen, Unabsehbaren mußte eher interessieren, was sich von Künftigem im Gegenwärtigen abzeichnen, welches Licht das Heute auf das Morgen werfen, was als augenblickliche Signatur des Kommenden gelten könnte. Zugleich aber teilt die Schreibart stets den Widerstand mit, den die unmittelbare Zeiterfahrung der Wahrnehmung deutlicher Prozesse und Entwicklungen entgegensetzt. Dem Bedürfnis, die momentanen Fakten, die »Tagesinteressen« und die »sogenannten Aktualitäten« (6, 182) auf den Hintergrund langfristiger oder globaler Bewegungen zu beziehen, hält das Bewußtsein der rationalen Unverfügbarkeit der Zukunft, hält das Eingeständnis des stets nur relativen Gesichtspunkts die Waage, gesellt sich demonstrativ die Ungewißheit, wie sich im heutigen Tag der Wille des gestrigen erweise, worauf das Jetzige hinauslaufe, als was sich das Heutige morgen herausstelle. Wohl ist einmal in ›Lutezia‹ von den »Veränderungsgesetzen der Zeit« (6, 321) die Rede. Aber nichts liegt dem Berichterstatter ferner, als die unmittelbare Zeiterfahrung auf solche, gar durchschaute und kalkulierbare, Veränderungsgesetze zu beziehen. Vielmehr kennzeichnet seine Schreibart, daß er bereits in ›Französische Zustände‹ von den »Tagesrätseln« (5, 90) spricht. Oder daß er ebendort das Identitätsproblem politischen Handelns und Verhaltens zu bedenken gibt:

> Es ist sehr leicht, die Bedeutung der öffentlichen Mummereien einzusehen. Schwerer ist es, die geheime Maskerade zu durchschauen, die hier in allen Verhältnissen zu finden ist. Dieser größere Karneval beginnt mit dem ersten Januar und endigt mit dem einunddreißigsten Dezember. Die glänzendsten Redouten desselben sieht man im Palais Bourbon, im Luxembourg und in den Tuilerien. (5, 78)

Man ist sogar oft versucht, weiter zu gehen und zu sagen, die Berichte machten vielmals das Vexierbildhafte der jeweiligen Situation bewußt. Denn wie es bei einem Vexierbild auf das Erkennen eines Gegenstands oder einer Figur ankommt, deren Umrisse gleichzeitig anderen unmittelbar zu sehenden Figuren oder Gegenständen angehören, so bleiben für

Heine und bei Heine die Umrisse der historischen Prozesse und Tendenzen verschlungen in die Zeichnung der unmittelbar wahrgenommenen Erscheinungen und Vorgänge. Und sooft auch das Berichten in Prognose auslaufen mag – letztlich entwertet der Gestus des Fragens alle gewisse Erwartbarkeit.

Schon das bisher Angeführte deutet wohl auf eine noch zu wenig beachtete Literarisierung des politischen Berichts, zeigt an, daß von der ursprünglichen reinen Informationstendenz des Berichts her eine neue, ausgeprägt literarische Form entwickelt wurde. Die weithin übliche fixe Einteilung der Prosa Heines in belletristische und publizistische Schriften [7] hemmt freilich die Beobachtung, wie hier in einer durchaus praktischen, expositorischen Sachprosa Schreibart und Struktur informativen Wert, kommunikativen Sinn erhalten.

Die einzelnen konkreten Züge dieser Literarisierung politischer Information und Kommunikation können im gegebenen Rahmen nicht allesamt und nicht bis ins Detail beschrieben werden, zumal dazu eine größere Menge relativ umfangreicher Textbeispiele herangezogen werden müßte. Nur einige Hauptzüge seien herausgegriffen, die von einer nachprüfenden Textlektüre vermutlich anstandslos bestätigt werden.

Ein Unterschied dieser Berichte zu erzählenden, historiographischen oder abhandelnden Texten etwa der Philosophie oder der Wissenschaften besteht in ihrer Fülle von deiktischen Ausdrücken, von Ausdrücken, in denen eine Zeige-Geste steckt. In diesem Punkt gleichen sie mündlicher Darlegung, bei der ja auch die deiktischen Ausdrücke eine große Rolle spielen, weil die Sprecher und Hörer gemeinsam umfassende Situation ein dauernd gegenwärtiges Zeigefeld abgibt. Auffallend ist nun bei Heines Berichten, daß die Anfangssätze großenteils solche, auf außerhalb des Textes liegende Gegebenheiten hinweisende oder den aktuellen Situationsbezug herstellende Ausdrücke enthalten: »Thiers steht heute im vollen Lichte seines Tages.« (6, 143) Oder: »Die Engländer hier schneiden sehr besorgliche Gesichter.« (6, 276) Oder: »Die eigentliche Politik lebt jetzt zurückgezogen in ihrem Hotel auf dem Boulevard des Capucins.« (6, 368) Dieses deiktische Moment in den Anfangssätzen bewirkt, daß man sie nur als relative Anfangssätze lesen kann oder daß sie mindestens in einer Doppelrolle erscheinen: sie sind sowohl Textanfangssätze

---

[7] Vgl. Wolfgang Preisendanz, Der Funktionsübergang von Dichtung und Publizistik bei Heine. In: *Poetik und Hermeneutik III: Die nicht mehr schönen Künste. Grenzphänomene des Ästhetischen.* Hrsg. von Hans Robert Jauß. München 1968. S. 343–374.

wie auch Textfolgesätze, sie eröffnen und setzen fort.[8] Sie eröffnen, weil
sie sich faktisch an keinen vorausgehenden Text anschließen; sie setzen
fort, weil der Leser den absoluten Anfangssatz hinzudenken, unterschie-
ben muß – entweder mit Rücksicht auf frühere Berichte oder durch Rekurs
auf seinen eigenen Fond der Informiertheit. Der Anfangssatz »Es gab
gestern keine Börse, ebensowenig wie vorgestern, und die Kurse hatten
Muße, sich von der großen Gemütsbewegung zu erholen« (6, 208) setzt
voraus, daß dem Leser die drohende Kriegsgefahr bekannt ist, auf welche
sich die bloße Erwähnung der großen Gemütsbewegung bezieht, daß ihm
also der verschwiegene Kontext vorschwebt, in welchen der Bericht einge-
bettet wird. Oder nehmen wir den ganzen ersten Abschnitt des Artikels
vom 7. November 1840:

> Der König hat geweint. Er weinte öffentlich, auf dem Throne, umgeben
> von allen Würdenträgern des Reichs, angesichts seines ganzen Volks, des-
> sen erwählte Vertreter ihm gegenüberstanden, und Zeugen dieses kummer-
> vollen Anblicks waren alle Fürsten des Auslandes, repräsentiert in der Per-
> son ihrer Gesandten und Abgeordneten. Der König weinte! Dieses ist ein
> betrübendes Ereignis. Viele verdächtigen diese Tränen des Königs und ver-
> gleichen sie mit denen des Reineke. Aber ist es nicht schon hinlänglich tra-
> gisch, wenn ein König so sehr bedrängt und geängstet worden, daß er zu
> dem feuchten Hülfsmittel des Weinens seine Zuflucht genommen? Nein,
> Ludwig Philipp, der königliche Dulder, braucht nicht eben seinen Tränen-
> drüsen Gewalt anzutun, wenn er an die Schrecknisse denkt, wovon er, sein
> Volk und die ganze Welt bedroht ist. – (6, 233 f.)

Nicht nur der erste Satz, sondern die ganze Sequenz ist als Anfang ein
relativer, weil der Leser das (im Folgenden mit keinem Wort erwähnte)
Attentat vom Oktober 1840 als Anschlußpunkt der emphatischen Mitteilung interpolieren muß, daß Louis-Philippe während der Thronrede in
Tränen ausbrach. Sind das linguistische Quisquilien? Man wird doch auf
ein bewußtes und wesentliches Verfahren schließen dürfen, das mit der
Absicht zusammenhängt, das Ausschnitthaft-Situative zu betonen und
dem Bericht die »Farbe des Augenblicks« zu geben. So tragen die zahlreichen nur relativen Anfangssätze dazu bei, die Aufzeichnung der »Tagesgeschichte« von der distanzierten, stets retrospektiven Historiographie
abzuheben; gerade die Eigenart der Anfänge erfüllt und bezeugt die Absicht, dem Leser Geschichte nahezubringen, die noch nicht historisch
geworden ist.
Die zuletzt angezogene Textstelle gibt auch schon ein Beispiel für die
Kunst, durch Phrasierung und Periodenbau, durch Fragen, Ausrufe und

---

[8] Vgl. Roland Harweg, Die Rundfunknachrichten. Versuch einer texttypologischen
Einordnung. In: *Poetica*. 2. Bd., 1968, Heft 1. S. 1–14.

Interjektionen, durch Apostrophen und Wiederholungen, durch den Numerus, den Rhythmus der Sätze und Sequenzen *cognitive meaning* und *emotive meaning* miteinander zu verweben. So dient etwa die emphatische, unvermittelte Erwähnung des königlichen Weinens als Konnotator, sofern darin über das denotativ Bezeichnete hinaus die Betroffenheit des Berichtenden (und also des Publikums) mitausgedrückt ist. Bereits die geringfügig abgewandelte, in sachlicher Beziehung überflüssige Wiederholung »Der König hat geweint ... Der König weinte!« bewirkt, daß in der Mitteilung des Sachverhalts der Ausdruck des subjektiven Reflexes als eine – konnotativ zu erfassende – Dimension der Nachricht mitenthalten ist. Dies läßt sich am zweiten Abschnitt des Berichts vom 29. Juli 1840 noch reichlicher zeigen:

> Sind aber die Engländer in der Politik wirklich so ausgezeichnete Köpfe? Worin besteht ihre Superiorität in diesem Feld? Ich glaube, sie besteht darin, daß sie erzprosaische Geschöpfe sind, daß keine poetischen Illusionen sie irre leiten, daß keine glühende Schwärmerei sie blendet, daß sie die Dinge immer in ihrem nüchternsten Lichte sehen, den nackten Tatbestand fest ins Auge fassen, die Bedingnisse der Zeit und des Ortes genau berechnen und in diesem Kalkül weder durch das Pochen ihres Herzens noch durch den Flügelschlag großmütiger Gedanken gestört werden. Ja, ihre Superiorität besteht darin, daß sie keine Einbildungskraft besitzen. Dieser Mangel ist die ganze Force der Engländer und der letzte Grund ihres Gelingens in der Politik wie in allen realistischen Unternehmungen, in der Industrie, im Maschinenbau usw. Sie haben keine Phantasie; das ist das ganze Geheimnis.« (6, 205 f.)

Denotativ bezeichnet die Sequenz, nach den beiden Fragesätzen, den für die Beantwortung der Fragen relevanten Zug des englischen Nationalcharakters. Aber der Leser entnimmt dem Text mehr: durch die redundante Entfaltung eines Aussageinhalts in der Kette der vier asyndetisch-anaphorisch gestaffelten, nachgestellt-konjunktionalen Objektsätze, durch den symmetrisch zu diesen vier Konjunktionalsätzen vierfach gestaffelten letzten daß-Satz, durch den von dieser syntaktischen Gliederung modellierten Rhythmus, durch die klimaktische Wiederholung des Phantasiemangels, durch die emphatische Profilierung dieser Behauptung im *cursus planus* der Kadenz »das ist das ganze Geheimnis«. Über die denotative Bezeichnung eines Sachverhalts hinaus bilden die zitierten Sätze insgesamt ein Zeichen mit dem Inhalt: Welch horrende Kraft- und Machtquelle liegt in dem behaupteten Charakterzug! Ohne daß denotativ davon die Rede wäre, drückt die Sequenz als konnotatives Zeichen die Mischung von Respekt und Abscheu, von Horror und Bewunderung aus, welche den Berichtenden erfüllt und welche er den Leser mitaufzufassen zwingt.

Wenn Heines nachträgliche Bemerkung, bei der Zusammenstellung seiner Berichte sei die ordnende Hand des Künstlers am Werk gewesen, auch
für die Komposition der einzelnen Berichte in Anspruch zu nehmen ist,
so natürlich für die kaum anders als Kunst zu nennende Weise, die unterschiedlichen Partien und Punkte des Berichtstoffs zueinander in Beziehung zu setzen. Der Rekurs auf ein hochentwickeltes Assoziationsvermögen oder auf die Meisterschaft zwanglos-beweglichen Plauderns reicht
nicht aus. Denn damit wäre das Prinzip noch nicht erfaßt, nach welchem
Heine vom einen aufs andere kommt, dieses an jenes schließt: nämlich
das Prinzip, die einzelnen Informationen einander perspektivisch zuzuordnen. Nehmen wir als verdeutlichendes Modell dessen, was gemeint
ist, den Unterschied der Hypotaxe zur Parataxe, nehmen wir die grammatische Periode.[9] In ihr gibt es bekanntlich die Über- und Unterordnung
von Sätzen oder Satzteilen, gibt es die Unterscheidung von Vorder- und
Hintergrund in der Rede selbst, gibt es somit ein perspektivisches Verhältnis der wechselseitigen Abhängigkeiten von Gedanken- und Redeinhalten. Die einzelnen Aussagen, welche die Rede konstituieren, liegen
in der Periode, im Satzgefüge anders als bei der Parataxe nicht in einer
Ebene, sondern sind gleichsam in die Tiefe gestaffelt. Genau dies aber
charakterisiert, jenseits des Grammatischen, die ›Syntax‹ der Berichtinhalte bei Heine. Es ist aus Raumgründen unmöglich, dieses Verfahren
anhand von Textbeispielen zu veranschaulichen; der Umfang der Zitate
müßte das zulässige Maß weit überschreiten. Es sei also nur verwiesen
auf Berichte, die als Beispiel besonders geeignet wären: etwa auf den
Artikel vom 19. Dezember 1841 (6, 284–88), wo Gedanken über den
Luxor-Obelisken und über die Vendôme-Säule zum perspektivischen
Punkt werden, um den Charakter und die Lage der Regierung Guizot als
Mittelgrund, die latenten Kräfte und Strömungen der Zeit als Hintergrund anzusprechen. Oder auf den Artikel vom 29. Juli 1842 (6, 323–26),
wo die Information über die besorgten Gerüchte in bezug auf die Beseitigung des napoleonischen Elefanten-Denkmal-Modells den Prospekt auf
die Furcht als stabilisierenden Faktor im politischen Leben Frankreichs
eröffnet. Auch am Artikel vom 11. Dezember 1841 (6, 277–84) ließe sich
gut demonstrieren, wie scheinbar versprengte Fakten und Materien (in
Stichworten: die Neujahrsauslagen der Kaufläden und die Passanten, die
Blindheit der herrschenden Schicht und die Einsicht Guizot's, die kommunistische Propaganda, die Vorliebe für die Renaissance in den Luxus- und

---

[9] Vgl. Ernst Cassirer, *Philosophie des symbolischen Formen.* Erster Teil: Die Sprache.
Fotomechanischer Nachdruck der 2. Auflage. Darmstadt 1956. S. 289–291.

Kunstartikeln, der Freitod des Malers Robert vor dem Hintergrund seiner künstlerischen Entwicklung) in eine signifikante Perspektive geraten. Es ist jener Artikel, in welchem Heine sich dreimal einen *Flaneur* nennt, was zunächst wörtlich zu nehmen, dann aber auch auf den scheinbar flanieren- den Zug der Berichterstattung zu beziehen ist, auf das anscheinend ganz unsystematische Verknüpfen von Ereignissen und »Arabesken« (6, 135). Jedoch eben in dem scheinbar planlosen Dahinschlendern durch die Ak- tualitäten tritt hervor, daß die politisch-sozialen Verhältnisse und Pro- zesse der e i n e Bezugsrahmen der Berichterstattung und daß die Erfas- sung aller Berichtfakten durch eine ausgeprägt politische Sprache die e i n e Intention des Berichtenden ist.[10]

Natürlich könnte man einwenden, Heine verknüpfe die einzelnen Mate- rien und Punkte dadurch, daß er einfach ›Aufhänger‹ sucht, um von einem zum andern zu kommen. Aber dies würde der planvollen und signifikan- ten Unterscheidung von Vorder- und Hintergrund, von Über- und Unter- geordnetem im jeweiligen Informationskomplex nicht gerecht. Was die- ses perspektivierende Verfahren, diese Tiefenstaffelung des Berichtstoffes bedeutet, ermißt man erst, wenn man sich klar macht, welches Ineinander- spielen von Oberflächen- und Tiefenstruktur, von »Tagesinteressen«, »sogenannten Aktualitäten« (6, 182) und historischem Kontext des Po- litisch-Sozialen Heine durch Schreibart und Komposition bewußt macht. Ein relativ knappes Beispiel findet sich gegen Ende des Berichts vom 4. Dezember 1842. Hier staffelt Heine seine Mitteilungen so, daß sich für den Leser das dem Pariser Publikum Nahegehende als das Oberflächlich- ste, das für den Autor Vordringliche als das für die öffentliche Meinung Unbeträchtlichste hervorgekehrt; ironisch desavouiert Heine die Erheb- lichkeit des fürs Publikum Interessanten zugunsten der Relevanz des »von der Diskussion der Tagesinteressen, den sogenannten Aktualitäten« (6, 132) Ausgeschlossenen:

> Hier in Frankreich herrscht gegenwärtig die größte Ruhe. Ein abgematteter, schläfriger, gähnender Friede. Es ist alles still wie in einer verschneiten Winternacht. Nur ein leiser, monotoner Tropfenfall. Das sind die Zinsen, die fortlaufend hinabträufeln in die Kapitalien, welche beständig anschwellen; man hört ordentlich, wie sie wachsen, die Reichtümer der Reichen. Dazwi- schen das leise Schluchzen der Armut. Manchmal auch klirrt etwas wie ein Messer, das gewetzt wird. Nachbarliche Tumulte kümmern uns sehr wenig, nicht einmal das rasselnde Schilderheben in Barcelona hat uns hier aufge-

---

[10] Vgl. zum Begriff einer politischen Sprache und zum französischen Vorsprung in deren Ausbildung die Reflexionen Heines im (erst in der Buchausgabe veröffent- lichten) 11. Artikel von ›*Lutezia*‹ vom 3. Juni 1840 (6, 180–182).

stört. Der Mordspektakel, der im Studierzimmer der Mademoiselle Heinefetter zu Brüssel vorfiel, hat uns schon weit mehr interessiert, und ganz besonders sind die Damen ungehalten über dieses deutsche Gemüt, das trotz eines mehrjährigen Aufenthalts in Frankreich doch noch nicht gelernt hatte, wie man es anfängt, daß zwei gleichzeitige Anbeter sich nicht auf der Walstätte ihres Glücks begegnen. (6, 335 f.)

Was für die Gesellschaft spektakulär ist, die eifersüchtige Bluttat in Brüssel, erweist sich aus der Perspektive des Berichts als eine belanglose Arabeske; was die öffentliche Meinung kaum bewegt, der revolutionäre Ausbruch in Barcelona, verweist bereits als ein Menetekel auf die tieferen Bewegungen der europäischen Verhältnisse; was als Ruhe, Frieden, Winterstille genommen wird und private Skandalaffären zu Sensationen macht, ist in Wahrheit das historisch Relevante: nämlich das beständig, wenngleich latente Wachsen der sozialen Spannungen und Diskrepanzen.

Mit Rücksicht auf die perspektivierende Absicht der Schreibart kann denn auch nur von Totalität gesprochen werden, nicht mit Rücksicht auf die Vollständigkeit der Objekte und Aspekte; es stimmt einfach nicht, wenn gesagt wurde, Heine beachte alle wichtigen Aspekte des vielseitigen Gesamtphänomens Paris, als halte er in dieser Beziehung einen Vergleich mit Balzac aus. Nicht im Quantitativen liegt die Totalität, sondern darin, daß alles, wovon die Rede ist – auch die Gemäldeausstellungen, auch der Amüsierbetrieb, auch die Konzertsaison – Signifikanz in dem und durch den Kontext der politisch-sozialen Verhältnisse gewinnt. So heißt es im Bericht vom 20. März 1843 über die musikalische Saison:

Dieses Überhandnehmen des Klavierspielens und gar die Triumphzüge der Klaviervirtuosen sind charakteristisch für unsere Zeit und zeugen ganz eigentlich von dem Sieg des Maschinenwesens über den Geist. Die technische Fertigkeit, die Präzision eines Automaten, das Identifizieren mit dem besaiteten Holze, die tönende Instrumentwerdung des Menschen wird jetzt als das Höchste gepriesen und gefeiert. Wie Heuschreckenscharen kommen die Klaviervirtuosen jeden Winter nach Paris, weniger, um Geld zu erwerben, als vielmehr, um sich hier einen Namen zu machen, der ihnen in andern Ländern desto reichlicher eine pekuniäre Ernte verschafft. Paris dient ihnen als eine Art von Annoncenpfahl, wo ihr Ruhm in kolossalen Lettern zu lesen. Ich sage, ihr Ruhm ist hier zu lesen, denn es ist die Pariser Presse, welche ihn der gläubigen Welt verkündet, und jene Virtuosen verstehen sich mit der größten Virtuosität auf die Ausbeutung der Journale und Journalisten. (6, 345 f.)

Die Wandlung des Konzertlebens durch die aufkommende Kulturindustrie, die Kommerzialisierung der Musik, die damit zusammenhängende

Bedeutung von Reklame, Publicity und Management gibt hier den perspektivischen Punkt ab für den Bericht über die Hauptereignisse und
Hauptmatadoren der Saison; damit aber ist diesem Konzertleben der Eintritt ins Industriezeitalter mit seinen gesellschaftlichen und kulturellen
Konsequenzen als Hintergrund zugeordnet. Das gleiche gilt vom Bericht
über die Gemäldeausstellung im Artikel vom 8. Mai 1843. Heine schildert, wie er sich gequält habe, in der chaotischen Fülle der Exponate »den
Gedanken der Zeit«, »den verwandtschaftlichen Charakterzug«, »das
Gepräge unserer Periode« (6, 392) zu entdecken; er fragt endlich »Was
wird sich aber unsern Nachkommen, wenn sie einst die Gemälde der heutigen Maler betrachten, als die zeitliche Signatur offenbaren? Durch welche gemeinsame Eigentümlichkeiten werden sich diese Bilder gleich beim
ersten Blick als Erzeugnisse aus unsrer gegenwärtigen Periode auswei-
sen?« (6, 392) und versucht diese Frage mit einer zweiten zu beantworten:
»Hat vielleicht der Geist der Bourgeoisie, der Industrialismus, der jetzt
das ganze soziale Leben Frankreichs durchdringt, auch schon in den zeich-
nenden Künsten sich dergestalt geltend gemacht, daß allen heutigen Gemälden das Wappen dieser neuen Herrschaft aufgedrückt ist?« (6, 392)
Und wiederum sind es im Bericht vom 7. Februar 1842 die Tanzveran-
staltungen als aktuelles und vordergründiges Phänomen, was die tieferen
sozialen, kulturellen und politischen Prozesse in den Blick rückt. »›Wir
tanzen hier auf einem Vulkan‹ – aber wir tanzen. Was in dem Vulkan
gärt, kocht und brauset, wollen wir heute nicht untersuchen, und nur wie
man darauf tanzt, sei der Gegenstand unserer Betrachtung.« (6, 294)
Demnach scheint Heine von der Beziehung zwischen Vorder- und Hintergrund, Oberfläche und Tiefe gerade absehen zu wollen, und es folgt denn
auch eine Reihe von Informationen und Bemerkungen über Tanzkunst,
Ballette, christliche Verwerfung der Tanzkunst, Keuschheit des französischen Balletts, Gesellschaftsbälle, schließlich auch über die Tanzvergnü-
gen der unteren Klassen und die staatlichen Versuche, der Laszivität dieses Tanzens zu steuern; dann geht es weiter:

> Es sind aber nicht bloß die geschlechtlichen Beziehungen, die auf den Pariser
> Bastringuen [Bälle in Vorstadtkneipen, W. P.] der Gegenstand ruchloser
> Tänze sind. Es will mich manchmal bedünken, als tanze man dort eine Ver-
> höhnung alles dessen, was als das Edelste und Heiligste im Leben gilt, aber
> durch Schlauköpfe so oft ausgebeutet und durch Einfaltspinsel so oft lächer-
> lich gemacht worden, daß das Volk nicht mehr wie sonst daran glauben
> kann. Ja, es verlor den Glauben an jenen Hochgedanken, wovon unsre poli-
> tischen und literarischen Tartüffe so viel singen und sagen; und gar die Groß-
> sprechereien der Ohnmacht verleideten ihm so sehr alle idealen Dinge, daß

es nichts anders mehr darin sieht als die hohle Phrase, als die sogenannte Blague (...).

Unter diesem Gesichtspunkt gelte es »jene unaussprechlichen Tänze« zu begreifen, welche, »eine getanzte Persiflage, nicht bloß die geschlechtlichen Beziehungen verspotten, sondern auch die bürgerlichen, sondern auch alles, was gut und schön ist, sondern auch jede Art von Begeisterung, die Vaterlandsliebe, die Treue, den Glauben, die Familiengefühle, den Heroismus, die Gottheit«. Und dann schließt die Schilderung eines Karnevalsball in der Opéra Comique:

> Hier musiziert Beelzebub mit vollem Orchester, und das freche Höllenfeuer der Gasbeleuchtung zerreißt einem die Augen. Hier ist das verlorene Tal, wovon die Amme erzählt; hier tanzen die Unholden wie bei uns in der Walpurgisnacht, und manche ist darunter, die sehr hübsch und bei aller Verworfenheit jene Grazie, die den verteufelten Französinnen angeboren ist, nicht ganz verleugnen kann. Wenn aber gar die Galopp-Ronde erschmettert, dann erreicht der satanische Spektakel seine unsinnigste Höhe, und es ist dann, als müsse die Saaldecke platzen und die ganze Sippschaft sich plötzlich emporschwingen auf Besenstielen, Ofengabeln, Kochlöffeln – »oben hinaus, nirgends an!« – ein gefährlicher Moment für viele unserer Landsleute, die leider keine Hexenmeister sind und nicht das Sprüchlein kennen, das man herbeten muß, um nicht von dem wütenden Heer fortgerissen zu werden. (6, 299 f.)

Wovon ist die Rede? Vordergründig von der bis zum Ungeheuerlichen gesteigerten dämonischen Lust auf einem »jener bunten Nachtfeste« der unteren Klassen; hintergründig – vermittelt durch Anspielung, Metaphorik, Vergleich, Gestus – von dem, was den konnotativen Inhalt der Ball-Impressionen ausmacht: von der sozialen Krise, vom Zusammenhang zwischen Misere, Depravation und Aggressivität, von der noch mittelbaren Auflehnung der Entfremdeten gegen eine zum Hohn gewordene Ordnung und Kultur.

> Ich habe nicht das Gewitter, sondern die Wetterwolken beschrieben, die es in ihrem Schoße trugen und schauerlich düster heranzogen. Ich berichtete oft und bestimmt über die Dämonen, welche in den untern Schichten der Gesellschaft lauerten und aus ihrer Dunkelheit hervorbrechen würden, wenn der rechte Tag gekommen. Diese Ungetüme, denen die Zukunft gehört, betrachtete man damals nur durch ein Verkleinerungsglas, und da sahen sie wirklich aus wie wahnsinnige Flöhe – aber ich zeigte sie in ihrer wahren Lebensgröße, und da glichen sie vielmehr den furchtbarsten Krokodilen, welche jemals aus dem Schlamm gestiegen. – (6, 135)

Dieser Vorbemerkung zur Buchausgabe von 1854 entspricht, was Heine am 24. August 1852 an Julius Campe über den in allen Berichten und allen einzelnen Informationen reflektierten zeitgeschichtlichen Zusam-

menhang und damit über den einheitlichen Bezugsrahmen seiner Artikel
geschrieben hatte:

> Der Held meines Buches, der wahre Held desselben, ist die soziale Bewegung,
> welche Thiers, als er auch Deutschland aufposaunte, plötzlich entfesselte,
> und welche Guizot vergebens zurückzudrängen suchte. Diesen Stoff behan-
> delt mein Buch; er entfaltet sich am meisten in den Jahren 40–43; die Fe-
> bruarrevolution ist nur der Ausbruch der Revolution, und ich könnte mein
> Buch wohl mit Recht eine Vorschule derselben nennen.

Damit ist nachträglich ein *signifié* ausgesprochen, das der Text, die Reihe
der Berichte, nirgends ausdrücklich nennt. Die Artikel bilden in sich und
in ihrer Folge eine Reihe von komplexen Zeichen, deren letzte Bedeutung
nicht denotativ vermittelt wird. Welche Funktion in dieser Beziehung die
Schreibart als suggestives Moment, als *meaning of structure*, als *signi-
fiant* eines konnotativen Inhalts hat, sollte hier in den Blick gerückt
und einigermaßen beschrieben werden. Es bleibt der Ausblick auf den
historischen Bezugsrahmen des Dargelegten.
In dem Zueignungsbrief, der ›Lutezia‹ einleitet, nimmt Heine für seine
Berichte in Anspruch, daß sie dem späteren Historiker als eine Geschichts-
quelle dienen könnten, welche »die Bürgschaft der Tageswahrheit in sich
trägt« (6, 136). Ähnlich meinte er schon in ›Französische Zustände‹ von
einer Information, sie habe wohl das Verdienst, »daß sie gleichsam ein
Bulletin ist, welches auf dem Schlachtfeld selbst und zwar während der
Schlacht geschrieben worden, und daher unverfälscht die Farbe des
Augenblick trägt« (5, 94). So bezeugt denn Heine bezüglich der Bearbei-
tungen der beiden Artikelserien für die Buchform jedesmal ausdrücklich
seine Rücksichtnahme auf dieses Charakteristikum der Tageswahrheit:
die Eingriffe, heißt es in ›Französische Zustände‹, »betreffen nie eigentliche Irrtümer, falsche Prophezeiungen, schiefe Ansichten, die hier nicht
fehlen dürfen, da sie zur Geschichte der Zeit gehören. Die Ereignisse selbst
bilden die beste Berichtigung« (5, 95). Entsprechend betont die Vorrede
zu ›Lutezia‹, der korrigierende Rotstift habe nur Unwesentliches getroffen, »keineswegs die Urteile über Dinge und Menschen, die oft irrig sein
mochten, aber immer getreu wiedergegeben werden mußten, damit die
ursprüngliche Zeitfarbe nicht verlorenging« (6, 182).
Genau in diesem Punkt sah Robert Prutz in seiner kapitalen, für die kom-
munikationspolitischen Tendenzen jener Zeit ungemein aufschlußreichen
›Geschichte des deutschen Journalismus‹ von 1845 den über das schlecht-
weg Informative hinausreichenden Wert und Sinn des Journalismus als
Faktor und als Dokument der Zeitgeschichte:

Der Journalismus überhaupt, in seinen vielfachen Verzweigungen und der
ergänzenden Mannigfaltigkeit seiner Organe, stellt sich als das Selbstgespräch dar, welches die Zeit über sich selbst führt. Er ist die tägliche Selbst-
kritik, welcher die Zeit ihren eigenen Inhalt unterwirft; das Tagebuch gleichsam, in welches sie ihre laufende Geschichte in unmittelbaren, augenblicklichen Notizen einträgt. Es versteht sich von selbst und bei den persönlichen
Tagebüchern, welche wir etwa führen, geht es uns ja ebenso, daß die Stimmungen wechseln, daß Widersprüche sich häufen und Wahres und Falsches
ineinanderläuft. Aber immerhin, das Wahre wie das Falsche hat nun einmal seine, wenn auch nur teilweise, nur scheinbare Berechtigung gehabt;
es ist immerhin ein Erlebtes und, in seiner Irrtümlichkeit selbst, ein Moment
unserer Bildung, mithin auch ein Moment unserer Geschichte. Im Journalismus daher, trotz dieser, ja eben wegen dieser schwankenden, flüchtigen
Natur, liegen die geheimsten Nerven, die verborgensten Adern unserer Zeit
sichtbar zu Tage.[11]

Die Tageswahrheit wird trotz oder gar wegen ihrer Hinfälligkeit als
etwas Positives gegen das Trachten nach dauernden oder gar immer wäh-
renden Wahrheiten ausgespielt. Dazu gehört ein recht ungewöhnliches
Vertrauen auf den Wert von Informationen, Nachrichten, Mitteilungen,
die sich früher oder später, vielleicht schon im nächsten Augenblick, als
überholt oder unzulänglich erweisen können. Dazu gehört das Vertrauen
auf den Wert durchaus befangener, weil an den Augenblick gebundener,
dem Moment verhafteter Berichterstattung, die ihre Relativität, ihre
Bedingtheit, ihre Überholbarkeit nicht nur weiß, sondern offen ausspielt.
Man muß nur die klassizistische, noch vom alten Goethe beharrlich ausgesprochene Abwertung des Ephemeren, dessen, »was nur dem Tag gehört«, dagegen halten, um das Neue und Oppositionelle einer solchen
inhaltlichen wie stilistischen Betonung der Tageswahrheit und der Farbe
des Augenblicks zu erfassen. Ich versuchte zu zeigen, wie es bei Heine
zu einer Literarisierung des politischen Berichts kommt, wie Stil und
Struktur als solche signifikant werden für das Widersprüchliche, Konfuse,
Transitorische, Offene der politischen, sozialen und kulturellen Aktualitäten, wie die literarische Form auch signifikant wird für die Bedingtheit
und Begrenztheit der Zeiterfahrung. Diese Literarisierung des politischen
Berichts nun ist das Korrelat einer Politisierung der Literatur, die Heine
wohl am vorzüglichsten, aber keineswegs allein vertritt. Um diesen literarhistorischen Bezugsrahmen zu markieren, seien nur einige wenige von
unzähligen Zeugnissen der damaligen Literaturdiskussion angeführt.
Bereits 1818 prägt Börne in der Ankündigung von ›*Die Waage. Zeit-*

---

[11] Robert Prutz, *Geschichte des deutschen Journalismus. Erster Teil.* Hannover 1845
(= Prutz). S. 7.

schrift für Bürgerleben, Wissenschaft und Kunst‹ den Begriff des *Zeit-schriftstellers*, dessen Aufgabe sei, die »Aussagen der Zeit zu erlauschen, ihr Mienenspiel zu deuten und beides niederzuschreiben«.[12] Gutzkow konstatiert 1832 in ›*Briefe eines Narren an eine Närrin‹*, die Deutschen seien auch seitens ihrer klassischen Literatur »bisher allem öffentlichen Leben entfremdet«, und folgert daraus: »Die Notwendigkeit der Politi-sierung unserer Literatur ist unleugbar.«[13] »Ich spüre eine Krankheit in mir, die ich noch in keiner Pathologie beschrieben gefunden. Ich habe den Zeitpolyp (...) Der Zeitgeist tut weh in mir (...)« stöhnt 1834 Theodor Mundt in ›*Moderne Lebenswirren‹*.[14] Den Schritt »von dem bloß ästheti-schen zum politischen Bewußtsein«, das Hinaustreten der Poesie »aus der blossen Innerlichkeit des schönen Subjekts (...) in die erfüllte, bewegte Welt des historischen Subjekts« registriert Prutz 1845 in ›*Die politische Poesie der Deutschen‹*.[15] Ludwig Wienbarg fragt 1834 in ›*Ästhetische Feldzüge‹*: »Welches Merkmal ist es also, das die Ästhetik der neuesten Literatur, die Prosa eines Heine, Börne, Menzel, Laube von früherer Prosa unterscheidet«, und er findet dieses Merkmal im Verlassen eines Parnasses, einer »verzauberten idealen Welt«: »Die neueren Schriftstel-ler sind von ihrer sicheren Höhe herabgestiegen, sie stoßen sich in der Menge herum (...) sie schwimmen mitten im Strom der Welt«; in der Entwicklung einer solchen Prosa habe sich Heine die größte Meisterschaft erworben.[16] Heinrich Laube betont 1835 in ›*Moderne Charakteristiken‹* das Zeiterlebnis als Hauptausdruck neuerer Schriftstellerei; alle Reise-schilderungen, Kritiken, Betrachtungen, Berichte hätten in diesem Sinn mehr oder weniger Memoirencharakter: »Sie sind der Roman und die Geschichte im Negligé, ein Übergang von der trockenen Geschichts-schreibung zu einer bunteren, die äußerste Subjektivität. Das Ich ist das einzige Medium, man ist noch nicht reif, noch nicht ausgebildet genug, die Zeit zu schildern, man hat noch kein ausgebildetes Urteil, nur einzelne Gedanken; die Stunden werden abgeschrieben.«[17]
Das ist oder bedeutet im Grunde die gleiche Rechtfertigung der Tages-

---

[12] Ludwig Börne, *Werke*. Hrsg. von Ludwig Geiger. 2. Bd. Berlin-Leipzig-Wien-Stutt-gart o. J. (1911). S. 233.
[13] Zit. nach: *Das junge Deutschland. Texte und Dokumente*. Hrsg. von Jost Hermand. Stuttgart 1966. S. 101.
[14] *Das junge Deutschland* ... S. 16.   [15] *Das junge Deutschland* ... S. 83.
[16] Ludwig Wienbarg, *Ästhetische Feldzüge*. Dem jungen Deutschland gewidmet. 2. Auflage mit einem Vorwort von Alfred Kerr. Hamburg 1919. S. 242.
[17] Heinrich Laube, *Gesammelte Werke in 50 Bänden*. Hrsg. von Heinrich Hubert Houben. 49. Bd. Leipzig 1909. S. 194.

geschichte, Tageswahrheit, Farbe des Augenblicks, die wir bei Heine und Prutz fanden. Die Notwendigkeit einer solchen ganz von der Stunde bedingten und geprägten Schreibart ergibt sich für Laube aus der Wandlung des geschichtlichen Lebens seit 1789: »Die Formen der Schriftstellerei sind immer ein verjüngter Maßstab der eben laufenden Geschichte, des eben herrschenden Zeitgeistes. Die Zeit der Bewegung war wie ein Wirbelwind losgebrochen, hastig, schleunig überflügelten sich die Ereignisse, man mußte Galopp mitreiten, wenn man sie fesseln wollte (...) da mußten die Federn rennen, sonst kamen sie zu spät«.[18] Die jähe Beschleunigung der politischen Veränderungen, der Regimewechsel und Rechtsablösungen, der gesellschaftlichen Prozesse und technischen Entwicklungen, die Reichweite und Fernwirkung dieser Bewegungen (»die Geschichte ist epidemisch«, formuliert Laube), dazu die wachsende Geschwindigkeit und Ausdehnung der Information durch die Presse (»der Geist des lesenden Nachbars macht alle die Fahrten, Wechsel und Sprünge mit«, vermerkt Laube): all dies macht die Erfahrung der Rapidität und Wandelbarkeit zur beherrschenden Generationserfahrung. Allenthalben kann man lesen, welche Bedeutung der Eindruck ungeheuerlicher Beschleunigung und Instabilität für jenes Geschichtserlebnis gewann, welches dem Ruf nach dem *Zeitschriftsteller* zugrundeliegt. So schreibt 1843 der Rechtslehrer, Nationalökonom und Soziologe Lorenz von Stein: »Die alten Zustände werden umgestoßen, neue treten auf, selbst durch Neues bekämpft; ganze Gesetzgebungen wechseln, widersprechende Gestaltungen ziehen rasch vorüber; es ist, als ob die Geschichtsschreibung der Geschichte kaum mehr zu folgen im Stande sei«. Und Alphonse de Lamartine hält es 1849 für nicht mehr möglich, Geschichte zu schreiben, weil die Geschwindigkeit der Zeit jede Distanz verzehre.[19]
Dies scheint nun weitab vom Thema zu liegen und gehört doch zur Sache. Der Zusammenhang der Berichte aus Paris mit einer allgemeinen Neuorientierung der Literatur und der Hintergrund dieser Neuorientierung waren anzudeuten. Denn was sparsam genug zitiert wurde aus der Unmenge einschlägiger Äußerungen, das verweist ebensogut auf das Stilistische wie auf das Stoffliche der Heine-Artikel. Bulletins aus noch währender Schlacht, Geschichte im Negligé, Wettlauf mit sich überflügelnden Ereignissen, mit galoppierender Geschichte, hingeworfene Skizzen, ab-

---

[18] Heinrich Laube, *Gesammelte Werke* ... S. 195.
[19] Zit. nach: Reinhard Kosellek, Geschichtliche Prozesse in Lorenz von Steins Schrift zur preußischen Verfassung. In: *Der Staat. Zeitschrift für Staatslehre, öffentliches Recht und Verfassungsgeschichte.* 4. Jg., 1965. S. 472.

geschriebene Stunden, telegraphische Fernschrift, und so fort: all diese
buchstäblichen oder metaphorischen Charakteristika eines *neuen Genre*
deuten auf Heines Beispiel und Vorbild, auf die textformale Signifikanz
seiner Berichte, auf den informatorischen und kommunikativen Sinn
seiner Schreibart.

Freilich darf man die berichtmäßige Entfaltung der politisch-sozialen Verhältnisse als transitorische, im Wandel begriffene, dynamisch bewegte
Wirklichkeit, als Nachbeben und Vorläufer von Revolution, nicht als
selbstgenugsame Darstellung ansehen. Die Politisierung der Literatur
durch Literarisierung der Berichtform zielt auf die Politisierung des
Lesers, des Publikums. In ›Lutezia‹ heißt es einmal, die Eröffnung zweier
Eisenbahnlinien »verursacht hier eine Erschütterung, die jeder mitempfindet, wenn er nicht etwa auf einem sozialen Isolierschemel steht« (6,
359). Den Leser vom sozialen Isolierschemel herunterzuholen – mit diesem Bild hätte Heine seine Absicht sicher getroffen gefunden. Schon die
Vorrede zu ›Französische Zustände‹ spricht von »Berichterstattungen,
die nur das Verständnis der Gegenwart beabsichtigen«, und schließt die
Hoffnung an: »Wenn wir es dahin bringen, daß die große Menge die
Gegenwart versteht, so lassen sich die Völker nicht mehr von den Lohn-
schreibern der Aristokratie zu Haß und Krieg verhetzen (...) Dieser
Wirksamkeit bleibt mein Leben gewidmet, es ist mein Amt« (5, 11). Es
handelt sich also darum, die Distanz des Lesers zu den politischen und
sozialen Vorgängen aufzuheben, und zwar nicht im Nachhinein, durch
historiographische Darstellung, sondern durch die Einschaltung des Lesers
ins Aktuelle, in das, was im Gang ist im nach vorne immer offenen Kontext der Geschichte.

Dies läßt sich wiederum durch Prutz profilieren. Auch für ihn ist das
innerste Prinzip des Zeitungswesens das »Prinzip der Öffentlichkeit und
Allgemeinheit« (Prutz, 90), auch für ihn kann und soll die Tagespresse
die »unermeßliche Lücke zwischen den Regierenden und den Regierten
ausfüllen helfen« (Prutz, 16), sollte sie »die Teilnahme aller an allem«
(Prutz, 87) gewährleisten oder wenigstens in Gang bringen.[20] Denn:

> Die theoretische Beteiligung des Publikums an den Ereignissen der Ge-
> schichte, diese Neugier für die Geheimnisse des Staats, dieses Interesse für

---

[20] Das ausgiebige Zitieren der öffentlichen Meinung mit ihren Fraktionen, Parteiun-
gen, Spannungen und Diskrepanzen ist ein hervorstechender Zug in Heines Berichten; eine ganze Reihe der hier herangezogenen Textbeispiele läßt ihn deutlich erkennen. Auch diese Entfaltung der öffentlichen Meinung in ihrer Polyphonie ist
ein wichtiges Mittel, die einzelnen Partien und Inhalte eines Berichts ›syntaktisch‹
zueinander in Beziehung zu setzen, perspektivisch zu staffeln.

alle politischen Zustände und Begebenheiten, das den einen so unbequem
fällt, während die anderen in ihm die zwar ungenügende, aber notwendige
Voraussetzung und das gewisse Unterpfand einer künftigen praktischen
Teilnahme erblicken – dieses Ganze ist erst durch den Journalismus, speziell
durch das Zeitungswesen, überhaupt zuwege gebracht worden. Der Journalismus zuerst hat die Möglichkeiten einer solchen Teilnahme gegeben, wie
er dem Bedürfnis derselben sein eigenes Dasein verdankt. Erst die Zeitungen
haben das geschaffen, was wir heute die Stimme des Publikums, die Macht
der öffentlichen Meinung nennen; ja ein Publikum selber ist erst durch die
Zeitungen gebildet worden. (Prutz, 19)

Und diese Situation lenkt den Blick rückwärts: »Oder denken wir uns
einen Augenblick zurück in die Epoche vor Entstehung der Zeitungen.
Damals, zu den Ereignissen der Zeitgeschichte, zu der Unmittelbarkeit
seiner eigenen Schicksale, welches Verhältnis konnte der große Haufen
des Volks einnehmen? War ein anderes denkbar, als nur das Verhältnis
einer blinden, geist- wie willenlosen Unterwerfung?« (Prutz, 84). Ich
sehe in diesen Sätzen die historische Legitimation, so nach dem Zusammenhang von Absicht und Schreibart in Heines Pariser Berichten zu
fragen, wie es hier versucht wurde.
Aber – und auch dies führt schon die Schreibart als solche mit sich –
niemals erhebt Heine wie in den modernen totalitären Ideologien den
Anspruch, jedem Ereignis, jedem Vorgang, jedem Verhältnis seinen welt-
geschichtlichen Ort zu bestimmen, verfügend zu wissen, wie sie positiv
oder negativ auf das Endziel der Geschichte bezogen seien. Nirgendwo
demonstriert Heine die Sicherheit des über das Ganze der Geschichte
definitiv Verständigten, niemals trägt er die Untrüglichkeit eines zur
Schau, der den Gang der Geschichte nach hinten und nach vorne durchschaut und der deshalb die aktuellen Verhältnisse und Vorgänge nach
dogmatischen Interpretationsmodellen zu deuten beansprucht. Gerade
umgekehrt sorgen auch Struktur und Stil seiner Berichte dafür, das Ganze
der Geschichte als einen grundsätzlich offenen Prozeß, den keine Gesetze
determinieren, erscheinen zu lassen. Verständnis der Gegenwart, politische Aufklärung, »Verbreitung von gemeinnützigem Wissen, dem
besten Emanzipationsmittel« (6, 189) wollen diese Artikel gerade dadurch erreichen, daß sie den aperspektivischen Standpunkt desavouieren,
den jene unvermeidlich einnehmen, die für sich die Kenntnis des Endes
der politischen und sozialen Bewegung voraussetzen.

Walter Müller=Seidel

Fontanes Preußenlieder

Anläßlich eines unveröffentlichten Briefes vom 18. Mai 1847 [1]

Letschin im Oderbruch
d. 18. Mai 47.

Durch meinen Freund Lepel wurde mir vor einigen Wochen die Nachricht, von dem erfolgten Abdruck meiner dem Morgenblatt übersandten Gedichte. Versprochenermaßen stell' ich Ew: Wohlgeboren hiermit den Seidlitz, Keith und Schwerin, als Ergänzung zu. Ihr Werth ist in verschiedenen literarischen Kreisen Berlin's verschieden beurtheilt worden. Der »Seidlitz« wurde der Liebling Aller; »Schwerin« war mannigfachem Tadel ausgesetzt. Man fand in Bezug auf Letzteren, daß ich nicht genug charakterisiert habe. Ich habe mich von der Richtigkeit dieses Urtheils nicht überzeugen können, weshalb ich keinen Anstand nehme, ihn trotz desselben an Sie weiterzusenden. Meine Aufgabe beim Niederschreiben aller dieser Gedichte war nur die, den poëtischen Ausdruck für das zu finden, was bereits im Munde des Volkes lebt, und in *diesem* bescheidenen Sinne wag' ich sie volksthümlich zu nennen. Das Volk weiß vom Derffling weiter nichts als daß er *Schneider* war; den alten Dessauer betrachtet es als den eigentlichen Repräsentanten der *Zopfzeit;* im Ziethen liebt es den *Freund* und *Gefährten* unsres großen Königs und den Seidlitz bewundert es als das Ideal eines *Reiters;* – auf diese, im Volke lebenden Vorstellungen hab' ich mich gestützt; ich habe das Bild erweitert, aber kein fremdes untergeschoben. Was nun den »Schwerin« angeht, so kennt kein Mensch andres aus seinem *Leben,* als seinen *Tod;* an diesen *mußt'* ich mich halten und ich hab' es gethan.

Den drei Generalen hab' ich einen simplen Major beigegeben. »Schill« wurde zuvorkommend aufgenommen wie »Ziethen« und »Seidlitz«. Ich scheine Glück mit der Cavaillerie zu haben, obschon ich selbst eine Carri-

---

[1] Mit dem Beitrag verbindet sich ein nochmaliger Dank für gastfreundlich gewährten Aufenthalt im Herbst 1967, während dessen auch das Werk Fontanes ein Thema neben anderen war.

katur von Reiter bin. Für den Schill hab' ich die Nibelungen-Strophe absichtlich nicht geteilt, um wenigstens äußerlich zu zeigen, daß nun was andres kommt; weshalb mir auch ein gesonderter Abdruck wünschenswerth erscheint.

Hochachtungsvoll Ew. Wohlgeboren
ergebenster
Theodor Fontane.

Briefe Fontanes sind heute, wo immer sie auftauchen, in mehrfacher Hinsicht geschätzt. Die Forschung der letzten Jahrzehnte hat sich in einem Maße differenziert, daß auch Details nicht nur unter Spezialisten Beachtung finden. Das gilt vom Spätwerk in bevorzugter Weise: vom Romancier Theodor Fontane und mithin von jenem Schriftsteller, der nach einem vielzitierten Wort Thomas Manns geboren war, »um der ›alte Fontane‹ zu werden, der leben wird«.[2] Der Fontane zumal dieser späten Zeit war ein »talent épistolaire« von hohen Graden – ein Briefschreiber, der den Vorzug besaß, daß er, je älter er wurde, um so weniger sich ein Blatt vor den Mund zu nehmen liebte.[3] Diese Briefe des alten Fontane liegen in zahlreichen Veröffentlichungen vor, und es ist denkbar, daß noch manche hinzutreten werden. Das kann von der frühen Zeit des Dichters nicht gesagt werden. Briefe aus dieser Zeit sind selten, und diese selbst steht ohnehin im Schatten seiner späten Kunst. Am nachhaltigsten wurde in jüngster Zeit das Interesse am Frühwerk Fontanes durch das Buch Helmuth Nürnbergers belebt.[4] Diese sehr genauen und stets zuverlässigen Auskünfte lassen vielfach auch das Spätwerk in neuem Licht erscheinen. In mancher Hinsicht sensationell sind die neuen Funde, die das Buch enthält, allen voran das Manuskript über den englischen Arbeiterdichter John Prince. Verglichen damit, nimmt sich der vorliegende Brief über die Maßen bescheiden aus, und was eine separate Veröffentlichung rechtfertigen kann, versteht sich nicht von selbst. Dennoch hat dieses Schreiben seine eigenen Reize, wie zu zeigen ist. Zum ersten darin, daß es sich als bisher fehlendes Glied in eine bereits veröffentlichte Publikationskette einfügt; und zum zweiten insofern, als der nach erster Lektüre wenig belangvolle Inhalt zu sprechen beginnt, wenn man den geschichtlichen Zusammenhang erkennt, in den er gehört.

---

[2] *Gesammelte Werke.* Frankfurt, 1960. Bd. IX, S. 34.
[3] Die zitierte Wendung vom »talent épistolaire« im Vorwort Kurt Schreinerts zu den Briefen an Georg Friedlaender, Heidelberg, 1954.
[4] Helmuth Nürnberger, *Der frühe Fontane. 1840 bis 1860. Politik/Poesie/Geschichte.* Mit bisher unveröffentlichten Texten. Hamburg, 1967.

Aus dem Jahre 1847, aus der Zeit unmittelbar vor dem »Erlebnis« der
Revolution, liegen veröffentlicht nur wenige Briefe Fontanes vor. In der
Korrespondenz mit dem auch hier erwähnten Tunnelfreund Bernhard
von Lepel haben dessen eigene Briefe unverkennbar das Übergewicht.[5]
Im Briefwechsel mit dem aus Odessa gebürtigen Wilhelm Wolfsohn ist
der autobiographisch aufschlußreiche Bericht Fontanes vom 10. Novem-
ber das einzige Schreiben aus dem Zeitraum dieses Jahres.[6] Dagegen hat
Lieselotte Lohrer vor mehr als einem Jahrzehnt in der Festschrift für
Eduard Berend eine Reihe bis dahin unveröffentlichter Schreiben mit-
geteilt, von denen zwei auch in das Jahr 1847 gehören.[7] Sie sind an Hermann Hauff gerichtet, den Herausgeber des »Morgenblatts für gebildete
Stände«, das sich seit 1837 »Morgenblatt für gebildete Leser« nannte.
Fontane war sehr früh in Beziehungen zu diesem damals angesehenen
Organ und seinen Redakteuren getreten. Seit 1843 war es ihm gelungen,
mehrere seiner Gedichte darin zu veröffentlichen. Die in Frage stehenden
Briefe sind Begleitbriefe zu den jeweils übersandten Gedichten, und über
eben dieses Konvolut führt Lieselotte Lohrer aus: »Aus der langen Zeit
seiner Teilnahme an diesem Organ haben sich nur elf Briefe an Hermann
Hauff erhalten, mit denen Fontane seine Einsendungen zu begleiten oder
anzukündigen pflegte ...«[8] Diese elf Briefe, von denen einige schon zuvor veröffentlicht worden waren, werden hier im Zusammenhang gedruckt und kommentiert. Die meisten sind aus späterer Zeit, aus den
Jahren 1859–1861. Ein letzter ist vom 7. Februar 1865 datiert und bezieht sich auf den letzten Jahrgang des »Morgenblattes«, das mit dem
Tode Hermann Hauffs, in demselben Jahr, sein Erscheinen einstellte.
Zwei dieser elf Briefe gehören in die »vorrevolutionäre« Zeit Fontanes.
Sie sind vom 31. März und vom 2. November 1847. Daß er innerhalb
dieser Zeit weitere Briefe an den Herausgeber des »Morgenblatts« geschrieben hat, wird an dieser Stelle ausdrücklich vermerkt: »Vermutlich
sind mindestens acht, nämlich drei oder vier aus den Jahren 1844–1846
... ein der zweiten Gruppe der ›Preußischen Feldherren‹ beigegebener
und je zwei aus den Jahren 1861/62 und 1863/64 ... verloren gegangen«.[9] Uns gehen hier die Gruppen der »Preußischen Feldherren« an.

[5] Theodor Fontane und Bernhard von Lepel. *Ein Freundschafts-Briefwechsel.* Hrsg.
von J. Petersen. München, 1940. Erster Band.
[6] *Theodor Fontanes Briefwechsel mit Wilhelm Wolfsohn.* Hrsg. von Wilhelm Wolters.
Berlin, 1910.
[7] Lieselotte Lohrer: Fontane und Cotta. In: *Festgabe für Eduard Berend.* Weimar 1959,
S. 439–466.
[8] Ebd., S. 441.   [9] Ebd.

Deren erste enthielt die balladenartigen Gedichte »Der alte Derffling«, »Der alte Dessauer« und »Der alte Ziethen«, von denen einige auch im vorliegenden Brief erwähnt werden. Die zweite Gruppe betrifft die hier genannten und übersandten Gedichte »Seydlitz«, »Schwerin« und »Keith«, denen ein weiteres Gedicht – auf den Major von Schill – beigegeben wird. Der Begleitbrief zu dieser Gruppe – »ein der zweiten Gruppe der ›Preußischen Feldherren‹ beigegebener«, wie Lieselotte Lohrer vermerkt – ist der hier abgedruckte Brief. Er ist wie die schon veröffentlichten an Hermann Hauff gerichtet und befindet sich seit Jahren im Handschriftenbestand der Bayerischen Staatsbibliothek, wo er eigentlich, sollte man meinen, auf Grund seines »preußischen Inhalts« nicht hingehört.[10] Ein Beleg mehr zum literarhistorischen Komplex »Fontane und München«, über den eine eigene, von Werner Pleister besorgte Publikation orientiert.[11]

Aber so interessant sich der in seiner Existenz bekannte und dennoch unbekannte Brief auf Grund solcher Einordnungen auch ausnehmen mag – seinem Inhalt nach ist er eben doch mehr nicht als ein Begleitbrief zu Gedichten, die uns längst historisch geworden sind, sofern der darin sich bezeugende »Militarismus« uns Heutige nicht von vornherein befremdet. Wie Fontane selbst über diese Gedichte damals dachte, ist dem oben erwähnten Brief an Wolfsohn vom 10. November 1847 zu entnehmen. Er war bis dahin der Meinung gewesen, als Schriftsteller sein Bestes auf dem Gebiet der reinen Lyrik geben zu können und sieht sich nun, auf Grund des gewissen Erfolgs seiner »Preußenlieder«, eines besseren belehrt: »Das Lyrische hab' ich aufgegeben«, heißt es in diesem Brief, »ich möchte sagen blutenden Herzens. Ich liebe eigentlich nichts so sehr und innig wie ein schönes Lied und doch ward mir gerade die Gabe für das Lied versagt. Mein Bestes, was ich bis jetzt geschrieben habe, sind Balladen und Charakterzeichnungen historischer Personen; ich habe dadurch eine natürliche Übergangsstufe zum Epos und Drama eingenommen ...«[12] Derselbe Brief erwähnt an anderer Stelle dieses autobiographischen Berichts die Beziehungen zum Cottaischen »Morgenblatt« nicht ohne Genugtuung: »Ich könnte Dir erzählen, daß ich mit dem Cotta'schen Morgenblatt auf dem besten Fuße stehe, könnte Dir mitteilen, daß man in mich dringt, meine Sachen

---

[10] Für die mir erteilte Genehmigung danke ich dem Leiter der Handschriftenabteilung, Herrn Oberbibliotheksdirektor Dr. Dreßler.
[11] *Theodor Fontane und München. Briefe und Berichte.* Hrsg. von Werner Pleister, München, 1962.
[12] Briefwechsel mit Wolfsohn S. 30.

zusammenzustellen und 'raus zu geben«.[13] Aber Wolfsohn, jüdischer Herkunft und seiner politischen Einstellung nach eher linksliberal als konservativ, paßt zum Verfasser dieser Preußenlieder denkbar schlecht. Er paßt weit mehr in Fontanes revolutionäre Phase, und die Mitarbeit an der Dresdner Zeitung hatte Fontane nicht zufällig durch Verbindungen Wolfsohns erhalten. In diesen Beiträgen aus der Revolutionszeit spricht Fontane eine unüberhörbar deutliche Sprache: gegen den preußischen Polizeistaat und für Mitsprache des Volkes: »Das Volk hat seit anderthalb Jahren sattsam gesehen, wie man mit Gesetzen umspringt, und hat die Anschauung gründlich verloren, daß es mit dem Gesetzerlassen etwas Heiliges und ganz Apartes sei... Erst wenn das Volk wieder *mitsprechen* wird, werden Gesetze gegeben werden, die das Leben einer Sommerfliege überdauern ...«[14] Noch weniger läßt Fontane in den Briefen dieser Zeit den konservativen Tunnelfreund Bernhard von Lepel über seine demokratischen Auffassungen im Unklaren: »Noch hat der König eine Parthei im Lande ... aber wenn er nicht in kürzester Zeit sich innig und ehrlich der Demokratie und ihren Prinzipien in die Arme wirft, so *wird* es diesen Kampf kosten und der Ausgang kann nicht zweifelhaft sein. Es liegt mir an der Freiheit, nicht an ihrer Form im Staate! Ich will keine Republik, um sagen zu können, ich lebe in solcher ... Man spielt kein ehrliches Spiel, und darum will ich die Republik ...«[15] Dieser Brief, dem die zitierten Sätze entnommen sind, ist vom 12. Oktober 1848. Sind innerhalb eines Jahres solche Wandlungen denkbar – von der Verherrlichung preußischer Generale bis zur Verteidigung demokratischer Freiheiten im Eintreten für die Freiheit des Volkes? Wie verträgt sich das Eine mit dem Anderen – die Freundschaft mit dem »sozialliberalen« Wolfsohn einerseits und diejenige mit dem konservativen Tunnelfreund andererseits? In der Tat sind beide – Wolfsohn und Lepel – die Extreme im Freundschaftskreis des jungen Fontane. Sie sind die äußersten Gegensätze in den Möglichkeiten seiner Orientierung. Was an poetischen Gebilden aus solchem Zwiespalt und aus solchen Widersprüchen hervorgeht, sind denn auch vielfach Kompromisse und Zugeständnisse an einen konservativen Geschmack, der ihm fern lag, als er seine schriftstellerische Laufbahn begann. Die Preußenlieder, deren zweite Gruppe mit dem vorliegenden Brief an den Herausgeber des Morgenblattes übersandt wird,

---

[13] Ebd., S. 29.
[14] Theodor Fontane. *Sämtliche Werke. Aufsätze/Kritiken/Erinnerungen.* Erster Band. Hrsg. von Jürgen Kolbe. München, 1969, S. 24.
[15] Erster Band. S. 126.

sind von solchen Bedenken nicht frei zu sprechen. Sie sind nicht denkbar
ohne den Einfluß der Gruppe, die sich im »Tunnel über der Spree« zu-
sammengeschlossen hatte. Auf Resonanz bedacht, sind diese Gedichte
bis zu einem gewissen Grade auf die Zuhörer hin gedichtet, denen sie
vorgelesen wurden. Dennoch sind sie dies nicht nur; und vor allem sind
sie weit entfernt, eine Mythisierung preußischer Geschichte zu sein, wie
man gesagt hat.[16] Auch fehlt es in ihnen am Bezug zum Demokratentum
dieser Jahre keineswegs. In gewisser Hinsicht dem Geschmack des »Tunnel« angepaßt, weichen diese Charakterzeichnungen historischer Personen doch zugleich von der Linie in mehrfacher Hinsicht ab, die man befolgt zu sehen wünschte. Heldenverehrung wird in ihnen nur mit Maßen
betrieben. Sie wird erträglich durch eine Charakterzeichnung zum Anek-
dotischen hin. Vor allem wird sie erträglich durch Humor. Etwas von
solchem Humor ist auch in den vorliegenden Brief eingegangen. Andererseits waren es gerade diese Züge, die im »Tunnel« nicht unbedingt An-
klang fanden. Die in Frage stehenden Gedichte wurden am 18. und
25. April vorgetragen; das letzte, der »Schill«, am 16. Mai.[17] Unter diesen
Gedichten fand dasjenige auf den Reitergeneral Schwerin die kühlste
Aufnahme. Auch mit »Keith« war man nicht recht einverstanden; noch
weniger mit dem allzu freiheitlich gesinnten Major. Man war besorgt,
die preußischen Helden könnten womöglich in solch humoristischer Behandlung lächerlich erscheinen; und vielleicht war diese Sorge auch nicht
völlig unbegründet, wenn das Gedicht »Schill« mit Versen wie den folgenden schließt:

> »Sein Haupt wird abgeschlagen, in Weingeist drauf gesetzt,
> Wie das, bei *Frühgeburten,* die Sitte noch anjetzt: –
> Auch *ihn* ans Licht der Freiheit trieb's vor der Zeit heran;
> Doch – ob zu *früh* gekommen, 's war doch ein *ganzer* Mann.«[18]

Auch um die Einheit des Stils war man besorgt in einem Kreis, dem die
Stilmischung des neuen Realismus verdächtig sein mußte. In den Protokollen zum Vortrag des Gedichts wird es deutlich ausgesprochen: »Hier
hatte sich ... der Poet einem soldatischen Humor überlassen, der nicht zum
Ganzen paßte ... Gleichnisse und Witzworte erstießen einander, ohne
eine drastische Wirkung, weil sie zur Tragik der Situation eben so un-

---

[16] Heinrich Spiero, *Fontane.* Wittenberg, 1928.
[17] Ernst Kohler, *Die Balladendichtung im Berliner »Tunnel über der Spree«.* Germa-
nische Studien. Heft 223. Berlin, 1940, S. 207 ff.
[18] Theodor Fontane, *Sämtliche Werke. Romane/Erzählungen/Gedichte.* 6. Bd. S. 228.
München, 1964.

gebetene Gäste erschienen...«[19] Im Kreise der konservativen Tunnel-
freunde will man Tragik und Heldentum alten Stils. Der Fontane dieser
Preußenlieder will das nicht. Er will anderes.

Auch über dieses »Andere« gibt der vorliegende Brief verschwiegen Auskunft. Er habe, schreibt Fontane, »den poetischen Ausdruck für das zu
finden, was bereits im Munde des Volkes lebt«, und er habe sich bei Abfassung dieser Lieder auf die »im Volke lebenden Vorstellungen« gestützt. Mit den »Helden« der preußischen Geschichte – den Begriff cum
grano salis verstanden – ist es das Volk im Sinne der demokratischen
Gesinnung jener Jahre, auf das sich diese Gedichte richten. Zwischen
Generalität und Adel einerseits und dem einfachen Volk andererseits,
aus dem einige dieser »Helden« hervorgegangen sind, wird vermittelt.
Es ist in der Auffassung Fontanes die Glanzzeit preußischer Geschichte,
die Zeit des Großen Kurfürsten oder Friedrichs des Großen, in der solches
vermittelt und überbrückt worden ist. Es sind mithin die altpreußischen
Ideale, die der Gegenwart mit Gedichten wie diesen vorgehalten werden
– in der Hoffnung zugleich, daß sie in eine künftige Einheit deutscher
Staaten eingebracht werden möchten, die keine andere als eine demokratische sein darf, wie Fontane mit anderen Schriftstellern seiner Zeit überzeugt ist. Auch deshalb und weil solche Auffassungen nicht auf Preußen
beschränkt waren, mußte man nicht befürchten, daß irgendwelche Bekun-
dungen des Preußentums im Schwabenland falsch aufgenommen würden;
und daß Preußentum und Schwabenland in solcher Gesinnung sich aufs
beste vertrugen, bestätigt Gustav Schwab, der Herausgeber der Helden-
sagen des klassischen Altertums. Er gab im Jahre 1848 die dritte Auflage
einer Anthologie »mit Rücksicht auf den Gebrauch in Schulen« heraus;
und er hätte darin gern, wie er im Vorwort ausführt, die Rubrik vater-
ländischer Gedichte mit einigen zeitgenössischen Stücken vermehrt. Nur
die Befürchtung, damit Tendenzpoesie zu geben, habe ihn davon ab-
gehalten. Wörtlich heißt es an dieser Stelle: »So ist denn jene Rubrik
vorerst unvermehrt geblieben. Hätte der Herausgeber sie vermehren
wollen, so würde er am liebsten die mit ›Fontanes‹ gezeichneten Lieder
über ›Preußische Helden‹ aus dem Morgenblatte dieses Jahres ausgebeutet
haben«.[20] Fontane dankt für solche Erwähnung in einem Brief vom
22. Dezember 1849 und verbindet damit die Hoffnung, im Verlag Cotta
mit einer Sammlung seiner »Sachen« zu erscheinen. Er beschreibt, was
alles darin enthalten sein würde: neben den Preußenliedern und den Bal-

---

[19] E. Kohler, S. 225.   [20] Mitgeteilt von L. Lohrer, S. 444.

laden verschiedenster Art sei auch an eine Übersetzung aus dem Englischen des John Prince gedacht.[21] Preußische Generale und englische Arbeiterdichter im Werke des frühen Fontane! Diese Zeit – ehe das manchmal allzu heitere Darüberstehen der mittleren Phase beginnt – nimmt viel von der Spannweite vorweg, die im Spätwerk auf höherer Stufe wiederkehrt. Auf dem Hintergrund solcher Spannungen ist auch der Brief an Hermann Hauff vom 18. Mai 1847 zu lesen, der sich auf den ersten Blick so einfach und spannungslos liest.

---

[21] Ebd., S. 445.

Armand Nivelle

Zur Erneuerung des Romans
am Anfang des 20. Jahrhunderts

Die kaum entwirrbare Vielfalt von Persönlichkeiten und Stilen in der
Romanproduktion um und kurz nach 1900 erschwert den Überblick dermaßen, daß die Literaturgeschichte vor diesem Problem ziemlich ratlos
steht. Sie bemüht sich ohne großen Erfolg, Normen und Kategorien auf-
zustellen, und vermag keine Klarheit zu schaffen. Barrès und Rilke, Gide
und Dreiser, Alain Fournier und Upton Sinclair, Proust und Gorki sind
zwar Zeitgenossen, lassen sich aber weder als Angehörige derselben Bewegung betrachten noch in eindeutige und sinnvolle Gruppen einordnen.
Die Mannigfaltigkeit der literarhistorischen Etikette weist auf eine große
Verlegenheit hin.
Wie ist das zu erklären? Ich wage folgende Hypothese: man will den
Roman anhand rein literarischer Kategorien bestimmen, während er
seinem Wesen nach, als Ausdruck des individuellen und gesellschaftlichen
Lebens, die streng literarischen Grenzen mit um so größerer Gewalt über-
schreitet und sprengt, je echter er ist, d. h. der inneren Notwendigkeit
seines Autors und der Zeit entspricht und keine simple Stilübung, kein
irgendwie fabriziertes Produkt darstellt, das man auf den Markt wirft,
um der Mode des Augenblicks zu huldigen. Das trifft besonders für eine
Epoche der Verwandlung auf allen Gebieten zu, wie es der Anfang des
Jahrhunderts war.
Wenn der Ausdruck des individuellen und gesellschaftlichen Lebens mit
zur Wesensbestimmung des Romans gehört, ist es mindestens willkürlich, ihn durch Normen zu definieren, die dieses Leben nicht berücksich-
tigen. Dies gilt vornehmlich für Zeiten, in denen gerade die Probleme
des Lebens neue Aspekte aufweisen und neue Lösungen erhalten. In
solchen Epochen sind die Imperative der Romanliteratur nicht ausschließlich literarischer, sondern wesentlich psychologischer und sozialer Natur,

so daß jede nur literarische Betrachtung und Klassifizierung sich notwendigerweise als oberflächlich und falsch erweist. Der beste Beweis dafür ist, daß man die Bewegungen und Familien des Romans deutlicher unterscheidet und die Leitlinien der Entwicklung – einschließlich ihres dichtungstechnischen Aspekts – viel besser freilegen kann, wenn man sich von den rein literarischen Kriterien löst.

Zwei Haupttendenzen scheinen sich in die Romanliteratur wie übrigens in die philosophischen, politischen, moralischen und sonstigen Strömungen der Zeit zu teilen: der Ruf zum Kollektiv in all seinen Formen – national, imperialistisch, sozialistisch, regionalistisch usw. – und die individuelle Suche nach dem Ich, in der die ganze Existenz aufgeht, wie z. B. bei Proust und bei Rilke. Bei näherem Zusehen muß man feststellen, daß eine solche Unterscheidung dem Roman der Epoche gerechter wird als jede nur literarische Klassifizierung. Fragt man sich, warum eine Gliederung nach außerliterarischen Kriterien ein getreueres Bild gibt als die konventionellen Bezeichnungen der Literaturgeschichte, so leuchten mindestens zwei Gründe ein.

Der erste liegt darin, daß in den meisten Ländern die Ereignisse des öffentlichen Lebens plötzlich eine ausschlaggebende Bedeutung gewonnen haben. In Frankreich hat die Dreyfus-Affäre die Gemüter gewaltig aufgereizt und so gut wie alle ›Intellektuellen‹ auf den Plan gerufen. In England waren die Geister durch den Regierungswechsel und die wirtschaftlichen Probleme beunruhigt. Amerika erlebte den Paroxysmus seiner sozialen Krisen. Rußland schmiedete Revolutionspläne mit heimlicher, aber desto aufregender Leidenschaft. Die spanischen Kolonien in der westlichen Hemisphäre bereiteten dem Mutterland manchen schweren Kummer. Nur Deutschland und Italien führten, nach einer Zeit der Bewegung und der Unordnung, ein verhältnismäßig stilles Leben, was aber die Gärung der Ideen und der sozialen Konflikte nicht hinderte. Im Laufe des 19. Jahrhunderts hatte sich das politische und gesellschaftliche Leben als ein bewegendes und bestimmendes Element in die Literatur eingeschlichen mit dem Ergebnis, daß es sich um 1900 dem Bewußtsein viel stärker aufdrängte und in den intellektuellen und künstlerischen Überlegungen einen größeren Platz einnahm.

Der zweite Grund ist der intensiver gewordene Einfluß der Ideologie im weitesten Sinn auf die Literatur. Um die Jahrhundertwende war die Dichtung, insbesondere der Roman, in Abhängigkeit von Auseinandersetzungen und Stellungnahmen auf anderen Gebieten des Denkens geraten. Und diese ideologische Beeinflussung vollzog sich auf ebenso internatio-

naler Basis wie die Einwirkung der äußeren Ereignisse. Fast überall baut
der Roman auf den kritischen, philosophischen, wissenschaftlichen und
moralischen Fundamenten auf, die das 19. Jahrhundert gelegt hat, und
bemüht sich andererseits ständig, neu entstehende Weltbilder und Lebens-
anschauungen zu verarbeiten. Taine und Bergson, Nietzsche und Freud,
der wiederentdeckte Kierkegaard, Berdjajew, Carducci und Croce, Herbert Spencer, William James und die Pragmatisten haben in verschiedener
Hinsicht einen direkten und entscheidenden Einfluß auf die Dichtung ausgeübt. Mancher unter ihnen war übrigens ebenso sehr Dichter wie Philosoph.

Im Werk dieser Denker lassen sich außerdem zwei deutlich entgegengesetzte Tendenzen unterscheiden. Wenn man sich über Nuancen hinwegsetzt, kann man sie mit Hilfe der Begriffe Intellektualismus und Anti-
Intellektualismus charakterisieren. Der Intellektualismus (Taine, Carducci u. a.) verbindet sich oft mit demokratischen Ideen und revolutionärem Geist. Der Anti-Intellektualismus preist die vitalen Werte, den
Instinkt, die intuitive Erkenntnis auf Kosten der bürgerlichen Tradition,
die er als oberflächlich und verlogen darstellt (Nietzsche, Ibsen u. a.).
Während der Intellektualismus sich auf die rationalistische Geistesrich-
tung des Abendlands stützt und sie im Determinismus und Szientismus
auf die Spitze treibt, erscheint die entgegengesetzte Tendenz – trotz ihrer
berühmten Vorfahren – als ein jüngeres Element, an dem sich die Erneuerung des Romans vornehmlich orientiert. Der kategorische Unterschied, den Bergson zwischen Intuition und Intelligenz herausarbeitet,
verleiht der Dichtung eine in den allgemeinen Gesetzen des Lebens grün-
dende Autonomie, verstärkt und rechtfertigt einen gewissen Irrationalis-
mus und liefert die philosophischen Grundlagen einer literarischen
Wende. Mit der wiedererinnerten Zeit und dem systematischen Gebrauch
des inneren Monologs entspricht z. B. Marcel Proust dem Bild, das Bergson sich von der ästhetischen Schöpfung machte. Ein Kritiker wie J. P.
Weber geht sogar so weit, das Werk Prousts als eine – freilich geniale –
Anwendung der Theorien Bergsons zu betrachten. Ein vergleichbares
Phänomen vollzieht sich bei Nietzsche, dem Wiederentdecker des dionysischen Prinzips der poetischen Schöpfung, das er dem apollinischen entgegensetzt, bis er zur Einsicht gelangt, daß beide in einer eigentümlichen,
spannungsvollen und fruchtbaren Synthese aufgehen. In bezug auf literarische Fragen kann man sagen, daß auch Freud in derselben Richtung
gewirkt hat: er entdeckt die Macht des Instinkts unter einer ihn ver-
bergenden Oberfläche und legt den unbewußten Tiefen des individuellen

Seins eine Kausalität zu, die zu leugnen und zu unterdrücken die meisten rationalistischen Bewegungen sich bemüht hatten.

Zwischen 1900 und 1914 weist der Roman Tendenzen auf, die zu den eben angeführten parallel verlaufen: er befaßt sich einerseits mit allgemeinen Problemen und nimmt zu überindividuellen Werten Stellung, er versucht andererseits die individuelle Problematik inniger und tiefer zu erfassen und darzustellen.

In der ersten Gruppe werden die Werte des Bürgertums, der Tradition, der Nation, der Heimat abwechselnd verherrlicht und angegriffen: Bourget und Wells, Barrès und Romain Rolland sind hier vielleicht die besten Beispiele. Solche Auseinandersetzungen wirkten sich äußerst belebend auf die Ideenbewegung und Bewußtseinsbildung aus, riefen aber keinerlei Revolution der Romantechnik hervor: was die Form betrifft, fügen sie sich in die große Tradition des sogenannten realistischen Romans ein, die von Balzac zu Zola, von Dickens zu Thomas Hardy, von Keller zu Hauptmann und von Tolstoi zu Gorki führt.

Der individuelle Roman hingegen, der sich auf die Suche nach dem Ich begibt und sich von den äußeren und zeitgebundenen Fragen löst, der die Probleme des inneren Lebens vertieft und sich auf das Werden des Individuums konzentriert, öffnet sich der formalen Erneuerung viel stärker.

Wenn man sich die Wesenszüge der traditionellen Romanform vergegenwärtigt, muß man feststellen, daß sie im neuen Roman von damals meistens fehlen: die Realität der äußeren Welt und der verschiedenen Personen, über die der Autor allwissend berichtet, indem er die Perspektive ständig wechselt; die Autonomie der Gestalten, die gemäß den Gesetzen der ihnen vom Autor verliehenen psychologischen Natur und sozialen Situation handeln; die reale, chronologische Zeit, in der eine ›Intrige‹ sich entwickelt und die durch das uralte Verfahren der Rückblende in ihrem Verlauf zwar manchmal gebrochen, aber als Dimension des Erzählens niemals aufgehoben wird.

Die neue Romanform weist andere Kennzeichen auf. Hier wechselt die ›Realität‹ – sofern sie noch greifbar ist – ihre Funktion völlig: sie will nicht mehr abgeschildert sein, sondern dem Ich oder der Zentralfigur einen Spiegel vorhalten. Die individuelle Seele wird jetzt Urstoff und Quelle der ›Realität‹, und diese Verlagerung des Schwerpunkts bringt eine Reihe von formalen Konsequenzen mit sich. Der Roman ›entdramatisiert sich‹: die Personen handeln nicht mehr kraft ihrer eigenen Natur, die Handlung selbst wird zweitrangig, wenn sie nicht gänzlich preisgegeben wird. Die Darstellung erfolgt nicht mehr unter ständigem Wechsel des Gesichtspunkts; die Perspektive des Ich wird immer rigoroser zur einzigen Perspektive des Romans. Und die historische Zeit hört auf, eine strukturelle Rolle zu spielen; die Zeit wird eine Dauer Bergsonscher Art, die sich je nach rein inneren Ereignissen ausdehnt oder zusammenzieht und es dem Leser äußerst schwierig macht, Tage und Stunden zu zählen.

Der Übergang zur neuen Form vollzieht sich im Roman nicht so plötzlich und allgemein wie in der Lyrik. Die traditionelle Romangestalt lebt indessen kräftig weiter und setzt die verschiedenen Richtungen fort, die ihr das vorhergehende Jahrhundert aufgeprägt hatte. In der übergroßen Mehrzahl der Romane am Anfang des 20. Jahrhunderts zielt die ›Erfindung‹ des Autors immer noch auf den Inhalt ab, und die Struktur des Erzählens bildet nicht den Hauptgegenstand seiner Reflexion. Das Charakteristische des neuen Romans liegt gerade darin, daß er über die formale Struktur nachdenkt und auf konsequente Art und Weise danach strebt, eine neue Technik zu entwickeln. Der Darstellungsroman wird mehr und mehr Ausdrucksroman, in dem das lineare Geschehen zugunsten konzentrischer Schichten zurückweicht und die objektive Wirklichkeit die Form einer persönlichen Vision annimmt, die manchmal bewußt deformierend ist. Die reine poetische Erfahrung tritt in die Sphäre des Romans ein, nicht zuletzt unter dem Einfluß des französischen Symbolismus und seiner – selten glücklichen – Romanexperimente (J. K. Huysmans).

Auch in der Thematik läßt sich, wie schon angedeutet, die Entstehung des neuen Romans verfolgen. Der traditionelle Roman widmet sich im wesentlichen der Behandlung der zeitgenössischen Gesellschaft und der mit ihr verbundenen Probleme der bürgerlichen Moral. Das Großbürgertum und insbesondere die Dekadenzerscheinungen (Galsworthy, Thomas Mann) einerseits, die Situation der vom kapitalistischen System unterdrückten Klassen (Upton Sinclair, Wells) andererseits beanspruchen das Hauptinteresse der Autoren.

Der neue Roman wendet sich entschieden von den gesellschaftlichen Problemen ab, um sich ganz dem Einzelnen und der Erkundung der irrationalen Kräfte der Seele zu widmen. Dabei gelangt er manchmal zur Verkündung einer neuen, auf den Lebenswillen oder den Willen zur Macht gegründeten Moral (Gide, ›*Les Nourritures terrestres*‹ und ›*L'Immoraliste*‹) und zur Huldigung eines Mystizismus mit oder ohne Gott (Gide, ›*La Porte étroite*‹; Rilke, ›*Die Aufzeichnungen des Malte Laurids Brigge*‹). Im Schatten dieser Hinwendung zum Individuellen und zur Innerlichkeit gedeiht ein Thema, das sich zusehends entfaltet: die schmerzliche und tragische Einsamkeit des Menschen als Grundgegebenheit der Existenz. Der niederdrückenden Vereinsamung gesellt sich meistens eine Angst, die man damals metaphysisch nannte und die sich des Menschen dermaßen bemächtigt, daß sie sein Leben und sein Bewußtsein bestimmt. In unmittelbarer Nähe lauert eine mehr oder weniger ausgeprägte Neurose, die sich beim Autor und bei seinen Helden hauptsächlich in der Neigung manifestiert, sich zum Mittelpunkt der Welt zu erheben, alle Komplexe, unter denen sie leiden, auf die Umgebung zu projizieren, den Kontakt mit der alltäglichen Wirklichkeit zu verlieren und die Erscheinungen des Lebens in seltsam entstellter Weise wiederzugeben. Jede noch so unbedeutende Begebenheit kann unberechenbare Reaktionen hervorrufen, die nicht durch die gegenständliche Wirklichkeit, sondern durch eine subjektive Stimmung bedingt sind. Der neurotisch Einsame grübelt über den Sinn seines Lebens und des Lebens im allgemeinen, entdeckt in seiner krankhaften Phantasie und in seinen anomalen Gemütszuständen neue Dimensionen des Daseins und wird von einer autonom gewordenen Innenwelt ganz in Anspruch genommen.

Es würde den Rahmen dieses Aufsatzes sprengen, wenn für alle erwähnten Grundzüge Belege ausführlich diskutiert werden müßten. Ein paar Beispiele mögen genügen. Im traditionellen französischen Roman werden extreme gesellschaftlich-moralische Positionen einerseits von Paul Bourget und Maurice Barrès, andererseits von Anatole France und Romain Rolland bezogen; in England von Kipling, Chesterton und Samuel Butler auf der einen, von Wells, Arnold Bennett, Galsworthy auf der anderen Seite. In den Vereinigten Staaten überwiegen die Romane der gesellschaftlichen Empörung (Frank Norris, Stephen Crane, Upton Sinclair, bis zu einem gewissen Grade auch Theodore Dreiser). Überall ist die traditionelle Romanform stark vertreten: in Skandinavien mit Jacobsen, Kjelland, Pontoppidan, Knudsen, Hamsun; in Italien mit Capuana und Oriani; in Deutschland mit Hauptmann und den Brüdern Mann; usw.

Die Namen, die mit der Erneuerung des Romans verknüpft sind, treten selbstverständlich nicht in vergleichbarer Menge auf, und bei jedem müßte der Anteil des Neuen genau bestimmt werden. Exemplarisch seien genannt: Gide und Proust; Conrad und Lawrence; Henry James; Machado de Assis; Fogazzaro, d'Annunzio und Papini; Rilke. Wichtiger als ein immer fragwürdiger Katalog ist jedoch ein Versuch zur Wesensbestimmung der Romanform, die sich zwischen 1900 und 1914 durchsetzt. Zu diesem Zweck sollen zwei Romane der Zeit kurz betrachtet werden:

Gides ›*Porte étroite*‹ (1909) und Rilkes ›*Aufzeichnungen des Malte Laurids Brigge*‹ (1910). Beide Werke haben große Ähnlichkeit miteinander; beide stellen – als ›metaphysische‹ Romane – die Frage nach dem Sinn des Lebens und drehen sich thematisch um die gleichen Probleme. Aber sie unterscheiden sich voneinander in einer Weise, die für die Entwicklung des neuen Romans aufschlußreich sein dürfte.

Gides ›*Porte étroite*‹ besteht aus einer vom männlichen Helden Jérôme in der Ich-Form erzählten Liebesgeschichte, der sich das Tagebuch der weiblichen Heldin Alissa anschließt. Erst dieses Tagebuch gibt den Schlüssel zum Verständnis des Ganzen, indem es die innersten, uneingestandenen Gedanken des Mädchens enthüllt. Rilkes ›*Malte*‹ ist jede ›Geschichte‹ fremd; hier ist der g a n z e Roman eine Art von Tagebuch, bestehend aus Impressionen eines jungen dänischen Dichters, der nach Paris kommt, aus Erinnerungen an die Kindheit und an Bildungserlebnisse, aus Reflexionen über Liebe, Einsamkeit, Armut, Angst, Krankheit und Tod und überhaupt aus Notierungen und Berichten, die auf den ersten Blick wenig zusammenhängen.

Das beiden Werken gemeinsame Thema ist die mühevolle Gottsuche, d. h. die Bemühung um individuelle Selbstverwirklichung angesichts zahlreicher wesentlich auf innerlichen Schwierigkeiten beruhender Hindernisse. Trotz dieser thematischen Ähnlichkeit sind aber die Richtungen, die die Helden einschlagen, ziemlich entgegengesetzt. Malte geht von einer absoluten Leere und einem Gefühl unaufhebbarer, niederdrückender Einsamkeit aus, befreit sich nach und nach von der Negativität seiner Situation durch die allmähliche Erkenntnis seiner selbst und seines Schicksals und gewinnt am Ende des Buches den Eindruck, einen Heilweg erblickt zu haben. Alissa lebt von Anfang an im festen Glauben an einen Gott, den sie nicht erst hervorzudenken braucht, fragt sich nach den Forderungen dieses Gottes an ihr Leben, an ihre ›Heiligkeit‹, und gelangt schließlich dorthin, wo Malte anfängt, d. h. zu einer so vollständigen Einsamkeit, daß sie sie nicht mehr ertragen kann. Auch Malte denkt über Gott nach, aber sein Gott ist eine subjektive Schöpfung, kein vom Dogma vermitteltes Wesen; sein Gott entwickelt sich in ihm in gleichem Maße wie seine Persönlichkeit und seine Bewußtwerdung. Der Gott Alissas hingegen ist vom Dogma und vom Glauben vorgegeben; sie ›erfindet‹ Gott nicht, sie findet ihn und interpretiert seinen Willen als eine Aufforderung zum Verzicht auf das Glück der Liebe, zur Selbstüberwindung, die auch den Geliebten in die Lage bringen soll, über sich selbst hinauszugelangen.

Wenn auch der Mittelpunkt der beiden Romane demnach in den Schwierigkeiten und Wandlungen des innersten Seelenlebens liegt, schlagen die Helden verschiedene Wege ein: Malte geht von einer offenen Situation aus und gelangt ebenfalls ins Offene der Möglichkeiten; Alissas Ausgangspunkt ist ein eindeutiger Glaube, und die letzte Station ihres Lebens ist eine ebenso eindeutige Verzweiflung. Die weitere Entwicklung der Romanproduktion wird Malte recht geben.

Ein ähnlicher Unterschied ist auch in der Form zu spüren. 1909 hat Gide noch das Bedürfnis empfunden, eine Geschichte zu ›erzählen‹, in der verschiedene Personen auftreten, die um ihrer selbst willen und mit Hinsicht auf die Rolle, die sie spielen, beschrieben werden. Ohne das Tagebuch Alissas, das darauf folgt und die andere Seite der Dinge zeigt, wäre die Geschichte gewiß schwer verständlich; erzähltechnisch ordnet sie sich jedoch der wirklichen Zeit unter und weist alle Kennzeichen des traditionellen Romans auf. Mit dem ›Malte‹ verhält es sich ungefähr, wie wenn Gide auf seine einleitende Geschichte verzichtet und uns unvermittelt nur das Tagebuch Alissas gegeben hätte. Im ›Malte‹ gibt es keine sichtbare Komposition mehr, keine äußere Struktur, keinen roten Faden, keine Chronologie, keinen Wechsel der Perspektive. Durch seinen verwirrenden Aufbau, in dem alles wahllos durcheinandergeworfen scheint, durch die willkürliche Aufeinanderfolge der Notierungen, die sich nur nach Umstand und Laune zu richten scheint, stößt der ›Malte‹ heftig mit den damals üblichen ästhetischen Anschauungen zusammen. In ihm spielt die äußere Zeit keine Rolle mehr. Wohl bleiben noch ein paar Orientierungshilfen: der Herbst, der Frühling, der Winter; man muß sie jedoch eher erraten, sie drängen sich nie von selbst auf. Es gibt keine ›Personen‹ mehr im traditionellen Sinn, alle Gestalten erfüllen nur den Zweck, die Stimmungen des Helden auszudrücken oder Gedanken zu veranschaulichen. Man schlage das Buch auf, wo man will: es scheint auf jeder Seite anzufangen. Und trotzdem fehlen dem Buch weder Einheit noch Mitte: es besitzt zunächst eine menschliche Mitte, die ihr Licht auf die äußeren Erscheinungen wirft, und auch eine tiefere Struktureinheit, die das Ganze unterwölbt, ohne freilich die Erzählelemente in eine zeitliche oder ideelle Kausalkette zu zwingen.

Zur Charakterisierung der eigentümlichen Struktur dieses Romans hat man sich auf das Prinzip der Assoziationsreihen berufen.[1] Dabei darf

---

[1] Vgl. U. Fülleborn, ›Form und Sinn der Aufzeichnungen des Malte Laurids Brigge. Rilkes Prosabuch und der moderne Roman‹. In: ›*Unterscheidung und Bewahrung*‹ (Kunisch-Festschrift), Berlin 1961, S. 147–169.

jedoch nicht übersehen werden, daß diese Assoziationsreihen von einem
anderen, tieferen und dynamischeren Kompositionsprinzip zusammen-
gehalten werden: ich meine das ständige Umschlagen von einem Zustand
der Welt- und Selbstentfremdung in einen Zustand der Selbsterkenntnis
und der progressiven Selbstannahme. Deshalb kann ich die Ansicht unmöglich teilen, nach der der ›Malte‹ kein eigentlich moderner Roman sei,
weil in ihm angeblich »bewußte Dekomposition und gleichzeitige Rekom-
position« nicht stattfänden. Wenn überhaupt, so scheint mir diese Formel
ausgerechnet auf den ›Malte‹ zu passen. Die Dekomposition der Welt und
der Persönlichkeit ist schon im ersten Stück offenbar, und die Rekompo-
sition ist gerade der Sinn der ›Aufzeichnungen‹ als Ausdruck von Be-
wußtseinszuständen, in denen die Subjektivität des Ich sich selbst zum
Problem geworden ist und die gerade der ›Aufzeichnung‹ bedürfen, um
die als Folge des Zusammenbruchs des Vertrauens in die Wirklichkeit –
auch die eigene – fragwürdig gewordenen Sinnzusammenhänge zu
klären. Sinnfindung der Existenz ist das Ziel der ›Aufzeichnungen‹ oder,
mit Gides Wort, Klärung des »Wesens des Seins«.
Im Vergleich zur ›Porte étroite‹, die bereits eine bemerkenswerte Wandlung in der Konzeption des Romans bezeugt, erscheint der ›Malte‹ als die
nächste Stufe der Entwicklung. Hier kann der Autor es wagen, dem
Publikum einen, wie Gide es genannt hat, ›reinen‹ Roman vorzulegen.
Schon die Tatsache ist aufschlußreich, daß Gide ein Jahr nach Erscheinen
des ›Malte‹ lange Auszüge davon ins Französische übersetzt hat. Noch
interessanter sind die Gedanken, die er sich dabei gemacht und deren
größten Teil er in dem, was er als ›seinen‹ Roman betrachtete, den ›Faux
Monnayeurs‹, aus dem Jahr 1925, niedergelegt hat. Dort versucht er, sich
selbst gegenüber Rechenschaft abzulegen über die Erneuerung des
Romans, die zu Beginn des Jahrhunderts stattgefunden hat und die für
ihn insbesondere dahin zielt, von dem Roman alles abzulösen, was er an
äußerem Stoff besitzt, so daß am Ende nur die ›Geschichte einer Seele‹
bleibt. Der Held der ›Falschmünzer‹ sagt: »Der Roman hat sich mit den
Wechselfällen des Schicksals, des Glücks und des Unglücks, den gesellschaftlichen Beziehungen, dem Konflikt der Leidenschaften, den Charak-
teren befaßt, aber überhaupt nicht mit dem Wesen des Seins« (2. Teil,
3. Kap.). Da haben wir das Wort, das die von Rilke eingeschlagene Richtung bestätigt: es gilt das ›Wesen des Seins‹, nicht die Welt als solche,
sondern höchstens ihren Widerschein in der Seele darzustellen. Dazu
muß der Roman seiner Schlacken entledigt, d. h. von der realistischen
Tradition befreit werden. Gide hat das erkannt. Der Roman hat sich

immer ängstlich an die Wirklichkeit geklammert und unter das Gesetz der Ähnlichkeit gebeugt, schreibt er in den ›*Faux Monnayeurs*‹. Der einzige Fortschritt, der ihm vorgeschwebt habe, sei eine immer größere Annäherung an die Natur gewesen. Die Stunde der »freiwilligen Entfernung vom Leben« sei gekommen; es genüge nicht mehr, eine Illusion der Wirklichkeit zu schaffen, »mit dem Standesamt zu konkurrieren«, wie Balzac meinte. »Was habe ich mit dem Standesamt zu tun?« Gide hat seine ihm 1909 noch nicht deutlich zum Bewußtsein gekommene Absicht in Rilkes Roman verwirklicht gesehen. Der ›*Malte*‹ ist der erste ›neue‹ Roman des 20. Jahrhunderts: er hat den Weg frei gemacht für das schöpferische Werk und die kritische Aufnahme von Joyce und Virginia Woolf, von Proust und Kafka.

George C. Schoolfield*

Thomas Mann und Fredrik Böök

Im Jahre 1915 versandte ›Svenska Dagbladet‹ einen Fragebogen an
literarische Persönlichkeiten im Lager der Entente und auch der Mittel-
mächte; darin wurden die Empfänger ersucht, sich über den Konflikt
und die Rolle ihres Volkes zu äußern. Fredrik Böök, führende literarische Autorität der Zeitung und Schwedens einflußreichster Kritiker,
unterzeichnete alle Fragebogen; als ein Bewunderer Deutschlands und
von Thomas Manns zwei Romanen, die bis dahin erschienen waren,
›Buddenbrooks‹ und ›Königliche Hoheit‹, sah er sicher der Post aus
München mit besonderem Interesse entgegen. Die Antworten von Mann
– es waren zwei, ein Schreiben an ›SD‹ als Erwiderung auf die formelle
Anfrage und ein kurzer Brief, der seiner Einsendung beigegeben war –
enttäuschten Böök nicht. Mit seinem Antwortbrief[1] scheint Mann sich
genau dort eingereiht zu haben, wo Böök den deutschen Dichter haben
wollte – nämlich auf der Seite des Vaterlandes und seiner militärischen
Unternehmungen. (Böök hatte die schwedischen Studenten schon vorher
auf das erbauliche Schauspiel »eines Volkes, das in einem Kampf um
seine höchsten Güter den Feinden an allen seinen Grenzen mit der Stärke
Spartas und dem Bürgergeist Roms entgegentritt«,[2] hingewiesen.) Manns

---

* Deutsch von Hans Seitz.
[1] Der Antwortbrief ist verlorengegangen. Die erhaltenen Briefe und Postkarten von
Thomas Mann an Fredrik Böök sind in der Universitätsbibliothek Lund hinterlegt;
sie werden hier mit der großzügigen Erlaubnis von Frau Katia Mann und Fredrik
Böök (†) abgedruckt. Im Zusammenhang mit ihrer Veröffentlichung möchte der
Verfasser den Herren Professor Klaus W. Jonas, Pittsburgh, und Dr. Rolf Arvidsson,
Lund, seinen Dank aussprechen. Die Briefe von Fredrik Böök an Thomas Mann sind
verlorengegangen.
[2] ›Kriget och kulturen‹ in ›Essayer och kritiker 1913–1914‹ (Stockholm), S. 22. (Die
Vorlesung war am 18. Oktober 1914 in Lund und am 19. Oktober in Uppsala gehalten worden.)

Begleitbrief macht klar, daß er nicht nur daran interessiert war, die Leserschaft von *SD*, sondern auch die Leute im eigenen Lande genau wissen zu lassen, was seine Ansichten über Deutschlands Kampf waren. (Das kleine Buch ist natürlich ›*Friedrich und die große Koalition*‹.)

I. München, den 11. V. 1915
Poschingerstraße 1

Sehr geehrte Herren:
Ich nehme an, daß Sie den Brief, den ich als Antwort auf Ihre Rundfrage an Sie richtete, erhalten haben. Derselbe soll auf Deutsch im nächsten Heft der Monatsschrift »*Die neue Rundschau*« erscheinen, und mein Verleger möchte ihn außerdem einem kleinen Buche einverleiben, das noch ein paar andere Kriegsaufsätze von mir enthalten soll. Das Juni-Heft der Rundschau wird voraussichtlich in den letzten Tagen des laufenden Monats oder in den ersten des Juni herauskommen. Für das Buch ist als Erscheinungstermin der 3. Juni in Aussicht genommen. Wenn Sie meine Antwort in Ihrem Blatte zu veröffentlichen gedenken, haben Sie gewiß ein Interesse daran, daß dies vor ihrem Erscheinen in deutscher Sprache geschieht. Daher diese Mitteilung.

In vorzüglicher Hochachtung
Ihr sehr ergebener
Thomas Mann

Einige Monate später, im November und Dezember 1915, nahm Böök an der ›Studienreise‹ nach Frankreich teil, deren Resultat einerseits eine Reihe von Berichten für ›SD‹ war und die andrerseits den Ärger der französischen Behörden über die Undankbarkeit ihres Gastes erregte. Bööks Neutralität schien ziemlich einseitig gewesen zu sein. »Wenn die Franzosen Ansprüche stellen, die auch der Wohlwollende nicht befriedigen kann, so beruht das darauf, daß Frankreich in der Tat immer eine begünstigte Ausnahmestellung eingenommen und sich allmählich ganz in den Gedanken eingelebt hat, alle Völker schuldeten ihm einen besonderen Schatz an Dankbarkeit und Hingebung.«[3] Die gesammelten Aufsätze wurden im Frühjahr 1916 von Norstedt veröffentlicht, und die deutsche Übersetzung erschien fast gleichzeitig. Während seines Sommerurlaubs nahm sich Thomas Mann die Mühe, den Übersetzer Friedrich Stieve um Bööks Privatadresse zu bitten; sollte er später einen Huldigungsbrief an Böök selbst geschrieben haben, so ist dieser verlorengegangen.

---

[3] ›*Im französischen Kampfgebiet: Reisebericht eines Neutralen.*‹ Aus dem Schwedischen übersetzt von Friedrich Stieve. (Berlin, 1916), S. 125. (›*Resa till Frankrike 1915*‹ [Stockholm, 1916], S. 125.)

II.   Bad Tölz, den 18. VII. 16.
Sehr geehrter Herr Doktor:
Herr Fredrik Böök schickt mir aus Stockholm sein von Ihnen übersetztes
Buch, »*Im französischen Kampfgebiet*«, mit einer überaus freundlichen Widmung. Leider giebt [sic] er mir seine Adresse nicht an, so daß ich ihm nicht
unmittelbar danken kann. Vielleicht haben Sie die Güte, Herrn Böök bei
erster Gelegenheit meine herzliche Freude über seine Aufmerksamkeit auszudrücken und ihm zu sagen, daß ich sein Buch in *einem* Zuge, mit größtem
Genuß und beständigem inneren Beifall gelesen habe.

Mit hochachtungsvoller Begrüßung
Ihr sehr ergebener
Thomas Mann

Nach diesem angenehmen quasi-literarischen Erlebnis ließ Mann Böök
aus seinem Gedächtnis entschwinden. Man könnte annehmen, daß Böök
ein Exemplar seines nächsten Buches über die Kriegsschauplätze, ›*Resa
till Tyskland och Polen 1916*‹,[4] an Mann schickte, aber es gibt keinen
schriftlichen Beleg einer solchen Übersendung. Böök seinerseits hat aber
Mann nicht vergessen; er las die ›*Betrachtungen eines Unpolitischen*‹
mit Zustimmung[5] und spielte nach dem Waffenstillstand die Werke der
Brüder Mann, die unmittelbar nach dem Krieg entstanden waren – die
des guten Thomas und die des bösen Heinrich – gegeneinander aus, um
in Artikeln in *StD*, die dann auch schnell als Buch erschienen, eine Gelegenheit zu Betrachtungen über das schreckliche Schicksal Deutschlands
zu finden. Der Satz »Det gamla Tyskland ligger i ruiner« kehrt als
Refrain in Böök's Aufsätzen aus jenen dunklen Tagen von Versailles
wieder. Trotz der formalen Mängel der Hexameter in dem ›*Gesang vom
Kindchen*‹ und der Sentimentalität von ›*Herr und Hund*‹ war Thomas
Mann dem Geist des alten Deutschland treu geblieben, indem er seine
Leser an »die Quellen führte, aus denen er selber seine Stärke geschöpft
hatte, um all die Schicksalsschläge der Zeit zu überstehen, Quellen, die
seine überwundene, getäuschte und mit Füßen getretene Nation als heilig
betrachten muß, wenn sie ein Morgen haben soll«.[6] Übrigens erfüllt
Manns Liebe zu Tochter und Hund leicht Bööks Bedingungen für » g e -
s u n d e « Schriftsteller und eine » g e s u n d e « Literatur. Der unbeirrbar

---

[4] (Stockholm, 1916). Da Mann schwedisch nicht lesen konnte, wäre das Geschenk
nichts weiter als eine Höflichkeitsgeste gewesen.

[5] Bööks Rezension von Martin Havensteins ›*Thomas Mann, der Dichter und Schriftsteller*‹ in *SD*, 16. Juli 1928.

[6] Die Rezension ›*Thomas Mann idyller*‹, zuerst abgedruckt in *StD*, 11. Januar 1920,
wurde wieder veröffentlicht in ›*Essayer och kritiker 1919–1920*‹ (Stockholm, 1921),
S. 96–101; s. besonders S. 101. *(StD = ›Stockholms Dagbladet‹.)*

tugendhafte Thomas begegnet uns wieder im ersten Abschnitt von Bööks Eröffnungssalve gegen Heinrichs ›*Untertan*‹. (Insgesamt unternahm er drei Angriffe, im März und April 1919 und im Februar 1920, ein Zeichen für die fatale Faszination, die dieses Thema für Böök hatte.) Thomas, sagt Böök, »hat während des Krieges einigemale über die Gefahr gesprochen, daß die Entente an der inneren Front, im geistigen Leben, einen Durchbruchsversuch unternehmen könnte. Die Erfahrung hat gezeigt, daß seine Furcht nicht unbegründet war. Was wir erlebt haben, ist nicht bloß der Zusammenbruch der äußeren Machtstellung Deutschlands, sondern vielmehr eine moralische Katastrophe.«[7] ›*Der Untertan*‹ ist als Roman eine Sumpfblüte dieser Katastrophe, und Diederich Heßling existiert nur in Heinrich Manns vergifteter Phantasie. Böök begnügte sich nicht damit, die künstlerischen, sittlichen und patriotischen Vergehen im ›*Untertan*‹ anzuprangern (auf dessen schlüpfrige Partien Böök gesondert und indirekt anspielt, indem er sagt, daß er darüber nicht zu berichten wage), sondern erwähnt auch einige frühere Abweichungen des Autors vom geraden, schmalen und deutschen Tugendpfad. Er beschäftigt sich besonders mit ›*Im Schlaraffenland*‹ und vergleicht den Schöpfer dieses Werkes wie auch des ›*Untertan*‹ mit den »pornographischen Künstlern von Paris«, die in Kriegszeiten ihre Talente auf die Wiedergabe von Greueltaten verwenden. Im nächsten Heinrich Mann-Essay wird ›*Die Jagd nach der Liebe*‹ aufs Korn genommen; Heinrich Manns literarischer Ruhm sei »aus den Ruinen des deutschen Staates gekrochen wie Maden aus der Leiche eines gefallenen Kriegers«.[8] Ein Jahr später, nach der Veröffentlichung von Heinrich Mann's ›*Macht und Mensch*‹, werden die Schwächen des Verfassers, und zugleich die von Kurt Eisner, auf deren merkwürdige »R a s s e n z u g e h ö r i g k e i t« zurückbezogen; ihr »E u r o - p ä e r t u m« ... ist ganz einfach das Gefühl des Unbehagens und der Feindschaft der deutschsprachigen Fremden gegenüber dem Milieu, das sie umgibt.[9] (Thomas Mann, der doch mit Heinrich blutsverwandt ist, wird nicht erwähnt.) Hier erlaubt sich Böök noch die abschließende boshafte Bemerkung über Heinrich, daß »mehr oder weniger expressionistisch eingestellte Autoren ihm ihre Verehrung darzubringen pflegen«. Im April 1921, bei der Besprechung »deutscher Revolutionsliteratur«, wirft Böök Heinrich Mann mit Franz Werfel und Bernhard Kellermann

---

[7] Ibid., S. 126–127. (Den litterära bolsjevismen i Tyskland; I: Heinrich Manns ›Untertan‹). (*StD*, 23. März 1919.)
[8] Ibid., S. 136 (›II: Heinrich Manns Antecedentia‹). (*StD*, 4. Mai 1919.)
[9] Ibid., S. 145 (›III: Heinrich Manns politiska trosbekännelse‹). (*StD*, 2. Februar 1920.)

in einen Topf. »Der betrübte Beobachter kann nicht umhin, sich zu
fragen, ob die Traditionen literarischer Kultur im Lande Lessings und
Goethes, Schillers und Gottfried Kellers nicht in der Tat verwüstet und
unterdrückt worden sind.«[10]

Zu Beginn des Jahres 1922 macht sich Böök auf den Weg, um die Trüm-
mer selbst in Augenschein zu nehmen; seine Reise wurde, wie üblich, in
Artikeln für ›SD‹ beschrieben, die in der Folge gesammelt und unter dem
Titel ›Resa till Konstantinopel genom Mellan-Europa våren 1922‹ veröffentlicht wurden. Auf dem Weg nach Süden, von Lund nach Lübeck –
es war während Böök's Professorenjahren – fand der entsetzte Berichterstatter Beispiele der neuen und dekadenten deutschen Kunst, Dinge,
die er in Zukunft zu meiden beschloß wie einen »stinksvamp« in den
Buchenwäldern von Schonen zur Mittsommerzeit.[11] Indessen konnte er
sich durch die Besichtigung von Thomas Manns Elternhaus trösten und
durch die Lindenbäume vor der Marienkirche, »die jedem wohlbekannt
sind, der den vortrefflichsten Roman des modernen Deutschland gelesen
hat«. Aber auf der Reise trafen ihn noch weitere Schicksalsschläge; er
unterdrückte seine aufsteigende Übelkeit und schrieb einen langen und
äußerst unfreundlichen Artikel über Maximilian Harden, diesen »Speku-
lanten über Deutschlands intellektuelles Leben«,[12] er stieß auf ein Zei-
tungsinterview mit Georg Kaiser und erinnerte sich, daß er eines seiner
Stücke gelesen hatte, »ein expressionistisches Drama über den Fluch des
Kapitalismus, und es ist nicht sicher, ob ich je wieder eins lesen werde«.[13]
In Wien stieß er auf Arthur Schnitzlers ›Reigen‹, ein »kleines Stück pri-
vater Schweinerei«, und kam zu dem Schluß, daß Deutsch-Österreich
unter Aufbietung eines letzten Funken Anstands »so selbstverständlich,
wie ein verlorener Sohn in die Arme seiner Mutter, in die Umarmung
Deutschlands sinken würde«.[14]

Man möchte annehmen, daß sich Böök auf dem Weg nach Süden durch
einen Besuch bei Thomas Mann in München erquickt hätte, und er hat
das auch tatsächlich versucht, aber wieder einmal war ihm das Glück
nicht hold. Aus dem geplanten Besuch bei Mann wurde nichts. Als er
während des Faschings in München ankam (Böök schrieb für die in

---

[10] ›Essayer och kritiker 1921–1922‹ (Stockholm 1923), S. 209–210. Böök liebte Keller
besonders: vgl. ›Gröne Henrik‹ in ›Essayer och kritiker‹ 1917–1918 (Stockholm,
1919), S. 195–218.

[11] ›Lövgrodan i Lybeck‹ in ›Resa till Konstantinopel genom Mellan-Europa våren 1922‹
(Stockholm, 1925), S. 76.

[12] ›Fallet Harden och några andra fall‹, ibid., S. 80–94.

[13] Ibid., S. 92.   [14] ›Wien och Tysk-Österrike‹, ibid., S. 131, S. 135.

Schweden Zuhausegebliebenen einen gemäßigt freundlichen Bericht über die traditionellen bayrischen Vergnügungen), unterrichtete er Thomas Mann von seiner Anwesenheit. Manns Erwiderung erhielt er per Postkarte im Hotel Bayrischer Hof.

III.   München, den 24. II. 22
                                             Poschingerstraße 1
Hoch geehrter Herr,
ich bin im Begriff, eine Reise nach Frankfurt anzutreten, von der ich am 3. oder 4. März hierher zurückkehren werde. Ich muß hoffen, daß Sie dann noch hier sind und würde mich besonders freuen, Sie bei mir zu begrüßen. Ich wäre also dankbar für telephonische Verständigung nach meiner Heimkehr.

                                             Ihr sehr ergebener
                                             Thomas Mann

Böök mußte aber nach Österreich weiterreisen, bevor Mann von seiner Teilnahme an der Frankfurter Goethe-Woche nach München zurückkehrte. Es war bedauerlich, daß die zwei großen Männer nicht die Gelegenheit erhielten, sich persönlich kennenzulernen; denn dann hätte die Tragikomödie eines weiteren Besuchs durch Böök in München vermieden werden können.

Nachdem Thomas Mann im Dezember 1929 von seiner Reise zurückgekehrt war – er hatte in Stockholm den Nobelpreis in Empfang genommen – erfuhr er, daß die *Vossische Zeitung* eine ihn und Böök betreffende Klatschgeschichte gebracht hatte, in der es hieß, daß der »kingmaker« der Schwedischen Akademie große Selbstlosigkeit an den Tag gelegt hätte, als er dafür gesorgt habe, daß Mann den Nobelpreis bekam, obwohl ihm doch Mann vor einiger Zeit eine persönliche Abfuhr habe zukommen lassen. Thomas Mann entschuldigte sich eiligst in einem Brief für sein, ihm unbewußt, schlechtes Benehmen vor einigen Jahren, falls sich dieser Vorfall je zugetragen haben sollte.

IV. (Maschinengeschrieben)   München, den 21. XII. 29
                                             Poschingerstr. 1
Lieber und verehrter Professor Böök:
Ich schreibe Ihnen nicht nur, um Ihnen unsere glückliche Heimkehr zu melden nach ein paar heißen Berliner Tagen, die unsere Reise abschlossen; auch nicht ganz allein, um Ihnen noch einmal all unsere Dankbarkeit auszusprechen für die Güte und Freundlichkeit, mit der Stockholm uns empfangen hat, sondern auch, weil mir gleich beim Betreten deutschen Bodens die ärgerliche kleine Klatschgeschichte bekannt wurde, die durch die Vossische Zeitung

verbreitet worden ist. Sie ist ja mit leidlicher Pünktlichkeit dementiert worden, aber ich verstehe trotzdem Ihren Unwillen darüber und bin Ihnen eine Aufklärung schuldig.

Es mag fünf Jahre her sein, als ich eines Sommernachmittags, in nachlässigem Anzug, zerstreut oder beschäftigt, vor meinem Hause spazieren ging und bemerkte, daß ein Herr, der neben seiner Dame auf einer Bank gesessen hatte, in der unmißverständlichen Absicht, mich anzureden, auf mich zukam. Dergleichen passiert mir öfter, und ich hatte im Augenblick keine Lust, Rede zu stehen. So schlug ich, da der Herr herangekommen war, einen Haken und entzog mich seiner Annäherung. Es mag unbeabsichtigt brüsk ausgesehen haben, und Beobachter der Szene haben denn auch festgestellt, daß der Herr sich entrüstet zu seiner Dame zurückbegeben und sich über den Affront beklagt habe. Zu Hause dann hörte ich, ein Professor aus Schweden habe nach mir gefragt und sei bedeutet worden, er könne mich vor dem Hause treffen. Da keine Karte mit Adresse vorlag, hatte ich nicht die Möglichkeit, ihm zu schreiben, mich zu entschuldigen und den vollkommen unpersönlichen Charakter meiner Ablehnung hervorzuheben. Wenn aber in der Folge davon die Rede war, ich könnte einmal den Nobelpreis bekommen, sagte ich wohl gelegentlich im Scherz, ich hätte es mit den schwedischen Professoren verdorben, und der Betreffende sei wohl gar Fredrik Böök in eigner Person gewesen.

So weit reicht meine Schuld am Aufkommen der Anekdote, die ein schwatzhafter Mitarbeiter der Vossischen Zeitung[15] nun bei dieser festlichen Gelegenheit glaubte zum Besten geben zu sollen. Er glaubte es vielleicht darum tun zu dürfen, weil die Geschichte, wenn Sie es damals gewesen wären, einen Beweis für die Großzügigkeit Ihres Charakters bedeutet hätte. Ich brauche aber nicht zu sagen, daß auch ich die Veröffentlichung, sobald ich davon hörte, ganz abgesehen von ihrer sachlichen Falschheit als eine grobe Taktlosigkeit empfunden und mich mit Ihnen geärgert habe.

Ich denke, wir können über die abgeschmackte Angelegenheit, nachdem sie berichtigt worden und auch mein Nichtbeteiligtsein klar gestellt ist, zur Tagesordnung übergehen, und ich will recht herzlich hoffen, daß sie für Sie keinen nachträglichen Mißklang in unsere Begegnung und unser festliches Zusammensein bringt.

Meine Frau und ich betrachten die Bekanntschaft mit Ihnen als einen wirklichen menschlichen Gewinn und freuen uns von Herzen auf Ihren Besuch.

Mit den herzlichsten Grüßen
von uns beiden
Ihr
(Thomas Mann)

Es ist natürlich durchaus möglich, daß der unglückliche Vorfall nie stattgefunden hat. Böök selbst leugnete, von dem Dichter je zurückgewiesen worden zu sein (das scheint der Kernpunkt seiner Antwort auf den

---

[15] Kurt Martens, Thomas Manns Freund aus den frühen Münchner Tagen.

obigen Brief gewesen zu sein), obwohl er einerseits aus persönlichem Stolz dementiert haben mag, andrerseits auch in dem taktvollen Bemühen, Thomas Mann aus dieser peinlichen gesellschaftlichen Klemme herauszuhelfen. Was Mann betrifft, so versicherte er Hans von Hülsen, von dem Kurt Martens die Anekdote hatte, daß Böök n i c h t derjenige war, dem er eine solch brüske Behandlung hatte zuteil werden lassen. Das habe Mann entdeckt, als er Böök bei der Nobelpreisfeier in Stockholm kennenlernte.[16] (Es muß hinzugefügt werden, daß Hülsens Rolle im Licht seiner Stellung als deutscher Korrespondent der liberalen ›*Dagens Nyheter*‹, des großen Stockholmer Rivalen des konservativen ›*Svenska Dagbladet*‹, gesehen werden muß.) Laut Hülsen hatte ihm Thomas Mann die peinliche Geschichte während der 700-Jahrfeier der Gründung Lübecks im Juni 1926 erzählt. Damals hatte Mann seine berühmte Ansprache über »*Lübeck als geistige Lebensform*« gehalten und eine Ehrenprofessur von der Stadt empfangen. Da er um Hülsens Verbindungen nach Schweden wußte und die Stellung Böök's bei der Zuerkennung des Nobelpreises für Literatur kannte, bat Mann ihn halb im Scherz, Böök sein Bedauern auszusprechen, mit der Entschuldigung, daß er ja nun schließlich selbst ein vergeßlicher Professor sei.

Hülsen fügt in seinem Bericht noch hinzu, daß Mann den langen und unfreundlichen Essay über den ›*Zauberberg*‹, den Böök am 25. August 1925 in ›*SD*‹ veröffentlichte,[17] seinem Ärger über den » A b b l i t z e r « zuschrieb. Böök brauchte jedoch nicht die negative Inspiration einer persönlichen Beleidigung, um unfreundliche Worte über Thomas Manns ›Ideenroman‹ zu schreiben. Die Rezension kann ganz einfach auf Bööks Enttäuschung über Manns politische und künstlerische Entwicklung zurückgeführt werden. Die ausführlich verkündete Meinungsänderung des Dichters über die deutsche Republik kann Bööks weitschweifendem Auge nicht entgangen sein und muß ihn sicher beunruhigt haben. Die erste öffentliche Erklärung Manns, in der er für den Weimarer Staat eintrat, war die im Oktober 1923 gehaltene und von der deutschen, französischen und englischen Presse ausgiebig behandelte Ansprache »*Von deutscher Republik*«. Manns Weiterführung desselben Gedankens in der Rede vor der »Arbeitsgemeinschaft republikanischer Studenten« bei einer Gedächtnisfeier für Walther Rathenau wurde im Jahre 1923 auf schwedisch in

---

[16] Der Vorfall wird in einem maschinengeschriebenen Manuskript dargelegt: ›Der Ehrgeiz geht oft krause Wege; Thomas Mann und der Nobel-Preis‹ von Hans von Hülsen, das dem Verfasser dieses Beitrages von Professor Klaus W. Jonas großzügigerweise zur Verfügung gestellt wurde.

[17] Unter dem Titel ›Thomas Manns nya roman‹.

›Dagens Nyheter‹ abgedruckt. ›Der Zauberberg‹ selbst paßte nicht in die
Vorstellungen, die Böök von einem Roman hatte; er bewunderte die
Erfindungskraft, die Lebendigkeit und den Abwechslungsreichtum der
englischen Romanciers des 19. Jahrhunderts und des Russen Leskow
(dessen ›Füllhorn‹ er später eine Monographie widmete);[18] aber der
›Zauberberg‹ war zu wenig Roman und zu sehr eine Reihe von ermüden-
den Essays: »das Ergebnis erinnert einen schließlich mehr an ein anato-
misches Präparat als an ein Kunstwerk«, »es wird einem eigentlich nie
klar, wenigstens dem spekulativ weniger begabten Leser nicht, wovon
die ganze Sache handelt« und »die Geduld des Lesers wird auf eine harte
Probe gestellt«. Die Übersetzung in fremde Sprachen würde eine undank-
bare Aufgabe sein: »In einer anderen Sprache als Deutsch wäre der
Roman ... unlesbar und unverständlich.« In der Rezension von Martin
Havensteins Buch ›Thomas Mann, der Dichter und Schriftsteller‹ (Berlin,
1927),[19] setzte Böök seine Besprechung des ›Zauberberg‹ fort und lobte
die deutsche Öffentlichkeit auf eine etwas zweideutige Art für die Begeisterung, mit der sie den Roman aufgenommen habe, »der beinahe
so schwierig zu lesen ist wie eine wissenschaftliche Dissertation und vom
Leser auch Konzentration und Intelligenz verlangt«. Er stellt fest (kann
man Bööks Überraschung zwischen den Zeilen lesen?), daß das Werk
in der Übersetzung den englischen Kritikern Lob abgenötigt habe, »gekennzeichnet durch überraschte Bewunderung für die geistige Kultur des
Dichters«. (In diesem Abschnitt kann man einen für Böök typischen
Widerspruch finden: Achtung vor dem deutschen kulturellen Milieu und
Abneigung gegen eines seiner künstlerischen Erzeugnisse, den ›Ideenroman‹, Verachtung für das intellektuelle Niveau der »angelsächsischen
Welt« – und den Wunsch, hier unausgesprochen, daß doch der ›Zauberberg‹ mehr wie »die Familien- und Gesellschaftsromane der großen englischen Realisten« wäre.)[20] Man kann annehmen, daß Böök den Roman
langweilig fand: »Wenn der ›Zauberberg‹ ein Drittel seiner gegenwärtigen Länge, aber einen im Grunde unveränderten Inhalt hätte, dann

---

[18] ›Det eviga Ryssland: En studie över Nikolaj Leskov‹ (Stockholm, 1942).
[19] S. Fußnote 5.
[20] Die Wendung stammt aus Bööks Beschreibung der ›Buddenbrooks‹ in der Abteilung
über Thomas Mann in ›Bonniers illustrerade litteraturhistoria‹ (1935): ›Europeisk
litteratur 1870–1914‹: VII, 245. In derselben Reihe hatte Böök auch – zusammen
mit Bd. III (›Romantiken i Tyskland och in England‹), IV (Fransk litteratur 1800–
1870), V (Tysk litteratur mellan romantiken och naturalismen) – den sechsten Band
geschrieben, über ›Den viktorianska tidsåldern i engelsk litteratur‹, wo er etwas
mehr als hundert Seiten auf den ›realistischen Roman‹ in England verwendet.

wäre er ein bedeutendes Kunstwerk«, aber so, wie die Sache jetzt stehe, habe Thomas Mann sich »der Pedanterie ergeben«, und »seine Feierlichkeit hat einen Zug ins Komische an sich«. Die zweite Hälfte der Havenstein-Rezension ist eine Lobeshymne auf den Thomas Mann, der ›Buddenbrooks‹ geschrieben hat, »den besten realistischen Roman, der je in Deutschland verfaßt worden ist«, und das »scharfsinnige und tiefe Werk ›Königliche Hoheit‹«,[21] wie auch »den blendenden Essay ›Friedrich und die große Koalition‹«. ›Buddenbrooks‹ erhält natürlich das meiste Lob, und Havenstein wird mit leichten Vorwürfen bedacht, daß er dieses Werk ebenso unterschätzt habe, wie er den ›Zauberberg‹ überbewerte. Diese Bemerkung ist übrigens die einzige Kritik, die Böök in seiner »Rezension« gegen Havenstein richtet; sonst benützt er das Buch als eine Gelegenheit, eine Zusammenfassung seiner Ansichten von Mann zu geben. Die Schlußfolgerung ist sicherlich günstig: »Er hat tapfer und beharrlich gerungen, um all das zu bewahren, was das Leben lebenswert macht, und mit einer unbestechlichen und ergreifenden Wahrheitsliebe hat er dem Verfall, der Zersetzung, der Krankheit und dem Tod ins Antlitz geblickt. Schließlich ist der ›Zauberberg‹ auch ein Teil dieses Kampfes, und deshalb endet der Roman mit der Rückkehr Hans Castorps vom Zauberberg zu den Pflichten und Kämpfen des Lebens. Er ist so wenig ein Deserteur wie der brave Soldat Joachim Ziemssen.« Man kann die Worte als ein abschließendes Bemühen ansehen, die Rolle des ›Zauberberg‹ im Œuvre Thomas Manns zu verstehen; sie können auch als ein Wunsch Bööks aufgefaßt werden, Mann möge wieder das werden, was er einst war: ein Autor und deutscher Patriot nach Bööks konservativem Geschmack.

In der ›Entstehung des Doktor Faustus‹ berichtet Mann darüber, wie er den Nobelpreis erhielt. Bei der Diskussion von Gerhart Hauptmanns Reaktion auf die Verwendung von dessen Person als Modell für Pieter Peeperkorn verweilt Mann mit besonderem Wohlwollen bei der Fähigkeit Hauptmanns zu vergeben und vergessen; »daß mir 1929 der Nobel-Preis zufiel, war nicht zuletzt und vieleicht vor allem sein Werk. Er rief mich in München aus Schreiberhau an, um mir zu berichten, er habe soeben mit dem Kingmaker in Stockholm, Professor Böök von der Schwedischen Akademie, gleichfalls telephonisch, eine entscheidende Unterredung gehabt, er freue sich, der erste Gratulant zu sein« (›*Gesammelte*

---

[21] In einer Unterhaltung, die der Verfasser dieses Artikels im September 1958 mit Professor Böök hatte, sagte dieser, daß er es bedaure, nicht ausführlich über ›Königliche Hoheit‹ geschrieben zu haben, da der Roman ›völlig mißverstanden‹ worden sei. Eine ähnliche Ansicht äußerte er während eines Gesprächs im Juli 1960.

Werke‹, Frankfurt a. M., 1960: XI, 278). Es hört sich an, als ob es beträchtlichen Überredens durch Hauptmann bedurft hatte, bevor sich Böök überzeugen ließ; die Tatsache, daß seit Gerhart Hauptmann im Jahre 1912 kein Deutscher (und kein Deutschsprachiger seit Carl Spitteler im Jahre 1919) den Preis erhalten hatte, spielte zweifellos bei der Einwilligung des deutschfreundlichen Böök mit. Dazu kam auch noch Bööks eigene Bewunderung für den frühen Thomas Mann; aber die Nobelpreisrede, die Böök vor den versammelten Würdenträgern des schwedischen Hofes, der Schwedischen Akademie und der literarischen Welt hielt, verrät weitaus weniger Vertrauen zu dem zeitgenössischen Thomas Mann, als die Rezension des Havensteinschen Buches vor eineinhalb Jahren kundgetan hatte. Die Ansprache beginnt triumphierend mit seinen Ansichten über den jungen Thomas Mann, die Böök so lange gehegt hatte. Mit ›*Buddenbrooks*‹, denen gleich drei lange Absätze gewidmet sind, sei Deutschland sein erster und immer noch unübertroffener realistischer Roman im großen Stil geschenkt worden und habe Mann sich einen Platz neben Dickens und Thackeray, Balzac und Flaubert, Gogol und Tolstoi verdient.[22] In der ganzen Karriere Bööks blieb »Realismus« immer ein Wort hohen Lobes (er gab ihm oft eine panegyrische Bedeutung, im Gegensatz zu »Naturalismus«, »Impressionismus«, »Ästhetizismus« und, am untersten Ende der Wertskala, »Expressionismus«, alles Wörter, die in verschiedenem Maße Böses an sich hatten);[23] und Mann, mit seinem hervorragenden »realistischen« Roman, wurde auf diese Weise einer von Bööks Kulturhelden. Zur gleichen Zeit, während Mann seinem Vaterland im Konzert des europäischen Realismus eine Stimme gebe, tue er in ›*Buddenbrooks*‹ bei jeder Gelegenheit sein Deutschtum kund, »seine geistige Gemeinschaft mit deutscher Wesensart, mit dem metaphysischen und musikalischen Transzendentalismus«, und steigt dadurch um so mehr in Bööks Gunst. Mann sei auch » g e s u n d « oder bewundere » G e s u n d h e i t « und erregte hiermit wiederum das Wohlgefallen des Kri-

---

[22] Der schwedische und deutsche Text der Rede Bööks sind in ›*Les prix Nobel en 1929*‹ (Stockholm, 1930), S. 48–54, zu finden. Der deutsche Text ist auch in der Ausgabe von ›*Buddenbrooks*‹ (Zürich, o. J.) enthalten, die als Nummer 29 in der Reihe ›Nobelpreis für Literatur‹ herauskam. Die Ausgabe enthält auch (S. 9–15) Kjell Strömbergs ›Kleine Geschichte der Zuerkennung des Nobelpreises an Thomas Mann‹. Darin zitiert Strömberg aus den Berichten, die vom Präsidenten der Akademie, dem Dichter Per Hallström, über Thomas Manns Werk gemacht wurden; in ihrer Begeisterung für ›*Buddenbrooks*‹ und dem Mangel daran für den ›*Zauberberg*‹ sind sie mit Bööks Standpunkt beinahe identisch.

[23] S. Knut Jaensson, ›*Fredrik Böök som litteraturkritiker*‹ (Stockholm, 1939), S. 68 bis 71.

tikers Böök; diese Gesundheit zeigt sich in Novellen wie ›*Tristan*‹ und
›*Tonio Kröger*‹, wo »die vom Leben Ausgeschlossenen ... ihre Sehnsucht
nach dem einfachen und gesunden Dasein beichten«. Bei ›*Königliche
Hoheit*‹ und ›*Tod in Venedig*‹ befinde sich der Dichter auf weniger glücklich gewählten Pfaden: der Roman, obwohl darin ein Ideal gefeiert
wurde, das bei Böök Gefallen fand, nämlich die Versöhnung von »Künstler« und »Tatmensch«, sei künstlerisch nicht so überzeugend wie seine
Vorgänger, und in der Novelle erlange die angestrebte Synthese zwischen Kunst und Leben eine »tragische Bedeutung« – ein Ausdruck, der
entweder Bööks Verlegenheit über das Thema der Novelle anzeigte oder
seine Überzeugung, daß Manns eigene literarische Fähigkeit gelitten
habe. Mann habe sich zwar in dem brillianten ›*Friedrich und die große
Koalition*‹, in dem er eine historische Persönlichkeit dargestellt hatte, die
sowohl die klare Vision des Künstlers wie auch die Vitalität des Tat-
menschen besäße, wieder gefangen, aber »in der anschaulichen und
lebenswarmen Form der Dichtung ... den Gedanken zu gestalten, war
dem problematischen Dichter der ›*Buddenbrooks*‹ nicht vergönnt«. Die
Entwicklung der letzten drei Jahre wird dann in einem kurzen Abschnitt
behandelt, der in verdeckter Manier über Manns »politische« Laufbahn
spricht, und Böök tut den ›*Zauberberg*‹ mit einem einzigen Satz ab:

> »Mit dem Weltkriege und seinen Folgen stellte sich auch für Thomas Mann
> der Zwang ein, aus dem Reich des seelenvollen Grübelns, der sinnreichen
> Analyse und der subtilen Schönheitsvisionen hinauszutreten in die Welt des
> praktischen Handelns. Die Mahnung, die durch den Roman ›*Königliche
> Hoheit*‹ geht, und die vor dem Leichten, dem Bequemen warnt, hat er selbst
> beherzigt, und mit voller Hingabe hat der Dichter die Fragen durchlitten und
> durchdacht, vor die sich sein Volk in der Zeit der Heimsuchung gestellt sah.
> Seine späteren Werke, vor allem der Roman ›*Der Zauberberg*‹, zeugen von
> dem Kampf der Ideen, den seine dialektische Natur durchgekämpft und der
> seiner Stellungnahme vorausgegangen ist.«

Der Ton ist kühl, die »Stellungnahme«, der Standpunkt, den Mann als
Künstler und Patriot eingenommen hatte, behagte Fredrik Böök nicht.
Thomas Mann war sich der schwindenden Begeisterung im Ton der Rede
wohl bewußt; er machte sich in dem Brief vom 20. Januar 1930 an André
Gide darüber lustig:

»Das Amüsanteste ist, daß der Stockholmer Literaturprofessor und Kritiker Böök, der bei der Verteilung des Nobelpreises ausschlaggebenden
Einfluß hat, es [›*Der Zauberberg*‹] seiner Zeit öffentlich für ein künst-
lerisches Unding erklärt hat, und daß ich den Preis ausschließlich oder
doch ganz vorwiegend für meinen Jugendroman ›*Buddenbrooks*‹ erhalten

habe. Das ist wenigstens die Auffassung der Akademie, die aber ganz offenbar im Irrtum ist« (›Briefe 1889–1936‹, Frankfurt a. M., 1961: S. 298).

Nachdem sich Thomas Mann aber mit heiler Haut – und dem Nobelpreis – aus der Affäre mit der Abweisung gezogen hatte und er Bööks Einfluß zu respektieren gelernt hatte, trug er natürlich Sorge, daß der Schwede nichts von seiner Belustigung erfuhr; im Gegenteil, er benutzte seine Stellung als Nobel *poeta laureatus* aufs entschiedenste. Sein Briefwechsel mit Böök, immer freundlich und manchmal schmeichlerisch, verrät von nun an ein lobenswertes Bestreben – er bemüht sich ständig, den Kritiker, von dessen literarischem Urteil er nicht immer die beste Meinung hegt, mit würdigen und manchmal wirklichen Begabungen in Kontakt zu bringen.[24] Die Eröffnungszüge werden mit Postkarten gemacht:

V.   Nidden, Memelland, den 25. VIII. 30.
Von unserem neuen Sommerheim an der Ostsee senden wir Ihnen, sehr ver-
ehrter Herr Professor, herzliche Grüße – ich noch besonders im Gedenken
an Ihren so glänzenden wie ergreifenden Aufsatz über Brockdorff-Rantzau.[25]
Ihr ergebener
Thomas Mann

Den Grüßen aus dem neuen Sommerheim folgten Neujahrswünsche, die auch Erinnerungen an Manns ruhmvolle Tage in Stockholm wachriefen:

VI.   München, 1. I. 31
Voriges Jahr an diesem Tage standen wir noch unter dem frischen Eindruck
der schönen Stockholmer Festtage. Und der Eindruck hat sich nicht verwischt,
und besonders Ihrer Person, lieber Herr Professor, gedenken wir in Herzlich-
keit! Nehmen Sie unsere besten Wünsche zum neuen Jahr!
Ihr sehr ergebener
Thomas Mann

Auf die Neujahrskarte, die er nicht an Bööks Privatadresse, sondern an die Schwedische Akademie schickte, folgte ein Brief, in dem er die Interessen Iwan Bunins verfocht, dessen Werk und Mut, der dazu gehört hatte, aus Sowjetrußland auszuwandern, er bereits in der ›Pariser Rechenschaft‹ gepriesen hatte:

---

24 Der langjährige Sekretär der Schwedischen Akademie (seit 1941), Anders Österling, hat über den Druck berichtet, dem er manchmal während seiner Amtszeit ausgesetzt war; ›Minnets vägar‹ (Stockholm, 1967), S. 243–254.
25 ›Brockdorff-Rantzau‹ in ›Furstar och rebeller: Historiska essayer‹ (Stockholm, 1930), S. 157–190. (SD, 28. Okt. 1929; deutsche Übersetzung in Zeitwende 6 [1930], H. 7.)

VII. (Maschinegeschrieben) München 27, den 13. I. 30.[26]
Poschingerstr. 1

Lieber und sehr verehrter Herr Professor:

In den letzten Monaten habe ich eine ganze Reihe von Briefen erhalten, die von der Voraussetzung ausgingen, ich hätte bei der Vergebung des Nobelpreises ein Vorschlagsrecht, und mir verschiedene Autoren empfahlen, zu deren Gunsten ich bei der Schwedischen Akademie dieses Recht geltend machen sollte. Es handelte sich dabei um deutsche Aspiranten, zum Teil aber auch um ausländische. In den letzten Monaten waren es namentlich in Paris und auch in Deutschland lebende Russen, die sich an mich wandten und zwar im Interesse Iwan Bunins, des Autors des ›Herrn aus San Franzisko‹ und mehrerer anderer sehr schöner Werke, die ihren Verfasser als hochbegabten Schüler Tolstois charakterisieren und ihm ja auch einen Namen verschafft haben, der weit über seinen eignen Kreis hinaus einen starken Klang besitzt. Der Hinweis auf ihn war regelmäßig mit der Aussage verbunden, es bestehe in Stockholm die Absicht oder doch die Neigung, den Preis im Jahre 31 einem Russen und zwar einem emigrierten Russen zuzuerkennen, und man habe dabei auch schon Bunin ins Auge gefaßt.

Ich wollte Sie nun vor allen Dingen bitten, mich einmal darüber zu informieren, wie es mit dem Vorschlagsrecht der bisherigen Laureaten eigentlich bestellt ist, ob es erstens überhaupt besteht, und ob es zweitens eine internationale Gültigkeit hat, oder sich nur auf das eigne Sprachgebiet erstreckt.[27] Ich möchte Sie mit diesen Zeilen eben nur um Aufklärung hierüber bitten und spare mir die Äußerung persönlicher Wünsche, bis ich im Klaren bin.

Ich habe noch immer Ihre ausgezeichnete Studie über den verstorbenen Brockdorff-Rantzau in dankbarer Erinnerung, und mein Bedauern darüber, daß im vorigen Jahr aus Ihrem Besuch in München nichts geworden ist, ist auch noch immer am Leben. Wir hoffen sehr, meine Frau und ich, daß Ihr Weg Sie dieses Jahr wieder gen Süden und diesmal über München führt, sodaß eine Bekanntschaft, auf die wir beide so großen Wert gelegt haben, durch ein neues Zusammensein belebt werden könnte.

Ihr sehr ergebener
Thomas Mann

Die Empfehlung Bunins sollte schließlich ihre Früchte tragen; er erhielt den Preis im Jahre 1933.[28]

Thomas Mann hat seine Privilegien als Berater, wenn man es so nennen darf, sicher nicht mißbraucht. Im nächsten noch erhaltenen Brief an Böök sucht er, dem Kritiker von Hermann Stehr abzuraten, dessen Wahl Was-

---

[26] Der Inhalt des Briefes macht klar, daß der Schreiber den Brief falsch datiert hat; er sollte das Jahr 1931 tragen.

[27] Thomas Mann wußte die Antwort wenigstens auf den ersten Teil der Frage aus seiner eigenen Erfahrung mit Gerhart Hauptmann.

[28] 1931 wurde er Erik Axel Karlfeldt posthum gegeben und 1932 John Galsworthy; die Wahl beider wurde von Böök wärmstens begrüßt.

ser auf die ideologische Mühle der Nationalsozialisten gewesen wäre.
Mann mag gefürchtet haben, daß Stehrs Kandidatur besonders gute Aussichten auf Erfolg hatte, einmal wegen der Unterstützung durch dessen
schlesischen Landsmann Hauptmann, andererseits aber auch, weil Mann
vermutete, daß Böök selbst eine gewisse Schwäche für Stehrs Œuvre
haben könnte. Als deutschen Ersatzkandidaten schlägt Mann Hermann
Hesse vor, ein Vorschlag, den er offensichtlich schon in einem früheren
(und verlorengegangenen) Brief gemacht hatte; Manns Worte von der
»größeren Weltfähigkeit und Überdeutschheit« Hesses sagen nicht nur
etwas über Hesses literarische Qualitäten aus, sondern auch über Thomas
Manns Besorgnis um Deutschlands geistiges Schicksal, falls Adolf Hitler
an die Macht kommen sollte:

VIII. (Maschinegeschrieben)   München 27, den 22. I. 33.
                                               Poschingerstr. 1
Lieber und sehr verehrter Herr Professor:
Erlauben Sie, daß ich mich in einer Angelegenheit an Sie wende, die mir
etwas das Herz bedrückt. Der Verlag Paul List in Leipzig, der das Lebenswerk Hermann Stehrs in seiner Obhut hat, machte mir neulich die Mitteilung, daß eine große Anzahl von literarisch maßgebenden deutschen Persönlichkeiten (darunter fast alle namhaften deutschen Literatur-Historiker)
übereingekommen seien, bei der Schwedischen Akademie die Krönung Hermann Stehrs mit dem Nobelpreis zu beantragen. Auch Gerhart Hauptmann,
wie ich höre, hat sich dem Antrag angeschlossen und man wird sogar den
Versuch machen, den Reichspräsidenten Hindenburg dafür zu gewinnen. Der
Verlag dringt mit großer Inständigkeit in mich, daß auch ich mich an dieser
Aktion beteilige und mich an die Seite Gerhart Hauptmanns stelle, da sonst
die Unterschriften-Sammlung, die gewiß auch ohne mich imposant ist, eine
Lücke aufweisen würde.
Nun weiß ich nicht, welche Empfänglichkeit für diesen deutschen Vorschlag
auf Seiten der Nobel-Kommission etwa besteht. Stehr ist gewiß eine bedeutende
und preiswürdige Erscheinung, und es bedeutet mir eine gewisse Verlegenheit, mich von einer, wie es scheint, national so einmütigen Aktion zu seinen
Gunsten auszuschließen. Dennoch müßte ich aus meinem Herzen eine Mör-
dergrube machen, wenn ich behaupten wollte, daß andere deutsche (und
zwar in ihrer Art mindestens ebenso deutsche) Dichter mir persönlich nicht
näher stünden, mich mehr entzückten, mir mehr den Wunsch eingäben, sie
vor aller Welt gekrönt zu sehen. Und an welchen Namen ich da denke, wissen Sie ja, denn ich habe schon vor Jahr und Tag meine Stimme für Hermann
Hesse, den Dichter des ›Steppenwolfes‹, der wundervollen Romandichtung
›Narziß und Goldmund‹ und der ›Morgenlandfahrt‹ – von ›Demian‹ und
›Camenzind‹ nicht zu reden – abgegeben, alles Werke, die eine tiefe Wirkung
in Deutschland, auf die deutsche Jugend, und auch im Ausland gehabt haben.
Auch die große Gefolgschaft, die jetzt der Aufruf für Stehr gefunden hat,

kann mich in meiner persönlichen Überzeugung von der höheren dichterischen Liebenswürdigkeit und auch von der größeren Weltfähigkeit und Überdeutschheit Hermann Hesses nicht erschüttern und mich nicht abbringen von der einmal abgegebenen Willensmeinung. Ich bitte Sie also, sich nicht zu wundern, wenn in der geplanten Eingabe mein Name fehlt. Dies Fehlen bedeutet, wie ich an den rührigen Verlag geschrieben habe, gewiß keine Geringschätzung für Stehr, aber der Kandidat meiner Wahl ist nun einmal nicht dieser etwas versponnene Gottesmann, sondern der mir durch seinen formalen Zauber und durch den Reiz seiner Mischung aus Romantik und modern-psychologischen Elementen ans Herz gewachsene Hermann Hesse. So viel, verehrter Herr Professor, zur Information über meine Haltung in dieser Frage. Vielleicht hat die Kommission ganz andere, Deutschland garnicht berührende Pläne, aber ich mußte für alle Fälle meine Seele salvieren.[29]

Mit den herzlichsten Grüßen und Empfehlungen, auch von meiner Frau,

Ihr ergebener
(Thomas Mann)

Stehr erhielt den Preis nicht. Nach den Ereignissen im März 1933 hätte die Verleihung an einen deutschen Schriftsteller von der Art Stehrs sehr leicht als eine Geste der Übereinstimmung mit dem neuen System in Deutschland gedeutet werden können. Die Wahl Bunins erfreute Mann, wie er Böök im Februar 1934 schrieb (s. Brief IX); jetzt, so fügte er hinzu, hoffe er auf die Wahl Hesses als einen Akt des Wohlwollens »dem älteren, wahren, reinen, geistigen, ewigen Deutschland« gegenüber.

Sowohl Mann wie Böök hatten sich in den ersten Monaten des Jahres 1933 auf Reisen begeben. Mann unternahm die Vortragsreise, die ihn ins Exil führte, und Böök, fasziniert von der Unruhe in dem Volk auf dem Kontinent, das ihm innerlich am nächsten stand, fuhr nach Süden. Es gelang ihm nach der Ankunft in Berlin, ein Interview bei Hitler zu erhalten, dem er die Gefahren anzudeuten versuchte, die ein programmatischer Antisemitismus für das neue System bedeuten würde.[30] Am 1. Mai, vor einer kurzen Reise nach Wien, das er »noch grauer, ärmer und schäbiger« als während seines ersten Besuches vor zehn Jahren fand, wurde er Zeuge der Rede, die der Führer für die Massen am Tempelhofer Feld hielt; nach der Rückkehr von der mit Wehmut umwitterten Reise nach Österreich war er bei der Bücherverbrennung am Opern-Platz durch die Berliner Studenten zugegen (»ein weihevolles Autodafé«). Die Essays

---

[29] In *Hermann Hesse/Thomas Mann*, ›Briefwechsel‹ (Frankfurt/Main, 1968) hat die Herausgeberin, Frau Anni Carlsson, den zweiten und dritten Absatz von Brief VIII (S. 214–215), die zwei Absätze, die Brief IX beschließen (S. 215) und die zwei abschließenden Absätze in Brief X (S. 215–216) wiedergegeben.

[30] S. Fredrik Böök, ›Oktober 1938: Berlin-Prag-Budapest‹ (Stockholm, 1938), S. 87 bis 88, und ›Tyskt väsen och svensk lösen‹ (Lund, 1940), S. 28–30.

von dieser Frühjahrsreise, die unter dem Titel ›*Hitlers tyskland maj 1933*‹ gesammelt wurden, erschienen noch vor Ende des Jahres in Stockholm als Buch; zur gleichen Zeit wurde eine englische Übersetzung, ›*Eyewitness in Germany*‹, in London veröffentlicht.[31] Die vier Aufsätze, die das neue System und dessen Führer im günstigsten Licht erscheinen ließen (›Der unbekannte Soldat‹, ›Der Arbeiter‹, ›Der nationalsozialistische Glaube‹ und ›Der Scheiterhaufen um Mitternacht‹),[32] wurden zusammen mit einem Nachwort von einem weiteren Besuch, ›Oktobergedanken‹, gegen Anfang des Jahres 1934 in der Reihe ›Das neue Reich‹ unter dem Titel ›*Hitlers Deutschland von außen gesehen*‹ in Deutschland herausgebracht.[33]

Am 24. Januar 1934 hatte Fredrik Böök an Mann geschrieben und hatte ›*Joseph und seine Brüder*‹ gelobt (Bööks Rezension der Bände ›*Die Geschichten Jaakobs*‹ und ›*Der junge Joseph*‹ sollten später im Jahr in ›SD‹ erscheinen), und vielleicht hatte er dem Brief ein Exemplar seiner jüngsten Veröffentlichungen über Adolf Hitlers Deutschland beigelegt. Der fragliche Punkt befindet sich im ersten Satz des zweiten Absatzes von Manns Brief. Beziehen sich die Worte »In dem Ihren habe ich sehr viel, mit dankbaren Empfindungen, gelesen ...« auf Bööks Brief oder ein beigelegtes Buch, mit »mein neues Buch« des vorangehenden Absatzes als Bezugspunkt?[34] Im letzteren Falle müßte man sich natürlich die Frage stellen, welches wohl das neue Buch gewesen sein könnte. Das abgerundetere Bild von Deutschland, das der schwedische Text der ersten Auflage geboten hätte, hätte Mann besseren Grund für den bemerkenswert versöhnlichen Ton seiner Antwort gegeben: aber Mann konnte Schwedisch nicht lesen (s. Brief X). Oder hat Böök wirklich gewagt, ein Exemplar der englischen Übersetzung oder die deutschen Auszüge an Mann zu schicken? Diese Möglichkeit erscheint unwahrscheinlich, vor allem wegen des Nachworts ›Postscript in October‹ (›Oktobergedanken‹), das einen gehässigen Abschnitt enthielt, der sich gegen die in der Emigration lebenden, mit der neuen Zeitschrift ›*Die Sammlung*‹ assoziierten Autoren richtete.

[31] Übers. von Elizabeth Sprigge und Claude Napier.
[32] Die Originaltitel waren: ›Den okände soldat‹, ›Arbetaren‹, ›Helbrägdagörelse genom tron‹ und ›Midnattsbålet‹.
[33] Hrsg. von Georg D. W. Callwey, München. Sowohl die englische Übersetzung von ›Hitlers Tyskland‹ wie auch die zweite Auflage der schwedischen Fassung (gedruckt 1934) enthalten das Nachwort (›Postscript in October‹, bzw. ›Oktoberreflexioner‹).
[34] Manns Satz: »Möge es Ihnen selbst zum Teil schon überholt erscheinen – das Wesentliche darin ist unüberholbar und höchst dankenswert –« würde ganz besonders auf ein Buch, nicht auf einen Brief aus Bööks Feder hinzuweisen scheinen.

»... das moralische Pathos, das hier hell und rein brennen sollte, ist schon dadurch kompromittiert, daß an der Spitze des Unternehmens Klaus Mann steht. Unter den Beschützern befinden sich Heinrich Mann, der Typus des perversen literarischen Hochverräters, André Gide, der nicht in jeder Hinsicht vertrauenerweckend ist, und Aldous Huxley, der – das müssen auch seine Bewunderer zugestehen – sich wenig dazu eignet, die Fahne des sittlichen Idealismus an der Spitze einer begeisterten Jugend zu erheben. Das ganze Unternehmen ist charakteristisch für den verdorbenen, zweideutigen und angefaulten Kulturbolschewismus ...« (S. 39).[35]

Und falls Böök sich unterstanden hätte, die deutschsprachige Broschüre an Thomas Mann zu schicken, scheint es wirklich kaum glaublich, daß Mann, wäre er bis zum letzten Stück gelangt, überhaupt noch an Böök geschrieben hätte, geschweige denn in einem so freundlichen Ton.
Es besteht freilich die Möglichkeit, daß Mann mit »In dem Ihren« Bööks Brief vom 24. Januar meint, in dem er sich ausführlich über die deutsche Lage ausgelassen haben mag, ohne Mann zu beleidigen. Was auch immer der Fall gewesen sein mag, Mann versuchte, mit liebenswürdiger Vernunft an Böök heranzutreten, war er doch zu jener Zeit ein politischer Flüchtling und bestrebt, Unterstützung oder wenigstens Verständnis für die gute Sache zu gewinnen, deren wichtigster Sprecher er werden sollte.
Außerdem war er sich nicht nur der Rolle Bööks bei der Auswahl der Nobelpreisträger bewußt, sondern kannte auch den Einfluß, den Böök auf die schwedische öffentliche Meinung ausübte. Man sollte diesen und den folgenden Brief an Böök mit Manns Korrespondenz mit dem pro-nazistisch eingestellten Ernst Bertram aus derselben Zeit vergleichen, wo Mann sich ungemein entschiedener gegen die neue Barbarei richtet und sehr viel weniger Nachsicht seinem Briefpartner gegenüber walten läßt – freilich kannte er Bertram besser als Böök. An Bertram schrieb er: »... ich weiß, daß Ihre seelische Spannkraft nie weit gereicht hat. Sie reicht jetzt so weit, daß Sie das mir von Grund aus Abscheuliche bejahen und verherrlichen und mich zugleich herzlich einladen, ebenfalls gemeinsame Sache damit zu machen. Ich kann diese Mahnungen nur als Äußerungen einer etwas gedankenlosen Gutmütigkeit empfinden« (*Thomas Mann an Ernst Bertram: ›Briefe aus den Jahren 1910–1955‹*, Pfullingen, 1960, S. 177–178, 19. XI. 1933). Mit Böök verfuhr er aus gutem Grunde liebenswürdiger:

---

[35] Freilich hat Thomas Mann nicht selbst für ›*Die Sammlung*‹ geschrieben, obwohl die Ausgabe vom Juni 1935 eine Geburtstagsehrung von Heinrich an ihn enthielt: ›Der Sechzigjährige‹.

IX.   Bern, den 4. II. 34

Lieber, verehrter Herr Professor,

Nur mit kurzen Worten kann ich Ihnen – auf einer recht anstrengenden Vortragsreise, die ich gerade absolviere – für Ihren Brief vom 24. Januar Dank sagen und für die Freundlichkeit, mit der Sie mein neues Buch aufgenommen, und die mich hoffen läßt, daß Sie den persönlich neuen Wegen, die ich darin gehe, geduldig folgen werden.

In dem Ihren habe ich schon viel, mit dankbaren Empfindungen, gelesen und werde, sobald ich zur Ruhe gekommen bin, wieder dazu greifen. Möge es Ihnen selbst zum Teil schon überholt erscheinen – das Wesentliche darin ist unüberholbar und höchst dankenswert: Ihre Sympathie für Deutschland, Ihr Mitgefühl mit diesem eigentümlichen, großartig unglücklichen Volk und Ihre Einsicht in die bittere Logik der Notwendigkeit dessen, was wir in ihm haben geschehen sehen. Wahrhaftig, ich will Ihnen, dem hochherzigen Fremden, in alledem nicht nachstehen! Ich bin, der ich bin, und meine Lage ist, wie sie ist. Aus keinem von beiden mache ich viel Wesens, sondern weiß wohl, daß mein Verhältnis zur »Deutschen Revolution« ungefähr dem des Erasmus zum Luthertum gleicht; man kann es nicht ganz negativ nennen, aber Verachtung des Rohen, bildungslos Fanatischen bestimmt es doch vorwiegend, und daß außerdem der niedrig rankünöse, der Rache-Charakter des Ganzen mich in tiefster Seele abstößt, will ich nicht leugnen.

Genug, ich schweige. Ich habe zu alledem kein Wort gesagt, weil die Entwicklung zu schnell geht, als daß nicht jedes Wort, das man sagt, morgen veraltet sein müßte, und weil ich nicht aus – im Goethischen Sinne – »pathologischem« Zustande heraus reden, urteilen, mich festlegen will. In Deutschland leben kann ich jetzt nicht. (Ich war übrigens zufällig schon draußen, als der Umsturz kam.) Das Ausland, Frankreich und die Schweiz, hat mich mit gesitteter Bereitwilligkeit aufgenommen, ich habe den Sommer mit den Meinen in der Provence verbracht, und seit dem Herbst leben wir in der Nähe Zürichs, dessen geistige Lebendigkeit und europäischen Horizont ich immer geschätzt habe. Ich hänge, so gut die Erregungen der Zeit es mir erlauben, meinen persönlichen Aufgaben nach. Aber so verschlossen ich mich in politischen Dingen nach außen halte, so sehr verlangt es mich, mit klugen und teilnehmenden Freunden darüber zu konversieren, und wenn wir Sie wirklich bald einmal bei uns in Küsnacht begrüßen könnten, so wäre uns das, meiner Frau und mir, eine große Freude.

Lassen Sie mich aber schon heute auf einen früher bereits ausgesprochenen Wunsch zurückkommen! Die Auszeichnung Iwan Bunins mit dem Nobel-Preis war mir eine reine Genugtuung. Ich fand die Wahl vortrefflich. Wenden Sie aber nun – gerade heute – den Preis wieder einmal einem Deutschen zu; und zwar keinem Gefangenen und Liebediener des »totalen Staates«, sondern einem Freien; krönen Sie damit das dichterische Lebenswerk H e r m a n n H e s s e s ! Er ist Schwabe von Geburt, Schweizer seiner staatlichen Zugehörigkeit nach, sein Wohnsitz ist Montagnola. Indem Sie ihn wählten, würden Sie die Schweiz zusammen mit dem älteren, wahren, reinen, geistigen, ewigen Deutschland ehren: die Welt würde das wohl verstehen, und auch das

Deutschland, das heute schweigt und leidet, würde es Ihnen von Herzen danken.

Wir sprechen vielleicht weiter darüber, wenn ich Sie sehen darf. Wir werden bis 1. Juli in Küsnacht bleiben, wo wir ein hübsches Haus gemietet haben. Für zwei Monate werden wir dann wohl ins Hochgebirge gehen.

Leben Sie recht wohl! Jene schönen Festtage von Stockholm sind auch mir eine immer nachwirkende, liebe Erinnerung.

Ihr ergebener
Thomas Mann

Am 11. Juni 1934 veröffentlichte Böök seinen langen Aufsatz über die ersten beiden Teile von ›*Joseph und seine Brüder*‹ in ›*SD*‹. So feindselig er gegen den ›*Zauberberg*‹ eingestellt gewesen war, so aufgeschlossen verhielt er sich nun diesen Werken gegenüber. Ersterem wird übrigens auch hier noch ein Hieb versetzt: er sei »in einem größeren Ausmaß mehr Analyse und Diskussion als ein richtiger Roman«. Im ›*Joseph*‹ seien jedoch Szenen, die »die Plötzlichkeit und Unmittelbarkeit der Beobachtung und Inspiration haben, die weder gedacht noch konstruiert sind, sondern eingegeben« (›undfången‹). »Thomas Mann ist der kontemplative und grübelnde Dichter, aber nichtsdestoweniger ein Dichter.« Freilich hat Thomas Manns »kunstreich reflektive, ironisch beherrschte [und] würdevolle Art der Beobachtung« ihre Mängel. Sein »allzu umständlicher Scharfsinn senkt die Temperatur und verlangsamt den Puls ... Deshalb kommen die poetischen und religiösen Elemente im Vergleich zu dem rational-realistischen und ironisch-zynischen Zug in dem Roman zu kurz. Thomas Mann ist weder blind noch einäugig, aber die eine Seite seines Gesichtsfeldes erscheint in einer grauen, unscharfen, sozusagen verschleierten Form.« Vielleicht werde sich sein Sehvermögen im dritten Teil des Romans erweitern, »vielleicht wird sich der Dichter Thomas Mann wieder zu jenen Höhen aufschwingen, die sein sind, und uns Jakobs und Josephs Antlitz in einem scharfen und nüchternen Licht von außen her, aber zugleich vom Feuer der Seele durchglüht zeigen«. Dann beendet Böök seinen Aufsatz mit einem Abschnitt – dem einzigen Abschnitt dieser Art in dem gesamten Kommentar – der als eine Stellungnahme zu der Zeit aufgefaßt werden kann: »Falls diese Verdunkelung nicht gänzlich vorübergehen sollte, dann trifft das Verschulden nicht allein den Dichter. In dem aschfahlen Zwielicht, das über der Welt liegt, flackern alle Lichter bleich.« Bedeutet dieser Abschnitt, daß Böök Verständnis für Mann in seinem Exil findet? Man sollte nicht außer acht lassen, daß Bööks Enthusiasmus für den Nazismus im Frühjahr und Sommer 1934 merklich abgenommen hatte, großenteils, weil die Regierung

ihr rassisches und religiöses Programm in die Praxis umsetzte, und wegen
der Gewaltsamkeit, mit der sie sich ihrer Gegner entledigte. Beim Besuch
des Saarlandes im folgenden September schrieb Böök: » Von allen Fehlern
und Torheiten, die den Weg des deutschen Nationalsozialismus bezeichnen, hat fast nichts einen tieferen Eindruck gemacht als der Kampf gegen
die Kirche und die Verfolgung der Katholiken. Die schrecklichen Mord-
szenen des 30. Juni bedeuten natürlich im allgemeinen eine verhängnisvolle Belastung für das Hitler-Regime, sowohl im Deutschland wie auch
im Ausland ...«[36] Daß diese Enttäuschung auf seiten Bööks nur vorübergehend war, wird sich an Hand des Vertrauensvotums erweisen,
das er Deutschland bei seinem Besuch im Jahre 1937 gab, und durch die
Begeisterung, mit der er den Anschluß Österreichs im Jahre 1938 begrüßte.

Während der kurzfristigen Abkühlung seiner Liebe zu dem neuen
Deutschland sandte Böök eine Abschrift seiner langen Rezension an
Thomas Mann. Manns Antwort – der letzte seiner erhalten gebliebenen
Briefe an Böök – ist in seinem Ton kühler und unabhängiger als sein
Vorgänger vom 4. Februar. Man könnte tatsächlich vermuten, daß der
Verfasser sein »ironisch-zynisches« Talent auf den schwedischen Brief-
partner anwendet: nämlich in der Annahme, daß die Rezension das Buch
nicht völlig ablehne, »da Sie mir selbst den Aufsatz übersandten ...«, in
der Behauptung – die nicht ganz glaubhaft ist – daß Thomas Mann in
Zürich keinen schwedischen Übersetzer habe finden können, und schließ-
lich in dem Übergang von der Diskussion eines Buches über die biblischen
Juden auf das Schicksal eines zeitgenössischen jüdischen Schriftstellers.
Der Brief enthält dann Manns nochmalige Fürsprache für Hermann Hesse
und einen unverschleierten Hinweis auf die weitgreifende Bedeutung,
die man Hesses Wahl beilegen würde. Manns letzter Absatz kann als
Abschied an einen Menschen gesehen werden, dessen »eigenes inneres
Verhalten zu dem gegenwärtigen Deutschland« Thomas Mann vielleicht
besser kannte, als ihm lieb war oder als er zuzugeben bereit war.

> X. (Maschinegeschrieben)   Küsnacht-Zürich, den 18. VII. 34
>   Schiedhaldenstraße 33
> Sehr verehrter Herr Professor:
> Noch immer schulde ich Ihnen meinen Dank für die freundliche Übersendung
> Ihres großen Aufsatzes im *Svenska Dagbladet* über meinen Josephs-Roman.
> Lange habe ich das Blatt in der Hand gehalten, mit Tantalusgefühlen, das
> muß ich hinzufügen, denn die Sprache hängt einen so dichten Schleier vor

---

[36] ›*Resa till Saar och Paris över Elsass*‹ (Stockholm, 1935), S. 29.

Ihre Äußerungen über mein Buch, daß sie mir so gut wie unzugänglich sind. Wahrhaftig, ich hätte nicht gedacht, daß ich so wenig Schwedisch verstehe. Da Sie mir selbst den Aufsatz übersandten, ist nicht wohl anzunehmen, daß er einer völligen Verurteilung seines Gegenstandes gleichkommt; was ich zu erraten glaube, ist, daß Sie die untersuchenden und pseudo-essayistischen Partieen des Buches als unkünstlerisch ablehnen; aber auch das ist mehr eine Vermutung von mir, die eher aus schlechtem Gewissen stammt, wenn Sie wollen, als aus wirklicher Einsicht. Ich habe in diesen Wochen vergebens gesucht, hier einen Übersetzer für den Aufsatz zu finden, den auf mich wirken zu lassen mich doch so sehr verlangt. Wäre es nicht möglich, daß einer Ihrer Schüler mir vielleicht wenigstens einen Auszug daraus in deutscher Sprache machte? –

Lassen Sie mich nun heute noch in einer anderen Sache Sie befragen, die nicht die meine ist, die mir aber gewissermaßen am Herzen liegt. Sie wissen, kürzlich ist Jakob Wassermann gestorben, unter recht traurigen Umständen, denn seine letzte Lebenszeit, ohnedies schwer verdüstert durch unglückliche Familienverhältnisse (er war von seiner ersten Frau unter sehr schwierigen und ihn belastenden Umständen geschieden), war durch die deutschen Ereignisse, die ihn als deutschen Schriftsteller ausschalteten und ihm jede Wirkungsmöglichkeit nahmen, in tiefe Melancholie und Hoffnungslosigkeit gehüllt. Auch seine materielle Lage war infolge dieser Umstände schon zu seinen Lebzeiten zerrüttet, und seine hinterlassene Familie befindet sich in einer nahezu verzweifelten Situation, besonders die Kinder aus erster Ehe; denn seine zweite Frau, die ja selbst produktiv ist, kann zur Not wohl für ihren kleinen Sohn sorgen.[37]

Die literarische Stellung, die Wassermann einnahm, legt die Vermutung nahe, daß er wohl über kurz oder lang einmal für den Nobelpreis in Betracht gekommen wäre, und dies könnte vielleicht eine gewisse tätige Anteilnahme der schwedischen Akademie und der Verwaltung des Nobel-Fonds an den, wie gesagt, trostlosen wirtschaftlichen Umständen seiner Familie rechtfertigen. Jedenfalls ist mir der Gedanke nahe gelegt worden, und ich wollte auf keinen Fall versäumen, ihn an Sie, sehr verehrter Herr Professor, heranzutragen mit der Bitte, mir zu sagen, ob in der erwähnten Beziehung irgend welche Möglichkeiten und Aussichten bestehen und was für Schritte Sie im gegebenen Falle empfehlen würden. –

Da ich vom Nobelpreis spreche, regt sich wieder mein Interesse für die weitere Vergebung dieser großen Auszeichnung, und meine Neugier, wohin sie demnächst wohl treffen wird, ist lebhaft.[38] Möglichkeiten bietet ja Frankreich, aber meine Aufmerksamkeit richtet sich begreiflicher Weise auf mein

---

[37] Thomas Mann war durch das Schicksal Wassermanns zutiefst erschüttert worden, was er im Brief vom 8. Januar 1934 an René Schickele beschreibt (›*Briefe 1889–1936*‹, S. 346): »Die Todesnachricht war mir, ohne daß ich es gleich gemerkt hätte, ein solcher Choc, daß ich mich noch heute nicht davon erholt habe ...« Und an Hermann Hesse am 1. März (*Hesse/Mann*, ›Briefwechsel‹, S. 43): »Er kam aus Dunkelheit und Not, brachte es zu großem Glück, Reichtum, Ruhm und ging dann wieder ins Elend unter.«

[38] Der Empfänger war bekanntlich Luigi Pirandello.

eigenes Sprachgebiet, und Sie wissen ja und ich möchte es Ihnen in Erinnerung bringen dürfen, wem ich unter meinen deutschen Kollegen den Preis am meisten gönne. Es ist Hermann Hesse – dessen Werk in seiner oft zauberhaften Mischung modern-psychologischer und traditioneller Elemente ein so liebenswertes Stück Deutschland außerhalb der politischen und sogar der Sprachgrenze Deutschlands repräsentiert. Sie werden verstehen, warum mir mein schon unter anderen Umständen gemachter Vorschlag heute noch sinnvoller scheint und noch mehr am Herzen liegt. Man würde etwas echt und unzweifelhaft Deutsches vor der Welt ehren und krönen, ohne sich dem Mißverständnis auszusetzen, daß man etwas anderes mit zu ehren und zu krönen beabsichtige, – ein Mißverständnis, das bei jeder Zuteilung des Preises an ein Mitglied der heutigen Berliner Dichter-Akademie unvermeidlich wäre.

Ich muß sehr hoffen, verehrter Herr Professor, daß Sie diese meine Bemerkungen nicht als vorwitzig empfinden. Es spricht daraus, in Liebe und Haß, mein deutsches Herz. Ihr eigenes inneres Verhalten zu dem gegenwärtigen Deutschland kenne ich nicht. Das meine deutet sich vor aller Welt in der Tatsache an, daß ich unter Verzicht auf meine gewohnte Lebensbasis mich außerhalb der Reichsgrenzen halte. Ich tue gut daran, denn es ist eine schlichte und allgemein anerkannte Gewißheit, daß ich anderen Falles nicht mehr am Leben wäre.

Mit herzlicher Begrüßung
Ihr sehr ergebener
(Thomas Mann)

In seiner Beschreibung der Bücherverbrennung in Berlin hatte Böök bemerkt: »Remarque und Heinrich Mann wurden gleichfalls mit besonderer Wärme begrüßt; in diesem Fall spielten also keine Rassengefühle mit. Thomas Manns Name kam dagegen ebensowenig vor wie seine Bücher.«[39] Diese Auslassung schien Böök mit Erleichterung zu erfüllen. In seinem beharrlichen Verweilen bei dem patriotischen Mann des *Friedrich und die große Koalition* und den *Betrachtungen eines Unpolitischen* kann man annehmen, daß er gehofft hatte, Mann werde die Vorzüge des neuen Systems erkennen und sich der Aufnahme darin würdig erweisen. Sein Brief vom 24. Februar 1934 (welches Bööksche Werk auch immer beigelegen haben mag) und die Übersendung des Aufsatzes über die Joseph-Romane mögen als Mittel zur Belehrung Thomas Manns gedacht gewesen sein. Trotz aller Verachtung für die Pädagogenzunft, zu der er gehört hatte und deren Professorentitel er nach schwedischer Sitte auch stolz trug, fühlte Böök im Leben und in seiner Arbeit den Drang, ein Schulmeister zu sein. Knut Jaensson, der Kommentator zu Bööks Kri-

---

[39] *Hitlers Deutschland von außen gesehen*, S. 32.

tiker-Karriere, schrieb: »der Schulmeister folgt ihm wie ein Schatten. E r ist es fast immer, der das Wissen um die großen Wahrheiten besitzt, e r fast immer der, der sie ganz gehörig einhämmert, fast immer e r, der die Zensuren verteilen muß.«[40] Was hätte er sich darauf einbilden können (der Gedanke sollte für einen, der dachte, er könne den Gang der europäischen Politik in Interviews mit Adolf Hitler und später mit Eduard Beneš ändern, nicht überraschen), wenn es ihm gelungen wäre, Thomas Mann für das wiederzugewinnen, was Fredrik Böök für Deutschland und was Fredrik Böök für Kunst hielt.

Mann und Böök gaben ihre Bemühungen auf – und das ziemlich bald – sich gegenseitig zu überzeugen, Bemühungen, die sie als zwecklos einsahen. ›Leiden an Deutschland‹ bietet ein hinreichend vollständiges Zeugnis von Manns wachsendem Ekel gegen Hitlers Deutschland und gegen jene Ausländer, ganz zu schweigen von den Einheimischen, die »geistig und moralisch krüppelhafte Gewaltmenschen« im Namen von Deutschlands Rettung verteidigen. Man beachte seine Worte vom 25. Juli 1934 über Knut Hamsun, die er nur eine Woche nach seinem letzten Brief an Böök niederschrieb: »Diese Banditen und das niedergeworfene Volk unter dem Namen ›Deutschland‹ zusammenzufassen, ist das schlimmste Zugeständnis, das man jenen machen kann. Aber es geschieht unaufhörlich, innen und außen« (›Gesammelte Werke‹, XII, 745). Was Böök betrifft, so untersuchte er den Fall Mann noch einmal im siebten Band von ›Bonniers illustrerade litteraturhistoria: Tysk litteratur mellan romantiken och naturalismen‹ (1935)[41] und ließ gütigerweise die Spalte für die Schlußnote frei. Seine Meinung über ›Buddenbrooks‹ bleibt sich gleich und wird genauso ausführlich dargelegt wie in der Havenstein-Rezension und der Nobelpreisrede. Das Gleiche gilt für die frühen Novellensammlungen. Obwohl Thomas Mann »von einem rein persönlichen Standpunkt aus zu den reinen K ü n s t l e r n, zu den Anbetern der Kunst gehört, wie sein Bruder Heinrich Mann, wie Wassermann und Hofmannsthal und die Jugend der Neunzigerjahre«, so sieht man, daß »der Ästhetizismus ... über seine eigenen Beschränktheiten triumphiert«. Unter Heranziehung von Tonio Kröger, seinem Paradebeispiel, bringt Böök sein Lieblingszitat aus dem gesamten Werk Thomas Manns, dasselbe, mit dem er in freier Wiedergabe seine Nobelpreisrede beschlossen hatte:[42] »›Denn wenn

---

[40] Jaensson, S. 67.   [41] S. 233 und S. 245–249.
[42] »Sie haben die Hoheit der Dichtung und des Geistes mit der sehnsüchtigen Liebe zu dem Menschlichen, zum einfachen Leben, vereinigt ...« (›Les prix Nobel en 1929‹, S. 54).

irgend etwas imstande ist, aus einem Literaten einen Dichter zu machen,
so ist es diese meine Bürgerliebe zum Menschlichen, Lebendigen und
Gewöhnlichen ...‹.« In Manns folgendem Werk »ist diese harmonische
Vereinigung des Auswärts- und Einwärts-Gerichteten kaum auf eine
ebenso glückliche und freie Art erreicht worden«: die späteren Novellen –
›*Der Tod in Venedig*‹ ist die einzige mit dem Titel angeführte – seien
ausgezeichnete und feine Kunstwerke, aber ihr Hauptinteresse liege in
der philosophischen Dialektik. Auf den ›*Zauberberg*‹ wird ein einziger
Satz verwendet. Wie vorauszusehen war, sagt Böök, daß »die Roman-
handlung bloß den Rahmen um die langen, scharfsinnigen, aber ganz
abstrakten Diskussionen über die Probleme bildet, die wie Wunden im
Licht der Erfahrungen des Krieges und der Krisenjahre aufbrachen«. In
den Joseph-Romanen »hat Mann endlich einen Weg zurück zum objektiv
geformten Kunstwerk gesucht ...; aber auch hier nehmen die analyti-
schen und diskursiven Elemente einen großen Raum ein«. ›*Königliche
Hoheit*‹, für Böök der mit Schwächen behaftete Favorit unter den Erzähl-
werken Manns, wird mit einer erweiterten Wiederholung der Analyse
bedacht, die bereits in der Nobelpreisrede geboten wurde; der Roman sei
»ein philosophisches Märchen«, das Manns zentrales Problem zum Thema
habe, den »Widerstreit zwischen der rein formalen, nicht-objektiven und
erhaben-schmückenden Existenz des Künstlers und der aktiven Alltagswelt der Arbeit. Aber die Lösung ist positiv: Das aristokratische und das
demokratische Prinzip werden kühn in einem entsagungsvollen Streben
nach den besten Zielen der Menschheit vereint; ›Hoheit und Liebe‹ sind
durch ›ein strenges Glück‹ verbunden ...« Bööks Schwulst ist eine Vor-
ausweisung auf den Schlußabschnitt, der aus Thomas Mann einen vor-
bereitenden Exponenten eines der beliebtesten Losungsworte des Nationalsozialismus machen will: »... man kann behaupten, daß hier der
moderne Individualismus zugunsten jenes menschlichen Gefühls der Ein-
heirat, der Volksgemeinschaft, überwunden wird.« Nach einigen bereits
vertrauten Lobesworten für den Aufsatz über Friedrich den Großen und
die ›*Betrachtungen eines Unpolitischen*‹ beschreibt Böök dann kurz
Manns öffentliche Entwicklung seit 1918 (»er näherte sich republikani-
schen und parlamentarischen Idealen immer enger und entwickelte sich
schließlich zu einem Sozialdemokraten«, und betont dann zusammenfassend die Bezeichnung, die Mann sich einst selbst gegeben hat, die eines
unpolitischen Menschen. In dieser Eigenschaft folge er (Mann) der Tradition von Weimar und des deutschen Klassizismus. Und »der nationale,
politisch starke Staat hatte verhältnismäßig schwache Verbindungen zur

deutschen Geistesstruktur; die Frage, ob diese zwei Faktoren voneinander isoliert fortbestehen können, scheint das deutsche Zukunftsproblem zu sein.« Ein aufmerksamer Leser dieser Zeilen konnte zu dem Schluß kommen, daß Böök damit zeigen wollte, wie wenig Thomas Mann in seinem gegenwärtigen Stadium von der Politik verstehe. Der gleiche Leser konnte jedoch auch erraten, daß Bööks Meinung nach sowohl der Staat wie auch der Künstler versuchen sollten, ihrer Isolation zu entrinnen. Mann wurde sicherlich von Böök nicht ganz und gar verworfen, man darf aber nicht vergessen, daß Böök einen Teil einer allgemeinen Literaturgeschichte schrieb und sich zweifellos eine gewisse Zurückhaltung auferlegte, einerseits weil es sich um eine enzyklopädische Reihe handelte, aber auch mit Rücksicht auf die anderen Verfasser, Claes Lindskog und Otto Sylwan[43]. Auch schrieb er seinen Beitrag während jener oben schon erwähnten Periode der Unschlüssigkeit über den Nationalismus. 1937 hatte sich seine Meinung über Hitlers Deutschland wieder geändert. Im Sommer dieses Jahres unternahm er voll Bewunderung eine Reise nach Belgien über Deutschlands Autobahnen, in der Folge beschrieben in ›Bil till Belgien‹, und widmete Deutschland mehr als die Hälfte des Geschriebenen. Beim Anblick der Bremischen Patrizierhäuser wurde er an Lübeck und an dessen größten Sohn erinnert: »Etwas von den soliden und ansprechenden Eigenschaften der bürgerlichen Tradition des 19. Jahrhunderts, die Thomas Mann in ›Buddenbrooks‹ nachgezeichnet hat, war in der Luft über Bremen, aber ohne die darunterliegenden angekränkelten Töne und die Atmosphäre des Verfalls.« Soll diese Bemerkung bedeuten, daß Mann, der »von einem rein persönlichen Standpunkt aus« zu einer Gruppe von Künstlern wie Heinrich Mann, Wassermann und Hofmannsthal gehörte, selbst angefault war? Der Satz ist zweideutig und vielsagend.[44] Von Bremen, dessen Atlantis-Haus in der Böttcherstraße, wie Böök voll Freude mitteilt, vom Dritten Reich als künstlerische Verirrung verworfen worden war, begab sich der Reisende weiter nach Düsseldorf mit seinem Leo Schlageter-Denkmal und nach Belgien mit seinem zum Faschismus neigenden flämischen Separatismus. Bööks Weiterentwicklung als Beobachter Nazi-Deutschlands kann in seinem Buch ›Oktober 1938: Berlin–Prag–Budapest‹ und anderswo verfolgt werden.[45] Er war

---

[43] Hat Fredrik Böök je wirklich ›Unordnung und frühes Leid‹ und ›Mario und der Zauberer‹ gelesen? Böök war kein Mensch, der über ein Buch schwieg, wenn er es gelesen hatte.

[44] ›Bil till Belgien‹ (Stockholm, 1937), S. 53.

[45] S. Åke Thulstrup, ›Fredrik Böök som politisk skriftställare‹ (Stockholm, 1941), S. 79 ff.

über die Annexion Österreichs und das Münchner Abkommen erfreut, aber über die Ausschreitungen gegen die Juden im November 1938 und die Besetzung der Rest-Tschechoslowakei im März 1939 bestürzt. Aber schließlich war er imstande, sich nicht nur mit diesen Verbrechen, sondern auch mit dem Einfall in Polen und, trotz all seiner Liebe zur dänischen Kultur, auch mit der Besetzung Dänemarks abzufinden. (Sein Interesse an der norwegischen Kultur wie auch die Anteilnahme am politischen Schicksal des Landes waren überraschend lau.) Am 4. Oktober 1940, in seiner Ansprache zum Tegnér-Tag vor den Studenten von Lund wies er hin auf jenen »großen und unvermeidlichen Prozeß, aus dem neue Grundlagen und eine neue Schöpfung hervorgehen«; und in seinem kleinen Buch ›Tyskt väsen och svensk lösen‹, das im selben Jahr veröffentlicht wurde, schrieb er:

> »Unter Hitlers Führung schreitet das deutsche Volk jetzt den heroischen, kriegerischen Pfad zu diesem Ziel hin [zu einer Situation, die dem deutschen Volk und allen europäischen Völkern L e b e n s r a u m geben wird], und fromme Wünsche werden keine Bedeutung mehr haben. Während des blutigen und erbarmungslosen Zweikampfes, in dem die Existenz großer Staaten und Reiche auf dem Spiel steht, sind Dänemark und Norwegen in die Verwicklung gezogen und besetzt worden ... Wir erwarten und glauben, daß das Dänemark gegebene Versprechen gehalten werden wird, daß die Methoden, die man in Norwegen anwendet, die Wunden nicht vergiften werden, daß die Lebens- und Kulturformen im gesamten Norden, der eine besondere und vitale Funktion im Wesen der germanischen Rasse ausgeübt hat, unberührt gelassen werden. Und falls unsere eigene Freiheit und Unabhängigkeit angegriffen wird, werden wir uns wehren, ganz gleich, ob wir große oder kleine Aussichten auf Erfolg haben. Da befindet sich die deutlichste Grenze, die nicht übertreten werden darf, auch wir haben unseren Mythos, unsere nationale Ideologie, geschaffen von unserem Gefühl und unserem Willen; ein kühnes Volk, das sich selbst gegen eine überwältigende Feindesmacht erhoben hat, wird das verstehen. Das ist die Neutralitätspolitik des schwedischen Volkes.«[46]

Die deutsche Regierung beschloß natürlich, eine solche Neutralität nicht zu verletzen. Mit solchen Erklärungen konnte der Freund Deutschlands und der schwedische Patriot beides haben, das Entweder und das Oder. Um die Mitte des Krieges begann das, was Herbert Tingsten die Suche nach dem Alibi nannte (und Alibis waren zur Hand: die obige Erörterung möge als Bestätigung dienen).[47]

In der Geschichte von Thomas Mann und Fredrik Böök gibt es so etwas

---

[46] S. 43–44.
[47] Herbert Tingsten, ›På jakt efter alibin‹ in ›Argument‹ (Stockholm, 1948), S. 267 bis 272.

wie ein Happy-End. Im Jahre 1946 wurde Hermann Hesse, für den Mann sich so oft eingesetzt hatte, der Nobelpreis für Literatur zuerkannt. Darf man annehmen, daß Deutschlands bewährter Freund in Schweden – wenn auch freilich ein bißchen verspätet – beschlossen hatte, jenen älteren deutschen intellektuellen und geistigen Werten, auf die Thomas Mann beim Beginn des Dritten Reiches hingewiesen hatte, seinen Tribut zu zollen? Dann veröffentlichte Thomas Mann 1947 ›*Doktor Faustus*‹, einen Roman, der zahlreiche Anklänge an einen Lieblingsautor Bööks enthält, an Hans Christian Andersen;[48] gleich nach dessen Erscheinen wurde Anni Carlsson, die 1943 Bööks Andersen-Biographie ins Deutsche übersetzt hatte, dazu angeregt, Thomas Mann ein Exemplar ihres Werkes als Weihnachtsgeschenk zu senden. Mann antwortete Frau Carlsson mit Worten des Dankes sowohl für ihre Arbeit als auch die Bööks; in ihrem Brief vom 30. Januar 1948 an Böök zitierte Frau Carlsson aus Manns Beschreibung von Bööks Buch wie folgt: »diese mit leichter Hand vollbrachte, kluge, humor- und liebevolle Darstellung eines schmerzlichen und wunderbar gesegneten Dichtererdenwallens... Ich liebe ihre Wahrheit, ihr Erbarmen, ihr Lächeln und ihre Bewunderung, die ich so sehr teile.«[49] Die Worte über das Andersen-Buch müssen die Unterhaltung zwischen den beiden Männern beträchtlich erleichtert haben, als Mann am 31. Mai 1949 ein Ehrendoktorhut in Lund überreicht wurde.

Thomas Mann und Fredrik Böök sind aneinander vorbeigegangen, ohne sich gegenseitig mit den geistigen Schätzen, die ein jeder besaß, beschenken zu können. Entfernung und Zufall trennten sie natürlich, aber hätte Böök nicht seine starrköpfigen künstlerischen und politischen Ansichten gehabt, seine Forderung nach ›g e s u n d e r‹ Literatur und einem rein erzählenden Roman und seine Bewunderung für Nazi-Deutschland, so hätte höchstwahrscheinlich ein fruchtbarer Briefwechsel zwischen ihnen begonnen. Doch war es nicht allein Bööks Schuld. Durch die Sprache von Böök getrennt (der größte Teil von Bööks Werk war ihm einfach unzugänglich), hatte Mann nur bei der Andersen-Biographie die Möglichkeit, etwas über Bööks bemerkenswerte Qualitäten als Literaturwissenschaftler und Kritiker auf dem Gebiet der Skandinavistik, auf dem Böök ein Meister war, zu erfahren: man muß annehmen, daß Mann nichts von Bööks Büchern über Tegnér und Stagnelius oder von seinen Aufsätzen über Themen aus der schwedischen Literatur wußte. Für Mann war Böök

---

[48] S. Henri Plard, ›Souvenirs d'Andersen chez Thomas Mann‹, ›*Orbis Litterarum*‹ 22 (1967): 129–139.
[49] Brief im Fredrik Böök Archiv, Universitätsbibliothek Lund.

ein Machtfaktor in der Welt der Literaturpolitik und ein Journalist, der
die öffentliche Meinung in Schweden entscheidend beeinflußte; Böök
wußte, trotz aller Nörgelei, daß Mann ein großer Künstler war.

Man fühlt sich natürlich versucht zu spekulieren, was sie sich gegenseitig
hätten geben können, wenn ihre Verbindung unter einem günstigeren
Stern gestanden hätte. Beide waren echte Söhne des 19. Jahrhunderts,
beide waren früh erfolgreich, beide fanden Gefallen an der hohen Stellung, die sie so schnell erreichten, beide fühlten sich zur akademischen
Welt hingezogen, aber standen ihr mit spöttischem Mißtrauen gegenüber, beide verkehrten gern mit den großen Gestalten des öffentlichen
Lebens und beide waren bereit, die Meinung auf Gebieten zu beeinflussen, die weit jenseits ihrer besonderen Talente lagen. Und nach ihrer
Meinungsverschiedenheit über das Dritte Reich hätten sie wohl wieder
eine gemeinsame Grundlage gefunden. Als Kinder einer liberalen Welt
und glückliche Genießer ihrer Vorrechte wurden sie dennoch, theoretisch,
wenn nicht in der Praxis, zu den Lehren kapitalistischer Sünden und ge-
planter wirtschaftlicher Erlösung hingezogen. Manns Sympathisieren mit
dem Kommunismus kam schon früh zum Ausdruck, z. B. in dem wohl-
bekannten Brief aus dem Jahre 1919 an Josef Ponten: »Der ›Kommunismus‹, wie ich ihn verstehe, enthält viel Gutes und Menschliches. Sein
Ziel ist am Ende Auflösung des Staates überhaupt, der immer Machtstaat
sein wird, die Vermenschlichung und Entgiftung der Welt durch ihre Ent-
politisierung« (Briefe 1889–1936, S. 158) und erreichte seinen ersten
Höhepunkt in der Erklärung in ›Kultur und Sozialismus‹ von 1928, eine
Erklärung, die im Osten nicht unentdeckt geblieben ist: »Was not täte, was
endgültig deutsch sein könnte, wäre ein Bund und Pakt der konservativen
Kulturidee mit dem revolutionären Gesellschaftsgedanken, zwischen
Griechenland und Moskau, um es pointiert zu sagen – schon einmal habe
ich dies auf die Spitze zu stellen versucht. Ich sagte, gut werde es erst
stehen um Deutschland, und dieses werde ich selbst gefunden haben,
wenn Karl Marx den Friedrich Hölderlin gelesen haben werde« (›Gesammelte Werke‹, XII, 649). Bööks Ausflüge in das Vorland des Marxismus
begannen ein bißchen später; er bedauerte die Verbrennung der Werke
Marx' in Berlin (». . . ich muß gestehen, daß die Form, die der undeutsche
Geist im ›Kapital‹ angenommen hat, für mich ein großes Interesse besitzt
und ein so wichtiges Glied im Streben nach wissenschaftlicher Wahrheit
bildet, daß ich nicht an die Lebenskraft der moralisch-politischen Revolution glaube, die meint, das Werk ignorieren zu dürfen«[50]); er dachte

---

[50] ›Hitlers Deutschland von außen‹, S. 34.

über die Rolle von Marx in Schweden nach in ›*Det rika och fattiga Sverige*‹ (1936) und betonte (oder überbetonte sogar) die soziale Bürde Andersens in der ›*Levnadsteckning*‹ (1938). In ›*Oktober 1938*‹ schließt er, während er einen großen Teil der Schuld für die antisemitischen Ausschreitungen in Deutschland auf die Westmächte schiebt und Befriedigung über die Verstümmelung der Tschechoslowakei ausdrückt, die Feststellung ein: »Proletarischer Klassenhaß kann nicht mit faschistischem Terror erfolgreich bekämpft werden . . ., nicht mit antimarxistischer Propaganda und im allgemeinen nicht durch Worte oder Taten, sondern durch einen echten Ausgleich der unmenschlichen Gegensätze zwischen Reich und Arm . . .«[51] Nach den religiösen und rassischen Grundsätzen des Nationalsozialismus war Böök vor allem wenig über dessen Haß gegen den Marxismus erfreut, und neben der Wiederherstellung des deutschen Nationalbildes und der deutschen Stärke begrüßte er am meisten die Elemente der Sozialreform, die dieser von anderen totalitären Programmen entliehen hatte.

Mann und Böök kamen einer fruchtbaren Debatte über die Rolle des Marxismus und der Sowjetunion in Europa am nächsten, so kann man annehmen, als Mann Bööks Aufsatz über Graf Ulrich von Brockdorff-Rantzau, den ›roten‹ Adeligen von Schleswig erhielt, der als erster Botschafter der Deutschen Republik in der Sowjetunion ein Rapprochement zwischen den beiden Mächten herbeizuführen versuchte. Der Aufsatz,[52] von Mann in seinem Briefwechsel mit Böök zweimal erwähnt, spricht von Brockdorff-Rantzaus Hoffnung, daß »Deutschland und Rußland mit vereinten Kräften die Vorherrschaft der Entente durchbrechen und das Gefängnis von Versailles zerschlagen würden.« Der Möchtegern-Romancier Böök zieht in der Szene am Sterbebett des Grafen alle Register; der Sterbende schickt eine männlich-ermunternde Schlußbotschaft an Tschitscherin und Litwinow, und nimmt dann von seinen Angehörigen Abschied, indem er nur eines bedauert – daß sein Hinscheiden die Engländer und Franzosen erfreuen wird. Die Tatsache, daß Böök den Aufsatz schrieb und er Mann gefiel, bedeutet natürlich nicht, daß sie irgendwie ›Kryptokommunisten‹ waren, ebensowenig wie Brockdorff-Rantzau selbst. Sie hatten jedoch die Erkenntnis von der lebenswichtigen Bedeutung des Verhältnisses zwischen Rußland und Deutschland gemeinsam (obwohl dieser

---

[51] S. 140.

[52] Böök war selbst so von dem Thema fasziniert, daß er ein Pendant zu seinem Aufsatz schrieb, betitelt ›Annettenhöhe och Brockdorff-Rantzau‹, nachdem er im Sommer 1930 den Landsitz des verstorbenen Adeligen in der Nähe von Schleswig besucht hatte. S. ›*Resa till Friedrichsruh*‹ (Stockholm, 1930), S. 121–134.

Gedanke bis zum Schluß, besonders im Falle Bööks, durch eine Furcht vor
den ›östlichen Horden‹ und ihre Barbareien abgeschwächt wurde),[53] und
sie waren sich ebenfalls der Bedeutsamkeit des Marxismus bewußt (obwohl sie – der geborene ›Grand Seigneur‹ und der ›Grand Seigneur‹ aus
eigener Kraft – wieder einmal nicht ganz in das marxistische Schema ein-
geordnet werden konnten). In der Tat ist es ihre Einsicht und ihr Zögern
über diesen Punkt, die ihr ›politisches Denken‹ so faszinierend machen,
zugleich leicht verständlich (ihre Leser werden ihr Dilemma verstehen)
und widersprüchlich.

Doch über diese Probleme hinaus hatten Mann und Böök jenes andere
Thema gemeinsam, über das ihre Debatte, wenn sie hätte stattfinden
können, noch interessanter gewesen wäre: ihre Liebe zu Deutschland – die
Liebe des Lübecker Patriziers mit seinem ›Kreolenblut‹ und die des Schuh-
machersohns von Kristianstad in Schonen.[54]

---

[53] S. Bööks ›Betraktelse‹ (Stockholm, 1954).
[54] Hier sollte der Ausspruch Olle Holmbergs – eines anderen schwedischen Lesers
von Mann und Bööks Nachfolger auf dem Lehrstuhl für Literaturgeschichte in Lund
– angeführt werden: »Wenn ich nun bedenke, daß Böök tot ist, dann erinnere ich
mich auch daran, daß mit ihm eine Welt des Wissens und der Liebe zur schwedischen Literatur zum Schweigen gekommen ist.« Holmberg war, das sollte hinzugefügt werden, ein führender Gegner des Nazismus in Schweden.

Werner Betz

Lateinisches, Goethisches, Paragoethisches
in Thomas Manns »*Lotte in Weimar*«

Was als normaler deutscher Satz lauten würde »Ich muß Ihnen etwas
erzählen« wird von Thomas Mann Goethe in den Mund gelegt als »Ich
muß Sie was erzählen« (341).[1] Die Prediger der Akkusativierung haben
diesen Satz offenbar noch nicht bemerkt, denn sonst hätten sie ja den
›inhumanen Akkusativ‹ schon bei Goethe und Thomas Mann beklagen
müssen. Goethe jedenfalls hat viel frankfurterischer gesprochen, als wir
wohl im allgemeinen geneigt sind, anzunehmen. Es ist nicht nur der viel-
zitierte Reim »Ach, neige, Du Schmerzensreiche, Dein Antlitz gnädig
meiner Not!« – der ja eben nur ein Reim ist auf frankfurterisch: »Ach
neische, Du Schmerzensreische«. Thomas Mann läßt darum auch in der
›*Lotte in Weimar*‹ Riemer sagen: »So frankfurterische Reime freilich, wie
er sich öfters leistet – denn der reimt unbedenklich ›zeigen‹ und ›weichen‹, weil er mündlich allerdings ›zeichen‹, wenn nicht gar ›zeische‹ zu
sagen pflegt –, solche Reime also kommen bei mir nicht vor, zum ersten,
weil ich kein Frankfurter bin, dann aber auch, weil ich sie mir nicht erlauben dürfte« (65). Später hält bei Thomas Mann der Schreiber John
dem alten Goethe vor: »›Helios der Griechen‹ und ›das Weltall zu besie-
gen‹ ist kein sprachreiner und gebildeter Reim« (283) und Thomas Mann
läßt Goethe antworten: »Ei, der Bär brummt, wie's Brauch seiner Höhle«
(283).
Thomas Mann hebt auch ausdrücklich an Goethes Sprechweise hervor,
daß »manchmal nach Stammesart die Endkonsonanten wegfielen« (376)
und läßt Goethe entsprechend sagen: »Die aber schwätze« (statt ›schwät-
zen‹, 237), »Wisse nicht, die Dusselköppe« (statt ›wissen‹ und ›Köpfe‹,
237), »wenn du nachgucke willst (statt ›nachgucken‹ oder noch hoch-
sprachlicher: ›nachsehen‹, 246). Oder zum Sohn: »August, sei mir so
gut, das Mäppche mit den Silhouette!« (347), wo außer dem Wegfall des

[1] Seitenzahl nach der Ausgabe in der Fischer Bücherei.

auslautenden -n bei ›Mäppchen‹ und ›Silhouetten‹ noch der frankfurterische Dativus ethicus gebraucht wird ›sei mir so gut‹ (statt ›sei so gut‹).
Und schließlich noch das frankfurterisch bewahrte mhd. ›als‹ im Sinne
von ›ganz, immer‹: »tut als brav weh« sagt Goethe von seinem Arm
(238) – so wie man heute noch in Frankfurt auf die Frage nach dem Weg
die Antwort bekommen kann »als gradaus« – ›immer gerade aus‹.
Wird an den eben genannten Stellen Goethes Welt und Sprachwelt von
Thomas Mann durch Mundartliches, frankfurterische Sonderformen gekennzeichnet, so ist es an anderen – und überwiegenden – Stellen Lateinisches, Goethisches – Goethisch-Literarisch-Hochsprachliches – und Para-
Goethisches, das Goethes Welt und Sprachwelt charakterisiert und z. T.
auch mit Mannscher Ironie parodiert.
Die Gestalt der deutschen Sprache von heute ist u. a. auch das Ergebnis
eines mehr als tausendjährigen Latinisierungs-, Romanisierungsprozes-
ses. Die Intensität dieses Prozesses wechselt nicht nur nach den Zeiten
der Geschichte, sie ist auch in gleichen Epochen der Sprachgeschichte verschieden nach Sachgebieten, Sozialbereichen und stilistischen Absichten.
Das heißt z. B. für die ›Lotte in Weimar‹, daß es wahrscheinlich Verschie-
denheiten geben wird zwischen der Riemerschen Fachsprache literarischer
Konversation und der Magerschen Konvention gebildeter Kellnerhöflich-
keit – vorausgesetzt immer, daß die historische Nachahmung des Erzählers entsprechend gelungen ist, auch über die vielen einmontierten Originale hinaus. Dazu kommt dann noch als weitere Schicht, als weiterer
Aspekt die stilistische Absicht des Autors, der von den dreißiger Jahren
des 20. Jahrhunderts her die seelischen Bewegungen zu Anfang des
19. Jahrhunderts in sublimierend symbolisierender Ironie darzustellen
versucht. Dazu wendet er dann auch stilistische Mittel dieser Zeit und
seiner Zeit, also etwa auch latinisierte, romanisierte Formen, entsprechend an.
Dazu gehört zunächst einmal die Verwendung lateinisch-romanischer
Fremd- und Lehnwörter. Die alten, lange eingebürgerten Lehnwörter wie
etwa Pforte, Pflaster und Kellner, spielen hier eine geringe Rolle, ebenso
wie etwa die jüngeren Fremdwörter Dialekt und Diplomat. Aber die
ebenfalls jüngeren Fremdwörter complimentieren und Identität erhalten,
in jeweils verschiedener fachlicher Verwendung und Akzentuierung im
Magerschen Bereich, ihre besondere stilistische Funktion. Deutlicher wird
das noch, wenn's ins teils historisierend teils ironisierend Pretiöse geht
wie etwa bei ostensibel und crayonnieren. So wird von Charlottens Tochter bei der Ankunft im Elephanten gesagt, daß sie »sich mit fast osten-

sibler Gleichgültigkeit im tieferen Zimmer mit dem Gepäck zu schaffen machte« – in unser heutiges Deutsch übertragen also ›mit fast ostentativer, demonstrativer Gleichgültigkeit‹. Die Verwendung von ostensibel kann hier eine doppelte oder dreifache Funktion haben. Einmal die der historischen Verfremdung: es ist Weimar 1816 und nicht Frankfurt 1930. Dann die Kennzeichnung einer pretiösen und zugleich ironisierten Atmosphäre. Und schließlich den Hinweis auf Goethisches und zugleich Nicht-Goethisches: denn ostensibel ist ein auch von Goethe gebrauchtes Wort, aber gerade nicht in dem Sinn, in dem es hier verwendet wird, sondern in dem von ›vorzeigbar‹, wie er es etwa im Brief vom 17. 1. 87 an Charlotte von Stein gebraucht: »Mein Brief, die ostensiblen Blätter mögen eine Art Tagebuch vorstellen.«
Eine weitere, äußerlich nicht so erkennbare Schicht des Lateinisch-Romanischen bilden die Lehnprägungen. Doch Lehnbildungen wie etwa Genugtuung nach *satisfactio*, Gasthof nach *hospitium*, Lehnbedeutungen wie ein Mann von Kopf nach *homme de tête* (wie schon vorher wohl auch Kopf von ›Schale‹ zu ›Haupt‹ nach *tête*) – solche Lehnprägungen sind zu fest und lange und unbemerkt schon in die allgemeine Sprache eingegangen, als daß sie im allgemeinen noch von dieser Seite her zu besonderen stilistischen Wirkungen eingesetzt werden könnten.
Was die äußerliche Erkennbarkeit angeht, verhält es sich in manchem ähnlich mit der lateinisch-romanischen Formung im Bereich der Syntax. Doch wenn sie in vielen Fällen auch nicht gleich als Entlehnung aus dem Romanischen erkannt wird, so wird sie doch häufig als Form besonderen Stilwerts noch empfunden. Und gerade von daher kann diese Lehnsyntax dann auch in der ›Lotte in Weimar‹ als stilistisches Mittel eingesetzt werden.
Nehmen wir etwa den dritten Satz aus dem zweiten Absatz des ersten Kapitels: »Mager, der, zu Willkommensbücklingen bereit, im Eingangsbogen stand, hatte zugesehen, wie der Hausknecht den beiden ersteren von den Trittbrettern auf das Pflaster half, während die Kammerkatze, Klärchen gerufen, sich von dem Schwager verabschiedete, bei dem sie gesessen hatte und mit dem sie sich gut unterhalten zu haben schien.« Das erste Stocken im Satzfluß sofort nach dem Subjekt »Mager« durch Einschieben des Relativpronomens »der« soll eben jenes Stocken, Aufmerken kennzeichnen vor dieser ganzen gehoben pretiösen Sphäre. Es wird noch verstärkt dadurch, daß der nun eben nach Unterbrechung des Hauptsatzes bereits nach dem ersten Wort mit »der« begonnene Relativsatz nun auch seinerseits sofort nach dem ersten Wort wiederum unter-

brochen wird durch Einführung einer nachgestellten Apposition »zu Willkommensbücklingen bereit«. Beides geht wohl auf den Einfluß lateinischer Syntax zurück (Behaghel, *Deutsche Syntax* § 1628). Im folgenden
temporalen Nebensatz tritt auch, sofort nach dem Subjekt, wiederum
eine Unterbrechung ein und es wird ein durch nähere Bestimmung er-
gänztes Partizip eingeschoben: »Klärchen gerufen«. Auch diese Verwendung eines Partizips mit entsprechender ergänzender näherer Bestimmung geht wahrscheinlich auf lateinische Vorbilder zurück (Behaghel,
Deutsche Syntax § 781). Hinzu kommt noch – aber von diesen Fällen
wollen wir hier ja im allgemeinen absehen –, daß »gerufen« in diesem
Kontext eine Lehnbedeutung nach lat. *vocatus* angenommen hat. Als
weiterer Fall lateinischer Syntax ist aber in diesem einen Satz noch der
abschließende Relativsatz mit seiner Konstruktion des Nominativs mit
dem Infinitiv zu nennen (Behaghel § 722): »mit dem sie sich gut unterhalten zu haben schien«. Das alles ist für einen einzigen Satz wohl nicht
wenig an lateinischer Lehnsyntax. Als solche aber, eingegangen in bestimmte Schichten des Deutschen, kann sie hier als besonderes Stilmittel
eingesetzt werden.

Diese Mittel finden sich gerade auch bei Goethe, und so hat Thomas
Mann einen doppelten Grund, sie in der ›Lotte in Weimar‹ zu verwenden. So ist etwa in dem Goetheschen Satz »Meine Relation, wenn ich sie
dagegen halte, sieht sehr stümpermäßig aus« (*Weim. Ausg.* 21, 145, 16)
das Zusammengehörige durch diese Syntax viel näher und genauer zu-
sammengefügt als etwa in der Satzfolge ›Meine Relation sieht sehr stümpermäßig aus, wenn ich sie dagegen halte‹. Der zu ›Relation‹ gehörende
bestimmende Konditionalsatz klappt dann nach und könnte unter Umständen gar nicht mehr erwartet werden und wegbleiben. Es kann also,
bei diesem Stilmittel mit der Ungewöhnlichkeit der Wortfolge zugleich
eine Verdeutlichung des Mitzuteilenden verbunden sein. Noch deutlicher
wird das z. B., wenn die Einfügung des untergeordneten Satzes, der
näheren Bestimmung, unmittelbar nach der satzeinleitenden Konjunktion
geschieht, so etwa in Goethes ›Werther‹: »erzählten ihm, daß, wenn
morgen und wieder morgen, und noch ein Tag wäre, sie die Christ-
geschenke bei Lotten holten« *(Weim. Ausg.* 19, 161, 12).

Die Konstruktion des Nominativs mit dem Infinitiv als Nachwirkung des
lat. N. c. i. findet sich gelegentlich im Deutschen (Behaghel § 722), so
etwa bei Luther: »er wurd dan zuvor von seinem pfarrer erkant, genugsam und redlich ursach haben« (›An den christlichen Adel‹ 41), so auch
noch bei Lessing: »daß sich dergleichen Steine auch nicht wohl mit bloßen

Augen gearbeitet zu sein denken ließen« (13, 126). Hier aber bei Thomas Mann liegt ja insbesondere die viel üblichere Konstruktion von ›scheinen‹ nach lat. *videri* vor.

Für das als Attribut eingeschobene Partizip mit Ergänzungen nach lateinischem Vorbild hatten wir oben in unserem Satz als Beispiel ein Partizip des Perfekts, »Klärchen gerufen«. Bemerkenswerter als stärker lateinisch geprägt und seltener im Deutschen erscheinend, wirkungsvoller also auch im Sinne des Autors von ›Lotte in Weimar‹ ist noch die Verwendung des Präsens-Partizips mit Ergänzung (Behaghel § 759). Hinzu kommt noch, daß auch gerade hierfür bei Goethe charakteristische Stellen sich bieten: »Hier fanden wir eine Menge Personen die köstlichen Gemälde aufmerksam betrachtend« (*Weim. Ausg.* 30, 201, 23). Goethe steht einige Male dem antiken Vorbild noch näher, indem er das Partizip noch flektiert, so ›An Schwager Kronos‹: »Trunknen vom letzten Strahl /Reiß mich, ein Feuermeer / Mir in schäumendem Aug', / Mich Geblendeten, Taumelnden / In der Hölle nächtliches Tor«; und ebenso auch in der ›Seefahrt‹: »Wird Rückkehrendem in unsern Armen / Lieb' und Preis dir«. Daß dies sich freilich gerade in seiner Sturm- und Drang-Periode findet, zeigt wohl zum mindesten, daß er es nicht als schwache gelehrte Nachahmung sondern auch als eine originale Ausdrucksmöglichkeit empfunden hat.

Dieser Gesichtspunkt ist wohl auch überhaupt für die Formung der deutschen Sprache durch das Lateinische und für die Auseinandersetzung mit dem Lateinischen durch die Jahrhunderte hin wichtig. Dieses Goethesche Beispiel – und hier jetzt fortwirkend auf Thomas Mann – zeigt wie viele andere, daß Übernahme lateinischer Formen zugleich Befreiung latenter eigener Möglichkeiten sein kann. Oder, wie Goethe selber das so oft verfehlt puristisch gesehene Verhältnis zweier Sprachen einmal gekennzeichnet hat: »Die Gewalt einer Sprache ist nicht, daß sie das Fremde abweist, sondern daß sie es verschlingt.« (Max. u. Refl. 979.)

Gerade dieses attributive Präsens-Partizip mit Ergänzungen, das konzentriert gegliederte Raffungen ermöglicht und so zugleich eine leichte Distanzierung vom verschwimmenden Strom des Gewöhnlich-Alltäglichen bewirkt – gerade diese Verwendung des Partizips findet sich häufig in der ›Lotte in Weimar‹. So z. B. allein im ersten Kapitel etwa an folgenden Stellen: »ein verbindliches und gleichwohl leicht zögerndes Lächeln« (Fischer Bücherei S. 7), »in ... seinen über den sehr großen Füßen eng zulaufenden Hosen« (ebd.), »Mager, sie in den Flur complimentierend« (Fi. Bü. S. 8), »Die Wirtin, phlegmatischen Auges mehr

über die Ankömmlinge hinwegblickend als von ihnen Notiz nehmend«
(Fi. Bü. S. 9), »nahm sie mit den feinen Fingern ihrer nur halb bekleide-
ten Hand den an einer Schnur hängenden Kreidestift« (Fi. Bü. S. 9),
»beugte sich, noch immer lachend, über die Meldetafel« (Fi. Bü. S. 10),
»sagte die Hofrätin Einhalt gebietend« (Fi. Bü. S. 16), »um die herz-
bewegende Neuigkeit zu vervollständigen« (Fi. Bü. S. 17), »jene herz-
aufwühlende Scene zu dritt« (Fi. Bü. S. 18).

Nach lateinischem Vorbild wird im Deutschen der Genitiv der Eigenschaft
verwendet (Behaghel, *Deutsche Syntax* § 377), so schon im Althoch-
deutschen bei den »mannun guotes willen« nach den »hominibus bonae
voluntatis« (Tatian, Luc. 2, 14). Dieser *genetivus qualitatis* hat so im
Deutschen bis heute jenen leicht gehobenen Klang bewahrt, der ihn auch
Thomas Mann zur Charakterisierung der Atmosphäre seiner ›Lotte in
Weimar‹ anwenden läßt. Das Gewählte der Ausdrucksweise wird bei
ihm noch dadurch betont, daß er nicht so übliche Genetive wählt wie etwa
›guten Willens, reinen Herzens‹ sondern solche, für die man eher eine
präpositionale Umschreibung durch ›mit‹ oder ›von‹ erwartet: »Die Wirtin, phlegmatischen Auges mehr über die Ankömmlinge hinwegblickend«
(Fi. Bü. S. 9) statt etwa ›mit phlegmatischen Augen‹; ebenso »vernahm
die vom Kellner vermittelte Zimmerforderung hingehaltenen Ohres«
(Fi. Bü. S. 9); oder »die spöttisch verschlossenen Mundes die Augen ge-
senkt hielt« (Fi. Bü. S. 10), »einen Tag durchschnittlichen Gepräges« (ebd.
S. 14), »die dem Erguß des Biedermanns verhaltenen Blicks und dabei
mit leicht zuckendem Munde zugehört hatte« (ebd. S. 15).

Wenn es in der ›Lotte in Weimar‹ heißt »die des Sinnes für Humor so
sehr entbehren wie du« (Fi. Bü. S. 23), dann gehört auch diese Nachahmung der Konstruktion des lat. *indigere* in den gleichen leicht pretiös
distanzierten Stilbereich wie die früher genannten Fälle. Und da eben
die Genetivkonstruktion eines Verbs heute überhaupt diesen Stilwert
hat, wird sie in der ›Lotte in Weimar‹ auch noch in anderen übertragenen,
nicht unmittelbar auf lateinischen Einfluß zurückgehenden Fällen verwendet: »Sie ist sich ihrer wohl noch gar nicht vermutend« (Fi. Bü. S. 23),
»und mich des Glückes zu freuen« (ebd. S. 19).

Auch der Genitiv mit ›sein‹ in Wendungen wie ›das ist meines Amtes
nicht‹ geht auf lateinische Vorbilder zurück wie »hoc mei officii est«
(Behaghel § 413). So bedient sich auch Mager dieser genitivischen Fügung
mit dem *verbum substantivum:* »Nicht unser ist die Pedanterie, sondern
der heiligen Hermandad« (Fi. Bü. S. 9). In der romanischen Entlehnung
der heiligen Hermandad verwendet hier Thomas Mann nicht einfach ein

pretiöses Fremdwort, sondern er setzt in die Weimarer Sphäre, hier jetzt in Magers Sprachwelt den von Goethe vor einem Menschenalter im ›Clavigo‹ aus dem Spanischen übernommenen Ausdruck: »Ich schicke dir einen Burschen, der dich hinbringen soll, wo dich die heilige Hermandad selbst nicht finden soll.« Also wiederum doppelte Charakterisierung der erzählten Welt: durch stilistische Funktion und historische Treue.

Verhältnismäßig spät, das heißt erst um 1600, taucht im Deutschen nach dem Vorbild des Lateinischen das Gerundiv auf: »Die Beispiele sind im 17. Jahrhundert noch ganz selten und bleiben auf den Kanzleistil beschränkt, wie dies auch später überwiegend der Fall ist; die Erscheinung dringt dann in die Sprache der Wissenschaft und seltener der erzählenden Prosa ein; der Poesie und der mündlichen Rede bleibt sie fremd« (Behaghel § 770) – aber eben nicht der Magerschen Rede: »Auf ein einzig letztes und rasch zu beantwortendes Wörtchen!« (Fi. Bü. S. 18).

Der Wegfall des Artikels in präpositionalen Ausdrücken geht ebenfalls wohl auf lateinisches Vorbild zurück (Behaghel § 70), insbesondere wohl auf den lateinischen Ablativus absolutus: nach getaner Arbeit – ›opere facto‹, nach beendeter Reise – ›itinere finito‹. So auch bei Goethe »nach bezahltem teurem Lehrgelde« (*Weim. Ausg.* 42², 173, 3), so auch in der ›Lotte in Weimar‹: »die alte Dame, die dem Erguß des Biedermanns verhaltenen Blicks und dabei mit leicht zuckendem Munde zugehört hatte« (Fi. Bü. S. 15), ebenso: »›Nein‹, sagte die Hofrätin mit abweisendem Kopfschütteln« (Fi. Bü. S. 16).

Auf lateinischen Einfluß geht auch die Verwendung des ursprünglichen Fragepronomens ›welcher‹ als Relativpronomen zurück (Behaghel § 250). Nach dem Vorbild des lat. *quae urbs* ›welche Stadt‹ oder dann auch *urbs quae* ›die Stadt welche‹ begann man seit dem Ende des 14. Jahrhunderts zuerst im nordwestlichen niederfränkischen Sprachgebiet, seit dem Ende des 15. Jahrhunderts auch im Hochdeutschen das alte Fragepronomen ›welcher‹ auch als Relativpronomen zu verwenden. So heißt es etwa in Gerstenbergs ›Chronik von Thüringen und Hessen‹ am Ende des 15. Jahrhunderts: »ir sollet gedencken der wercke der veter, welche sie gethan haben – mementote operum patrum, quae fecerunt« (*Zs. f. dt. Wortf.* 13, 162). Wie so manches lateinisch Geprägte hat auch ›welcher‹ in manchen Kontexten eine leichte Umständlichkeit und Geziertheit bewahrt. Dadurch ist es dann auch in Magers Sprache gekommen: »die ihre Händchen nach dem Vesperbrot streckten, welches Frau Hofrätin . . .« (Fi. Bü. S. 17). Und natürlich gehört in diesen Bereich auch die pluralische Anrede in der dritten Person nach romanischer höfischer Etikette, dort länder- und schichtenweise aufgegeben, hier aber als in Abstufungen gesunkenes Statussymbol bewahrt.

Vielleicht steckt auch hinter einer anderen syntaktischen Erscheinung, einer Besonderheit der Verbstellung, noch eine Romanisierung. Die Endstellung des Verbs im Nebensatz ist in den romanischen Sprachen aufgegeben, im Deutschen noch (oder wieder) weithin vorherrschend. In Goethes Sprache ist durchaus auch die Nicht-Endstellung des Verbs im Nebensatz möglich, sei es nach romanischem Vorbild, sei es – wie vielfach in allerjüngster Zeit – um der klareren Gliederung in kleinere überschaubarere semantische Einheiten willen. Bei Thomas Mann begegnet diese Erscheinung in Goethes und Lottes Sprache zugleich zur gliedernden Hervorhebung wie zur historisch-stilistischen Charakterisierung. Im Wagen auf dem Heimweg vom Theater spricht er zu ihr: »... kann denn wohl Ihre Zeitgestalt Sie mühen und irgendein Hinweis darauf Sie verletzen, da Sie das Schicksal begünstigte vor Millionen und Ihnen ewige Jugend verlieh im Gedicht?« (Fi. Bü. S. 359). Das hier aus der Nebensatzklammer herausgenomene und so hervorgehobene »im Gedicht« wird von Lotte in ihrer Antwort beinahe leitmotivisch in gleicher Konstruktion aufgenommen: »Ich will lieber auch gleich hinzufügen, was du wohl nur aus gravitätischer Courtoisie verschweigst, daß es albern war, meine Zeitgestalt mit den Emblemen der Vergangenheit zu behängen, die der beständigen Gestalt gehören in deinem Gedicht« (Fi. Bü. S. 359); und weiter: »Du hast recht wohlgetan, Goethe, auch deine eigene Jugendgestalt beständig zu machen im Gedicht« (ebd. S. 359).

Etwas später in diesem Gespräch, im eifersüchtigen Messen mit Friederike, wird dann von Lotte noch zweimal dieses Mittel der ungewöhnlicheren, vor allem von der Zeit des Autors aus ungewöhnlicheren Verbstellung angewendet, und zwar zur herauslösenden Hervorhebung von ›Werthers Liebe‹ und des ›Domes der Menschheit‹: »Darauf poche ich und lass' mich's nicht anfechten, daß die unterm Hügel vielleicht mit im Spiele war, daß bei ihr die Gründung liegt, und daß sie dir möglicherweise das Herz erst erschlossen hat für Werthers Liebe« (Fi. Bü. S. 361); und weiter: »Meine Angst ist nur, daß es einmal herauskommen und das Volk es eines Tages entdecken möchte, daß sie wohl gar die Eigentliche ist, die zu dir gehört in den Gefilden, wie Laura zum Petrarc, so daß es mich stürzte und absetzte und mein Bild aus der Nische risse im Dome der Menschheit« (ebd. S. 361).

An einigen wenigen Beispielen sollte hier gezeigt werden, wie Lateinisch-Romanisches und ungewöhnliches Deutsch, historisch Deutsches in verschiedener Schichtung, chronologisch, soziologisch, stilistisch in der Sprache der ›Lotte in Weimar‹ fortlebt und wirkt, wie es vielfach durch Goethisches übernommen, mit Goethischem vermischt, auch gegen Goethisches differenziert, ironisierend weitergeführt wird zu Para-Goethischem. Gerade hierfür, wie Goethesche Latinität in Mannscher Latinität sich spiegelt und bricht, gerade dafür dürfte aus einer genaueren Untersuchung des ganzen Textes noch manches zu gewinnen sein. Denn mit welchen bewußten Planungen, Anspielungen und Verrätselungen gerade auch im Sprachlichen Thomas Mann hier gearbeitet hat und so eine nur stufenweise Zulassung seiner Leser dem Werk mitgegeben hat, dafür später zum Schluß noch ein Beispiel.

Zunächst aber kehren wir noch einmal zum Wortschatz zurück, und zwar zuerst zu den Fremdwörtern und ihrer möglichen Funktion in der ›Lotte in Weimar‹. Wir sagten eingangs von ›ostensibel‹ im ersten Kapitel, daß es eine dreifache Funktion haben könnte: historisch charakterisierend-verfremdend, stilistisch charakterisierend, Goethisches nachzeichnend, weiterführend, ironisch parodierend.

Dafür werden einmal besonders seltsame, heute ungewohnte Fremdwörter aus Goethes Wortschatz ausgesucht. So etwa ›amical‹: »Die Gesellschaft trägt zwar amicales Gepräge« (301), das Goethe einmal in einem Brief vom 28. 2. 95 verwendet. Oder es werden zwei von Goethe häufig verwendete Worte wie Apprehension und apprehensiv ebenfalls häufiger verwendet: »mit einiger Apprehension und Beklommenheit« (73), »mit einem etwas lächerlichen Bilde, welches jedoch das Apprehensive der Sache recht gut zum Ausdruck bringt« (72). Aus den Römischen Elegien wird ›ambrosisch‹ übernommen: Lotte sieht Goethe »mit ambrosischem Munde« (334) sprechen. Aus einem Gespräch des alten Goethe vom 8. 6. 30 wird ›extorquieren‹ Goethe im Gespräch mit seinem Sohn in den Mund gelegt: »Muß ich dir's extorquieren?« (291). Wie der Kaiser im Faust spricht: »Indessen feiern wir auf jeden Fall, Nur lustiger das wilde Karneval« (5060), so sagt auch Thomas Manns Goethe: »Auf das Carneval freu ich mich« (286). Zu den Fakultäten hat Thomas Mann auch die ›Dikasterien‹ in seinem Goethe hinzugenommen »Sitzen nicht in Facultäten und Dikasterien Leute, von demselben revolutionären Geiste« (249), so wie Goethe in seinem Gutachten an Carl August geschrieben hat: »in Facultäten und Dikasterien Personen von gleichem revolutionärem Geist« (Br. 5. 10. 16). Die »Debauchen« des Goethesohnes (163) stammen aus den Naturwissenschaftlichen Schriften, und »der Captiose«, wie Newton genannt wird (241), erscheint öfters in Briefen. »Das heiter-

mystische Traumspiel der Metempsychose« (256) in den Reflexionen des
Mannschen Goethe hat seine ›Metempsychose‹ den Maximen und Reflexionen entnommen. »Die redliche ›Resipiscenz‹ einer Torheit« (88) die
Lotte, die Witwe, dem Wetzlarer Goethe lobend zuspricht, findet sich in
den Frankfurter Gelehrten Anzeigen von 1773. Die »pecuniarischen Unstatten« in Adelens Erzählung (121) stehen so in einem Brief vom
30. 12. 13: »Die pecuniarischen Unstatten gar nicht gerechnet.« Das ungewöhnliche ›radotieren‹ (»und der Teufel eingreifen muß, durch freches
Radotieren die Situation zu retten«, 286) wird im Brief an Reinhardt vom
21. 2. 10 erklärt als auch »das Rechte zur unrechten Zeit sagen«. Riemers
»scientifischer Ruf« (53) erscheint im Brief vom 15. 6. 19 als »scienti-
fischen Fuß fassen«. Adelens »Lassen Sie mich erzählend mein bedrängtes
Herz soulagieren« (120) hat sein Vorbild im Faust: »Er wird sich gleich
in eine Pfütze setzen: Das ist die Art, wie er sich soulagiert« (4173). Die
›Ubiquität‹ (»Humanität als universelle Ubiquität«, 268) in des Mannschen Goethe Reflexionen hat wiederum ihr Vorbild in den Maximen und
Reflexionen. In seinem inneren Gespräch mit dem toten Schiller über den
Faust heißt es beim Mannschen Goethe: »aus der Cohobierung des Spuks
und der Fratze zum Griechisch-Schönen und zur Tragödie, der Verbindung des Reinen und des Abenteuerlichen möchte wohl ein nicht ganz
verwerflicher poetischer Tragelaph entstehen« (235). Aus Faust und
Schillerbrief stammen die beiden sprachlichen Kennzeichnungen: »Den
Menschenstoff gemächlich komponieren, In einen Kolben verlutieren,
Und ihn gehörig kohobieren« (6853); im Brief an Schiller vom 6. 12. 97:
»an meinen Faust gehen, teils um diesen Tragelaphen los zu werden . . .«.
Diese in den Text einmontierten Goetheschen Orignialstücke zur historischen und stilistischen Charakterisierung von Szenerie und Atmosphäre
machen den weitaus größten Teil der Fremdwörter aus, die hier zudem
noch zur Verfremdung dienen. Über diese echten Montagestücke hinaus
hat Thomas Mann Fremdwörter zu Goetheschen Fremdwörtern umge-
prägt oder sie ihm schon zugesprochen, auch wenn sie erst nach ihm erscheinen. Riemers ›Nihilism‹ (70) findet sich nicht bei Goethe, hätte sich
aber bei ihm finden können, da Jacobi es schon 1799 geprägt hatte, allerdings als ›Nihilismus‹. Aber ›Nihilism‹ schien Thomas Mann wohl Goe-
thischer und verfremdender, so daß er Goethe auch ›Idealism‹ und ›Rea-
lism‹ gebrauchen läßt (285), ›Rheumatism‹ (195, ebenso ›Scepticism‹
(76), während in den Naturwissenschaftlichen Schriften ›Scepticismus‹
erscheint, ebenso ›Dilettantism‹, während Goethe 1799 Dilettantismus

schreibt. ›Humanismus‹ – diesmal aber mit voller Endung – läßt er Goethe schon im modernen Sinn gebrauchen (»Der Winckelmann verstand was von Schönheit und sinnlichem Humanismus«, 287), der erst nach 1850 erscheint. Ebenso läßt er ihn ›Liberalismus‹ gebrauchen (279), das sich zu Goethes Zeiten erst bei Görres findet. In diese Reihe vorweggenommener oder als möglich ergänzter charakterisierender Fremdwörter gehören u. a. noch: Felonie (218), Latenz (219), moros (265), Partisan (215), Partisantum (115), Polypragmosyne (265), sinister (253), Sybaritismus (125).

Daneben scheint Thomas Mann zur stilistisch-atmosphärischen Charakterisierung auch Fremdwörter nach Goethes Art neugebildet zu haben, paragoethische Wörter sozusagen. Vielleicht ist das der Fall mit ›advenant‹ und ›Accrochement‹: »Es soll aber doch alles noch advenant sein« (269), »Gesinnungen und Strebungen ... die einem reinen Vernehmen im Wege sind und zu immerwährenden Accrochements führen würden, ohne die Zurückhaltung, die ich mir auferlege« (sagt August, 218). Die paragoethische Bildung ›advenant‹ könnte gefördert sein durch engl. advenient, adventitious: das gemeinsame lateinische Erbe von Deutsch, Französisch und Englisch hätte hier eine Goethesche Möglichkeit durch Thomas Mann realisieren lassen, transformieren lassen zu einer fiktiven aber tiefer gegründeten Wirklichkeit. Vielleicht ist dasselbe auch der Fall mit Accrochement nach franz. accrochement und engl. accroachment.

In gleicher Weise werden auch Goethes von heute aus ungewöhnliche deutsche Wörter zur stilistisch-atmosphärisch-verfremdenden Charakterisierung verwendet. In den 70er und 80er Jahren findet sich häufig bei Goethe das Wort ›Misel‹ für ›Mädchen‹. Er hat es aus dem Elsaß mitgebracht, es ist das ›Müsli, Misli, Misl‹, das »Mäuslein, Mäuschen« als freundliche Bezeichnung für ein junges Mädchen. Goethe hat dazu noch in seinen Gesprächen mit Carl August eine Ableitung ›miseln‹ im Sinne von »lieben« gebraucht. Bei Thomas Mann erscheint das Wort in Goethes innerem Gespräch im 7. Kapitel: »Was war er und was war ich, als er in seine Höhle steckte und philosophisch die Himmel stürmte, dann seine engerbärmliche Geschichte mit dem Misel hatte?« (285). Kurz vorher heißt es in den Mannschen Goethe-Reflexionen: »soll er die Schule des Menschlichen an Teufels Hand ergründend durchschmarutzen« (285). Das Vorbild steht in den Worten des Mephistopheles zu Faust: »Wir sehen die kleine dann die große Welt. Mit welcher Freude, welchem Nutzen, Wirst du den Cursum durchschmarutzen!« (2053). Und von da aus hat Thomas Mann dann auch der Lotte in Weimar ein paragoethisches Wort in den

Mund gelegt: ›Schmarutzertum‹. Sie sagt zu Riemer: »Verstehen Sie
nach all dem, was es besagen will: die Liebe zu einer Braut – und inwiefern es zum Gegenstand langjährigen Kopfzerbrechens werden kann? Es
wurde mir dazu, weil mir dabei ein Wort nicht von der Hand zu weisen
gelang, und ich beim besten Willen, trotz aller Scheu, nicht immer darum
herumzukommen wußte: das Wort ›Schmarutzertum‹ . . .« (94). So wird
bei den Erinnerungen an Straßburg aus der Schrift von deutscher Bau-
kunst die ›Schönheitelei‹ übernommen: »nun, nun, wir waren auch arro-
gant, mit Herder damals in Straßburg gegen das Alte, wo du den Erwin
besangst und sein Münster und dir den Sinn für das bedeutende Rauhe
und Charakteristische nicht wolltest verzärteln lassen durch die weiche
Lehre neuerer Schönheitelei« (253). Während ›Schönheitelei‹ sich nur an
dieser einen Stelle bei Goethe findet, steht ›vorhabend‹ im Sinne von
»beabsichtigt, geplant« ebenfalls schon beim jungen Goethe im *Werther*,
aber auch später noch häufig, so wie es Lotte bei Thomas Mann gegenüber
August gebraucht: »ich wäre glücklicher gewesen, wenn ich aus Ihren
Mitteilungen einige Zeichen einer vorhabenden Emancipation und Ver-
selbständigung vom Vaterhause hätte ablesen können« (225). In welch
weitem Umfang sich Thomas Mann in Goethes Welt eingelesen hat, mag
man an der Verwendung eines so beiläufigen, wenn auch ungewöhnlichen, Wortes wie ›briefweise‹ ersehen: Thomas Mann läßt es August
zu Lotte sagen: »Er ist im Besitze Ihres sehr angenehmen Billetts und
hat es vorgezogen, statt Ihnen briefweise zu antworten, Sie, Frau Hofrätin, durch meinen Mund in unserer Stadt willkommen zu heißen« (185)
– bei Goethe steht es im Vorwort zur Metamorphose der Pflanzen
(Naturw. Schrift. Weim. Ausg. 6, 18).
Die Lotten so unangenehme Erzählung Goethes bei der Mittagstafel von
den »küßlichen Lippen« (342) hat ihr Vorbild in den »küßlichen Lippen«
der Annalen von 1803 und im »küßlichen Mund« des Gedichtes »Die
neue Sirene«. Im Mummenschanz, den Goethe seinem Sohn für den Hof
entwirft, tritt Lachesis mit ›Weife‹ auf (296) – das alte Wort für die
Spindel, wie es in der Parzenszene im Faust erscheint, wenn Lachesis
dort spricht: »Mir, die ich allein verständig, Blieb das Ordnen zugeteilt;
Meine Weife, stets lebendig, Hat noch nie sich übereilt« (5335).
Für die von Thomas Mann beabsichtigte Wirkung, durch Andersartigkeit
der Sprache zu charakterisieren, ist unter Umständen eine nur semantische Andersartigkeit noch effektiver. So wenn etwa ›Beruf‹ nicht in der
heutigen Bedeutung von »Berufstätigkeit« sondern noch in der alten von
›Berufung, Neigung‹ gebraucht wird, wie in den letzten Worten Lottens

zu August: »Ich habe keinen Beruf, euch davon abzureden« (230); so
wie es etwa auch in den Lehrjahren heißt: »er hatte keinen Beruf, ihr
zu folgen.« Ähnlich verwendet Thomas Mann z. B. auch ›derb‹ in der
alten, für einen heutigen Leser anstößigen Bedeutung von »kräftig, groß,
tüchtig«, so wenn er Goethe im Gespräch mit dem Diener Carl über die
Offenbacher Zwiebacke sagen läßt, daß sie »einen derben Kasten« (244)
davon bestellen müßten, einen »großen« Kasten.

Ähnlich wie bei den Fremdwörtern Thomas Manns von der Montage zur
Umgestaltung und zur Neubildung wahrscheinlich weiterging, so finden
wir bei den ungewöhnlichen deutschen Goethewörtern sichere Beispiele
ironisch parodierender Neubildung aus Goetheschen Ansätzen. August
fragt Lotte: »Sind Sie, Frau Hofrätin, allenfalls über die Verhältnisse in
unserer Hoftheaterintendanz unterrichtet?« (210) und fährt dann fort:
»Ich soll da jetzt beiträtig werden«. Von Lotte heißt es danach aber:
»›Beiträtig‹ wiederholte sie fast entsetzt...« Ihr Entsetzen ist verständlich, denn erstens gibt und gab es dieses Wort nirgendwo sonst und zweitens klingt es zunächst wie häßlich ›breitgetretner Quark‹. Thomas Mann
hat bei seinen Quellenstudien das von Goethe auch in dieser Zeit häufig
verwendete Wort ›beirätig‹ gefunden und hat dann dieses für heutige
Leser schon komisch verfremdende Wort noch gesteigert, indem er es
mit dem semantisch verwandten ›beitretend‹ kontaminiert hat zu ›beiträtig‹ und so bei Lotte wie beim heutigen Leser die beschriebene Wirkung erzielt. Anschließend wird dann aber dieses Wort gleich benutzt,
um Lotte weiter zu charaktersieren, in ihrer Schwäche, die zugleich ihre
Stärke ist. Hatte sie sich zunächst »fast entsetzt« über dieses Wort gefühlt, so verwendet sie es in ihrer zweiten Antwort an August nach ihrem
Entsetzen schon selber: »Und nun also werden Sie auch noch beiträtig
werden bei der Leitung des Hoftheaters?« (211), um schließlich im weiteren Verlauf des Gesprächs so superkonformistisch geworden zu sein,
daß sie auf der Grundlage von ›beiträtig‹ nun ihrerseits ein weiteres Wort
neu bildet: ›Beiträtigkeit‹: »Lassen Sie mich... meine Gratulation nicht
vergessen zu der neuen Ernennung und Beiträtigkeit« (213). Die englische Übersetzung von H. T. Lowe-Porter (New York 1940) wählt zunächst für ›beiträtig‹ ein ähnlich nicht existentes, ungewöhnliches Wort,
›adjutatory‹ (255), läßt aber dann im folgenden die Pointe der entlarven-
den konformistischen Assimilation Lottes völlig unübersetzt, wenn sie
Lottes Weiterbildung ›Beiträtigkeit‹ überhaupt nicht wiedergibt: »But let
me not forget to offer you congratulations on the new appointment«
(258). Übersetzen ist schwer, Thomas Mann übersetzen ist schwerer und

›Lotte in Weimar‹ übersetzen ist noch schwerer – aber eine Untersuchung der Übersetzung darum auch um so aufschlußreicher. Ich hoffe, einiges dazu in einiger Zeit vorlegen zu können.

Im siebenten Kapitel, das als einziges in der Überschrift herausgehoben ist durch den Artikel ›Das siebente Kapitel‹ – im Anfang dieses Kapitels erwacht Goethe am Morgen und spricht zu sich selbst: »O, daß es schwindet! Daß das heitere Gesicht der Tiefe sich endigt, schleunig, wie auf den Wink eines launisch gewährenden und entziehenden Dämons, in nichts zerfließt und ich emportauche! Es war so reizend! und nun, was ist? Wo kommst du zu dir? Jena? Berka? Tennstedt? Nein, das ist die Weimarer Steppdecke, seiden, die heimische Wandbespannung, der Klingelzug.. Wie, in gewaltigem Zustande? In hohen Prachten? Brav Alter! So sollst du, muntrer Greis, dich nicht betrüben... Und ists denn ein Wunder? Welche herrlichen Glieder! Wie sich der Busen der Göttin, elastisch eingedrückt, an die Schulter des schönen Jägers – sich ihr Kinn seinem Hals und der schlummererwärmten Wange schmiegte, ihr ambrosisches Händchen das Handgelenk seines blühenden Armes umfaßte, womit er sie wackerst umschlingen wird...«. Was hier geschildert wird, läßt sich aus dem Kontext, je nach Einfühlungsvermögen, vielleicht vermuten. Deutlich wird es aber erst, was hier gemeint ist mit »gewaltigem Zustand«, »hohen Prachten«, dem »Alten«, was hier im ganzen der Komposition gemeint ist: die Signalisierung eines an vielleicht tiefer gegründeten Konventionen gescheiterten, enthusiastischen Augenblicks als eines Tributs des Individuums an das allgemeine Wohl im Kantischen Sinne – erkennbar wird dies alles erst, wenn man die Zitierung[2] eines anderen Goetheschen Gedichts erkennt, des ›Tagebuches‹: »Doch Meister Iste hat nun seine Grillen / Und läßt sich nicht befehlen noch verachten, / Auf einmal ist er da, und ganz im stillen / Erhebt er sich zu allen seinen Prachten.« Meister Iste, von dem hier gesagt wird, daß er sich zu allen seinen Prachten erhebt, ist der gleiche, der von Thomas Manns Goethe dafür gelobt wird, daß er »in hohen Prachten« ist: »Brav Alter!«

Dieses Beispiel, solch geheimer Bezug zwischen Goetheschem Text und Thomas Manns Wortwahl, soll hier zum Schluß nur noch einmal darauf hinweisen, wieviel von Goethe und Goetheschen Metamorphosen, lateinischen wie nichtlateinischen, in Thomas Manns ›Lotte in Weimar‹ noch versteckt und wirksam sein mag.

---

[2] Zur Funktion des Zitats vgl. H. Meyer, *Das Zitat in der Erzählkunst*, Stuttgart 1961, insbesondere zu ›Lotte in Weimar‹ S. 229 ff. (zuerst in einer Festschrift für einen amerikanischen Germanisten: H. J. Weigand, New Haven 1957).

Herman Meyer

Rilkes Sachlichkeit

Rilke starb im Dezember 1926. Wenige Wochen nach seinem Tode hielt
Robert Musil in Berlin eine Gedenkrede. Seine Erwägungen zur Frage,
in welchem Sinne Rilke der größte Lyriker ist, den die Deutschen seit
dem Mittelalter besessen haben, gehören zum Hellsichtigsten, was je
über Rilke geschrieben wurde. Über die geringe und unangemessene
Resonanz von Rilkes Werk äußert sich Musil mit illusionslosem Mißmut.
Er hebt mit den Worten an: »Als die Nachricht vom Tode des großen
Dichters Rainer Maria Rilke nach Deutschland kam und in den folgenden
Tagen, wenn man einen Blick in die Zeitungen richtete, um zu sehen, wie
diese Botschaft von der deutschen Literaturgeschichte aufgenommen
werde – denn täuschen wir uns nichts vor! der Prozeß des Ruhmes wird
heute in dieser ersten Instanz entschieden, da es so gut wie keine geistig
übergeordnete weiterhin für die Literatur gibt! –, so konnte man etwas
feststellen, was ich kurz ein ehrenvolles öffentliches Begräbnis zweiter
Klasse nennen möchte«.[1] Aber Dichter kann man immer wieder begraben.
Musil stellte das Fehlen einer geistig übergeordneten Instanz der Dich-
tungskritik fest. Als eine solche Instanz hat sich vor mehreren Jahren im
selben Berlin ein Kritiker-Colloquium aufgeworfen, das »in Sachen
Rainer Maria Rilke und Thomas Mann« zu Gericht saß. Thomas Mann
bestand leidlich. Rilke fiel durch. Nach 40 Jahren ein Begräbnis dritter
Klasse.
Was den Leser des gedruckten ausführlichen Berichtes über jenes Collo-
quium[2] deprimiert, sind nicht an erster Stelle gewisse sachliche Irrtümer,

---

[1] Robert Musil, Rede zur Rilke-Feier in Berlin am 16. Januar 1927. In: *Tagebücher,
Aphorismen, Essays und Reden*. Hamburg 1955, S. 885.
[2] In Sachen Rainer Maria Rilke und Thomas Mann. Berliner Kritiker-Colloquium
1965. In: *Sprache im technischen Zeitalter*. 1966, Heft 17–18.

die hie und da unterliefen, zum Beispiel wo ein Kritiker sich heftig em-
pörte über die angebliche »Unehrlichkeit« von Rilkes angeblichem »Requiem für Clara Westhoff«, ohne daß einer der Mitkritiker sich zu der
Berichtigung veranlaßt gefühlt hätte, daß Clara Westhoff ihren Gatten
Rilke um mehr als ein Vierteljahrhundert überlebt hat.[3] Solche Entglei-
sungen können vorkommen und sorgen für eine zwar nicht beabsichtigte
humoristische Note. Wir sind ja alle nur Menschen. Nein, der Grund
unseres Unbehagens liegt tiefer. Bekundet nicht die ganze juristische
Metapher »in Sachen Rainer Maria Rilke« bei aller löblicher Absicht der
Kritiker, ihrer eigenen Verantwortlichkeit gerecht zu werden, eine Art von
Instinktlosigkeit? Unser Instinkt, unser meinetwegen naiver Instinkt
sagt uns: Dieses bedeutende dichterische Werk ist da, damit wir uns seiner
freuen; es ist Wohltat und Gnade, daß wir uns kritisch um dieses Werk
bemühen und uns dadurch innerlich bereichern dürfen. Ich wähle diese
Worte nicht wegen der feiertäglichen Erbauung; sie gelten auch für den
Werkeltag. Auf der Grundlage kritischer Verehrung darf und soll der
Kritiker so behutsam und so nüchtern wie möglich seines Amtes walten.
Fehlt diese natürliche Grundlage, so steht die Kritik in Gefahr, hochnäsig
und steril zu werden.

Genug aber hierüber. Kommen wir zu Rilke selbst. Wir können nicht
umhin, eine Frage zu berühren, die immer wieder gestellt und in den
verschiedensten Weisen beantwortet wird: die Frage nach der dichterischen Echtheit oder Unechtheit seines Werkes. Wir denken daran, daß in
vergangenen Zeiten für Unzählige Rilkes Frühwerk, besonders Werke
wie der »*Cornet*« und das »*Stunden-Buch*«, Quellen tröstlicher Stärkung
und Inspiration gewesen sind und daß gerade jene damals so ungeheuer
populären Werke für heutige Leser offenbar an Echtheitswert eingebüßt
haben. Wir denken an die übertriebene Exklusivität, mit der Spätere den
späten Rilke der »*Duineser Elegien*« auf den Schild erhoben und vom

---

[3] In seinem Beitrag »Rilke – Zauber, Täuschung, Enttäuschung« (S. 11–19) zitiert
Erich Fried einige aus einem von ihm als »Requiem für Clara Westhoff« bezeich-
neten Gedicht herausgerissene Verse und meldet dann seinen Zweifel an der Ehr-
lichkeit »der Trauer um Clara Westhoff« an. Dies wird dann weiter ausgesponnen
zu einer etwas konfusen Philippica gegen die Unehrlichkeit von Rilkes Dichtertum überhaupt. – Das Gedicht »Requiem« (1900; *Sämtliche Werke*, I., S. 469 ff.)
ist Clara Westhoff in den Mund gelegt (darauf zielt die Hinzufügung in kleiner
Kursivschrift »Clara Westhoff gewidmet«) und bezieht sich auf den Tod ihrer
Freundin Gretel Kottmeyer (*S. W.* I., S. 859). – Unser Kritiker hat, unbelastet von
biographischem Wissen, »gewidmet« verstanden als »für«, nach Analogie etwa des
Requiems »Für eine Freundin« (in memoriam Paula Modersohn-Becker) und des
Requiems »Für Wolf Graf von Kalckreuth«.

Vorhergehenden nur das gelten ließen, was auf die existenzialistischen Offenbarungen der Spätzeit vorausdeutete. Wir denken nicht zuletzt daran, daß für manche Heutigen auch der späte Rilke hinsichtlich der Echtheit suspekt geworden ist. Ich teile keine dieser Meinungen; für mich liegt die Echtheitsgrenze ganz woanders.

Um nun aber diesem Gewirre der Meinungen nicht bloß apologetische Allgemeinheiten entgegenzusetzen, möchte ich die Fragestellung etwas modifizieren und konkreter machen, im Bewußtsein freilich, daß dies im Hinblick auf das totale Phänomen von Rilkes Dichtung eine Beschränkung und Bescheidung bedeutet. Wir fragen, kurzum, nach Rilkes Sachlichkeit.

Auf einem wenig dogmatischen und vielleicht etwas bizarren Wege möchte ich Ihnen die tiefgreifende Wandlung zum Bewußtsein zu bringen versuchen, die sich in Rilkes Werk in seiner Pariser Zeit, um 1903/1907 herum, vollzogen hat und die das Werk der Reife (von den 1907 und 1908 erschienenen *»Neuen Gedichten«* an) vom reichlich jugendlichen Jugendwerk trennt. Gehen wir zu diesem Behuf von folgendem Gedicht aus:

> Gäste sind wie die gebrestlichen
> Reste im kahlen Pokal,
> wenn auf den ferneren festlichen
> Flüssen die weiten westlichen
> Wasser wellen zutal.
> Über dem Harm ihrer Hände
> wird dir ein Prächtiges fern.
> Kein ersterbender Stern:
> Er ist der letzte Trächtige,
> hingeneigt in das Nächtige
> über die Rechte des Herrn.

Das ist nun zwar nicht ein Gedicht von Rilke, sondern eine Rilkeparodie von Robert Neumann.[4] Es ist eine der klügsten Parodien, die ich kenne. Der Kürze halber stelle ich zwei Thesen auf. Erstens: Diese Parodie ist verblüffend richtig, soweit sie auf Rilkes umfangreiches Frühwerk (ungefähr bis zur Jahrhundertgrenze) zielt. Zweitens: Sie wäre exemplarisch unrichtig, wollte man sie als Parodie des späteren Werkes von den *»Neuen Gedichten«* an auffassen. So hat es Robert Neumann wohl auch nicht gemeint. Es ließe sich genau nachweisen, daß ihre Vorbilder durchaus im Jugendwerk und besonders in dem Bande *»Frühe Gedichte«* zu

---

[4] Robert Neumann, *Die Parodien.* Wien 1962, S. 38.

finden sind. Vergleichen Sie etwa folgende Schlußzeilen eines Gedichts, das ein altes, baufälliges Schloß beschreibt:

> In das langsam versinkende
> Fenster stieg eine blinkende
> blaue Blume zur Schau.
>
> *Keine* weinende Frau –
> *sie ist die letzte* Winkende
> in dem gebrochenen Bau.[5]

Die von mir kursivierten Worte, aber nicht nur diese, lassen keinen Zweifel darüber bestehen, daß diese Strophe im Ohre des Parodisten nachgeklungen hat.

Während Robert Neumann sich zum scherzhaften Zwecke der Parodie mit fremden Federn schmückt, hatte der Parodierte selbst solchen Schmuck im kindlichen Ernst seines keimenden Dichtertums ausgiebig verwendet. In den »*Ersten Gedichten*«, die den »*Frühen Gedichten*« kurz vorhergingen, ist die »Influenz« (so bezeichnet Goethe den Begriff »Einfluß« in pejorativem Sinne) früherer Dichter so übermächtig, daß schnüffelnde Philologen ein nettes Gesellschaftsspiel daraus machen könnten, all die unverzehrten Brocken aus Eichendorff, Heine, Lenau, Uhland, Liliencron, Dehmel und andern zu identifizieren. Ich gebe nur ein Beispiel. Das Eingangsgedicht des Zyklus »Lieben« aus dem Bändchen »*Traumgekrönt*« (1896) lautet:

> Und wie mag die Liebe dir kommen sein?
> Kam sie wie ein Sonnen, ein Blütenschnein,
> kam sie wie ein Beten? – Erzähle:
>
> Ein Glück löste leuchtend aus Himmeln sich los
> und hing mit gefalteten Schwingen groß
> an meiner blühenden Seele ...

Was sich dem Leser zuerst mitteilt, ist nicht eigentlich der Inhalt der Aussage, der durch das wohlige Wogen der Worte eher verschleiert wird, sondern ein bestimmter Duktus. Eine Stimme fragt, eine Gegenstimme antwortet. Im Leser regt sich eine dunkle Erinnerung: Diese Frage und diese Antwort, wo habe ich schon einmal Ähnliches gehört? Und auf einmal ist ihm das freundliche Gedichtchen der Marie von Ebner-Eschenbach gegenwärtig, das seit siebzig Jahren oder mehr zum festen Bestand lyrischer Anthologien für Schule und Haus gehört:

---

[5] *Sämtliche Werke* I., S. 162.

> Ein kleines Lied! Wie geht's nur an,
> Daß man so lieb es haben kann,
> Was liegt darin? Erzähle!
>
> Es liegt darin ein wenig Klang,
> Ein wenig Wohllaut und Gesang
> Und eine ganze Seele.

Hat der junge Poet die ältere Schwester in Apoll mutwillig beraubt, oder erfolgte die Übernahme unbewußt? Das läßt sich wohl nicht feststellen. Aber auch ohne das ist die Art der Entlehnung charakteristisch genug. Rilke übernimmt das strophische Schema mitsamt der Reimordnung, lockert aber das jambische Metrum durch viele Doppelsenkungen auf und behält vom Wortbestand nur die das Ganze verklammernden Reimworte »Erzähle« und »Seele« bei, die einem völlig andersartigen Inhalt eingefügt werden. Von der schlichten, auf jegliche Metaphorik verzichtenden Diktion der Vorlage ist im metaphorisch überfrachteten, gefühligen Überschwang der Rilkeschen Umformung nichts wiederzuerkennen.

Auch das letztere Beispiel bestätigt es, daß es wirklich Wesenszüge dieser frühen Lyrik sind, die Neumann eingefangen und parodistisch übertrieben hat: die virtuose Üppigkeit der Klangmittel, Reim und Binnenreim, Assonanz und Alliteration; den betäubenden Weihrauchduft der Sprache und nicht zuletzt die seltsame Metaphorik. Wir haben allen Anlaß, uns mit dieser letzteren etwas genauer zu befassen.

> Gäste sind wie die gebrestlichen
> Reste im kahlen Pokal, . . .

Das ist ungeheuer evokativ. Hört oder sieht man aber genau hin, so entdeckt man, daß es barer Unsinn ist. Trotz allen Gereimes kann der Leser sich keinen Reim darauf machen. So unsinnig wie dies hier sind natürlich die Vergleiche des jungen Rilke nicht, aber richtig anvisiert ist ihre hochgeschraubte sentimentale Unsachlichkeit.

Es ist gut, dies zu betonen, weil von hier aus die ungeheuere und verehrenswürdige Leistung des in den »*Neuen Gedichten*« Errungenen erst recht sichtbar wird. Bleiben wir noch bei der Metaphorik. Gottfried Benn hat in seinem Vortrag »*Probleme der Lyrik*« eine Reihe von Symptomen aufgezählt, durch die sich altmodische von echter moderner und für uns gültiger Lyrik unterscheidet. Als eines dieser Symptome nennt er den

»Wie-Vergleich« (Mein Lied rollt wie Sonnengold, usw.) und er macht
dabei Rilke als einen großen »Wie-Dichter« namhaft. Zwar gibt er eine
gewisse Großartigkeit zu: ».. . nun gut, Rilke konnte das, aber als Grundsatz können Sie sich daran halten, daß ein Wie immer ein Einbruch des
Erzählerischen, Feuilletonistischen in die Lyrik ist, ein Nachlassen der
sprachlichen Spannung, eine Schwäche der schöpferischen Transforma-
tion«.[6]
Über genau dasselbe Phänomen spricht Musil in seiner genannten Rede,
aber er kommt in Sachen Rilke zu einer völlig anderen Bewertung. In
der üblichen Metaphorik, so führt er aus, stecke allerhand Mogelei, und
er exemplifiziert lustig: »Wenn die Spitzen der Brüste mit Tauben-
schnäbeln oder mit Korallen verglichen werden, kann man, streng genommen, nur sagen: Gott behüte uns davor, daß es wahr sei! Die Konsequenzen wären nicht auszudenken.« Oder: »Es ist ein schönes, wenn
auch ein wenig altmodisches Gleichnis, zu sagen: ihre Zähne waren wie
Elfenbein. Setzen Sie statt dessen einen sachlich-nüchternen, aber richtig
anderen Ausdruck, so heißt das – höchst unerwünscht –: sie besaß Ele-
fantenzähne! Vorsichtiger, aber immerhin noch verfänglich: ihre Zähne
besaßen die optischen Qualitäten von Elefantenzähnen, mit Ausnahme
der Form.« Solcher metaphorischen Spielerei stellt er scharf gegenüber,
daß bei Rilke »das Metaphorische... in hohem Grade Ernst« werde. Ich
möchte Ihnen seine luzide Erläuterung nicht vorenthalten: »Niemals wird
etwas mit einem anderen verglichen – als zwei andere und Getrennte, die
sie dabei bleiben –; denn selbst wenn das irgendwo geschieht und gesagt
wird, irgendeines sei wie das andere, so scheint es schon im gleichen
Augenblick seit Urzeiten das andere gewesen zu sein.« . . . »Bei ihm sind
die Dinge wie in einem Teppich verwoben; wenn man *sie* betrachtet, sind
sie getrennt, aber wenn man auf den Untergrund achtet, sind sie durch
ihn verbunden.«[7]
Musil hat, genauer als Benn, den springenden Punkt herausgefunden.
Bei Rilke kommt die Metaphorik zu sich selbst, zu ihrer Eigentlichkeit;
sie wird ein mächtiges Instrument, in der legitimen Weise der Dichtung
Wirklichkeit aufzuschließen, oder auch: in uns neue Organe zur Wirk-
lichkeitserfassung zu öffnen. Das ist die ganze eigene Sachlichkeit, die
der Dichtung zusteht. Lassen Sie mich dies an zwei Gedichten verdeutlichen.

---

[6] Gottfried Benn, *Probleme der Lyrik.* Wiesbaden 1959, S. 494.
[7] Robert Musil, *Tagebücher* . . ., S. 893 f.

»Blaue Hortensie«

So wie das letzte Grün in Farbentiegeln
sind diese Blätter, trocken, stumpf und rauh,
hinter den Blütendolden, die ein Blau
nicht auf sich tragen, nur von ferne spiegeln.

Sie spiegeln es verweint und ungenau,
als wollten sie es wiederum verlieren,
und wie in alten blauen Briefpapieren
ist Gelb in ihnen, Violett und Grau;

Verwaschnes wie an einer Kinderschürze,
Nichtmehrgetragnes, dem nichts mehr geschieht:
wie fühlt man eines kleinen Lebens Kürze.

Doch plötzlich scheint das Blau sich zu verneuen
in einer von den Dolden, und man sieht
ein rührend Blaues sich vor Grünem freuen.

Wer diese Pflanze, die blaue Hortensie, gut kennt, wird verstehen, was
für eine Präzisionsarbeit Rilke hier leistet. Die Vergleiche sind freilich
ungewöhnlich, perception étrange, aber sie sind nicht herbeigezerrt, sondern treffen erstaunlich genau die spezifischen Farbnuancen. Niemand
von uns hätte wohl von sich aus diese seltsamen Vergleiche gefunden;
sind sie aber einmal da, so überzeugen sie dermaßen, daß wir sagen:
Genau so ist es, *eigentlich* deckt es sich mit unserer eigenen Erfahrung,
aber das Dichterwort hat diese aus dem Dumpfen ins helle Bewußtsein
gehoben. Die Häufung der Vergleiche ist kein Luxus; eben durch ihre
Kumulierung (Spiegel; alte Briefpapiere; verwaschene Kinderschürze)
wird die Nuance immer genauer eingekreist. Ich von mir aus kann sagen:
durch Rilkes Gedicht ist mir jene Blume hundertmal stärker zur Wirklichkeit geworden als sie es vorher war. Und nicht nur das, sondern merkwürdigerweise sind auch die Vergleiche selbst eine dauernde Wirklichkeit
geworden. Es sind seelisch reale Bezüge, um die unser Weltverständnis
sich vermehrt.

Die Dinggedichte entstanden in einem Schaffensprozeß von ungeheurer
Konzentration der beobachtenden Einfühlung, der, wie Rilke wußte, dem
Schaffen des bildenden Künstlers analog war. Vor den Skulpturen Rodins
und den Gemälden Cézannes lernte er in mühsamer Arbeit die Verwendung des Modells und dessen Umsetzung in ein autarkes, hieb- und stich-
festes Kunstding; für ihn also: in ein Gedicht. Seine Briefe über Cézanne
vom Jahre 1907 sind noch immer auf indirektem Wege eine hohe Schule
der Poetik. An Cézanne geht ihm auf, »wie sehr das Malen unter den

Farben vor sich geht, wie man sie ganz allein lassen muß, damit sie sich
gegenseitig auseinandersetzen. Ihr Verkehr untereinander: das ist die
ganze Malerei.«[8]
In dem geschlossenen Kosmos des Kunstdinges herrscht ein autarkes
Kräftespiel, es ist »beschäftigt mit sich selbst«. Diese Art von Sachlichkeit
erstrebt Rilke nun auch im Sprachkunstwerk, durch die Mittel der Sprache.
Das Dichten geht unter den Sprachelementen vor sich, die sich gegenseitig miteinander auseinandersetzen und *dadurch* den außersprachlichen
Gegenstand in Sprache umsetzen. Für diese in Rilkes Poetik so zentrale
Umsetzung ließen sich unzählige Beispiele anführen; ich wähle ein relativ einfaches und, wie ich hoffe, einprägsames, das Gedicht »Die Treppe
der Orangerie«. Vorweg zur Erläuterung: im Park von Versailles verbindet eine mächtige Freitreppe die Ebene des oberen Parks mit der viel
tiefer liegenden Ebene, wo sich die Orangerie befindet. Die wenig steile
und sehr breite Treppe steigt in drei großen Absätzen von je etwa 30 Stufen hinan. Das Bauwerk löst durch seine rhythmische Gliederung ein
ganz eigenes Bewegungsgefühl aus. Wie fängt Rilke dieses Bewegungsgefühl ein, wie setzt er es in Sprache um? Das Gedicht besteht aus *einem*
Satz und enthält *einen* Vergleich. Die Gliederung ist höchst einfach und
klar. Erste Strophe: modaler (vergleichender) Nebensatz; zweite Strophe:
Hauptsatz; dritte Strophe: wiederum vergleichender Nebensatz. Ein Gebilde also von triptychonartiger Symmetrie.

> Wie Könige die schließlich nur noch schreiten
> fast ohne Ziel, nur um von Zeit zu Zeit
> sich den Verneigenden auf beiden Seiten
> zu zeigen in des Mantels Einsamkeit –:
>
> so steigt, allein zwischen den Balustraden,
> die sich verneigen schon seit Anbeginn,
> die Treppe: langsam und von Gottes Gnaden
> und auf den Himmel zu und nirgends hin;
>
> als ob sie allen Folgenden befahl
> zurückzubleiben, – so daß sie nicht wagen
> von ferne nachzugehen; nicht einmal
> die schwere Schleppe durfte einer tragen.

Die Metapher ist, ebenso wie der Klangreichtum, doch weit mehr als Ge-
pränge. Sie ist streng funktional, sowohl durch ihren Inhalt wie durch
ihre Dreigliederung, in der sich der dreistufige Bau der Treppe offen-
kundig widerspiegelt. Verglichenes und Vergleichendes wachsen in einem

---

[8] Brief an Clara Westhoff, den 21. Oktober 1907.

umfassenden Bezug zusammen. Die Treppe identifiziert sich immer enger mit dem Gottesgnadentum der absoluten Monarchie. Nicht umsonst heißt es schließlich von der Treppe selbst, und nicht von den schreitenden Königen: »als ob *sie* allen Folgenden befahl / zurückzubleiben«. Zugleich entsteht, über alles kulturhistorisch Bedingte hinaus, ein Zeitloses, das geheime Bezüge zu etwas Fundamentalem in unserer Seele, zu unserem Bewegungsgefühl unterhält und das wir am besten mit einem Wort, dessen Bedeutung für den mittleren und späten Rilke besonders Beda Allemann überzeugend herausgearbeitet hat, » F i g u r « nennen.

Zu der in diesem Gedicht gestalteten Bewegungsfigur gesellen sich andere, jeweils von höchst individueller Einmaligkeit und dennoch zugleich von idealtypischer Gültigkeit. Man vergleiche etwa mit der Treppe der Orangerie die völlig andersartige, auch durch die Umsetzung in sperriglastende Sprache so andersartige Figur des mühsamen Steigens im Gedicht »Der Turm«, oder die verschiedenen Figuren des statischen Kreisen-in-sich-selbst in den Gedichten »Buddha« und »Römische Fontäne« und der dynamischen Kreisbewegung in »Das Karussell« und »Spanische Tänzerin«. Es ließe sich zeigen, wie sie sich oft in zyklischer Reihung zu Figurkomplexen voller interner Spiegelung zusammenschließen. Wieder sei es gesagt: diese fundamentalen Figuren fügen in ihrer sinnlich-sittlichen, psychophysischen Beschaffenheit neue Dimensionen zu unserem Wirklichkeitsverständnis hinzu, sie schließen neue Organe in uns auf.

Es ist nun keineswegs so, daß Rilke zur Gestaltung solcher Figuren durchaus auf die Metapher angewiesen wäre. Der Bezugsreichtum kann sich auch einstellen, wo er in der nackten Direktheit nüchterner Konstatierung, *down to earth*, seine Gestalten hinhaut: in Gedichten also, die auch für das vordergründige Verständnis eminent »sachlich« sind und die durch ihre Thematik und ihre aller Schönfärberei abgeneigte Härte die künstlerische Bewältigung des Häßlichen inaugurieren, womit sie viele von den späteren Errungenschaften des Expressionismus und der Neuen Sachlichkeit vorwegnehmen. Man denke etwa an das Gedicht »Der König von Münster«. Nur kurz zum Sachverständnis: Gemeint ist der aus Leiden gebürtige Holländer Jan Beukelszoon, ein, ich muß es mit Bedauern sagen, gerissener Liederjan, Führer der Wiedertäufer, die in Münster ein neues Gottesreich gegründet hatten. Kraft innerer Erleuchtung hatte Jan van Leiden sich zum König des neuen Sion krönen lassen. Religiöser Fanatismus verbindet sich mit Gemeinheit und Grausamkeit. Die Situation des Gedichtes: kurz vor dem Untergang des Gottesreiches im Jahre 1535.

Der König war geschoren;
nun ging ihm die Krone zu weit
und bog ein wenig die Ohren,
in die von Zeit zu Zeit

gehässiges Gelärme
aus Hungermäulern fand.
Er saß, von wegen der Wärme,
auf seiner rechten Hand,

mürrisch und schwergesäßig.
Er fühlte sich nicht mehr echt:
der Herr in ihm war mäßig,
und der Beischlaf war schlecht.

Von erstaunlicher Drastik sind all diese genau gesichteten Einzelheiten und dann besonders die beiden Schlußzeilen. Sie klingen wie ein medizinisches Bulletin: Puls mäßig, Verdauung schlecht. Aber in der lakonischen Prägung verbirgt sich ein *double entendre*. »Der Herr in ihm«: das liest sich zuerst, und nicht mit Unrecht, als Umschreibung des eigenen Herrschertums des Präsumptivkönigs Jan van Leiden. Wesentlicher aber ist die Anspielung auf den radikalen Spiritualismus der Wiedertäufer, für die nur die göttliche Stimme im Inneren des Menschen, Gott in uns, als religiöse Autorität galt. Gott der Herr in ihm war mäßig, die innere Stimme verhallte. Durch die brüske syntaktische Gleichschaltung mit dem schlechten Beischlaf (Anspielung auf die wiedertäuferische Polygamie) wird kommentarlos-sachlich die ganze sensualistische Entartung des Schwärmertums in Sprache umgesetzt. Diese Kommentarlosigkeit ist ein wichtiges Element der von Rilke geforderten Sachlichkeit des dichterischen Sagens. Was aber vielleicht bei diesem nackten Tatsachenstil noch schwieriger einzusehen ist als bei dem offenkundigen Beziehungsreichtum von Gedichten wie »Blaue Hortensie« und »Die Treppe der Orangerie«, ist die auch hier waltende doppelte Valenz. Der König von Münster ist ganz und gar jener historisch einmalige lumpige Kerl, und *zugleich* überzeitliche Figur, konkretisierter Inbegriff einer Möglichkeit menschlichen Daseins.

Ich habe mich lange bei Rilkes mittlerer Schaffensperiode aufgehalten, weil ich, im Gegensatz zu vielen, glaube, daß die »*Neuen Gedichte*«, zusammen mit dem Romanwerk »*Die Aufzeichnungen des Malte Laurids Brigge*« ebenso gültige Weltliteratur sind wie die Hauptwerke der Spätzeit, und zweitens weil das Spätwerk überhaupt nicht zu verstehen ist ohne die dimensionale Erweiterung der Wirklichkeitsauffassung, die sich

im Werk der mittleren Periode vollzogen hat. Zwar ist es kein gerader
Weg, der vom einen zum anderen führt. Dieser Weg ist verschlungen,
er geht durch schwere Krisen hindurch, aus denen ein in mancher Hinsicht
gewandelter Dichter hervorkommt. »Werk des Gesichts ist getan, / tue
nun Herz-Werk / an den Bildern in dir«, so beschreibt ein Gedicht vom
Jahre 1914 halb retrospektiv, halb prospektiv die sich vollziehende
Wandlung. Sie bedeutet eine gewaltige Ausweitung der schöpferischen
Mittel, aber ganz bestimmt keine Verleugnung dessen, was an »Werk
des Gesichts« geleistet war. In der ganz anderen Dichtart der späteren
Hymnik, des Ansingens, des Jubelns und Klagens, und in der radikali-
sierten Thematik, die im Spätwerk, nicht nur in den »*Duineser Elegien*«,
um letzte Fragen des Menschseins kreist, ist das Verhältnis zu den Dingen
und die dichterische Verwendung der Wirklichkeitselemente sicherlich
anders geworden. Die Dinge werden stärker auf ihren figuralen Sinn
reduziert. Dennoch werden sie nicht zu abstrakten allegorischen Zeichen:
nicht in den »*Duineser Elegien*« und vollends nicht in den »*Sonetten an
Orpheus*«. Sie behalten ihre Konkretheit, ja sie werden konkreter als je,
indem sie auf unsere totale Sinnlichkeit und Geistigkeit bezogen werden.

Zum Verständnis dieses Sachverhalts kann uns der merkwürdige Aufsatz
behilflich sein, den Rilke 1919, in der Zeit der inneren Vorbereitung auf
die Vollendung des Elegienwerks schrieb und dem er den Titel »*Urgeräusch*« gab. Wir wollen uns nicht abschrecken lassen durch das höchst
Bizarre der Einkleidung, durch die groteske Vorstellung des Phonogra-
phen, dessen Stift nicht über die in Wachs gezeichnete Spur einer vor-
herigen Klangaufnahme, sondern über die Kronennaht eines menschlichen Schädels läuft und so einen Laut erzeugt, für den der Verfasser die
Bezeichnung »Urgeräusch« vorschlägt. Uns kommt es auf den zweiten
Teil des Aufsatzes an, auf die Forderung, daß durch das Ineinswirken
der fünf Sinnesorgane eine transsensualistische Totalität erreicht werden
soll. Der Künstler soll die »fünffingrige Hand seiner Sinne zu immer
regerem und geistigerem Griffe« entwickeln, oder mit einem anderen
Bilde: er soll die einzelnen Sinnesausschnitte so weit als möglich aus-
dehnen, »damit einmal seiner geschürzten Entzückung der Sprung durch
die fünf Gärten in einem Atem gelänge«.[9]

Die geschürzte Entzückung, unter deren Vorzeichen das ganze Spätwerk,
die »*Duineser Elegien*«, die »*Sonette an Orpheus*« und die späteren fran-

---

[9] *Sämtliche Werke* VI, S. 1092.

zösischen Gedichte stehen, ist nun alles andere als vage Überschweng-
lichkeit. Sie ist und bleibt mit höchster Intensität auf die Lebensdinge
bezogen, ja mit diesen beladen. Das »sachliche Sagen« der mittleren Periode ist aufgehoben (»aufgehoben« in des Wortes bekanntem
Doppelsinn) in dem jetzt geforderten »Sagen« der Dinge, wodurch diese
erst zu ihrer »Innigkeit«, das heißt zu ihrer menschlichen Bedeutsamkeit
kommen. In diesem Sinne werden sie hinübergerettet ins Innere des
Menschen. Eine oft zitierte zentrale Stelle in den »*Duineser Elegien*«
lautet:

> ... Sind wir vielleicht *hier*, um zu sagen: Haus,
> Brücke, Brunnen, Tor, Krug, Obstbaum, Fenster, –
> höchstens: Säule, Turm ... aber zu *sagen*, verstehs,
> oh zu sagen *so*, wie selber die Dinge niemals
> innig meinten zu sein.

Und dieses Sagen wird nun nicht nur gefordert, sondern es wird zugleich,
im selben schöpferischen Aufschwung, verwirklicht in manchen der
»*Sonette an Orpheus*«, die, wie immer mehr eingesehen wird, als ebenso
gewichtige und vollgültige Schöpfung neben den »*Duineser Elegien*«
stehen. Nehmen wir, natürlich etwas willkürlich, eines dieser Sonette
heraus, das den Segen von Rilkes sublimierter Sensibilität aufs be-
glückendste verkörpert. Es gehört zu einer kurzen Reihe von Gedichten,
die durch die Thematik der Früchte, oder, häuslicher gesagt, des Obstes
miteinander verbunden sind. Frühere Dichter hatten Gott, oder die Geliebte, oder das Vaterland angerufen. Kann man eine Banane oder eine
Stachelbeere apostrophieren, ohne sich unsterblich lächerlich zu machen?
Wir brauchen die Frage nur zu stellen, um zugleich zu fühlen, wie unangemessen sie hier ist. Im Sprung durch die fünf Gärten der Sinne wird das
angeblich niedrige Sinnesorgan, der Geschmack, aus seinem unwürdigen
Isolement erlöst und in die Totalität unserer geistig-sinnlichen Erfah-
rungsmöglichkeiten hineingestellt. Durch den Geschmack, das Schmecken,
hat der Mund teil am Kreislauf von Leben und Tod, der durch Pflanze
und Frucht hindurchgeht. Und gerade dies führt zur jubelnden Bejahung
der Einheit von Leben und Tod. Was Rilke hierüber sagt, ist von einer
verblüffenden Eindringlichkeit und Genauigkeit.
Lassen Sie mich schließen mit einem persönlichen Wort. Ich weiß, daß
jene späten Gedichte als kryptisch gelten, Lesestoff für *high brows*. Ich
habe neulich die »*Sonette an Orpheus*« genau wiedergelesen und gestaunt. Gestaunt über das, was ich letztlich ihre Einfachheit und Sachlichkeit nennen möchte. Die Erfahrungen, die hier ins Wort gebannt sind:

es sind potentiell unsere eigenen Erfahrungen. Immer wieder sagt man
sich beim Lesen: Aber natürlich, so ist es. Irgendwie habe ich es gewußt,
aber ich habe es gewußt in einer dumpfen und verschwommenen Weise.
Jetzt ist das Wissen hell und licht geworden. Ich bin reicher geworden an
echter Erfahrung. Darin, vor allem darin, liegt für mich das Kriterium
der Echtheit und auch der Größe von Rilkes Dichtung. Prüfen wir es am
Texte selbst nach:

> Voller Apfel, Birne und Banane,
> Stachelbeere ... Alles dieses spricht
> Tod und Leben in den Mund ... Ich ahne ...
> Lest es einem Kind vom Angesicht,
>
> wenn es sie erschmeckt. Dies kommt von weit.
> Wird euch langsam namenlos im Munde?
> Wo sonst Worte waren, fließen Funde,
> aus dem Fruchtfleisch überrascht befreit.
>
> Wagt zu sagen, was ihr Apfel nennt.
> Diese Süße, die sich erst verdichtet,
> um, im Schmecken leise aufgerichtet,
>
> klar zu werden, wach und transparent,
> doppeldeutig, sonnig, erdig, hiesig –:
> O Erfahrung, Fühlung, Freude –, riesig!

Dieser Aufsatz, den ich dem verehrten Freunde auf den Geburtstagstisch lege, stellt
die etwas erweiterte und leichthin geänderte Fassung eines Vortrags dar, der im
Frühling 1967 vom Deutschlandfunk im Rahmen einer Reihe von »Lyriker-Porträts«
gesendet wurde. Hieraus erklärt sich der etwas »mündliche« Ton, den ich zwar ein
wenig gedämpft habe, ohne ihn aber ganz unterdrücken zu wollen.

Eudo C. Mason (†)*

Rilkes Humor

Rilke wird meistens als ein Dichter angesehen, der ganz ohne Humor ist oder als einer, bei dem der Humor höchstens eine bloß private, nebensächliche Rolle spielt und für die große schöpferische Leistung belanglos bleibt. So schreibt z. B. Franz Koch, daß »der Humor dem späteren Rilke, außer scheinbar im Gespräch und gelegentlich in Briefen, so gut wie gänzlich fehlt«.[1] Wenn das wirklich stimmte, wenn Rilkes Humor nicht auf wesentliche, zentrale Art zu seiner Genialität und Kunst und zu seiner Gesamtentwicklung – auch bis in die so wichtige Spätzeit hinein – gehörte, so würde es sich kaum lohnen, diesen Humor zum Gegenstand einer besonderen Untersuchung zu machen. Man müßte dann auch von vornherein damit rechnen, daß dieser Rilkesche Humor sich rein qualitativ dürftig, und nur für den Hausgebrauch erweisen würde, wie es der rein private Humor oft ist, so daß derjenige, der sich nur für Rilke als großen Dichter interessiert, am besten darüber hinwegsehen sollte. Noch weniger ist man gemeinhin darauf gefaßt, bei Rilke Spuren jener

* Professor Eudo C. Mason hat mir am 10. Februar 1969, also wenige Monate vor seinem unerwarteten Ende, seine Studie über Rilkes Humor für die geplante Festschrift angeboten in der Hoffnung, die an ihn ergangene Einladung als Gastprofessor an der University of Pittsburgh im Sommer 1970 annehmen zu können. Sein Bruder, Mr. Bernard Mason, gestattete nach seinem Tode die Erstveröffentlichung dieses ursprünglich an der Universität Tübingen gehaltenen Vortrags im Rahmen des vorliegenden Bandes, nachdem es Professor N. A. Furness von der University of Edinburgh gelungen war, im Nachlaß Masons eine handschriftliche Fassung ausfindig zu machen. Den beiden Genannten sowie vor allem Miss Sheila Millar, die das Typoskript als Druckvorlage sowie den umfangreichen Anmerkungsapparat mit großem Geschick herstellte, danke ich herzlichst für ihre Hilfsbereitschaft.
K. W. J.

S. W. = Sämtliche Werke. 6 Bände, Wiesbaden (Insel-Verlag), 1955–1965.
Br.   = Briefe. 6 Bände, Leipzig (Insel-Verlag), 1930–37.
[1] Deutsch-Öster. Lit. Gesch. 1948.

betont geistigen Formen des Scherzhaften, der Ironie und der Satire zu finden, während man eine gewisse, wenn auch verhältnismäßig kümmerliche Anlage zu so etwas wie Humor als einer Sache des Gemüts eher bei ihm anzunehmen bereit wäre. Dem allen entgegen möchte ich hier die These vertreten, daß der Humor und in etwas geringerem Maß auch die Ironie und Satire zentral zu Rilkes Gesamtwesen gehören und auf allen Stufen seiner Entwicklung, noch auf der späten, eine wesentliche Rolle in seiner Dichtung spielen.

Es muß zugegeben werden, daß die Worte Humor, Ironie und Satire so gut wie gar nicht beim reifen Rilke vorkommen, daß er, auch wenn er Werke bewundert, die sich besonders durch diese Eigenschaften auszeichnen, wie etwa Friedrich Huchs großartigen humoristischen Roman *Peter Michel*, oder die *Buddenbrooks* des Ironikers Thomas Mann, oder die ironie-durchsetzten Prosaschriften Paul Valérys, auf eine merkwürdige Weise in allen seinen begeisterten Äußerungen gerade auf *diese* Eigenschaften nicht eingeht. Es sei ferner zugegeben, daß der reifere Rilke selten ein Gedicht oder sonst ein Werk schreibt, das in seinem Gesamtcharakter humoristisch, ironisch oder satirisch wäre oder es sein sollte: aus den Schweizer Jahren wüßte ich nur zwei Beispiele für rein humoristisch gemeinte Gedichte zu nennen, alle beide in französischer Sprache und alle beide schwerfällig und mißlungen. Es sind »Saint-Sulpice« und »La Danse dans l'Escalier«. Sie entstanden zu einer Zeit, als es Rilke gesundheitlich und seelisch besonders schlecht ging, im Frühjahr 1925, am Anfang des letzten Pariser Aufenthalts. Solche witzige humoristische oder satirische Gedichtformen wie etwa das Epigramm liegen dem reiferen Rilke fern. Das sind alles Tatsachen, die gegen meine Auffassung zu sprechen scheinen, daß Humor, Ironie und Satire für Rilkes Dichtung von erheblicher Bedeutung sind. Dazu ist aber zu sagen, daß Rilke von etwa 1900 an allen gängigen Fachausdrücken und Begriffen der Ästhetik, Kritik und Literaturwissenschaft abhold war und selten von ihnen Gebrauch machte. Das ihm bis zuletzt wichtige Wort »tragisch« ist eine der wenigen Ausnahmen. Auch das Wort *Elegie* taucht erst plötzlich wie aus dem nichts bei ihm auf, wenn es sich 1912 darum handelt, seinen beiden eigenen soeben entstandenen ersten Duineser Elegien einen Namen zu geben, ohne daß er je die Gattung der Elegie, ihre Form, ihre Herkunft, ihre Eigenart erörtert oder davon gesprochen hat, wie Klopstock, Hölderlin und Goethe ihm dabei als Muster vorschwebten. Ähnlich verhält es sich bei ihm mit dem Humor. Wenn es bei ihm überhaupt Humor gibt, so muß es eine ihm ganz eigene Abart des Humors sein. Er haßt die

Schablone, und Begriffe wie Humor, Ironie und Satire zählen gewiß für
ihn zu sehr zu den Schablonen des literarischen Betriebes, als daß er viel
Gebrauch von ihnen machen könnte. Es wäre eher zu erwarten, daß er
hier, wie in so vielen anderen Fällen, seinen »eigenen Ausdruck« gefunden hätte. Es wäre dann auch zu erwarten, daß es sich in seiner Dichtung
eher um humoristische, ironische oder satirische Elemente und Züge handeln würde, als um abgeschlossene Werke, die durch und durch humoristisch, ironisch oder satirisch und weiter nichts als das wären.

In seinen Anfängen hat Rilke mehrere Spielarten des Komischen ganz
bewußt gepflegt und sich dabei mitunter unverkennbar an Heine ange-
lehnt, den er damals noch sehr bewunderte. Spuren von dieser frühen
Entwicklungsstufe finden sich allenthalben in *Larenopfer* und in den
nachgelassenen und verstreuten Gedichten, Skizzen und Erzählungen der
Frühzeit. Ein typisches Beispiel für diesen jugendlichen Willen zum
Humor ist die »Geschichte der reine Taitu, nach Monsignore in ebenso
unmöglichen Versen erzählt vom Schloßpoeten. Ein Annalen-Blatt.« –
eine in Knittelversen geschriebene Verspottung der christlichen Missio-
nare im Kongo aus den letzten Sommerwochen vor der entscheidenden
Umsiedlung von Prag nach München im Jahre 1896. Das Niveau dieses
bemühten Humors erkennt man an folgendem Scherz über die Menschen-
fresserei:

> Dort kennt kein Gaumen Hühnerkitzel,
> weil man Natur- und Wienerschnitzel
> aus Leuten jeder Sorte macht.[2]

Die Hauptzielscheibe für den Spott dieses jungen Prager Rilke ist das
Bürgertum überhaupt, wobei er natürlich an erster Stelle an seine eigene
Familie denkt und an das bürgerliche Milieu, in dem er groß geworden
war. Dabei sollte es auch noch lange bleiben – ja, diese Verspottung des
Bürgers taucht gelegentlich noch beim reifen Rilke auf, sogar an einer
Stelle in der 4. Duineser Elegie, wo es von dem »Tänzer« heißt:

> Nicht *der*. Genug! Und wenn er auch so leicht tut,
> er ist verkleidet und er wird ein Bürger
> und geht durch seine Küche in die Wohnung.

In solchen Formen lebt noch unterirdisch in dem großen Dichter der späteren Jahre der zielbewußte jugendliche Satiriker weiter, der im September 1896, am Vorabend des entscheidenden Bruchs mit der Familie, in
Heineschen freien Rhythmen den Philister erbarmungslos anprangert.

---

[2] *S. W.* II, 529.

Das betreffende Gedicht richtet sich ziemlich sicher mit bewußt übertreibender Ungerechtigkeit gegen Rilkes eigenen, später sonst immer mit so großer Verehrung erwähnten Vater:

> ... Und gerade mir gegenüber
> saß er und hielt
> einen goldbraunen Rebhuhnflügel
> in der protzigen, sommersprossigen
> breiten Philisterpfote.
> Seine winzigen Augen
> grinsten hinter dicken Lidfalten:
> Wonne.
> So blinzeln Kanonenrohrmündungen
> über Festungswälle. –
> War das ein Rebhuhn!
> Laut schnalzt er.
> Dann brandet eine Welle Rheinwein
> an den gelben, schiefen Zähnen,
> wälzt sich wie wütend im Wirbel
> her und hin in des Munds
> geräumiger Höhle,
> und stürzt dann zur Tiefe.
> Und er gluckste und gurrte,
> steckte den Zahnstocher
> zwischen die triefenden Lippen,
> machte zwei Knöpfe der Weste sich auf
> und pfauchte:
> »Aber was wollen Sie immer?
> Mein Gott, Essen und Trinken
> fehlt Ihnen nicht und ein Heim.
> Bitt' Sie, die Zeiten sind übel.
> Was wollen Sie denn mehr,
> wenn man gesund ist...«[3]

Wir wissen, daß Rilkes Vater, der Eisenbahnbeamte, gerade mit solchen Argumenten den Sohn in diesen Wochen von seinem dichterischen Ehrgeiz und von der geplanten Übersiedlung nach München abzubringen trachtete.

Solche sehr scharfe, offene und im eigentlichsten Sinne des Wortes *satirische* Angriffe auf das Bürgerliche finden sich häufig beim jungen Rilke. Sie werden dann aber bald von einer leiseren, ironischen oder humoristischen Verspottung immer mehr begleitet und verdrängt, bei der es auf die sehr genaue Beobachtung und witzige Kommentierung kleiner Abgeschmacktheiten und Albernheiten des bürgerlichen Familienlebens an-

---

[3] »Aber lieber Herr ...«; *S. W.* III, 441.

kommt. Mit einem Wort, der junge Rilke schlägt hier einen ähnlichen
Weg ein wie Thomas Mann und bringt es auch in den wenig beachteten
Erzählungen und Skizzen der Jahre 1897–1899 erstaunlich weit auf
diesem Weg, der natürlich noch immer nicht sein eigentlicher, eigenster
Weg ist. Dies war auch eine durchaus zielbewußte Entwicklung. Der
junge Dichter machte noch seine Lehrjahre durch, probierte so ziemlich
alles, was er in der Garderobe der literarischen Tradition und Mode vor-
fand, rasch hintereinander und durcheinander an, meinte dabei immer
wieder, daß dieses oder jenes wirklich paßte und ihm stand, und fühlte
sich unter anderem geradezu zum Humoristen berufen, wie es dann in
einem Widmungsgedicht an einen dichtenden Bekannten, einen »famosen
Fabulisten«, vom Sommer 1896 heißt:

> Von des Lebens Sachen
> kannst du die schwerste: *übers Leben lachen!* [3a]

Am deutlichsten sprechen sich diese humoristischen Ambitionen des
jungen Rilke in seinen Briefen an den Verleger Bonz vom Jahre 1897
aus. Damals bereitete Rilke das Manuskript seiner ersten Sammlung von
Geschichten in Buchform vor. Er verhandelt lang hin und her über den
besten Titel für diese Sammlung. Ursprünglich sollte sie »Nachtkaffee-
Geschichten« heißen. Davon kommt Rilke dann ab. Am 9. Juli schreibt
er an Bonz von gewissen Veränderungen, die er am Manuskript vor-
genommen habe, wodurch die Sammlung »sehr gewinnen« wird, »zumal
ein gewisser leiser Humor, der Grundton derselben werden dürfte«. Am
30. Juli schrieb er wieder:

> Heute sende ich Ihnen das endgültig fertiggestellte Manuskript ... [ich] habe
> ... dem Büchlein einen Titel gegeben, welcher *das Humoristische des Inhal-*
> *tes* neben dem Ernsten charakterisiert.

Dieser neue Titel sollte »Lachen und Weinen« lauten, was Rilke dann
aber »etwas trocken theoretisch« fand und zu »Zwischen Lachen und
Weinen« änderte. Diesen Titel nahm ihm aber ein anderer Dichter um
einige Wochen vorweg und der Titel, für den er sich endgültig entschloß,
war dann *Am Leben hin.*
Einen fast noch wichtigeren Gegenstand seines Spottes findet der junge
humorbeflissene Rilke im Christentum, dem gegenüber es ihm allerdings
schwerer fällt, seinen Widerwillen auf den Ton einer mehr oder weniger
gutmütigen Ironie herabzustimmen als bei Behandlung des Bürgerlichen.
Hier bleibt es auf längere Zeit bei der grellen Satire, wie z. B. in *Am*

[3a] S. W. III, 533.

Leben hin, wo von zwei alten Jungfern die Rede ist, der mehr weltlichen schwarzhaarigen Klothilde und der weißhaarigen frommen Rosine:

> Und während die schwarze Klothilde sich trefflich auf fette Hühner verstand, hatte Rosinchen viel Mitgefühl für fette Messen und tauschte bei jedem *Dominus vobiscum* einen Blick frommen Verstehens mit dem von heiliger Hast triefenden Pfarrer.[4]

Diese gleiche fromme Rosine träumt einen schönen Traum

> ... von der Orgel, die doch eigentlich der Herr Pfarrer selbst war, und von der ewigen Seligkeit, in der es herging, wie beim Saufest.[5]

Die erst posthum veröffentlichten »Christus-Visionen« der Jahre 1896 bis 1898 sind am richtigsten als eine förmliche satirische Dichtung anzusehen. Auch im Toskanischen Tagebuch vom Frühling 1898 ist die Ironie, mit der Rilke vom Christentum spricht, keineswegs gutmütig; zum Beispiel:

> Gott ist das älteste Kunstwerk. Er ist sehr schlecht erhalten, und viele Teile sind später ungefähr ergänzt. Aber es gehört natürlich zur Bildung, über ihn reden zu können und die Reste gesehen zu haben.[6]

Bis zuletzt macht sich bei Rilke eine gewisse Neigung bemerkbar, dem Christentum gegenüber in den satirischen Ton seiner Frühzeit zurückzufallen.

Der Spott des jungen, sich u. a. auch als Humoristen fühlenden Rilke richtet sich übrigens nicht ausschließlich gegen die Dinge, die er grundsätzlich ablehnt und verabscheut, wie das Christentum, die Bürgerlichkeit und die moderne Welt überhaupt, sondern auch mitunter gegen das, was ihm heilig und lebenswichtig ist, gegen die Dichtung, gegen das eigene Ich. Die frühesten Beispiele für diese Erscheinung sind freilich heillos primitiv – so etwa das Gedicht »Fluch des Frühlings« (1894–95):

> Zugleich mit Sonnenschimmer,
> mit Blüte, Sang und Bach,
> da werden leider immer
> viel Dichterlinge wach.
> Ein mächtiger Gedanke
> läßt sie nicht ruhn, – o Graus,
> Sie graben aus dem Schranke
> die alte Leyer aus.[7]

Was hier so plump anhebt, reißt aber bis zuletzt bei Rilke nicht ab, wenn es auch in den späteren Jahren immer subtilere, unauffälligere Formen annimmt.

[4] *S. W.* IV, 21.   [5] *S. W.* IV, 34.
[6] *Tagebücher aus der Frühzeit*, 53. Leipzig (Insel-Verlag) 1942.
[7] *S. W.* III, 427.

Rilkes frühe Pflege einer humoristisch-ironischen Erzählkunst mit satirischem Einschlag gipfelt in der wohl im Winter 1898–99 entstandenen, posthum veröffentlichten autobiographischen Geschichte *Ewald Tragy*, die seinen letzten Sonntag in Prag und einige seiner wichtigsten Erlebnisse der folgenden Monate in München in leicht abgewandelter Form darstellt. Dieses kleine Meisterwerk nimmt erstaunlich viel von Thomas Mann, insbesondere von *Tonio Kröger* vorweg, sowohl im Thema wie auch in der Menschendarstellung und in der sprachlichen Gestaltung. Die meisten Leser empfinden diesen Humor einfach als für Rilke uncharakteristisch und achten daher nicht darauf, wie ausgezeichnet er schon allein als Humor ist. Es wäre jedoch zu fragen, ob dieser Humor in der Tat für Rilke so uncharakteristisch ist. Solcher Humor erscheint freilich beim späteren Rilke selten wieder im Reinpräparat, als Grundton eines ganzen Werks, wie wir ihn im *Ewald Tragy* noch finden. Das heißt aber gar nicht, daß er restlos verschwunden wäre oder daß er überhaupt nicht zum eigentlichen Rilke gehöre. Er könnte noch immer sozusagen prisenmäßig, als eine Art Gewürz in den späteren Werken vorhanden sein, und das ist er denn auch – als eine Art Gewürz, das jeder zwar mitkostet, das jeder vermissen würde, wenn es fehlte, das aber nicht jeder Gaumen unterscheiden und erkennen kann.

Es ist nicht leicht, durch kurze Auszüge einen richtigen Eindruck von Rilkes Humor im *Ewald Tragy* zu geben, weil es dabei so sehr auf das Zusammenwirken vieler Einzelheiten ankommt. Im ersten der beiden Abschnitte geht es um den Gegensatz zwischen der durch Ewalds Familie vertretenen philiströsen Behaglichkeit und Banalität des Bürgertums und den durch den jungen Dichter selber vertretenen hohen Ansprüchen der Kunst. Dabei gelingt es Rilke, die Familie, die hauptsächlich aus Tanten und Kusinen besteht, mit dem Vater als einzigem erwachsenem männlichem Mitglied, im großen und ganzen nur gutmütig zu verspotten und sonst als nicht unsympathisch darzustellen. Ewald beteiligt sich zum letzten Mal am üppigen sonntäglichen Mittagessen der vereinigten Familie, ehe er nach München fährt, um ein ganz neues, völlig anderes Leben im Dienst der Kunst zu beginnen. Die alten Familienwitze werden wiederholt und alle essen, wie immer, viel zu viel, außer Ewald:

> Jeden Sonntag wartet Ewald, bis die dritte der Tanten, Fräulein Auguste, lächelt: »Das Essen ist doch kein leerer Wahn« – worauf jemand in guter Gewohnheit bestätigen muß: »Nein, es ist nicht ohne.«
> Das kommt gewöhnlich nach dem zweiten Gang. Und Ewald weiß ganz genau, was nach dem dritten kommt, und so fort ... Niemand füllt seinen

Teller, ohne leise zu stöhnen, und als das Mädchen mit einer süßen Crême eintritt, seufzen alle laut und schmerzlich auf. Die eisgekühlte Sünde drängt sich an jeden heran, und wer kann widerstehen? Der Herr Inspektor [Ewalds Vater] denkt: »Wenn ich nachher Soda nehme ...« und Fräulein Auguste wendet sich an die Hausfrau: »Ist Magenbitter zuhaus, Karoline?« Mit schelmischem Lächeln zieht Frau von Wallbach ein kleines Tischchen heran, darauf viele Schachteln und Büchsen neben seltsam geformten Flaschen bereitstehen. Man lächelt, es beginnt nach Apotheke zu riechen, und die Crême kann nocheinmal herumgehen.

Plötzlich geschieht eine unerwartete Störung. Die Älteste steht wie eine Ahnfrau und ruft warnend: »Und du, Ewald?«

Ewalds Teller ist rein.

»Und du?« fragen alle Augen, und die Hausfrau denkt: »Wie immer dieses Absondern von der Familie. Wir sind morgen alle elend und – er? Schickt sich das?«

»Danke –« sagt der junge Mensch kurz und stößt den Teller ein wenig fort. Das will heißen: damit ist diese Sache abgetan – bitte.

Allein niemand versteht das. Man ist froh ein Thema zu haben und bemüht sich um weitere Aufklärung.

»Du weißt nicht, was gut ist –« sagt jemand.

»Danke.«

Dann strecken die vier Kusinen, alle zugleich, ihre Löffelchen her: »Kost mal.«

»Danke«, wiederholt Ewald, und bringt es zustande, vier junge Mädchen zugleich unglücklich zu machen.[8]

Der Spott richtet sich aber im *Ewald Tragy* nicht allein gegen das Bürgertum. Ewald Tragy selbst und sein heiliger dichterischer Ehrgeiz werden *auch* belächelt, wobei es auffällt, wie weit Rilke in den zwei dazwischenliegenden Jahren über die hier dargestellte frühe Stufe seiner Entwicklung hinausgewachsen zu sein glaubt. Bemerkenswert ist das zynische Wort, das Ewald über das eigene Ich an die französische Gouvernante richtet:

Sie müssen nämlich wissen: ich lüge sehr oft. Je nach Bedürfnis, einmal nach oben, einmal nach unten; in der Mitte sollte *ich* sein, aber manchmal mein' ich, es ist gar nichts dazwischen.[9]

Auch das ist bei aller geistreichen Übertreibung eine gültige Aussage über die innere Not des Dichtertums, die, immer anders abgewandelt, auch manchmal in ironischer Form, beim späten Rilke wiederkehrt.

Im zweiten Abschnitt vom *Ewald Tragy* richtet sich Rilkes Humor nicht mehr gegen das Bürgerliche, sondern gegen die zeitgenössische Kunstwelt, wie sie in München gedeiht und besonders durch *eine* Gestalt ver-

---

[8] *S. W.* IV, 522-23.   [9] *S. W.* IV, 532.

treten wird, den Dichter Herrn von Kranz. Und hier zeigt sich eine besondere Eigentümlichkeit von Rilkes Humor – daß er es nicht lassen kann,
von Zeit zu Zeit witzige, vernichtende Bosheiten zum Besten zu geben
über ihm nahestehende Menschen, denen er sich innerlich entfremdet
fühlt. Denn dieser Herr von Kranz ist nicht nur ein Vertreter aufgeblase-
nen Literatentums im allgemeinen: er ist zugleich unverkennbar eine
Karikatur von Rilkes teurem Duzfreund Wilhelm von Scholz, der ihm
im August 1897 den Gedichtband *Hohenklingen* mit den Worten gewidmet hatte:

> An meinen treuen Freund R. M. Rilke
> Dir gebe ich dies Buch ...

Anschließend, nach manchem anderen schwülstigen Wort, bekennt sich
von Scholz in dieser Widmung zum »verbindenden Kunstwerk in Höhe-
punkten«. Rilke hatte diesen Gedichtband zwar im August 1898 sehr
günstig rezensiert, kurz darauf aber ließ er seinen Ewald Tragy dem
Dichter Herrn von Kranz in München begegnen, von dem es dann heißt:

> Er schreibt etwas Großes, ein Epos oder etwas über das Epos hinaus, jeden-
> falls etwas ganz Neues, etwas »in Höhepunkten«, so hat er dem neuen
> Bekannten versichert in der ersten halben Stunde.[10]

Dieser von Kranz ist ein Schwätzer, der »das Schweigen nicht liebt«, und
in lauter Stimme im Café Luitpold seine »Weltanschauung« auseinander-
setzt und dabei an »einen Höhepunkt gelangt, an die Stelle nämlich: Wie
ich Nietzsche überwand.« Dies ist kein gutmütiger Humor mehr, sondern
wirklich boshafte, und sehr wirkungsvolle Persiflage, die einem lebenden
Einzelmenschen gilt. Rilke wendet sich freilich dabei auch gegen die
eigene frühere Schwäche für große Worte, er tut es aber entschieden auf
Kosten seines intimen Freundes Wilhelm von Scholz. Das dürfte wohl
der Hauptgrund sein, warum er den *Ewald Tragy* nie veröffentlichte –
zu viele hätten sofort erkannt, wer mit diesem Herrn von Kranz gemeint
war, der einerseits sagen konnte:

> Wir brauchen eine Höhenkunst, lieber Freund, so etwas über Tausende hin.
> Zeichen, die auf allen Bergen flammen von Land zu Land – eine Kunst wie
> ein Aufruf, eine Signalkunst ...[11]

und der andererseits »ganz Leutnant« bleibt. Der echte Humorist, Ironiker
oder Satiriker ist es meistens auch auf Kosten seiner Freunde.
Ewald Tragy ist zwar eine wesentlich humoristische, aber keine *komische*

---

[10] *S. W.* IV, 548.   [11] *S. W.* IV, 555.

Dichtung. Es geht hier um ein ernsthaftes und ernstgenommenes Thema – um die äußeren und inneren Gefahren und Heimsuchungen des angehenden Künstlers. Rilkes Humor ist nicht einfach das Gegenteil des Ernstes – wenn er das wäre, so wäre er überhaupt kein Humor. Die Auffassung des Humors, zu der Rilke sich 1897 in den Briefen an Bonz mit Wendungen wie »Zwischen Lachen und Weinen« bekennt, ist traditionell fast zur Banalität.

Um 1899 ist es mit Rilkes grundsätzlichem Willen zum Humor im traditionellen Sinne aus. Dies hängt mit seiner gleichzeitigen Abwendung von allem Schablonenhaften zusammen und mit der Verschärfung seines Sinns für das Schablonenhafte, die mit der ersten russischen Reise erfolgt. Er, der es um 1896 als »die schwerste von des Lebens Sachen« bezeichnet hatte, »über das Leben lachen« zu können, mißbilligt jetzt das Lachen mit allem, was dazu gehört, und dabei soll es ein paar Jahre bleiben. Im September 1900 in Worpswede kam es zu einer anscheinend ziemlich heftigen Auseinandersetzung zwischen ihm und Carl Hauptmann, der die Ansicht verteidigte,

Beisammensein in heiterem Gelächter ist das Beste.[12]

Rilke erwiderte darauf:

Besser beisammen sein in ernstem Ernste . . .[13]
Heiter sein ist eigentlich nur für einen.

Rilke sprach dabei vom russischen Maler Kramskoi, der jahrelang fühlte: »Es lacht . . . Die Welt lacht. Das Lachen ist die Stimme der Welt.« –

Und er kann diesem übergroßen Gelächter nicht mehr sich entgegenstellen als Gegenlast. Er muß einen suchen für das Gleichgewicht, er muß einen erbeten, erkennen, erschaffen, der nicht lacht.
Aber die Welt ist kein Gelächter. Das ist ersonnen. Das ist der Typus des verkannten Genies, welches sich verlacht fühlt. Die Welt ist gut, die Seelen sind edel, und das Lachen über Leiden ist ein Ausnahmefall, etwas Verworfenes . . . so Doktor Hauptmann.
Nein, Herr Doktor, die Welt ist kein Gelächter, aber sie ist der große gemeinsame Zufall, dessen lauteste und willigste Stimme das Lachen ist. Und dem Einsamen, Ernsten muß dieses Gelächter, das er vernimmt, der Ausdruck jener Feindschaft sein, welche die Massen, die ihn stören, für ihn bedeuten. Er *hört* Lachen, was dahinter geschieht, mag gar nicht immer zum Lachen passen, mag Arbeit oder Armut sein – aber oben drüber weg lacht es mit hundert Munden. . . .[14]

---

[12] *Br. und Tagebücher 1899–1902;* 272; 4. 9. 1900. (*Briefe,* Bd. 1, 1931).
[13] Ibid.   [14] Ibid., 271–72.

Das Lachen ist für Rilke jetzt eine Sache der rohen Menge im Gegensatz zum Einzelnen, Einsamen, geworden. In dieser ganz negativen Bewertung des Lachens fühlte er sich aufs empfindlichste bestätigt, als anderthalb Jahre später sein eigenes Drama *Das tägliche Leben* bei der Erstaufführung vom Berliner Publikum ausgelacht wurde. Mit Verbitterung schreibt er davon, als er am 18. Januar 1902 ein Exemplar dieses Stücks an Mönckeberg schickt,

> das in Berlin jenes große Gelächter hervorrief, dessen Nuance ich aus meiner einsamen Knabenzeit her kenne; es ist mir nicht neu und tritt überall dort auf, wo eine Menge einem Einsamen begegnet, der zu reden beginnt.[15]

Vier Jahre später stellt er fest, daß es Ibsen in Paris nicht besser geht, als es ihm in Berlin gegangen war:

> Und noch eine Erfahrung: das unerhörte Gelächter des französischen (allerdings sehr unteren) Publikums, an den leisesten, wundesten, schmerzlichsten Stellen, wo schon das Rühren eines Fingers wehe getan hätte. Da: Gelächter.[16]

Mit dieser Wendung könnte man meinen, es müsse für Rilke auch mit aller positiven Bewertung des Humors und mit allen Ansätzen zum Humor in der eigenen Dichtung ein für allemal aus sein. Er spricht von Egon Petri, dem er in den Worpsweder Jahren begegnet war und mit dem er recht gut auskam,

> wenngleich es auch, besonders nach der Seite des Humorhaften hin, Mißstände gab, die wir nicht beseitigten.[17]

Im September 1900 klagt er:

> Ulk, Ulk, Ulk ... schauerliches Ende deutscher Geselligkeit.[18]

Und am 5. April 1903 warnt er den jungen Dichter Kappus vor der Ironie:

> Lassen Sie sich nicht von ihr beherrschen, besonders nicht in unschöpferischen Momenten. In schöpferischen versuchen Sie es, sich ihrer zu bedienen, als eines Mittels mehr, das Leben zu fassen. Rein gebraucht, ist auch sie rein, und man muß sich ihrer nicht schämen; und fühlen Sie sich ihr zu vertraut, fürchten Sie die wachsende Vertraulichkeit mit ihr, dann wenden Sie sich an große und ernste Gegenstände, vor denen sie klein und hilflos wird. Suchen Sie die Tiefe der Dinge: dort steigt Ironie nie hinab, —[19]

---

[15] Ibid., 161; 18. 1. 1902 an Carl Mönckeberg.
[16] *Br. 1906–07*, 22; 29. 5. 1906 an Clara Rilke.
[17] *Br. 1902–06*, 202; 24. 7. 1904 an Clara Rilke.
[18] *Br. und Tagebücher 1899–1902*, 290; 10. 9. 1900.
[19] *Briefe an einen jungen Dichter*, 14; 5. 4. 1903. Leipzig (Insel-Verlag) 1929.

Das erschöpft so ziemlich alles, was Rilke in seinen reiferen Jahren unmittelbar zu unserem Thema zu sagen hat – nach 1906 hat er sich so
gut wie nie mehr dazu direkt geäußert. In die Jahre seiner scharfen aus-
drücklichen Abwendung vom Lachen und von allem, was damit zusammenhängt, fallen jene anerkennenden Rezensionen von Friedrich Huchs
Peter Michel und Thomas Manns *Buddenbrooks*, die über den Humor
des einen und die Ironie des anderen stillschweigend hinweggehen, als
ob es das alles gar nicht gäbe. George Bernard Shaw ist der einzige
Schriftsteller, bei dem Rilke die Neigung zum Spöttischen mit einer gewissen begrenzten Anerkennung erwähnt, und auch dann wohl nur, weil
er Shaw persönlich begegnet war und ihn zu seiner eigenen Überraschung
ausgesprochen sympathisch gefunden hatte. Er nennt ihn »diesen Ironiker und nicht unsympathischen Spötter«[20] (19. April 1906) und meint,
daß er »eine ganz gute Art hat, sich mit dem Leben zu vertragen«[21]
(26. April 1906). Er schätzt es an seiner *Heiligen Johanna*, daß er »seine
ganze Ironie, die ohnehin diesmal ganz ehrfürchtig ist, in eine Art Nach-
spiel konzentriert«.[22]

In den Jahren 1899–1906, in denen Rilke sich so betont vom Lachen und
von aller positiven Bewertung des Lachens sowohl im Leben wie auch
in der Kunst abwendet und in denen auch seine eigene bisherige bewußte
Pflege des Humors im traditionellen Sinne endgültig aufhört, fehlt es
keineswegs in seinen Briefen und Gedichten an Stellen, die wenn nicht
zu lautem Gelächter, so doch wenigstens zu einem leisen Lächeln heraus-
zufordern scheinen. Was soll man zum Beispiel von folgender Stelle aus
einem Brief vom 23. Oktober 1900 an Clara Westhoff halten, in welcher
er ihr die schönen Abende ausmalt, die sie zusammen in Worpswede
hätten verbringen können, wenn er dort geblieben wäre, statt nach Berlin
zurückzukehren:

> ... ich würde an meinem Kocher stehen und Ihnen ein Abendbrot bereiten:
> ein schönes Gemüse oder Grütze, – und auf einem Glasteller würde schwerer
> Honig glänzen, und kalte, elfenbeinreine Butter würde auf der Buntheit eines
> russischen Tischtuchs ruhig auffallen. Brot hätte da sein müssen, starkes
> korniges Schrotbrot und Zwieback, und auf langer schmaler Schüssel etwas
> blasser westfälischer Schinken, von Streifen weißen Fetts durchzogen wie
> ein Abendhimmel mit langgezogenen Wolken. Zum Trinken stünde der Tee
> bereit, goldgelber Tee in Gläsern mit silbernen Untersätzen, leisen Duft aus-

---

[20] *Br. 1902–06*, 315; 19. 4. 1906 an Clara Rilke.
[21] *Br. 1902–06*, 318; 26. 4. 1906 an Elisabeth v. d. Heydt.
[22] *Lettres Milanaises* [Briefe an Aurelia Gallarati-Scotti], 100; 14. 2. 1926. Paris (Plon)
1956.

atmend . . . Große Zitronen, in Scheiben geschnitten, senkten sich wie Sonnen in die goldige Dämmerung des Tees, ihn leise durchleuchtend mit ihrem strahligen Fruchtfleisch, und seine klare, glatte Oberfläche erschauert von den steigenden sauren Säften.[23]

Was soll man von diesem Vergleich des westfälischen Schinkens mit einem Abendhimmel, der in den Tee gesenkten Zitronenscheibe mit einer untergehenden Sonne halten? Sie kommen ganz unauffällig neben anderen, näherliegenden und angemesseneren Vergleichen vor, und kein Wort verrät, daß der Dichter sich bewußt wäre, hier auf eine höchst seltsame, ja groteske Weise, Dinge zusammenzustellen, die trotz einer gewissen nicht zu leugnenden äußeren Ähnlichkeit für die Sehnerven doch ganz und gar nicht zusammengehören? Soll man annehmen, daß er sich hier mit schlichter Frömmigkeit oder mit ästhetischer Affektiertheit über die für ein normales Empfinden schreiende Unmöglichkeit eines solchen Vergleichs hinwegsetzt, im Sinne seiner demütigen Dingmystik? Oder soll man annehmen, daß er sich dieser schreienden Unmöglichkeit und Absurdität genau so bewußt ist, wie es sonst jemand sein könnte, daß er dabei leise vor sich hin lächelt und von der Briefempfängerin erwartet, sie werde auch beim Lesen dieser Stellen ein wenig lächeln. Könnte es mit anderen Worten nicht so sein, daß wir es hier mit *Humor* zu tun haben, allerdings weniger mit Humor im herkömmlichen Sinn als mit einem besonderen, Rilke eigentümlichen Humor und daß das, was manchem hier präziös vorkommt, es gewissermaßen sein s o l l, eben der Lustigkeit halber, als eine Art leise Selbstparodie? Man könnte nun einwenden, daß das Vergleichen des Alltäglich-Unscheinbaren, ja manchmal sogar Banalen mit dem Erhabensten und am innigsten Empfundenen ein Hauptmerkmal von Rilkes dichterischer Sprache überhaupt sei und allenthalben bei ihm in den feierlichsten, gewiß nicht lustig gemeinten Zusammenhängen vorkomme, wie etwa in der 2. Duineser Elegie, wo es von der Vergänglichkeit des menschlichen Fühlens heißt:

> Wie Tau von dem Frühgras
> hebt sich das Unsre von uns, *wie die Hitze von einem*
> *heißen Gericht.*[24]

Oder wiederum in der 10. Elegie fällt das scharfe Wort über die Stellung der Kirche in der modernen Welt:

> reinlich und zu und enttäuscht, *wie ein Postamt*
> *am Sonntag.*[24a]

---

[23] *Br. und T. 1899–1902*, 56–57; an Clara Westhoff.
[24] *S. W.* I, 690.   [24a] *S. W.* I, 722.

Soll man auf Grund solcher ausgefallener Vergleiche, wie sie zu hunderten bei Rilke vorkommen, annehmen, daß sein seelisch geistiges Leben sich auf einer besonderen mystischen Ebene abspielt, wo unsere herkömmlichen Unterscheidungen zwischen dem Großen und dem Kleinen, zwischen dem Wesentlichen und dem Trivialen gar nicht gelten, wo etwa der »liebe Gott« ein »Fingerhut« sein kann, wie es in den *Geschichten vom lieben Gott heißt?* Zu einem gewissen Grade wäre eine derartige Annahme berechtigt. Sie entspräche seinem eigenen Wort:

> Ewiges will zu uns. Wer hat die Wahl
> und trennt die großen und geringen Kräfte?[24b]

Und doch lebt Rilke nicht so ausschließlich oder so selbstverständlich auf dieser mystischen Ebene, daß er sich nicht genauso gut wie unsereiner des Gegensatzes zwischen den geringen und den großen Kräften, zwischen dem Fingerhut und dem lieben Gott, zwischen dem geschlossenen Postamt und der christlichen Kirche, zwischen der Zitronenscheibe und der untergehenden Sonne, zwischen dem westfälischen Schinken und dem Abendhimmel bewußt wäre. Und das Lächeln, das bei ihm gewiß vorausgesetzt werden muß, wo ein solcher Gegensatz gar zu haarsträubend und der Gesamtzusammenhang verhältnismäßig belanglos ist, wie im Falle des imaginären gemeinsamen Abendbrots mit Clara Westhoff, verschwindet nicht gänzlich von seinem Gesicht auch dort, wo es um ernsthafteste, qualvollste Fragen geht. Mitten in der äußersten seelischen Not fällt ihm manchmal ein launisch seltsamer Vergleich ein, an dem er Spaß hat und über den er lächelt, ohne daß dadurch natürlich der Ernst der Lage oder sein eigener Ernst aufgehoben wäre. So schreibt er z. B. zur Zeit der Entstehung der ersten Duineser Elegien über die unüberwindlichen, quälenden Hemmungen, die ihm die dichterische Arbeit jetzt erschweren:

> Ach, ich alte Kalesche, früher war ich so fein gefedert, und jetzt, wenn das Wunder mal eine halbe Stunde in mir fährt, ich wunder mich, daß es nicht aussteigt; ich stoße und rüttle wie der ärmste Teljega und geh darüber beinah selbst aus den Fugen.[25]

Oder ähnlich, bei den ersten, ihn maßlos erschreckenden Symptomen der Krankheit, die ihn zuletzt dahinraffen sollte:

> Mein Leib, als der in alles Eingeweihte, hat auch immer Prokura gehabt, er durfte, ebenso wie seine Mitverantwortlichen, zeichnen für die ganze »Firma«.[26]

[24b] S. W. I, 591.   [25] Br. 1907–14, 187; 7. 2. 1912 an Lou Andreas-Salomé.
[26] Br. 1921–26, 230; 13. Februar 1924 an Frau Knoop.

Gerade solche Vergleiche seelisch-geistiger Belange mit dem Geschäfts-
leben und dem Buchhaltungswesen sagen Rilke besonders zu, eben *weil*
sie an sich so unangemessen sind, wie etwa in der 5. Elegie, wenn er die
groteske Vorstellung des Todes als einer Modistin, »Madame Lamort«
ausführlich entwickelt, oder in den *Aufzeichnungen des Malte Laurids
Brigge*, wenn es von Nikolaj Kasmitsch heißt:

> Es fiel ihm ein, daß es eine staatliche Behörde geben müsse, eine Art Zeit-
> bank, wo er wenigstens einen Teil seiner lumpigen Sekunden umwechseln
> könne. [27]

Unter den ganz wenigen Kritikern, die überhaupt gemerkt haben, daß
es so etwas wie Humor bei Rilke gibt, verdienen Eva Cassirer und Maurice Betz besonders hervorgehoben zu werden. Beide kannten den Dichter
persönlich und standen daher unter dem Einfluß nicht nur seiner Dichtung, sondern auch seines unmittelbaren Worts im Gespräch. Eva Cassirer
schreibt:

> Darin liegt sein ihm eigentümlicher Humor: von etwas, das wirklich ist und
> vielleicht bedrohlich, – ein nicht ganz zu Ergründendes – lächelnd, in halbem
> Ernst zu sprechen, es dadurch von seiner Unheimlichkeit zu befreien . . .[28]

Betz berichtet von seinen Gesprächen mit Rilke:

> Es ist schwierig, das Gemisch von Humor und Rührung wiederzugeben, das
> Rilkes Worten oft einen ganz eigenartigen Ausdruck verlieh, und meist
> gerade dann, wenn er von Dingen sprach, die ihm besonders nahegingen.[29]

Dieser eigentümliche Humor Rilkes geht dann, gerade im sprachlichen
Ausdruck, nahtlos in seinen Ernst über, ist keineswegs von ihm sauber
zu trennen. Mitten in einem seiner düstersten späten Gedichte, »Irrlich-
ter«, steht z. B. die unerwartete Wendung:

> sie kommen mir wie Großtanten vor.[30]

Das heißt aber, daß auch dem tiefsten Ernst Rilkes, wenigstens im sprachlichen Ausdruck, eine gewisse spielerische Leichtigkeit anhaftet. Sein
Ernst ist ganz und gar kein tierischer Ernst – darin unterscheidet er sich
vom Ernst der meisten seiner Bewunderer und Interpreten. Es besteht
rein sprachlich kein grundsätzlicher Unterschied zwischen Rilkes Verfahren in seiner erhabensten und ergreifendsten Dichtung und der Art,

---

[27] S. W. VI, 867.
[28] Eva Cassirer-Solmitz: *Vier Werke Rilkes*, 81. Heidelberg 1957.
[29] Maurice Betz: *Rilke in Paris*, 123–24. Zürich (Arche Verlag) 1948.
[30] S. W. II, 156.

wie er sich lächelnd in einem vertraulichen Brief mit einer alten, schlecht-
federnden Kalesche vergleicht oder erklärt, daß sein Leib »für die ganze
Firma« unterzeichnen dürfte. Was für seine ausgefallenen Vergleiche gilt,
das gilt auch für seine Metaphern und für seine unerwarteten Beiwörter.
Er schreibt z. B. aus Venedig an Fürstin Marie Taxis, wie er den kleinen
Schreibtisch in dem ihm zugemessenen Zimmer ihres Mezzanins für seine
Arbeit nicht gut gebrauchen kann:

> Ich verschiebe nichts, nur den kleinen Sekretär stell ich fort in Ihr Schlaf-
> zimmer, da er für einen andauernden Schreiberich *zu momentan* ist . . .[31]

Oder er läßt Frau Kippenberg eine Torte zum 20. Geburtstag seiner Tochter Ruth bestellen:

> In jedem Fall, denk ich, könnte man eine *ausdrücklichere* Torte beisteuern,
> une tarte de circonstance . . .[32]

In einer Linie mit diesem *zu momentanen* Sekretär, mit dieser *ausdrück-
licheren* Torte stehen die Wendungen in dem Gedicht »Die große Nacht«:

> Oft anstaunt ich dich, stand *an gestern begonnenem Fenster.*[33]

und in einem der *Sonette an Orpheus:*

> Irgendwo wohnt das Gold in der *verwöhnenden Bank*
> und mit Tausenden tut es vertraulich.[34]

Man müßte auf solche Wendungen bei Rilke mit etwas von der leicht-
lächelnden Beschwingtheit reagieren können, mit welcher der Dichter
selber sie bei allem Ernst hinwirft, anstatt sie schwerfällig in existenzia-
listischem Kauderwelsch zu zerreden. Rilkes Ernst ist rein sprachlich aus
dem gleichen Stoff gemacht wie sein Spaß; man versteht den einen nicht
richtig, ohne den andern auch zu verstehen.
Es ist ein Hauptmerkmal von diesem eigentümlichen Humor Rilkes, daß
ihm meistens etwas Kindliches oder, besser gesagt, ein gewisser Wille
zur Kindlichkeit anhaftet, wodurch er dann mit Rilkes Geistesart und
geistiger Haltung überhaupt übereinstimmt. Der traditionellere Humor,
um den Rilke sich in seiner Frühzeit noch bemüht hatte und der ihm im
Ewald Tragy so glänzend gelingt, war wesentlich Erwachsenenhumor.

---

[31] *Briefwechsel, Rainer Maria Rilke und Marie von Thurn und Taxis-Hohenlohe,* Bd. I,
160; 28. 5. 1912. [2 Bände, herausg. Ernst Zinn. Zürich, (Niehans & Rokitansky)
und Wiesbaden (Insel-Verlag) 1951.]
[32] *Briefwechsel von Rainer Maria Rilke und Katharina Kippenberg,* 437–38; 5. 12.
1921. Wiesbaden (Insel-Verlag) 1954.
[33] *S. W.* II, 74.   [34] *S. W.* I, 763.

Alles, was er in den Jahren 1900–1906 gegen das Lachen sagt, gilt eigentlich nicht dem Humor überhaupt, sondern nur dem Humor im traditionellen Sinne, dem Humor der Erwachsenen. Sein eigener Humor wird
nicht davon betroffen. Der reifere Rilke nimmt natürlich die Bezeichnung
»Humor« nicht mehr für sich selber in Anspruch. Das heißt aber nicht,
daß er sich des eigenen Humors nicht bewußt gewesen wäre, sich keine
Gedanken darüber gemacht oder nie etwas darüber zu sagen gehabt hätte.
Das Wort, dessen er sich in diesem Zusammenhang bedient, ist »Lächeln«,
ein entscheidendes, zentrales Wort in seinem Vokabularium. Das Lächeln
bedeutet für ihn unter anderem die erste noch sehr leise Annäherung
zwischen Liebenden, ehe es zu enger Berührung, Enttäuschung und Bitter-
keit kommt. Es bedeutet aber auch ganz entschieden seine eigene Art,
den Dingen, auch den bedrohlichen Dingen durch eine gewisse Mimikry
der kindlichen Einfalt eine lustige und daher vertrauenerweckendere,
harmlosere Seite abzugewinnen, also das, was ich mangels einer treffen-
deren Bezeichnung seinen Humor nennen möchte. Dieses Lächeln steht
aber ferner manchmal in einer wesentlichen Beziehung zu einem anderen
für ihn wichtigen Begriff, dem der Verführung, wie er dann von der
»ungelächelten Verführung« im Gesicht seines noch jugendlichen Vaters
spricht; und in dem spanischen Gedicht an den Engel kommt das merkwürdige Wort vor:

> Unser Lächeln ist nicht weit verführend,
> Und verführt es selbst, wer geht ihm nach?
> Irgendeiner.[35]

Verführung wird von Rilke in einem eigentümlichen, positiven Sinne
verstanden als das, was das Kunstwerk bewirkt und sogar auch bewirken
soll – und eins der Mittel, durch die das Kunstwerk, so wie er es meint,
dies bewirkt, ist eben *das Lächeln*. Wer dieses Element des Lächelns in
Rilkes Dichtung nicht mitempfindet, versteht sie nur unvollkommen.
Rilke begreift das Wort Verführung aber auch im buchstäblicheren Sinne,
nämlich im Zusammenhang mit seinen persönlichen Beziehungen zu
anderen Menschen und das heißt vor allem zu Frauen. Er spielt als Lie-
bender manchmal fast mit gutem Gewissen die Rolle des Verführers, als
ob sie geradezu eine Berufung gewesen wäre, »Don Juans Berufung«, wie
der Titel eines seiner Gedichte lautet. Auch in diesem Zusammenhang
war ihm das Lächeln wichtig – d. h. er brauchte und suchte die Frau, die
Sinn für seinen eigentümlichen Humor hätte, die dem Reiz dieses Humors

---

[35] *S. W.* II, 48.

unterläge, auf ihn eingehen, ihn erwidern könnte. Und solche Frauen hat er selten gefunden. Er hätte eine Frau mit dem schalkhaften Humor Bettina von Arnims gebrauchen können, eine Elvira, die zu allem anderen hinzu hätte lächeln können, wie er selber lächelte. Das, was er suchte, hat er am allerwenigsten bei Magda von Hattingberg gefunden, an die er Briefe geschrieben hatte, deren Ernst mit anmutigstem Humor durchsetzt ist. Am meisten hat er das Gesuchte bei Merline Klossowska gefunden. Die meisten Frauen, mit denen er zu tun hatte, verstanden sich nicht auf das Hin und Her zwischen Ernst und Lächeln, das ihm angemessen war, ließen es vielmehr beim Ernst allein bewenden, sei es weil sie nicht anders konnten, sei es weil sie glaubten, daß einem großen Dichter gegenüber der unbedingteste Ernst allein am Platze sei. Er neckte gerne, ließ sich auch gerne necken, freilich nur auf die richtige Weise, zu der dann eine leicht aufzutreibende Kongenialität gehörte. Das Lächeln bedeutet zugleich Nähe und Distanz, Bindung und Freiheit, Festhalten und Loslassen. Dies alles steckt hinter dem rätselhaften Gedicht über das Lächeln vom Frühjahr 1919 mit den Zeilen:

> Und schon hat es nicht mehr Seines Gleichen,
> seine Ähnlichkeit wird weit gespannt.
> Nächte kommen, die es weiterreichen,
> daß es einst gegrüßt sei und erkannt.
> *Ach von wem?* [36]

Diese Schwierigkeit, fast Unmöglichkeit, jemanden zu finden, von dem das Lächeln richtig »gegrüßt« und »erkannt« sei, deutet darauf hin, daß Rilke sich gerade hier mißverstanden fühlte. Er wollte natürlich ernstgenommen werden – aber auf eine Weise, die das Heitere, das Kindlich-Spielerische nicht übersieht oder beiseite schiebt. »Noch immer war die Versuchung in ihm, ihrem Beschwerten sein Leichtes entgegenzuhalten«, heißt es in einer Aufzeichnung vom Jahre 1919 und wiederum zehn Jahre früher, im *Malte Laurids Brigge:* »O, trostlose Nächte, da er seine flutenden Gaben in Stücken wiederempfing, schwer von Vergänglichkeit.« [37]
Wenn Rilke sich vom Lachen abwendet und sich dafür zum unauffälligeren, leiseren Lächeln bekennt, wiederholt er auf seine Weise die Entwicklung, durch die man um das 18. Jahrhundert herum zum Bewußtsein des Humors als einer besonderen Erscheinung im Gegensatz zum groben Spaß gelangte. Ja, sogar mitten in der robusten, verhältnismäßig rohen Shakespearezeit, die den Begriff des Humors erst erfand, finden sich An-

---

[36] S. W. II, 450.   [37] S. W. VI, 941.

sätze zu dieser Unterscheidung, die von der Aufklärung, der Empfind-
samkeit und der Romantik genauer ausgearbeitet werden sollte. Schreibt
doch Beaumont 1613, im Vorspiel zu seiner ausgezeichneten cervantisch-
grotesken Komödie, *Der Ritter von der brennenden Mörserkeule:*

> Es war diesmal unsere Absicht, inneres Ergötzen, nicht äußere Ausgelassen-
> heit zu erregen und, wenn es zu erreichen wäre, nicht lautes Lachen sondern
> sanftes Lächeln zu erzeugen.

Zumal in englischen Definitionen des Humors kommt diese Unterscheidung zwischen Lächeln und Lachen immer wieder vor – in den deutschen
dagegen geht man freilich meistens eher vom Absoluten und Unendlichen aus, so z. B. wenn es bei Friedrich Schlegel heißt: »Humor hat es
mit Sein und Nichtsein zu tun«, oder bei Jean Paul:

> Der Humor, als das umgekehrte Erhabene, vernichtet nicht das Einzelne,
> sondern das Endliche durch den Kontrast mit der Idee.

Man darf übrigens nicht glauben, daß Rilke selber seine theoretische
Ablehnung des Lachens ganz wörtlich meinte oder daß er sich im wirklichen, alltäglichen Leben dazu verpflichtet fühlte, nie über das leise
Lächeln hinauszugehen. Auch wenn er das grundsätzlich gewollt hätte,
wäre es ihm physisch unmöglich gewesen. Mehrere seiner guten Bekannten bezeugen, daß er von einer unbändigen knabenhaften Ausgelassen-
heit sein konnte und dabei so laut und herzlich lachte, wie nur irgend-
einer. Rudolf Kassner, der am einsichtvollsten über Rilke geschrieben hat,
erzählt, das Lachen sei aus Rilkes Mund herausgeströmt wie aus einer
vollen Gießkanne. Kassner schlägt auch eine mögliche Interpretation
dieses Rilkeschen Lachens vor, nämlich daß Rilke sich im Grunde als
Verkünder und Religionsstifter viel weniger ernst genommen habe, als
seine Verehrer es immer tun:

> Sein Lachen, unvergeßlich für die, die es je gehört haben, das sich überstür-
> zende, ihn oft selbst wie erschütternde, das Lachen eines Knaben, das treu-
> herzigste, darin auch etwas vom Lachen oder dem Maulverziehen eines
> überaus guten, unendlich dem Herrn ergebenen Hundes war, ich sage, dieses
> wundervollste Lachen, das ich bei Männern gekannt habe, könnte wie ein
> Protest gedeutet werden ... gegen mögliche Zumutungen oder Andeutungen
> der Freunde oder Freundinnen, Möglichkeiten eines Prophetischen bei ihm
> betreffend.[38]

Mit dieser Fähigkeit zu herzlichstem Lachen hatte Rilke nicht nur eine
kindlich-naive Freude am Unsinn um seiner selbst willen, sondern auch

---

[38] Rudolf Kassner: *Buch der Erinnerung*, 304. Leipzig 1938.

sogar mitunter eine gewisse nicht eingestandene Beziehung zu Humor im landläufigen, erwachsenen Sinne. Das bezeugt von Salis, wenn er berichtet:

> Alle seine Freunde haben Rilkes Humor gekannt und als eine seiner schönsten Gaben geliebt. Er konnte an amüsanten Begebenheiten und skurrilen Geschichten Geschmack finden und gelegentlich selber solche erzählen. Sein Sinn für Komik durchwirkte in guten Stunden auf eine entzückende, aber nie bloß witzige oder geistreiche Art seine Gespräche.[39]

Es bleibt jedoch dabei, daß Rilkes eigentlicher Humor ein quasi-kindlicher war im Gegensatz zum Humor der Erwachsenen. Dies stellt auch Kassner fest, für den die quasi-kindliche Welt die des »Vaters«, die Erwachsenenwelt die des Sohnes ist:

> Es gibt zwei Arten von Humor, den Sternes, Jean Pauls, Kierkegaards, den des Geistesmenschen also. Dieser sieht die beiden Seiten der Dinge. Die so sehen, leben trotz allem in der Welt des Sohnes. Rilkes sehr bestimmter Humor war von anderer Art: aus der Welt des Vaters. Die Dinge bekommen darin den Tick, werden ein wenig lächerlich, wie sie alt werden. Sie werden entstellt aus zu viel oder zu wenig Genuß. Aus der Einsamkeit des Genusses heraus. Weil ein Bruch zwischen dem Sein, dem Kindsein, und dem Genuß entsteht.[40]

Am deutlichsten und selbständigsten macht sich Rilkes reifer Humor innerhalb des dichterischen Werks in einigen Gedichten der Pariser Stufe und in einigen Abschnitten des *Malte Laurids Brigge* geltend, der auch zur Pariser Stufe gehört. Zu erwähnen wäre hier das skurrilste aller Gedichte Rilkes, das den Wiedertäuferkönig Knipperdolling zum Gegenstand hat und den Titel »Der König von Münster« trägt:

> Der König war geschoren;
> nun ging ihm die Krone zu weit
> und bog ein wenig die Ohren,
> in die von Zeit zu Zeit
>
> gehässiges Gelärme
> aus Hungermäulern fand.
> Er saß, von wegen der Wärme,
> auf seiner rechten Hand,
>
> mürrisch und schwergesäßig.
> Er fühlte sich nicht mehr echt:
> der Herr in ihm war mäßig,
> und der Beischlaf war schlecht.[41]

---

[39] J. R. von Salis: *Rilkes Schweizer Jahre*, 35. Frauenfeld (Huber & Co.) 1952.
[40] R. Kassner: *Buch der Erinnerung*, 297.   [41] *S. W.* I, 573.

Es geht hier um kein gutmütiges Lächeln mehr; man hat es vielmehr mit einem Gefühl des Grauens und Ekels zu tun, das sich nicht durch den Humor ganz beschwichtigen läßt, sich vielmehr durch ihn zu einem verzerrten, skurrilen Spott steigert. Aber auch dies lag innerhalb der breiten Skala von Rilkes Empfinden und Sprechen und als Humor bleibt es, wenn auch weniger charakteristisch, doch echt. Das Zynische war Rilke keineswegs unbekannt, wenn es auch freilich nie bei ihm überhand nehmen darf. Besänftigter, weniger grell und erfolgreich in die unbeschwerte Welt der Kunst gehoben erscheint dieser Hang zum Zynisch-Skurrilen in dem herrlichen Gedicht »Vor-Ostern: Neapel«. Der eigentliche ganz ressentimentfreie Ton des Rilkeschen Lächelns erscheint in einem andern der *Neuen Gedichte,* das ein prunkvolles Barockgrabmal zum Ausgangspunkt hat und den Titel »Auferstehung« trägt:

> Der Graf vernimmt die Töne,
> er sieht einen lichten Riß;
> er weckt seine dreizehn Söhne
> im Erb-Begräbnis.
>
> Er grüßt seine beiden Frauen
> ehrerbietig von weit –;
> und alle, voll Vertrauen,
> stehn auf zur Ewigkeit
>
> und warten nur noch auf Erich
> und Ulriken Dorotheen,
> die, sieben- und dreizehnjährig,
>   (sechzehnhundertzehn)
> verstorben sind im Flandern,
> um heute vor den andern
> unbeirrt herzugehn.[42]

Das mit Recht so sehr beliebte Karusselgedicht mit dem refrainartig wiederholten Vers: »Und dann und wann ein weißer Elefant«, stellt ein besonders gutes Beispiel für Rilkes quasi-kindlichen lächelnden Humor dar. Besonders interessant ist auch der »Papageienpark«. Man hat den übermäßigen Gebrauch von Assonanzen und bizarren Bildern in diesem Gedicht ins Lächerliche gezogen, ohne recht zu merken, daß er schon von vornherein lächerlich *gemeint* ist. Die im Fall des edlen Panthers als etwas Tragisches empfundene und dargestellte Gefangenschaft exotischer Lebewesen in einem fremden Land wird bei den eitlen, wichtigtuerischen Papageien, die auch das ihnen zugefügte Unrecht selbstgefällig zu ge-

---

[42] *S. W.* I, 524.

nießen verstehen, ironisch empfunden und dargestellt. Rilke steigert hier die eigene sprachliche und verstechnische Virtuosität ins Groteske und erzeugt dadurch ein farbig-launisches Bild à la Slevogt, das reizvoll zwischen Ernst und Selbstparodie schillert. Sehr charakteristisch ist die Stelle, wo die Sonnenblumenkerne, die die Papageien in ihrer kreischenden Wut ringsherum geschleudert haben, von den weniger wählerischen Tauben aufgepickt und verschlungen werden:

> Unten klauben die duffen Tauben, was sie nicht mögen,
> während sich oben die höhnischen Vögel verbeugen
> zwischen den beiden fast leeren vergeudeten Trögen.[43]

In Rilkes Dichtung der nach-Pariser Stufe erscheint sein Humor meistens nur in so fein zerriebener und verteilter Form, daß es schwer ist, ihn im einzelnen nachzuweisen. Als wichtigste Ausnahme wären hier mehrere französische Gedichte der Jahre 1924–26 zu nennen, in denen Rilke seinen Humor unverhüllter hervortreten läßt. Aber auch für die sonstige Dichtung seiner späteren Jahre in ihrer Gesamtheit gilt das am Anfang der 9. Duineser Elegie stehende Bild für das Dichtertum in seinem Verhältnis zum Schicksal:

> ... als Lorbeer, ein wenig dunkler als alles
> andere Grün, mit kleinen Wellen an jedem
> Blattrand *(wie eines Windes Lächeln)* ...[44]

Überall sind diese »kleinen Wellen an jedem Blattrand (wie eines Windes Lächeln)« in Rilkes später Dichtung zu erkennen. In den *Duineser Elegien* kommt gelegentlich der potentielle Satiriker in Rilke zum Vorschein, wie wir schon gesehen haben, wenn von dem Bürger die Rede ist, der durch seine Küche in die Wohnung geht, oder von der Modistin Madame Lamort, oder vom »Trostmarkt«

> den die Kirche begrenzt, ihre fertig gekaufte:
> reinlich und zu und enttäuscht wie ein Postamt
> am Sonntag.[45]

Wirklich bitter wird die Satire in der Fortsetzung dieser Beschreibung des »Trostmarktes«, besonders dort, wo es heißt:

> Für Erwachsene aber
> ist noch besonders zu sehn, wie das Geld sich vermehrt,
> anatomisch,

---

[43] *S. W.* I, 602.　　[44] *S. W.* I, 717.　　[45] *S. W.* I, 721–22.

nicht zur Belustigung nur: der Geschlechtsteil des Gelds
alles, das Ganze, der Vorgang –, das unterrichtet und macht
fruchtbar.[46]

Wir sind aber dann wieder bei Rilkes eigenstem Humor angelangt, wenn
wir uns vom Trostmarkt entfernen und auf die Wendung stoßen:

> und Hunde haben Natur.[47]

Als Beispiel für Rilkes sozusagen zerstäubten Humor in den *Sonetten an
Orpheus* wäre die Stelle über die Maschine anzuführen:

> Nirgends bleibt sie zurück, daß wir ihr *ein* Mal
> entrönnen
> und sie in stiller Fabrik *ölend sich selber gehört.*[48]

Ist nicht etwas Köstliches an dieser Vorstellung, daß das, was bei der
Maschine der *vita contemplativa* im Gegensatz zur *vita activa* entspräche,
ein »*Ölend*-sich-selber-Gehören« sein müßte? Wenn dieses *ölend* nicht
Humor ist, dann weiß ich gar nicht, was man als Humor bezeichnen
könnte.

Letzten Endes aber sind es Rilkes Briefe, in denen sein Humor sich richtig
entfaltet, dort aber mit einer unabsehbaren Fülle und Vielgestaltigkeit.
Besonders ergiebig erweist sich hier das Thema des Hundes. Da wären
z. B. die Briefe zu erwähnen, die er im März 1915 an Lou Andreas-
Salomé schrieb, als sie ihn in München besuchen sollte und im Zweifel
war, ob sie ihren noch sehr jungen Hund *Druschok* mitbringen sollte oder
nicht. Dazu schrieb Rilke:

> Es ist der vierte Stock, also vielleicht für Druschoks Bedürfnisse etwas müh-
> sälig, obzwar es zum Hinauffahren einen Lift giebt; auch trägt mir Lulu auf,
> Dir zu sagen, daß für gewisse Nothfälle eine ganz große Terrasse da sei, die
> schon fast für wirkliche, allumfassende Natur gelten darf. Sollte Druschok
> die Trennung also unerträglich sein oder seine Ausbildung ins Bürgerliche
> darunter leiden, so soll es ihm hier an Freiheiten und Licenzen nicht fehlen.[49]

Dann im folgenden Brief:

> da gibt es keinen Zweifel mehr, daß Druschok mitkommen muß, wir haben
> nochmal Rat gehalten und die Terrasse den mythologischen Vorgängen zu-
> gesprochen, in denen seine Natur noch verstrickt ist. Diese Terrasse ist enorm,
> durch einige dort herumstehende Gegenstände ist zugleich eine gewisse Dis-
> kretion gegeben –, außerdem ist Dein kleiner Freund ja in aufsteigender

---

[46] *S. W.* I, 722.   [47] Ibid.   [48] *S. W.* I, 757.
[49] *Rainer Maria Rilke und Lou Andreas-Salomé, Briefwechsel,* 385–86; 9. 3. 1915.
[herausgeg. Ernst Pfeiffer. Zürich (Niehans) und Wiesbaden (Insel-Verlag) 1952.]

Linie seiner Erziehung, und schließlich kommt er ja auch ab und zu mit einem von uns auf die Straße hinunter. Und im Ganzen sind wir sicher, daß die Unschuld seiner gelegentlichen Schuldigkeit uns ganz im Allgemeinen über die Möglichkeit irdischer Verschuldung unterrichten wird und erzieherisch nicht an uns verloren geht.[50]

Eines dem gleichen Bereich entnommenen Bildes bedient sich Rilke 1906, wenn er sich über die sentimental-unsachliche Art ärgert, wie Ellen Key auf die Kunstwerke im Louvre reagiert:

> Mir ist natürlich diese Betrachtungsweise fatal: ich fühle mich wie der junge Hund mit der Nase in das bißchen Vergangenheit hineingedrückt, das man in der Stube nicht machen soll.[51]

Oder Rilke beschreibt ein merkwürdiges altes Männlein, das eine gewisse nicht leicht bestimmbare Aufgabe in seinem »hausgemachten« Pariser Postamt zu erfüllen hat, ein Männlein, das er als »das Wesen« bezeichnet:

> Hunde dürfen nämlich nicht mit, wenn man aber einen Hund hat und muß ihn draußen lassen, und er sitzt dann, mit etwas schräg geneigtem Kopf da und wundert sich, daß sein Herr erst so viele falsche herausschickt, eh er selber, in seiner unübertrefflichen Richtigkeit, wiederkommt –, so kann es geschehen, daß das »Wesen« die Thür (die angehoffte, die heilige Thür) ein klein wenig öffnet und dem Hunde zu verstehen giebt, die Sache wäre nicht hoffnungslos, er beschütze den Herrn da drinnen . . .[52]

Mit äußeren Mißverhältnissen und Enttäuschungen und mit der sogenannten *Tücke des Objekts* wird Rilke manchmal fertig, indem er der Sache eine humoristische Wendung gibt, so z. B. mit einem schlechtschreibenden Federhalter, indem er ihn »une plume de mauvaise vie« nennt[53] oder an Kippenberg schreibt:

> Verzeihen Sie meine greuliche Feder, ich weiß nicht, was sie hat, sie geht wie in zu großen Hausschuhen über das Papier, ich glaube, ich muß sie entlassen.[54]

In beiden Fällen liegt der Witz darin, daß Rilke, wie sonst so oft, einem leblosen Gegenstand Bewußtsein und Willen zuschreibt. Als er sich von Locarno enttäuscht fühlt, sagt er:

---

[50] Ibid., 387–88; 13. 3. 1915.
[51] *Br. 1906–07*, 21; 29. 5. 1906 an Clara Rilke.
[52] *Briefwechsel mit Benvenuta [Briefe an Magda von Hattingberg]*, 113–14; 19. 2. 1914. Esslingen (Bechtle) 1954.
[53] *Lettres à Rodin*, 158. Paris (Image du Temps) und Leipzig (Insel-Verlag) 1928.
[54] *Briefe an seinen Verleger [Briefe an Anton Kippenberg]*, 1906 bis 1926, 218; 14. 2. 1914. Leipzig (Insel-Verlag) 1934.

Aber alles scheint mir so eng hier, auch die Landschaft, wenn der König von
Bayern drin spazieren geht, ist sie eigentlich schon complet.[55]

Die Landschaft Ägyptens, die ihm in mancher Hinsicht so wichtig war,
bereitete ihm doch großes Unbehagen, ja große Angst, zur Zeit als er sich
dort aufhielt. Dazu schreibt er:

> Die Welt kann hier fremd sein, fremd, manchmal sondert sie einen so rein-
> lich aus wie ein Automat, der ein unpassendes Geldstück ohne Überlegung
> von sich giebt.[56]

Lebenslänglich stand Rilke der modernen Technik mißtrauisch und ängstlich gegenüber, weshalb er sich nicht einmal an einer schönen Autofahrt
recht freuen konnte:

> ... dieses Wegfahren im Auto hat gar nichts Überzeugendes [beklagt er sich
> 1911;] mit der Bahn reist man richtig ab, alle Leute habens gesehen, aber
> so —?[57]

Kurz darauf folgte die einzige längere Autoreise in Rilkes Leben – von
Paris nach Duino über Lyon, Avignon und Bologna in etwa zehn Tagen.

> Die Tage des Fahrens [berichtet er] waren natürlich eine beständige Auf-
> merksamkeit, aber eine mehr gymnastische, zwei Augen sind zu wenig für
> so eine eifernde Maschine, man kommt unwillkürlich ins Aufpassen statt
> ins Umschauen, hat Laternen statt Augen, und dann werden einem die
> Gegenden doch zu sehr an den Kopf geworfen, man wird mit Welt eingerie-
> ben, daß es nur so schäumt, als sollten einem hernach die Eindrücke, die ins
> Wachsen geraten, abrasiert werden.[58]

Eine launige Sage von den kleinen Widerwärtigkeiten des Alltags entfaltet Rilke, wenn er 1911 Handwerker in seiner Pariser Wohnung hat:

> Man hat mir ... einen argen Streich gespielt, mein eigener Plafond spielte, in-
> dem er plötzlich drohte, über mir niederzugehen wie ein Gewitter, merkwürdig
> ausdrucksvolle Spalten entstanden gerade über den Stellen, da ich am meisten
> wohnte, alle bedauerten mich wie einen Verurteilten und ich selbst, revol-
> tiert von der Ansicht auf einen so schmählichen Untergang, arbeitete mit
> an der Berufung dieser fatalen Mauerer, die nun bei mir, wie zuhause, in
> ihrem Metier geschwelgt haben, Gott verzeih ihnen, Mörtel zwischen den
> Dielen und bis im Innern der Bücher zurücklassend und teuflisch zum Schluß

---

[55] *Die Briefe an Frau Gudi Nölke,* 40; 13.1.1920. Wiesbaden (Insel-Verlag) 1953.
[56] *Briefwechsel, Rainer Maria Rilke und Maria von Thurn und Taxis-Hohenlohe,* I, 32;
27.2.1911.
[57] Ibid., I, 59; 25.8.1911.
[58] 23. Oktober 1911 an Ivan Goll. [Hier liegt offenbar ein Irrtum Masons vor: Nach
Auskunft durch Frau Barbara Glauert, der besten Kennerin des Pariser Goll-Archivs,
kann dieser Brief vom Jahre 1911 kaum an Ivan Goll gerichtet sein. K. J.]

dem *Concierge* anvertrauend, was Mühe es gekostet hätte, diesen Plafond herunterzubringen, der offenbar durchaus nicht bereit war, sein Gebälk loszulassen.[59]

Aber nicht nur über äußere Angelegenheiten, auch über sich selbst und die eigenen inneren Nöte scherzt Rilke immer wieder in seinen Briefen. Zur Zeit der großen, schmerzlichen Krise zwischen dem Abschluß des *Malte Laurids Brigge* und der Entstehung der ersten *Duineser Elegien* schreibt er von seinen letzten Lebensjahren:

> es waren von Gott weiß was für Herrschaften abgelegte Jahre, die unser Herrgott, der jetzt furchtbar an mir spart, noch für tragbar hielt. Ja, aber Staat war keiner damit zu machen.[60]

Und aus dem gleichen Zeitraum:

> Ich brings im puren Anstehn beinah so weit wie eine öffentliche Behörde.[61]

Er macht sich auch sogar über die besonderen Bedingungen, die er für seine Arbeit braucht, lustig, über seine strenge »Abgeschiedenheit« und über sein Vegetariertum. So z. B., wenn Kippenberg seinen Besuch ankündigt gerade am Anfang der langen Klausur, die die *Sonette an Orpheus* und die letzten *Duineser Elegien* zeitigen sollte:

> Unser Wiedersehen ist schließlich immer im Recht, und zeigte es sich dann, daß ich gerade ganz tief ins Bergwerk eingefahren sei, so empfinge ich Ihren vertrauten, auch dorthin gehörigen Besuch eben im Stollen Soundso, bei der Grubenlampe![62]

Und an Lou Andreas-Salomé aus Paris:

> – [ich] gehe nur morgens durch die herrlichen Alleen des *Observatoire* und dann mittags in mein kleines vegetarisches Restaurant, wo Salat und Yogurt mich, *auf ihre etwas zu absichtliche Art*, im Guten, im schweren Guten, bestärken.[63]

Auch über seinen Erfolg und seinen Ruhm scherzt Rilke gern in seinen Briefen, etwa wenn er bei einem der unzähligen Vorschläge zu einer Übersetzung des *Cornet* von den »vielen ausländischen Schicksalen dieses, weiß Gott, immer wieder heiratsfähigen Buches« spricht, oder wenn er anläßlich des Empfangs, den man ihm bei einem Vortrag in Prag bereitete, erklärt:

---

[59] *Briefwechsel, Rainer Maria Rilke und Marie von Thurn und Taxis-Hohenlohe*, I, 46–47; 21. 6. 1911.

[60] *Br. 1907–14*, 141; 14. 12. 1911 an Frau Elsa Bruckmann.

[61] *Briefwechsel von Rainer Maria Rilke und Katharina Kippenberg*, 38.

[62] *Briefe an seinen Verleger*, 352; 19. 12. 1921.

[63] *Rainer Maria Rilke und Lou Andreas-Salomé, Briefwechsel*, 354–55; 26. 6. 1914.

Alle wollten mich haben, als ob ich eßbar wäre – hatten sie mich aber, so
fand ich sie nicht hungrig und als müßten sie Diät halten.[64]

Der Humor in Rilkes Briefen ist keineswegs immer harmlos, besonders
nicht, wenn er sich über die typischen deutschen, britischen und amerikanischen Reisenden ärgert, die ihm Italien verleiden. Sein Spott über
bestimmte Personen ist meistens, aber nicht immer, gutmütig – z. B.
wenn er von seiner Begegnung mit Georg Brandes berichtet:

> In Kopenhagen habe ich sehr oft Georg Brandes gesehen, der lieb und gut,
> aber alt und schließlich mehr ein Vergnügungsort ist als ein Mensch.[65]

oder von einem Vortrag Theodor Däublers:

> Däubler. Ach, ach. Sein Abend ... ist eines der dichtesten Ereignisse, deren
> ich mich entsinne. Der Eindruck seiner Gedichte noch einmal die selbe Ver-
> schüttung; wie wenn einem beim Büchereinräumen die obersten schon auf-
> gestellten Reihen über Kopf und Schultern herunterkommen, darunter ganz
> große Bände, Enzyklopädien, und immer noch einer. Dabei geht das Unheil
> von einem sichtlich gutmütigen und gutmächtigen Wesen aus; man hat
> Zuneigung für diesen nichtanderskönnenden Berggott ...[66]

Rilke kann aber sehr boshaft sein – ein besonders gutes Beispiel dafür
sind seine Briefe über Ellen Keys Aufenthalt in Paris im Frühjahr 1906.
Er hatte Ellen Key früher sehr verehrt und verdankte ihr sehr viel. Jetzt
aber ging sie ihm aus verschiedenen Gründen gehörig auf die Nerven:

> Ellen Key ist fast gekränkt, wenn man irgendwo von ihr Geld verlangt, und
> von unglaublichem Mißtrauen gegen den, der es nimmt. Wie ein Kegelspieler
> seine Kugel, so verfolgt sie ihr Frankstück lange noch mit dem ganzen Ge-
> fühl und erwartet von jedem, daß es alle neune macht. Sie ist geizig, die gute
> Ellen, merk ich ... – Ich lebe, seit sie hier ist, in ganz ungekannter Armut,
> soweit ich mit ihr bin. Wir warten an den verschiedensten Ecken auf die ver-
> schiedensten Omnibusse, wir essen in einem Duval zwischendurch, gleich-
> sam heimlich, und ich vermute, sie nährt sich vor allem von dem, was sie bei
> irgendeinem Besuche vorgesetzt bekommt.[67]

Und wiederum:

> Ach, es ist eigentlich traurig. Wie sie nichts ist als ein Fetzchen altmodischen
> Ideals, eingesetzt in einen sezessionistischen Lehnstuhl und ganz entzückt
> über ihre eigene Verwendung ...

---

[64] *Br. 1907–14*, 15; 4. 11. 1907 an Clara Rilke.
[65] *Br. 1902–06*, 222; 17. 10. 1904 an Lou Andreas-Salomé.
[66] *Br. 1914–21*, 116–117; 13. 11. 1916 an Thankmar Freiherrn von Münchhausen.
[67] *Br. 1906–07*, 19; 29. 5. 1906 an Clara Rilke.

... Wie sie, mit einer gewissen Anlage, ihr eigenes Leben ernst zu nehmen (das war vielleicht alles), es doch fast lächerlich machte; zu dem Leben der guten Allerweltstante ...[68]

Als dann die »gute Allerweltstante« Ellen Key ein Jahr später auf Capri bei seinen adligen Gastgeberinnen auftauchte, sagte Rilke:

Sie sind erstaunt, daß die neue Zeit, ach, die unerhört neue, mit einem so alten Fräulein bei ihnen einbricht.[69]

Mit ähnlicher Schärfe konnte sich Rilke über kulturelle Erscheinungen und Volksgruppen äußern, die ihm nicht genehm waren, so z. B. über die Psycho-Analyse und die Schweizer, um 1919:

Seltsam übrigens: die Psychoanalyse nimmt hier (wenigstens in Zürich) die eindringlichsten Formen an: fast alle diese ohnehin sauberen und eckigen jungen Leute werden analysiert –, nun denken Sie sich das aus: so ein sterilisierter Schweizer, in dem alle Winkel ausgekehrt und gescheuert sind –, was für ein Innenleben kann in seinem Gemüt stattfinden, das wie ein Operations-Zimmer keimfrei und schattenlos beleuchtet ist![70]

Am bittersten aber spottet Rilke über das Christentum. Sehr bekannt ist die Stelle aus einem seiner spanischen Briefe:

Die Frucht ist ausgesogen, da heißts einfach, grob gesprochen, die Schalen ausspucken. Und da machen Protestanten und amerikanische Christen immer noch wieder einen Aufguß mit diesem Theegrus, der zwei Jahrtausende gezogen hat, Mohammed war auf alle Fälle das Nächste, wie ein Fluß durch ein Urgebirg, bricht er sich durch zu dem einen Gott, mit dem sich so großartig reden läßt jeden Morgen, ohne das Telephon »Christus«, in das fortwährend hineingerufen wird: *Holla, wer dort?*, und niemand antwortet.[71]

Das Epigrammatische als solches ist eine zu reingeistige Ausdrucksform, um dem Seelenmenschen Rilke in seinen reiferen Jahren sonderlich zuzusagen. Aber immerhin, auch auf diesem Gebiet hat er sich gelegentlich versucht – beispielsweise:

– und Moral ist aus dem Stegreif nicht zu verlangen, sie ist schwierig und kommt sogar in den Geschichten erst am Schluß.[72]

Rilkes Humor ist ein Thema, das sich in einer Stunde nicht erschöpfen, ja kaum einmal umreißen läßt – und dabei sind wir auf seine fast noch

---

[68] *Br. 1906–07*, 32–33; 14. 6. 1906 an Clara Rilke.
[69] *Br. 1906–07*, 221–22; 15. 3. 1907 an Clara Rilke.
[70] *Br. 1914–21*, 272; 12. 9. 1919 an Frau Knoop.
[71] *Briefwechsel, Rainer Maria Rilke und Marie von Thurn und Taxis-Hohenlohe*, I, 246; 17. 12. 1912 von Ronda.
[72] Ibid., I, 116; 23. 2. 1912.

wichtigere Ironie nur indirekt eingegangen. Vielleicht habe ich aber genug anführen können, um wenigstens einige von Ihnen davon zu überzeugen, daß der Sinn für das Lustige, das Komische oder wie man es sonst nennen will, Rilke keineswegs abgeht, und wo dieser Sinn überhaupt vorhanden ist, da ist er nie unwesentlich. In einem seiner letzten Gedichte sagt Rilke:

> aus Traum und Sein, aus Schluchzen und Gelächter
> fügt sich ein Sinn ...[73]

Das Element des Traums in seiner Dichtung ist schon gebührend berücksichtigt worden, das Element des Seins auch, das Element des Schluchzens ist über Gebühr hervorgehoben worden. Es wird Zeit, daß irgend jemand auch dem Element des Gelächters bei ihm endlich Gerechtigkeit widerfahren läßt.

---

[73] *S. W.* II, 277. Geschrieben für Karl Grafen Lanckoroński, Ragaz, 10. 8. 1926.

Klaus W. Jonas

Rilke und die Welt des Tanzes[1]

In der umfangreichen, heute selbst für den Fachmann kaum noch zu über-
sehenden Rilkeliteratur[2] findet sich kaum mehr als ein kurzer Hinweis
auf zwei seiner Freunde, Clotilde und Alexander Sacharoff, die – mehr

[1] Die vorliegende Arbeit basiert auf einem in den USA erschienenen Artikel, »Rilke
und Clotilde Sacharoff«, *Monatshefte*, Jg. 58, Nr. 1 (© 1966 by the Regents of the
University of Wisconsin), S. 1–19. Der University of Wisconsin Press bin ich zu
Dank verpflichtet für die Erlaubnis zur Veröffentlichung dieser veränderten und
erweiterten Fassung. Für die gütige Genehmigung zur Publikation von Briefen
Rainer Maria Rilkes danke ich wiederum neben der Empfängerin vor allem der
Tochter des Dichters, Frau Ruth Fritzsche-Rilke, dem Insel-Verlag sowie der Yale-
University Library, in deren Beinecke Rare Book and Manuscript Library die Mehrzahl der hier zitierten Briefe aufbewahrt werden. – Schließlich gilt mein aufrichtiger Dank der Bollingen Foundation in New York, die das Zustandekommen der
vorliegenden Arbeit durch die Verleihung eines *Research Grant* wesentlich gefördert
hat.
[2] In Walter Ritzers *Rilke Bibliographie* (Wien, 1951) erscheint der Name Sacharoff
nicht einmal, obschon Alexander Sacharoff mit der Veröffentlichung seiner Erinnerungen an Rilke in der argentinischen Zeitung *La Nación* in Buenos Aires hervorgetreten ist: »Mis Recuerdos de Rainer Maria Rilke,« a.a.O., 20. April 1947. Vgl.
auch seine Bücher *Réflexions sur la danse et la musique* (Buenos Aires, 1943) sowie
(posthum erschienen) *Esprit et art de la danse* (Lausanne, 1968), gewidmet seiner
Lebensgefährtin »à l'enfant gatée de toutes les graces, à Clotilde Sacharoff«, sowie
die Monographie von Emile Vuillermoz, *Clotilde et Alexandre Sakharoff* (Lausanne,
1933). – Aus der Rilkeliteratur sei nur auf die folgenden Schriften hingewiesen, die
Erwähnungen des Ehepaars Sacharoff enthalten: Rilkes Brief an Helene von Nostitz
vom 4. November 1913 in *Briefe aus den Jahren 1907–1914* (Leipzig, 1933), S.
307–308; *Briefe an eine Reisegefährtin: Eine Begegnung mit Rainer Maria Rilke*,
hrsg. von Ulrich Keyn [Pseudon. für Siegfried Melchinger] (Wien, 1947), S. 60, 73,
101–102; Brief an R. M. Rilke vom 17. Dezember 1917 in R. M. Rilke – Inga Junghanns, *Briefwechsel*, hrsg. von Wolfgang Herwig (Wiesbaden, 1959), S. 87–88;
J. R. von Salis, *Rainer Maria Rilkes Schweizerjahre* (Frauenfeld, 1952, 3. Aufl.),
S. 33; und Marianne Gilbert [Pseud., vgl. Nr. 34] *Le tiroir entr'ouvert* (Paris, o. D.),
S. 56 (Brief vom 4. Juni 1916).

noch als die früh verstorbene Wera Ouckama Knoop[3] – für den Dichter
die Welt des Tanzes, »die Sichtbarmachung des Unsichtbaren« verkörperten.

Einem glücklichen Zufall verdanke ich die Begegnung mit Mme Clotilde
Sacharoff. Während eines römischen Aufenthaltes im Spätherbst 1964
traf ich sie zum erstenmal in ihrem Studio im Palazzo Doria unweit der
Piazza Venezia mitten im Herzen der Weltstadt, umgeben von zahlreichen Bildern, Kostümen und Collagen. Die jugendlich wirkende Sieb-
zigerin bereitete gerade eine Ausstellung des Lebenswerkes ihres Gatten
Alexander Sacharoff vor, die im folgenden Winter in der Städtischen
Galerie im Lenbachhaus in München und in der Bibliothèque Nationale,
Musée de l'Opéra, in Paris gezeigt wurde.[4] Während dieser Begegnung
und gelegentlichen weiteren Besuchen in Rom ergab sich mir ein Bild
ihrer und ihres Lebensgefährten Beziehungen zu Rilke, das nachzuzeich-
nen hier versucht werden soll.

Rilkes innere Anteilnahme an der Kunst des Tanzes fand bereits im Juni
1906 sichtbaren Ausdruck, als in Paris die zu den *Neuen Gedichten* gehörigen Verse »Spanische Tänzerin« entstanden.[5] Aber noch mehr als
sechs Jahre sollten vergehen bis zur ersten Begegnung mit jenen beiden
begnadeten Künstlern, Clotilde und Alexander Sacharoff, die für ihn in
beglückendster Weise die Welt des Tanzes verkörperten.

Nach Herkunft und Erziehung waren die beiden jungen Menschen, deren
Bekanntschaft Rilke im München der Vorkriegszeit machte, grundver-
schieden, doch beider Wesen strahlte eine eigentümlich ähnliche Faszination auf ihn aus: Der siebenundzwanzigjährige junge Mann entstammte
einer wohlhabenden, kultivierten russisch-jüdischen Industriellenfamilie,
das sechs Jahre jüngere Mädchen war die Tochter eines preußischen
Aristokraten, der seiner Schulden wegen vorzeitig als Offizier seinen
Abschied hatte nehmen müssen.[6]

---

[3] Wera Ouckama Knoop (1900–1919), Tochter des zum Münchner Freundeskreis ge-
hörenden Ehepaars Gerhard und Gertrud Ouckama Knoop. Der frühe Tod der be-
gabten jungen Tänzerin erschütterte Rilke tief, und als ein »Grab-Mal für Wera
O. K.« entstanden im Februar 1922 die ihrem Andenken gewidmeten *Sonette an
Orpheus*. Vgl. auch Rilkes Brief an Gräfin Margot Sizzo vom 12. April 1923 in
Briefe 1914 bis 1926 (Wiesbaden, 1950), S. 408–409.

[4] Vgl. den in deutscher und französischer Sprache erschienenen, reich illustrierten
Ausstellungskatalog mit Einleitung von Thierry Maulnier.

[5] R. M. Rilke, *Sämtliche Werke*, Bd. I, hrsg. von Ernst Zinn (Wiesbaden, 1955),
S. 531–532.

[6] C l o t i l d e Margarete Anna, geb. zu Berlin am 5. November 1892 als Tochter des
Kgl. preuss. Majors a. D. Hans Edler von der Planitz und seiner Ehefrau Margarete,
geb. von Muschwitz.

Sacharoff wurde 1886 in Marinpol am Asowschen Meer geboren. Nach dem Abitur am humanistischen Gymnasium war es sein Wunsch, Maler zu werden, und als Siebzehnjähriger durfte er sich bereits als Student an der Académie des Beaux Arts in Paris einschreiben. Die Beschäftigung mit der Malerei führte ihn bald zum Studium antiker Vasen im Louvre, doch eine Aufführung der großen Künstlerin Sarah Bernhardt[7] wurde ihm zum entscheidenden Erlebnis für seinen beruflichen Werdegang: von nun an war er überzeugt, daß die seiner Natur entsprechende Ausdrucksform der Tanz sei, während seine stille Liebe nach wie vor der Malerei gehörte. Hinzu trat bald als drittes das Reich der Musik, ohne die seine Tanzkunst nicht denkbar wäre.

1904 siedelte der von Rußland und Paris – übrigens den beiden wichtigsten Reiseerlebnissen des jungen Rainer Maria Rilke – geprägte Alexander Sacharoff nach München über, um dort sein malerisches Talent an der berühmten Debschitz-Schule weiter ausbilden zu lassen. Hier in München kam er mit der Gruppe »Der Blaue Reiter«,[8] mit Kandinsky[9] und Jawlensky[10] in Berührung und lernte im Salon von dessen Gefährtin Marianne von Werefkin die Bestrebungen dieser neuen Kunstrichtung kennen und schätzen, zu der er sich selber bald hingezogen fühlte. Was Franz Marc,[11] einer ihrer führenden Vertreter, über diese neue Bewegung

---

[7] Die französische Schauspielerin Sarah Bernhardt (1844–1923) leitete jahrelang das Théâtre des Nations in Paris, das heutige Théâtre Sarah Bernhardt.

[8] »Der Blaue Reiter«, eine 1911 von Kandinsky und Marc begründete Bewegung, deren Ziel die Erneuerung der Kunst aus dem Geiste war. Vgl. Klaus Lankheit, *Franz Marc im Urteil seiner Zeit* (Köln, 1960), S. 47–49.

[9] Wassily Kandinsky, russischer Maler und Graphiker (1866–1944), lebte seit 1896 in München, kehrte jedoch bei Kriegsausbruch 1914 nach Rußland zurück, wo er auch nach der Oktoberrevolution bei den neuen sowjetischen Machthabern Anerkennung fand. Von 1918 bis 1921 wirkte er als Professor in Moskau, ging 1921 wiederum nach Deutschland, diesmal nach Berlin, von wo aus er im Juni 1922 ans Bauhaus nach Weimar berufen wurde, wo er bis 1933 tätig war. Als das Bauhaus von der Naziregierung geschlossen wurde, verließ Kandinsky Deutschland und ging nach Frankreich, wo er die nächsten elf Jahre verbrachte. Er starb gegen Ende des zweiten Weltkriegs in Neuilly-sur-Seine. – Für Mitteilung wichtiger biographischer Angaben danke ich meinem Kollegen H. Stefan Schultz von der University of Chicago.

[10] Alexej von Jawlensky, russischer Maler, vorher zaristischer Gardeoffizier (1864–1941), seit 1896 in München ansässig, von 1921 bis zu seinem Tode in Wiesbaden tätig. Stand der Bewegung »Der Blaue Reiter« nahe. Vgl. Katalog der zum 100. Geburtstag veranstalteten Ausstellung im Städtischen Museum in Wiesbaden, in der 55 Bilder aus den frühen Münchner Jahren, der Zeit des »Blauen Reiter«, dem Schweizer Exil während des ersten Weltkriegs und der letzten Wiesbadener Phase gezeigt wurden.

[11] Franz Marc, aus München stammender Maler (1880–1916, bei Verdun gefallen),

schrieb, war dem jungen Alexander Sacharoff aus dem Herzen gesprochen: »daß es sich nämlich in der Kunst um die tiefsten Dinge handelt,
daß die Erneuerung nicht formal sein dürfe, sondern eine Neugeburt des
Denkens sei. Die Mystik erwachte in den Seelen und mit ihr uralte Elemente der Kunst.«[12]

Um 1910 trat Sacharoff, der bisher ganz seinen Studien gelebt hatte,
erstmalig im Münchener Odeontheater in griechischen Tänzen auf, für
die ein anderer junger Russe, Thomas von Hartmann,[13] die Musik kom-
poniert hatte. Die entscheidende Begegnung seines Lebens aber ereignete
sich bei einem Presseball in München 1912. Damals trat die zwanzig-
jährige Clotilde von der Planitz in sein Leben und eine künstlerische und
menschliche Gemeinschaft begann, die vierundvierzig Jahre dauern
sollte.

Schon als junges Mädchen hatte die energische und zielbewußte Clotilde
ihre Begabung für Musik und Tanz bewiesen. Seit früher Kindheit nahm
sie Violinunterricht und besuchte dann einen Tanzkurs für freie Bewegung, an dem auch die Töchter der berühmten Maler von Lenbach[14] und

---

1910 Mitbegründer der Redaktion »Der Blaue Reiter«, bekannt durch sein Haupt-
werk, »Der Turm der Blauen Pferde«. Klaus Lankheit zitiert in seiner Einführung,
Franz Marc: Der Turm der Blauen Pferde (Stuttgart, 1961), S. 25–26, aus einem
Brief Rilkes an Marianne von Goldschmidt-Rothschild: »... Ich kann Ihnen nicht
schreiben, Marianne, aber Sie würden davor so zu einem so reichen und glücklichen
Anschauen kommen, wie's eben nur die bedeutendsten Dinge einem gewähren.«

[12] Zitiert in dem 1964 in München erschienenen Katalog der Sacharoff-Ausstellung.
Vgl. Nr. 4.

[13] Thomas H. de Hartmann, russischer Pianist, Komponist und Maler, ursprünglich
zaristischer Kavallerieoffizier (1886–1956). Nach seinem Ausscheiden aus der russischen Armee ging er zunächst nach München, wo er unter dem Dirigenten Felix
Mottl studierte. Seine 1910 für Alexander Sacharoff geschriebene »Choreographische
Suite« wurde im Münchner Odeontheater uraufgeführt. Andere Werke aus jener
Vorkriegszeit zeigen deutlich den Einfluß des ihm befreundeten Malers W. Kandinsky. Nach erneutem Militärdienst während des Ersten Weltkriegs ging Hartmann
bei Ausbruch der Oktoberrevolution zunächst als Professor für Kompositionslehre
ans Konservatorium in Tiflis. Zu Beginn der dreißiger Jahre siedelte er mit seiner
Lebensgefährtin, Mme Olga de Hartmann, nach Paris über, von wo aus beide 1951
nach New York gingen. Während seiner letzten Lebensjahre hielt er, wie Mme de
Hartmann mir bei unserem Zusammensein in New York berichtete, an vielen Orten
in Amerika Vorlesungen über Harmonielehre, Theorie und Kontrapunkt. Im Alter
von 70 Jahren starb er am 26. März 1956. Vgl. sein posthum erschienenes, zusammen mit Olga de Hartmann verfaßtes Erinnerungsbuch Our Life with Gurdjieff
(New York, 1964).

[14] Franz von Lenbach, Bildnismaler in München (1836–1904), bekannt durch seine
Porträts von König Ludwig I. von Bayern, Papst Leo XIII., Eleonore Duse, Bis-
marck, Kaiser Wilhelm I.

von Kaulbach[15] teilnahmen. Die Väter dieser beiden Mitschülerinnen, die oft die Tanzstunde besuchten, bemerkten wohl als erste das außerordentliche Talent der zehnjährigen Clotilde. Doch zunächst galt es, die Abneigung ihrer Eltern, vor allem ihres Vaters, gegen ihren Hang zur Tanzkunst zu überwinden. Da es ihr streng verboten war, unter ihrem Familiennamen öffentlich aufzutreten, nannte sie sich kurz entschlossen Fräulein »von Derp« (für *von der Planitz*), und schon ein Jahr nach ihrem Debut holte Max Reinhardt[16] sie nach London, wo sie in der Hauptrolle einer orientalischen Pantomine, »Sumurun«, einer musikalischen Schöpfung von Victor Hollaender,[17] auftrat.

Im September 1913 machte Rilke bei ihrer inzwischen geschiedenen Mutter in deren Münchner Wohnung einen Besuch, um sich nach dem Ergehn einer ihrer Verwandten zu erkundigen, die er vor Jahren in Capri kennengelernt hatte. Beim nächsten Besuch im Hause von Clotildes Mutter, Frau von der Planitz, lernte er auch den späteren Lebensgefährten Clotildes, Alexander Sacharoff, kennen, und entzückt von dem Charme des russischen Tänzers machte er in dessen Begleitung einen ausgedehnten nächtlichen Spaziergang zu seinem Hotel, um ihm als Talisman eine Ikone zu schenken, die er sich als Erinnerungsstück von seiner letzten Rußlandreise mitgebracht hatte. Die Korrespondenz beginnt mit einem Brief Rilkes aus Kochel,

Hotel Grauer Bär, vom 16. September 1913:
»Verehrtes gnädiges Fräulein,
es geht mir heuer zum zweiten Mal so, daß ich, nach München kommend, unter den Dingen, die mein Aufenthalt mir womöglich eintragen sollte, obenan die Hoffnung führte, Ihre Tänze zu bewundern –, und, wie im vorigen Jahre, sagt man mir, auch jetzt, daß ich zu spät komme, daß Ihre *stagione* eben vorüber sei. Ich hörs und mags nicht ganz glauben, und, so unbescheiden es ist, ich komme, Sie selbst zu bitten, mir zu sagen, ob wirklich keine Aussicht besteht, Sie während dieses Monats noch irgendwo in Ihrer Kunst kennen zu lernen, auf die verschiedene Stimmen (unter anderem die meiner Frau) mich in besonderer Art hingewiesen haben. Ich lese keine Zeitungen, und so wäre es immerhin leicht möglich, daß ich eine Ankündigung völlig übersehe –, möge diese Besorgnis meine unbescheidene Anfrage, so gut als es geht, entschuldigen. Ich spreche übrigens nicht allein für mich,

---

[15] Friedrich August von Kaulbach, Bildnismaler (1850–1920), war von 1886 bis 1891 Direktor der Münchner Akademie.
[16] Max Reinhardt, österreichischer Schauspieler und Dramaturg (1873–1943), in Berlin, Wien, Salzburg und, nach seiner Emigration, in New York tätig.
[17] Victor Hollaender, deutscher Komponist (1866–1940), erlangte Weltruf durch seine Pantomime »Sumurun«.

sondern auch namens einer Freundin, Lou Andreas-Salomé,[18] auf deren Schreibtisch ich eines Ihrer schönen Bilder gestellt habe, so daß wir täglich im Vorgefühl Ihrer Kunst uns erhalten, wenn wir aus gemeinsamer Arbeit aufschauen.

Zu dieser Bitte kommt eine andere: Durch Sie vielleicht Nachrichten zu erhalten über eine liebe Bekannte aus früheren Jahren, die Ihnen wahrscheinlich verwandtschaftlich nahe steht: Frau von Waldow (Steinhöfel) geb. Anna Edle von der Planitz,[19] die ich leider ganz aus dem Blick verloren habe und von deren Ergehen ich gerne mich, recht nachholend, unterrichtete.

Verzeihen Sie alle diese Ansprüche über dem Ausdruck aller meiner Ergebenheit:

Rainer Maria Rilke.«

Wenige Wochen später kehrte Rilke in die französische Hauptstadt zurück, wo er am 21. Oktober sogleich an Clotilde schrieb:

». . . Mein Weg hat nun doch nach Paris geführt, ich werde weder in Dresden noch in Leipzig sein zu Ihrem und Sacharoffs Auftreten, aber im Geiste (der ja alle Macht hat und alle Gegenwärtigkeit) werde ich nicht nur an alledem mich beteiligt wissen, sondern ich denke schon jetzt daran, daß Sie in diesen Tagen Ihre Tournee antreten und ich bin mit vielen herzlichen Wünschen zur Stelle. Sacharoff hat mir, an den beiden Abenden, die ich mit ihm verbrachte, viel Freude gemacht: es sind in seiner Natur so viele Quellen, aus denen seine Leistung immer wieder neu zu entspringen vermag, der Tanz von gestern ist nicht der Tanz von heute, wenn mans recht bedenkt, es muß unablässig Tanz nachkommen aus den unendlichen Tiefen des Wesens, über die man selbst nicht verfügt: so ist es bei ihm bestellt, und man muß ihm nur wünschen, daß er seiner Natur nahe bleibe, sie schickt ihm alles, was er erlitt und erfuhr, das Härteste, das Schwerste, gelöst als ein flüssiges Element empor, wie das natürliche Wasser hat er im Fallen und Stützen, im Steigen und Überfließen, alle Möglichkeiten, er selbst zu sein, ja die Wahl, alles, was als Bewegung oder Bewegungspause geschah, in sich einzubeziehen: so wird die Vergangenheit ein schwerer und die Zukunft ein schwebender Tanz in ihm –, und darin mag er Ihnen in einer wunderbaren Sichtbarkeit gegenüberstehen, er, in dem der Tanz Rede ist, Gesang, wie Sterne singen, die sich unendlich rühren, während Sie tanzend antworten auf anklingende Umgebung: ich werde die Vorstellung nicht los, als wäre der Wind Ihr Partner, die Wand Ihre Erregerin, als forderten ein Gang, eine Treppe, das gestreckte Dastehn einer Säule, die Geistesgegenwart eines bestimmten Benehmens bei Ihnen heraus, als enthielten Sie zu alledem genau die andere (bisher unsichtbare) Hälfte, die Beziehung, durch die die Erscheinungen

---

[18] Lou Andreas-Salomé (1861–1937), seit 1887 mit dem Göttinger Orientalisten Friedrich Carl Andreas verheiratete Schriftstellerin, Freundin Nietzsches und Rilkes und Begleiterin auf dessen Rußlandreisen. Vgl. H. F. Peters, *Lou Andreas-Salomé: Geliebte eines Zeitalters* (München, 1964).

[19] Anna Maria Elisabeth Klothilde Edle von der Panitz, 1866 in Berlin geboren, heiratete 1892 den Reservehauptmann Hans Caspar Bastian Wulf von Waldow.

sich war dies alles anders aufgeteilt:
durch jeden Morgen gingen wache
schäumende Götter; Gott-Wind bog die schwachen
göttlichen Dryas, und in jedem Bache
lag eine Nymphe, heiter überrilt.

—

Und wann der Hirt in seiner Traurigkeit
das Rohr, das er sich lange zugeschnitten,
ansetzte —: oh wie wurde weit,
was ihm an Plage ausging, mitgelitten.

—

Nun fällt uns längst schon dieses alles zu:
dahinzunahen mit dem Hingeraften,
für einen Abend in den Baum zu treten
und in der Quelle vorüberschwindem Gestü
der Gruß zu sein, den ihre Wirbel drehten.

—

Wir wurden mehr; wir wohnen in dem meisten,
das ahnend ein fortgangenes ausbehrt;

doch : daß wir fast der Götter Leichtsinn

leisten,

hat uns das ernste Menschliche angehört.

—

Geschrieben für

Clotilde von Derp /

und diesem Gedicht Maurice de
Guérin's eingeschrieben, um es ihr inniger
zuzuwenden.

Rainer Maria Rilke

(Paris, Januar 1914).

und Wendungen draußen glücklich werden, da sie, einen Augenblick, sich erwidert fühlen –, alles das, was dasteht um uns und gleichsam immerzu kommt oder Abschied nimmt, ohne daß es jemand betrachtet: Sie aber gehn ihm entgegen und winken es an und sehen ihm nach und machen ihms leichter: allem Fühlbaren ...«

Schon nach ihrer ersten Begegnung in München im Herbst 1913 hatte Rilke seiner neuen Bekannten eins seiner Bücher in Verehrung zugeeignet, das siebente von 200 Exemplaren des 1913 im Insel-Verlag erschienenen *Marien-Lebens*,[20] mit der Widmung: »Clotilde von Derp, dankbar, für einen schönen freudigen Abend.« Bald darauf folgt aus Paris, zusammen mit seinem Brief vom 5. Januar 1914, als nachträgliches Weihnachtsgeschenk ein Exemplar seiner deutschen Übertragung eines Werkes von Maurice de Guérin, *Der Kentauer*,[21] mit der Eintragung eines Widmungsgedichtes, das im Taschenbuch nur mit den Initialen »C. v. D.« gekennzeichnet ist:

> Einst war dies alles anders aufgetheilt:
> durch jeden Vorgang gingen wache
> schauende Götter; Gott-Wind bog die schwache
> göttliche Dryas, und in jedem Bache
> lag eine Nymphe, heiter übereilt.
>
> ——
>
> Und wenn der Hirt in seiner Traurigkeit
> das Rohr, das er sich lange zugeschnitten,
> ansetzte –: oh wie wurde weit,
> was ihm an Klage ausging, mitgelitten.
>
> ——
>
> Nun fällt uns längst schon dieses alles zu:
> dahinzuwehen mit dem Hingewehten,
> für einen Abend in den Baum zu treten
> und in der Quelle tauschendem Gethu
> der Geist zu sein, den ihre Wirbel drehten.
>
> ——
>
> Wir wurden mehr; wir wohnen in dem meisten
> das ahnend ein Entgangenes entbehrt;
> doch: daß wir fast der Götter Leichtsinn leisten,
> hat uns das dumpfe Menschliche erschwert.
>
> ——

Geschrieben für
  Clotilde von Derp /
        und diesem Gedicht Maurice de
  Guérin's eingeschrieben, um es ihr inniger
  zuzuwenden.
        Rainer Maria Rilke
        (Paris, Januar 1914).[22]

———

[20] Vgl. W. Ritzer, a.a.O., Nr. E 34.   [21] Vgl. W. Ritzer, a.a.O., Nr. E 62.
[22] Vgl. E. Zinn in R. M. Rilke, *Sämtliche Werke*, Bd. II (Wiesbaden, 1956), S. 765. Dagegen beruht Zinns Behauptung, daß das betreffende Widmungsexemplar ver-

Begleitet war diese Buchsendung von dem folgenden Brief:

»Paris, am 5. Januar 1914.   17 rue Campagne-Première XIVe.

Es ist mir, liebes gnädiges Fräulein, unbegreiflich, wie ich Weihnachten und
Jahresanfang konnte hingehen lassen, ohne mich in Ihre gute Erinnerung
zu bringen. Kann ich mit diesen Zeilen und dem Buch, in dem sie liegen,
wenigstens unter die Neujahrsgäste noch rasch einbegriffen werden, als der
letzte, zurückgebliebene, den das Jahr, in seiner Jugend, überholt hat? Zum
Glück fällt mir ein, daß wir doch sogar aus dem weihnachtlichen Kreis noch
nicht ganz ausgetreten sind: morgen ist Dreikönigstag, da wurde, in meiner
Kindheit der Christbaum, der immer noch stand (wenngleich in seinem ehrlichen Zubehör beträchtlich angegriffen) – noch einmal erleuchtet und be-
nahm sich, obwohl man nun Zeit gehabt hatte, ihn zu gewöhnen, genau
so strahlend und wunderbar wie vierzehn Tage vorher, da die lang verschlossenen Thüren vor ihm aufgesprungen waren, als obs nicht möglich wär, ihn
länger zu verhalten.

Vor einem Jahr, im südlichen Spanien, erwies sich der Tag der heiligen drei
Könige als der eigentlich weihnachtlichste. In der Familie meiner spanischen
Freunde gab es, ziemlich im Alter auseinander, Kinder aus zwei Ehen: die
älteren, fast schon Erwachsenen traten in primitiv erfundener Verkleidung
(aber für die, die es anging, sicher morgenländisch-fürstlich über die Maßen)
in das dunkle Zimmer der Kleinen ein, die, wie immer, zu Bett gebracht worden waren: sie fühlten wohl etwas vor, und ich vermuthe, daß sie nicht
schliefen: immerhin war es eine Art gesteigertes Erwachen für sie, diese
unbeschreiblichen Gestalten, in dem Lichtschein, den sie mitbrachten, sich
bunt und golden verwirklichen zu sehen; eine Weile nur; was sie an un-
glaubbarer Wirklichkeit gewonnen, das ging sofort, aus ihren Bewegungen
und den unübersehbaren Schatten hinter ihnen, auf die stillen, halb schon
kenntlichen Dinge über, die sie aus den Säcken eines schwarzen Dieners
mit Würde herausholten. Dann verschwanden sie, und nur nach und nach
wagte es sich aus den Betten hervor zu der kleinen Niederlassung von Gegenständen hin, unter denen ein hölzerner Esel der größte und von vornherein
beruhigendste war.

So lebhaft stellt sich mir die Szene vor, wie ich an sie denke, und nun, sehen
Sie, erzähl ich sie Ihnen, um mein Buch doch noch ein wenig in das Licht zu
rücken, in dem es hätte gegeben sein müssen.

Wie sehr wünsche ich, daß Sie ein herzliches Fest gehabt haben und daß nun
ein schönes Jahr, brauchbar und reich, vor Ihnen liegt.

Sacharoff hat vielleicht schon eine weite Reise angetreten: ist er noch da, so
darf ich Sie wohl bitten, ihm zu sagen, wie gerne ich an ihn denke und an
die Nachtstunden unserer Verständigungen. Wie sehr das, daß ich mich
erinnere, von dem Abend bei Ihnen gilt, liebes und bewundertes Fräulein
von Derp –, das muß ich Ihnen nicht versichern.

---

schollen sei, auf einem Irrtum: es befindet sich wohlbehalten in Privatbesitz. Vgl.
Zinns Anmerkung, a.a.O., Bd. VI, S. 1541.

Ich sehe hier niemanden, meine Thüre bleibt zu; denn ich habe nach den
vielen und mächtigen Eindrücken der letzten Jahre, von denen nicht ein
einziger in meinem Blute aufgegangen ist, ein unbeschreibliches Bedürfnis,
mich nach Innen zu schlagen. Das kommt vielleicht mit der Zeit der Arbeit –
jedenfalls kommts dem Herzen zugut und allem Schönen, das mir bis dort
hinein widerfuhr.

Glauben Sie bitte nicht, daß Sie schreiben sollen: es ist alles gethan, wenn
dieser Brief Sie flüchtig erinnert an Ihren, Ihnen ergebenen

R. M. Rilke

Ihre Frau Mutter bitte ich bestens empfohlen zu sein.«

Der Ausbruch des ersten Weltkriegs überraschte Sacharoff in der Schweiz,
wo er mit seiner Mutter und Schwester gerade in den Ferien in Interlaken
weilte. Da ihm als feindlichem Ausländer die Rückkehr in das Land, in
dem er zehn glückliche und reiche Jahre verbracht und entscheidende Anregungen fürs Leben empfangen hatte, verschlossen blieb, suchte er in
der Schweiz Asyl, das ihm auch mühelos gewährt wurde. In der Gegend
um Lausanne fand er freundliche Aufnahme und gute Freunde, unter
ihnen Jawlensky, Marianne von Werefkin und Diaghilew[23] mit seinem
russischen Ballett, so daß er inmitten einer Art Künstlerkolonie unter
russischen Landsleuten lebte. Clotilde blieb in den ersten Kriegsjahren in
München, trat dort, später auch im Berliner »Wintergarten« und sogar in
Kopenhagen auf der Bühne auf, ehe sie 1916 ganz nach Lausanne über-
siedelte, das sie nur zu kürzeren Besuchen in Deutschland verließ.

Als Rilke im Frühjahr 1915 in der Münchner Wohnung von Lou Albert-
Lazard[24] in der Finkenstraße 2 wohnt, nimmt er den Briefwechsel wieder
auf. In den insgesamt sieben erhaltenen Briefen aus der Zeit an Clotilde
spricht immer wieder sein Wunsch nach »der stillen Stunde«, nach der
er sich sehnt: »Am Schönsten wärs und Ruhigsten, wir hätten eine Stunde
in meinen Zimmern.« Er schlägt ihr ein Rendezvous in der »Ceylon-Tee-
stube« in der Maximilianstraße vor, da der Aufgang zu seiner Wohnung

---

[23] Sergej Diaghilew, russischer Ballettmeister (1872–1929), Begründer eines nach ihm
benannten Balletts. Erstrebte die Zusammenwirkung des Tanzes mit der Musik und
der bildenden Kunst.

[24] Lou Albert-Lazard (1885–1969), aus Metz gebürtige, bis zu ihrem Lebensende in
Paris wirkende Malerin und Schriftstellerin, Witwe von Eugen Albert (1859–1929),
Erfinder eines photomechanischen Reproduktionsverfahrens und Begründer der
Münchner Firma Albert & Bruckmann. Zwischen den beiden Weltkriegen porträ-
tierte sie viele ihrer Zeitgenossen, u. a. Cocteau, Einstein und Gide. Eine Ausstel-
lung ihrer Werke fand vom 20. September bis 25. Oktober 1965 in der Münchner
Galerie Heseler statt. Seit ihrer Begegnung in Irschenhausen bei München im Herbst
1914 war die Künstlerin mit Rilke befreundet.

zu schwer zu finden sei. »Haben Sie dann noch Zeit und Ruhe für mich,
so machen Sie mir vielleicht die Freude und kommen noch für eine Weile
hinauf in den kleinen Umkreis meiner stillen Lampe.« Zusammen gehen
sie in Norbert von Hellingraths Hölderlinvorträge[25] und lesen die Gedichte des viel bewunderten Dichters; Rilke berichtet ihr von seinen
Eindrücken nach einer Begegnung des unter dem Namen »Alastair« bekannten Künstlers Hans Henning von Voigt, von dessen exotischen
Zeichnungen er entzückt ist; er macht sie auf Franz Werfel aufmerksam
und schenkt ihr einen Band seiner Gedichte.[26] Vor allem aber erkundigt er sich stets nach ihrem Ergehen und ihrem Tun: »Ist Tanz-, ist Lese-
zeit?« fragt er bei ihr an. »Ach, kommen Sie doch einmal. Sie finden,
außer Frau Albert, Lou Andreas-Salomé, aber wir können auch erst eine
Stunde ganz still bei mir sein.« Jeder dieser sieben Briefe verrät deutlich
seine aufrichtige Bewunderung für Clotilde sowohl als Menschen als auch
als Künstlerin, und das Glück, das ihre Nähe für ihn bedeutet. Tief-
betrübt macht er sich Selbstvorwürfe, wenn er einmal eine Verabredung
versäumen muß oder ein Zusammensein durch die unerwartete Gegenwart eines ungebetenen Dritten gestört wird.

Aus den Sommer- und Herbstmonaten des Jahres 1915 stammen wiederum insgesamt sieben Briefe, geschrieben in der Widenmayerstraße 32
in München, wo Rilke die Gastfreundschaft der auf ihr Gut nach Westfalen gereisten Frau Hertha Koenig in Anspruch nahm.[27] Als stärksten
Eindruck empfing er damals die Nähe »des großen, herrlichen Picasso«,
des Gemäldes »Les Saltimbanques«, das ihn so sehr an das geliebte Paris

---

[25] Der Hölderlinforscher Norbert von Hellingrath (1888–1916, bei Verdun gefallen)
war Rilke bereits 1910 in Paris begegnet. Im Februar und März 1915 hielt er in
München zwei vielbeachtete Vorträge über Hölderlin, die 1921 bei Bruckmann in
Buchform erschienen.

[26] Schon die Beschäftigung mit Franz Werfels erstem Gedichtband, *Der Weltfreund*
(Leipzig, 1911), war für Rilke ein beglückendes Erlebnis. Bei den hier erwähnten
Gedichten handelt es sich vermutlich um den 1915 erschienenen dritten Band, *Ein-
ander*, aus dem eine kleine Auswahl erstmalig im Mai-Juni-Heft der Zeitschrift
Forum erschien.

[27] Die 1884 geborene Frau Hertha Koenig, Verfasserin einer kleinen Schrift über *Rilkes
Mutter* (Pfullingen, 1963), lebt noch heute auf ihrem Gut Böckel in Westfalen. Die
Fünfte Duineser Elegie, durch die Begegnung mit dem damals in ihrem Besitz be-
findlichen Picassogemälde, »Les Saltimbanques« inspiriert, ist »Frau Hertha Koenig
zugeeignet.« Vgl. Walter A. Reichart, »Rilke's Fifth Duino Elegy and Picasso's ›Les
Saltimbanques‹, *Modern Language Notes*, Bd. 61 (April 1946), S. 279–281, und
Dieter Bassermann, *Der späte Rilke* (München, 1947), S. 415–418. Einen Besuch bei
Frau Hertha Koenig beschreibt Hermann Pörzgen in seinem Artikel »In Rilkes
Briefen blätternd: Besuch auf Gut Böckel in Westfalen«, *Frankfurter Allgemeine
Zeitung*, Nr. 164 (19. Juli 1965), S. 20.

erinnerte. Daneben sind es die Werke Strindbergs,[28] die ihn tief beeindrucken, und wie bei allem, das ihn innerlich bewegt, muß er Clotilde daran teilnehmen lassen. So schickt er ihr auf einmal vier von dessen »grausamen und erbitterten Büchern ... nicht ohne Besorgnis, beruhigt höchstens durch die Überzeugung, daß das Große aus ihnen doch unentstellt und sicher hervorgeht, und gewiß gerade auf Sie zu ...« Fasziniert durch die Welt des Theaters, schickt er ihr ein andermal eine Karte zu Strindbergs *»Gespenstersonate«* mit den Worten: »Sie sitzen neben Lou Salomé, ich eine Reihe davor, so können wir zusammenbleiben, wenn der Schrecken zu viele werden.« Als er jedoch erfährt, daß Clotilde verhindert ist, kauft er sofort eine zweite Karte neben seinem eigenen Platz und erlebt die Vorführung in dem Gefühl, als säße Clotilde neben ihm, um ihr im nächsten Brief am folgenden Tag in großem Detail über den Abend zu berichten:

»Widenmayerstraße 32/III b. Koenig
am 3. August 1915.
Eben kommt Ihr guter Brief; noch von draußen, das ist recht, wenngleich es fast eine Regenzeit geworden ist –, neulich sah ich die ersten Malven (für mich so recht die Kokarde des vollen Sommers) die sahen trüb und verregnet aus.
Freitag, nun will ichs gestehen: ich war so entschlossen, nicht allein im Theater zu sein, daß ich dennoch einen Platz neben dem meinen nahm, und mir, so leer er blieb, einbildete, dies sei der Ihre. Es war ausgezeichnet so, Sie hatten nicht zu leiden und ich durfte mich quälen für zwei. Ja, weiß Gott, eine besondere Art von Qual, ich hätte garnicht gewußt, daß man auf europäisch so schrecklich sein könne, wie Steinrück[29] es wurde von Moment zu Moment, es war wie ein japanisches Kriegsgespenst, so über alle Fassung furchtbar, so groß man auch schaute, man durfte überzeugt sein, es standen rechts und links und oben und unten noch ganze Bündel von Furchtbarkeit über das Sehfeld hinaus, zu dem man sich anstrengte. Also so, sagte ich mir, soweit geht das also! und sah den leeren Platz neben mir ernsthaft an, ob die Sache ihm Eindruck mache. Ich glaube, es war der einzige leere, sonst war alles im letzten Augenblick ausverkauft worden, was die Leute alle durchmachten, ich weiß nicht, ich stelle mir vor, sie saßen geduckt da, denn das boshafte Raubthier da oben holte immerfort zu neuen Sprüngen aus. Und doch sprang es immer so wundervoll in den Käfig hinein, der Käfig dieses Schicksals, in dem ich warte, war von einer herrlichen Sicherheit, je ungeheurer seine Wuth wurde, desto stärker wurden seine Stäbe. Und dies machte das Entsetzen, das vor der Szene herüber sich mittheilte, gewisser-

---

[28] Von den beiden Bühnenwerken des Schweden August Strindberg (1849–1912), die Rilke während des Ersten Weltkriegs in München erlebte, war *Totentanz* im Jahre 1901 und *Gespenstersonate* 1908 erschienen.
[29] Albert Steinrück (1872–1929), bekannter Schauspieler in München.

maßen erlaubt, maßvoll, daß die Unseligen in einem Blocke von Unentrinnbarkeit standen, in einer komprimierten Schicksalsluft, die nicht die unsere
war. Sie haben recht, die ›Gespenster-Sonate‹ faßt alles noch gebundener in
ihrem Medium zusammen; aber auch hier ist schon unüberschreitlicher Abstand gesetzt, das Wirkliche reicht nicht aus, Vorbild dieses Bildes zu sein,
ein großes Gemüth ist in die Hölle gestürzt, und die Bühne ist jeden Augenblick in Gefahr, einen Gott des Entsetzens zur Welt zu bringen.
Es war so gütig neulich von Ihrer Frau Mutter, mir zu telephonieren, den
nächsten Morgen kam dann Ihr kleiner Brief, Donnerstag, ich wäre fast hin-
ausgefahren –, aber der zwölf-Uhrzug der Isartalbahn ist der letzte, der in
Betracht kommt, und ich komme schlecht so früh vom Schreibtisch fort,
wenigstens mag ich mirs nicht erlauben. Aber nun rechne ich, daß wir uns
hier wiedersehen. Ende der Woche; Freitag? Ich bin jeden Tag (auch Freitag)
gegen $^1\!/_2$ 3 vom Essen zurück und zuhause –, sonst nimmt, auch früher schon,
meine Haushälterin am Telefon Ihre Bestellung an. Gute Tage, und sehen Sie
die Rehe, ein wenig auch für mich.

Dankbar,

Ihr Rilke.

Thankmar Münchhausen,[30] der Erwartete, ist nicht gekommen.«

In einem anderen Brief an Clotilde schreibt er beglückt über sein Wohnen
in der Widenmayerstraße, »dankbar für die neue Einsamkeit (die ich
nöthig hatte) den Isarauen gegenüber. Vorläufig. Ich suchte, suchte ein
kleines Häuschen für mich allein draußen irgendwo, fast hatte ich eines
in Holzhausen am Ammersee, in Ihrer damaligen Nachbarschaft, im letzten Augenblick zerschlug sichs, als ich schon eine Haushälterin aufgenommen hatte (die nun hier in diesem schönen Provisorium für mich
sorgt). Inzwischen suche ich weiter draußen, aber langsam, aber lässig,
denn ich glaube nicht recht an das Finden dessen, was ich brauche. Und
hier ist's vorderhand fern, still, erträglich, wie in einer anderen Stadt.
Wären Sie doch hergekommen, – ich muß abends in einen Vortrag Heinrich Manns [31] (Forumabende), aber es ist Zeit, wenn ich um $^3\!/_4$ 8 von hier

---

[30] Thankmar Freiherr von Münchhausen, Dr. phil., 1893 geboren, lebt heute als freier
Schriftsteller in Bonn. Seit 1913 befreundet mit Rilke, der einmal über ihn schrieb:
»... Thankmar steht mir wie ein Adjutant treulich in allem bei ...« 1949 gab er im
Insel-Verlag Rilkes Gedichte in französischer Sprache (Ritzer, Nr. G 3) heraus.
[31] Heinrich Mann (1871–1950) gehörte, zusammen mit Frank Wedekind, zu den eng-
sten Mitarbeitern von Wilhelm Herzog, bei dessen radikal-pazifistischer Monats-
schrift Forum in München. Nach den Professoren Leopold von Wiese und Friedrich
Wilhelm Foerster sprach Heinrich Mann am 18. Juni 1915 im Rahmen der »Forum-
Vorträge« über Emile Zola im Hotel Continental (gedruckt im Jg. II, Heft 4, Juli
1915 der Zeitschrift, Vorarbeit zu dessen Zola-Essay, der im November 1915 in
René Schickeles Weißen Blättern erschien). Im September 1915 wurde die Zeitschrift Forum wegen ihrer kriegsfeindlichen Haltung und eines »unangebrachten
Europäertums für die Dauer des Krieges verboten«, nachdem Heinrich Manns No-

fortgehe; mir kommt die Idee: erreicht Sie dies vorher, um 7, so kommen
Sie doch schnell noch den Picasso sehen, – für mich wag ichs nicht zu verlangen, für ihn. Sonst Gutes hinaus!«

In einem anderen, wiederum undatierten Brief aus der Widenmayerstraße empfiehlt er der »lieben Freundin« ein brauchbares Stubenmäd-
chen, berichtet von seinem dritten Erleben, zusammen mit Katharina
Kippenberg,[32] von Strindbergs ›Gespenster-Sonate‹ und möchte, auch für
Clotilde, Karten besorgen für dessen ›Totentanz‹, den sie gemeinsam in
den Kammerspielen sehen wollen. »Mein junger Freund Thankmar
Münchhausen«, so fährt er fort, »ist noch nicht gekommen; ich erwarte
ihn weiter. Sollte er Freitag hier sein, so ginge er vielleicht mit ins Theater, wenn es Ihnen nicht lästig ist, er ist ein lieber Junge und ich würde
ihm gerne wohlthun, da er von ›draußen‹ kommt und wieder geht. –
Ich wäre glücklich, Sie wiederzusehen, Clotilde. Auch heute bin ich zuhaus, den ganzen Nachmittag. Kommen Sie, kommen Sie, es wär ein
Trost, ich brauche so manchen. Und ich verspreche, nicht wie neulich drauf
los zu reden, sondern still zu sein, sondern zu hören, sondern zu schauen
und mich dankbar Ihrer zu freuen.

Meine ergebenste Empfehlung für Ihre Frau Mutter. Ihr Rilke.«

Am 1. Oktober 1915 erbittet Rilke dringend Nachrichten über Clotildes
und Alexanders Leben in der Schweiz. Seine Zeit in Frau Koenigs Wohnung nähere sich ihrem Ende und er müsse seine Tage mit der Besichtigung möblierter Zimmer oder Wohnungen zubringen. »Gott was für
Stuben«, so klagt er. »Bleiben freilich kann ich nur, wenn es mir gelingt,
mich ganz abzuschließen und zu verstecken. Daß doch einer sich vor mich
stellte und schwöre, es gäbe mich nicht!«

---

velle »Der Tote« noch im Augustheft erschienen war. Vgl. Wilhelm Herzog, *Menschen, denen ich begegnete* (Bern, München, 1969), S. 418. – Wie außerordentlich
stark Rilke an dieser Zeitschrift interessiert war, zeigt nicht nur sein Besuch der
Forum-Abende, sondern auch die Tatsache, daß er Wilhelm Herzog im Herbst 1914
zwei Manuskripte zum Abdruck anbot: ein von ihm selbst sorgfältig abgeschrie-
benes Gedicht seiner Freundin Lou Albert-Lazard, »Kriegsausbruch«, das im Jg. I,
Nr. 8 (Oktober/November 1914) der Zeitschrift *Forum* erschien, sowie eine in derselben Nummer erschienene Übersetzung [nicht s e i n e, d. h. Rilkes, wie Wilhelm
Herzog irrtümlicherweise berichtet, a.a.O., S. 418] der Kriegserlebnisse des russischen Dichters W. M. Garschin (1855–1888). Herr Professor Dr. Ernst Zinn machte
mich in seinem Brief vom 10. April 1966 freundlicherweise darauf aufmerksam,
daß es sich hierbei um einen Abdruck aus einem längst bekannten Buch Garschins
handelt, *Aus den Erinnerungen des Gemeinen Iwanow*, das 1889 zuerst in Sonder-
hausen in deutscher Übersetzung und zuletzt 1903 im Insel-Verlag erschienen war.

[32] Katharina Kippenberg, geb. von Düring (1876–1947), Gattin von Rilkes Verleger,
Professor Anton Kippenberg (1847–1950), Inhaber des Insel-Verlages.

Die nächsten Briefe an bzw. über Clotilde stammen aus Rilkes Militärzeit am Kriegsarchiv in Wien.[33] Es war eine Zeit voller persönlicher Schwierigkeiten mannigfacher Art, aber gerade darum war es ihm wichtig, den Kontakt zu einem geliebten, verstehenden Wesen wie Clotilde nicht zu verlieren. Sacharoff lebte nach wie vor in der Schweiz, während Clotilde ihren ständigen Wohnsitz ab 1916 ebenfalls in Lausanne hatte, jedoch wie bisher des öfteren in Deutschland auf Reisen war. Am 20. Februar 1916 wendet sich Rilke an die ihm befreundete Marianne Mitford-Friedlaender, die heutige Baronin de Goldschmidt-Rothschild:[34]

> »Wenn Ihnen dies zukommt, Marianne, so geschieht dies durch Fräulein von der Planitz, die Sie unter dem Namen Clotilde von Derp längst kennen werden als Erfinderin und Ausführerin der schönsten und unbeschreiblichsten Tänze. Erinnern Sie sich, daß ich Ihnen von ihr gesprochen habe, im bestimmtesten Wunsch, daß Sie einander kennen sollten; außerdem gönn ich es Fräulein von der Planitz so sehr, eine ruhige Stunde bei Ihnen zu sein, Ihre Picassos und einige Blätter aus Ihren Mappen zu bewundern. Bitte geben Sie ihr die stillste Gelegenheit, das zu tun.«

Am 17. März fragt Rilke bei Clotilde an, ob sein Empfehlungsbrief sich als nützlich erwiesen habe:
»Hat er Ihnen eine Stunde bei den Picasso-Bildern und Zeichnungen eingegeben?« möchte er wissen. Über sein eigenes Leben in Wien hat er, bezeichnenderweise, ihr nichts mitzuteilen, aber als er auf Umwegen von ihren Absichten erfährt, vielleicht eine Reise in die österreichische Hauptstadt zu unternehmen, da schickt er ihr sofort seine Adresse mit den Worten: »Nun bin ich zwar unter dem Druck, unter dem ich hier lebe, kaum zu finden und mag auch gar nicht gefunden sein, außer von denen, die ich selber bitte, mich zu sehen. Sie bitt ich, Clotilde, – ja es wäre das Äußerste meiner hiesigen Verlassenheit, wenn Sie hier sein und nicht gleich nach mir fragen wollten ... Was wäre das schön, Sie wieder zu sehen!«

---

[33] Rilke stand vom 4. Januar bis 9. Juli 1916 im österreichischem Militärdienst. Nach dreiwöchiger Ausbildungszeit beim Landsturm wurde er zum Kriegs-Archiv nach Wien abkommandiert. In jenem Sommer wohnte er als Nachbar und Gast des ihm befreundeten Ehepaars von Hofmannsthal in Rodaun, wo er sich nach seiner Entlassung von Lou Albert-Lazard malen ließ. Vgl. seinen Brief an Katharina Kippenberg vom 1. Juli 1916 aus Wien.

[34] Die 1892 geborene Marianne von Friedlaender-Fuld heiratete 1914 in erster, bald geschiedener Ehe Lord John Mitford, später den deutschen Diplomaten Richard von Kühlmann. Sie lebt heute als Baronin de Goldschmidt-Rothschild in Paris, wo sie in französischer Sprache ihre Erinnerungen an Rilke veröffentlichte [*Le tiroir entr'ouvert*, vgl. Nr. 2] Rilke verkehrte vor allem während des Ersten Weltkriegs im Palais ihrer Eltern am Pariser Platz in Berlin.

In seiner großen Einsamkeit und Verlassenheit in Wien sehnt er sich mehr und mehr nach der verstehenden Freundin, die ihm wie eine Erscheinung aus Tausend und einer Nacht vorkommt. So schreibt er am 4. Juni 1916 an Marianne Mitford-Friedlaender nach Berlin über »Clotilde, la danseuse«: »Chacque fois j'ai l'impression de n'avoir vu une jeune fille d'une beauté aussi saisissante, une adolescente des Mille et Une Nuits, rayonnante ›comme la lune en sa quatorzième nuit‹.«

Wiederum tritt eine längere Unterbrechung in der Korrespondenz ein, diesmal von drei Jahren, aus denen uns keine Briefe des Dichters an Clotilde vorliegen. Rilke hatte das Kriegsende in München überstanden, nimmt dann aber am 11. Juni 1919 auf dem dortigen Hauptbahnhof Abschied von seiner Frau[35] sowie einigen Freunden, u. a. Lou Andreas-Salomé, um einer Einladung des Lesezirkels Hottingen zu Vorträgen in die Schweiz zu folgen. Nach mehreren in Zürich und später in Nyon am Genfer See verbrachten Wochen reist er am 24. Juli ins Engadin, mietet sich in St. Moritz eine kleine offene Kutsche und fährt bei Regen und großer Kälte zum Besuch seiner dänischen Übersetzerin Inga Junghanns[36] nach Sils-Baseglia. Kurz darauf findet er die lang ersehnte Ruhe und eine herrliche, vorübergehend nur ihm gehörige Bibliothek im Palazzo Salis in Soglio im Bergell, von wo eine weitere Gruppe von Briefen an Clotilde stammen. Schon am letzten Tage des Juli gedenkt er ihrer in dem einzigen erhaltenen Brief, der an beide Freunde gemeinsam gerichtet ist:

»Liebe Clotilde, lieber Sacharoff:
Ihre Pläne: haben Sie welche gefaßt, ist es am Ende gar schon zu irgend einer Ausführung gekommen? Findet Sie dies in Ihrem Thurm zu Lausanne? – Falls Sie es aber noch in dem mir so herzlichen blauen Zimmer lesen, so darf ich versichern, daß die Ausführung von Plänen, mögen sie nun ganz glücklich sein oder nicht, allerhand Gutes mit sich bringt. Schon der Wechsel allein ist eine eindringliche Erleichterung. Ich empfand das in Sils, obgleich ich dort bei Regen und Kälte einfuhr: das war der Moment, da ich, lieber Sacharoff, ohne Ihren Pelz einfach nicht weiter gekonnt hätte. Auf der Fahrt in offener Kalesche von St. Moritz nach Sils-Baseglia war er, ich kann wohl sagen, mein einziger Trost. Seither verschafft er mir Ansehen und wirkt großmächtig, auf der Weiterfahrt hierher saß er neben mir im Post-Wagen wie ein General von Goya. Die Luft in Sils hat mir über alle Erwarthung gut gethan, der Umgang mit Inga und Rudolf Junghanns that auch das

---

[35] Clara Rilke, geb. Westhoff (1878–1954), Bildhauerin und Schülerin Rodins.
[36] Inga Junghanns, geb. Martin Meyer (1886–1962), dänische Schauspielerin, seit 1914 mit dem deutschen Maler und Graphiker Rudolf R. Junghanns verheiratet, begann 1916, Rilkes *Malte Laurids Brigge* ins Dänische zu übersetzen. Vgl. ihren Briefwechsel mit Rilke, Nr. 2.

Seine, mich über den erst kürzer geplanten Moment hinaus festzuhalten. In
den Beiden haben Sie innig anhängende und gläubige Freunde, wir beschwo-
ren Sie fast, und das blaue Zimmer war uns allen beinahe sichtbar, wie wirs
gemeinsam erinnerten, freundlich alle drei, dankbar, liebevoll. Soglio. Einer
hats ›la soglia‹, die Schwelle des Paradieses genannt: obs etwas ähnliches
für mich werden kann? Noch seh ichs nicht ab. Das Wohnen im Palazzo
Salis hat seine Würde, obwohl dieser Comfort des siebzehnten Jahrhunderts
nicht eben der ausruhendste ist; der Garten, mit geschnittenem Buchsbaum,
hat etwas Verzaubertes, aber es trocknet Wäsche darin, und die vielen
vielen Passanten entzaubern ihn zehnmal am Tage, leidenschaftlich. Im ganzen erkenn ich, mehr als an allem am Kindergeschrei vor meinem Fenster,
daß es mir bestimmt war, hier zu wohnen. Wie lange? Bitte, bitte Nachrichten!

Ihr
Rilke.«

Niemals in den Jahren seiner Freundschaft mit Clotilde hat Rilke solche
Ruhe zum ausführlichen Erzählen genossen wie hier im Bergell, und
abgesehen von den Briefen aus Muzot hat er kaum jemals so detailliert
über seine Umgebung und die Atmosphäre seines Wohnens berichtet wie
in dem Brief aus Soglio vom 7. August 1919:

»Meine liebe Freundin:
also werden wir doch nicht zusammen bei Bircher-Benner[37] sein; daß ich ihn
nicht ganz aufgeben darf, habe ich nämlich, seit ich unterwegs bin, recht
gut gewußt, und meine wenig behagliche Gesundheit erinnert mich auch

---

[37] Dr. Maximilian Bircher-Benner, Schweizer Arzt (1867–1939), leitete ein nach ihm
benanntes Sanatorium auf dem Zürichberg, bekannt durch seine Heilerfolge durch
Rohkost. Für die liebenswürdige Genehmigung zur Erstveröffentlichung der weni-
gen erhaltenen Briefe von Mme Sacharoff an Rilke, die im Rilke-Archiv der Schwei-
zerischen Landesbibliothek in Bern aufbewahrt werden, danke ich der Verfasserin
ebenso herzlich wie dem Leiter des Rilke-Archivs, Dr. Rätus Luck.
I.
Dir. Bircher-Benner's
Sanatorium »Lebendige Kraft«
Zürich 7

Montag

Lieber Freund, wir haben Ihren Brief erhalten und ich habe mich hier sofort nach
allem erkundigt. Dr. Bircher sagte mir erstens, daß er auch, wenn Sie hierher kommen, für Sie um Verlängerung des Aufenthalts eingeben kann. Daß auf die
Bewilligung *von hier aus sicher* zu rechnen ist. Vielleicht wäre Ihnen damit gedient
und Sie gewönnen Zeit für eventuelle weitere Schritte? Von einem Schweizer Sanatorium aus hat vielleicht ein solches Gesuch mehr Nachdruck und Sie wären trotzdem hier nicht gebunden. – Platz wird auf jeden Fall für Sie in einer der Villen
[sein] und die Preise sind von 130–150 Frs. pro Woche je nach Größe und »Schönheit« des Zimmers (eventuelle Kur ist inbegriffen).
Wie schön, wie wundervoll wäre es, wenn Sie kämen! Unsere Pläne haben sich
nämlich wieder geändert. Mir bekommt die Kur hier so gut, daß ich wahrscheinlich

hier noch jeden Tag an diese gründlichere Zuflucht (in der ›etwas geschieht‹). Nur hatte ich mir nun mit allerhand Gründen plausibel gemacht, es hätte Sinn, eine solche Reparatur gegen das *Ende* meiner Schweizerei zu verlegen, um für die Anfälle des deutschen Winters recht dauerhaft zu sein. Später also werd ich dort auf herbstlich verheerten Waldwegen schluchzen und Sie entbehren. Ich habe es zwischendurch auch wieder für möglich gehalten, meine

noch 2–3 Wochen bleibe und . . . . . Ende der Woche auch heraufkommen will. Für heute will ich nicht mehr schreiben, da es die Hauptsache ist, daß Sie die Nachrichten bekommen. Schreiben Sie mir bitte gleich, wenn und wann Sie sich entschieden haben zu kommen. Inzwischen tausend Grüße von Sacharoff und Ihrer

Clotilde S.

II.
Dr. Bircher-Benner's
Sanatorium »Lebendige Kraft«
Zürich 7

Montag, 4. VIII. 19

Lieber Freund, vielen Dank für Ihren Brief, nach dem wir schon ausschauten. Ich bin nun seit vorgestern hier oben ganz unvorhergesehen. Denn wir wollten Samstag nach Lausanne reisen. Das wurde im letzten Moment durch verschiedene Umstände – nicht zuletzt den Streik hier, durchkreuzt. Die letzten Wochen waren für uns in Zürich nicht gut – so stagnierend und so bin ich denn auch wieder ein bischen für hier reif. Ich finde es jetzt sehr schön hier, der ganze Berg sommerlich und stiller wie sonst, da sehr wenig Gäste da und die jungen Leute in den Ferien sind. Vielleicht würde es Ihnen jetzt gefallen! Wir waren ganz enträstet über die Accinioren [?] des Palazzo Salis. Da machen wir hier doch nicht erst Prätentionen! Jetzt fehlt noch, daß ich sage, wie ich mich gefreut hätte, wenn Sie kämen. Und ich wollte doch garnicht beeinflussen, denn das ist zu verantwortungsvoll. Weitere Pläne haben wir noch nicht bestimmte. Im August noch müssen wir wohl nach Lausanne, Mitte September wird dann in Genf getanzt. Bitte bald Nachricht! Herzlichste Grüße auch von Sacharoff

Ihre Clotilde S.

III.
Zürich
106 Seefeldstraße

Lieber Freund, wollen Sie heute um 4 Uhr zu »Sprüngli« kommen? Wir freuen uns so, Sie wiederzusehen, erkundigte mich gestern telefonisch, ob Sie vielleicht schon bei Bircher seien. Wir stehen auch gerade im Moment vor Entschlüssen und da können wir ja fein zusammen beraten. Nicht?

Tausend Grüße Ihre Clotilde S.

IV.
Hotel St. Gotthard
Zürich

Lieber Freund, wir versuchten dieser Tage *öfters,* Sie zu erreichen, aber leider vergebens. Vorgestern abend war ich es auch wirklich, wir saßen den Abend ganz still mit Dr. Trags – und ich wollte Ihnen sagen, daß wir für Montag natürlich für Sie einen Platz reserviert haben. Und dann, daß wir am 17. dieses nun wirklich u. doch plötzlich nach Amerika gehen. Ich möchte Ihnen gern einiges über Ascona u. Ihre Pläne sagen, doch ist es morgen um $1/2$ 1 nicht gut möglich, da wir immer erst nach unserer Gymnastik, also frühestens 3 Uhr, essen können. Wenn es Ihnen möglich wäre, heute um $1/2$ 4 Uhr hierher zu kommen, könnten wir bei

Natur nähme sich, einfach unter den ländlichen Einflüssen, hinreichend zusammen, –aber es genügt nicht, sie hat irgendwo ein Leck, es wird schon
kalfatert werden müssen, bebirchert und gebemmert. Später.
Drum, ja, für den Moment überzeugt und hält mich Soglio doch, trotz des
Kennzeichens meiner Hergehörigkeit, von dem ich Ihnen berichtet habe.
Nämlich: Das Haus hat seinen Charme für einen Alterthümler, wie ich es
bin, zu dem alles Angestammte spricht, als spräche es von seiner eigensten
Vergangenheit (worauf ich denn immer, wie Cagliostro [38] behauptete, aber
nur leise, die Jahrhunderte persönlich gekannt zu haben). *Nämlich:* der französische Garten, mit seinen Terrassen, seinem bescheidenen Buchs und den
herrlichen hohen Sonnenblumen hat mirs angethan (dort steht mein Liege-
stuhl, meistens allerdings ohne mich, denn:) *nämlich:* da ist noch eine gewisse Bibliothek, die alte gräfliche, eigentlich unzugänglich für die Hotel-
gäste, aber die Wirte sind entzückende Leute und Angelica, die Bedienerin,
und alle im Hause sind verschworen, mir wohlzuthun. Pensez: als ich nur
so ein bißchen jaulte über den Kinder-Lärm, der mir mein sonst so schönes
Zimmer ... verleide, da wurde mir schon, imaginez-vous, dieses unbetret-
liche Gemach aufgethan; nicht nur aufgethan: drei Mägde scheuerten einen
ganzen Tag lang, der alte, gestickte Louis-Quatorze-Sessel wurde aus seinen
Bezügen geschält, Blumen wurden hineingestellt, der große eichene mittlere
Tisch fürs Schreiben fertig gemacht –: wer möchte da widerstehen? Dabei
wissen Sie noch gar nicht, daß so beschaffnes Gehäus, nicht etwa nur Bibliothek *heißt*, und gräfliche obendrein, – sondern das *ist* es auch thatsächlich,
dem Wortlaut nach: an drei Seiten bis an die Wände mit Bücherschränken
ausgestattet, voller Bücher und wasfür: Schweinsleder und Kalbsleder-Bände
des Siebzehnten und Achtzehnten Jahrhunderts, – was ich so herausgriff:
den Klopstock, Messias, ich meine gar in der Erstausgabe, Italiänisches, Eng-

---

einer Tasse Kaffee ein wenig ungestört reden. Sonst morgen um dieselbe Zeit, nur
dann nicht mit uns allein. Sagen Sie bitte dem Boten Antwort. Frau von Werefkin
bleibt noch bis nächste Woche hier.

Tausend herzliche Grüße Ihre Clotilde S.

V.
Hotel St. Gotthard
Zürich
Lieber Freund,
ich war gestern ganz elend und lag fast den ganzen Tag im Bett. Ich habe Ihnen
eine Einladung zu übermitteln. Wir sind heute mit ein paar Freunden nach der Vorstellung zu Dr. Keller-Huguenin eingeladen, der mich bat, Ihnen zu sagen, wie er
sich freuen würde, Sie heute bei sich zu sehen. Abgesehen davon, wie wir uns freuen
würden, kann Dr. Keller Ihnen in vielen Dingen vielleicht einmal nützlich sein.
Wenn Sie Lust haben hinzugehen, könnten wir, wenn Sie sich nach der Vorstellung
hinter der Bühne einfinden, zusammen gehen.
Ei, ei, was für ein schöner Brief. Entschuldigen Sie und innige Grüße

Clotilde S.

[38] Cagliostro, Alexander, Graf von, eigentlich Giuseppe Balsamo (1743–1795), italienischer Abenteurer. Vgl. Schillers »Geisterseher« (1789), Goethes »Grosskophta«
(1791) und Operette von Johann Strauß d. J. (1875).

lisches, französische Memoirenwerke, reihenlang –, der ganze Linné, und vieles, was sich auf Graubünden bezieht, denn natürlich: die ›Gedichte des Joh. Gaudenz von Salis-Seewis, Zürich 1823‹ –; wundern Sie sich noch, liebe Clotilde, wenn ich nicht abreise? Und die ›nämlich‹ gehen weiter. *Nämlich:* die Kastanienwälder, das ist wieder eine Überwältigung für sich, die bei weitem größte und ernsteste, an der kein antiquarischer also immerhin bestreitbarer Reiz mitwirkt: von denen muß ich Ihnen mündlich erzählen –, aber wann wird das nun sein? Glauben Sie mir, auch mitten in der Freude am Hiesigen (noch ein letztes *Nämlich:* daß ich so gut wie niemanden sehen muß, die Mitgäste sind sehr zurückhaltend, kämen auch kaum in Betracht, außer einer einzigen Familie,[39] die eine japanische Dienerin mit hat und acht Jahre in Japan war, und mir deshalb interessant ist,) mitten in dieser Freude entbehr ichs doch, mit Ihnen zu sprechen, – wie sehr wünsch ich mir, Sie noch so erzählen zu hören, weiter und weiter, wie an jenem Samstag Abend, wieviele würde zur natürlichsten Sprache gekommen sein, wie vieles –, und Bircher wäre der gegebene Ort dafür gewesen, in seinen täglichen stillen Gelegenheiten. Aber nun hat eben mein Palazzo Macht über mich und ich bleibe, es sei denn, daß es gesundheitlich zu lästig wäre.

Lassen Sie mich Ihre Veränderungen lesen, sowie Sie welche vornehmen, aber bleiben Sie diesmal nicht zu kurz auf dem ›Dolder‹,[40] übersetzen Sie ihn mit ›Dulder‹ an den Tagen, was weniger erträglich scheint. Grüßen Sie mir Sacharoff sehr und gedenken Sie

Ihres ergebenen Freundes
Rilke.«

Die letzten der in der Yale University Library erhaltenen Briefe Rilkes an Clotilde stammen aus Zürich, wo sich beide im Herbst 1919 aufhielten. Dort entschlossen sich Clotilde und Alexander, vor ihrer Reise nach New York, zur Eheschließung.[41] Rilke suchte damals verzweifelt nach einer geeigneten Unterkunft für den bevorstehenden Winter und dachte daran, eine in Ascona lebende Dame, Frau Bachrach,[42] um gastliche Aufnahme zu bitten. Zwei undatierte Briefe aus dieser Zeit, mit denen der 1913 begonnene Briefwechsel schließt, betreffen zumeist seine Zukunftspläne und die des Ehepaars Sacharoff.

---

[39] Es handelt sich um die Familie der Frau Auguste (Gudi) Nölke (1874–1947), die von 1905 bis 1914 in Japan lebte. Vgl. R. M. Rilke, *Die Briefe an Frau Gudi Nölke,* hrsg. von Paul Obermüller (Wiesbaden, 1953).

[40] Grand Hotel Dolder, oberhalb von Zürich gelegenes exklusives Hotel mit Dépendance, Waldhaus Dolder.

[41] Am 25. Januar 1919 wurde die Ehe zwischen Alexander Sacharoff und Clotilde von der Planitz geschlossen.

[42] Mme Elvire Bachrach, Besitzerin des oberhalb Asconas gelegenen Schlosses, Castello San Materno, übersetzte Fernand Crommelynks *Le sculpteur de masque* (1908) ins Deutsche. Vgl. Rilkes Brief vom 19. November 1919 an Frau Gudi Nölke in Paul Obermüllers Briefausgabe, Nr. 2, a.a.O., S. 23–24.

»Hotel St. Gotthard
Zürich
Samstag ½ 12 vormittag.

Liebe Freundin,

ich habe den Verdacht, daß Sie es waren, die mich vorgestern, da ich hühne-
rig zu Bett war, angerufen haben! Ich habe mir durch die Vorlesung am
Montag eine Reihe Verabredungen zugezogen, die mich nicht zu Ruhe kommen lassen, bin über dies erkältet und voller Uebel bis ins Herz hinein.
Aber Sie tanzen wirklich am Montag.
Ich freue mich – habe mir eben meinen Platz geholt!
Wollen Sie heute abend in den Club kommen? Hier ist eine Karte für alle
Fälle; doch rede ich nicht sehr zu, – ›man‹ sitzt an Tischen, also ißt ›man‹
wahrscheinlich auch, trinkt, raucht: ja ›man‹ thut eben, was man nicht lassen
kann. Außerdem fürcht ich, werd ich nicht sehr bei Stimme sein. Es ist dem-
nach nicht gerade empfehlenswert, sich diesem Abend auszusetzen. Fast bäte
ich: thun Sie's nicht!
Ist Marianne von W[erefkin] schon fort? Wie froh war ich, sie zu sehen, –
wie froh werd ich sein eines Wiedersehens, wenn es sich fügt, jedes Mal.
Eines geht mir nach, rathen Sie, rathen Sie!
Auch Marianne Werefkin erwähnte, wie schon früher Sie, den Namen der
Frau Bachrach, halb mir eine Begegnung wünschend, halb als wärs eine Gefahr für mich, auf dem Meer dieser Bewunderung zu scheitern. Nun erzählte
Mme Werefkin, Frau B. habe eine große Besitzung in Ascona erworben –,
ein Schloß, Park, u. s. f. . . .
Wär es nun nicht doch denkbar, daß ich mich zu ›erkennen gäbe‹ –, sie tout
simplement um Gastfreundschaft bäte für eine Zeit, genau erklärend, was
ich brauche, wieviel Stille, wieviel Abgeschiedenheit, wieviel Schutz? Und
früge, ob sie etwa die Überwindung hätte, mir dieses alles zu gewähren,
ohne zunächst viel von mir zu erwarten?
Halten Sie es für denkbar? Ich habe viele Anschaffungen, und so thäte mir
eine Gastfreundschaft praktisch *sehr sehr* noth, aber auch geistig wäre sie,
wenn sie verständig sein wollte, besser als das Grand-Hotel Brissago! Der
Gedanke verläßt mich nicht, als sollte ich das versuchen. Wenn ja, so *rasch,
ehestens* und durch *Ihre* liebe Vermittlung. Ist das nicht ein Ausweg. Ich bin
heute und morgen nachmittag leider nicht frei, aber könnten wir nicht morgen, Samstag, bei Haguenau oder Vögeli zusammen frühstücken? ½ 1?
Grüße, viele herzlichste Ihres R.«

Der letzte uns erhaltene Brief zeigt, daß Rilke sich doch, entgegen dem
wohlmeinenden Rat Clotildes, an Frau Bachrach gewandt hatte. In großer
Sorge um seine unsichere Zukunft denkt er sogar, wenigstens einen
Augenblick lang, ebenfalls an Amerika und spielt mit dem Gedanken
eines Wiedersehens mit Alexander Sacharoff und seiner Frau in der neuen
Welt.

»Mittwoch.

Liebe Freundin,

Ein dringender Brief kam noch zuvor und ein kleines Warten an der Post, – ich bin erst zehn Minuten nach sechs bei Sprüngli eingetreten, wo man mir Ihre Nachricht erzählt hat. Ja, ich begreife: bin *ich* doch schon im Gedräng, wenn ich nun ins Tessin soll –, und nun Sie vor *Ihrer* Reise! Daß ich Sie nun wirklich nicht mehr sehe! Kann auch nicht an die Bahn kommen, denn morgen bin ich nicht in der Stadt den ganzen Tag. Aber alles das vermindert und beirrt in nichts die Wünsche, die ich Ihnen mitgebe, auf Ihre großen Wege. Viele, viele, viele: Zählen Sie selber.

Aber haben Sie nun auch einige für mich, dann und wann: es drückt mich immer noch, daß ich eigentlich *gegen* Ihren Rath gehandelt habe, und doch bin ich froh jenes (vielleicht glücklichen) Auswegs. Ich hätte jetzt keinen andern, der mir ähnlich hülfe. Nach den Briefen von Mme B[achrach] muß ich denken, daß ich es ziemlich in der Hand haben werde, meine Einrichtung zu bestimmen, wenn ich nur selber fest und genau bleibe. Nun, *dazu* helfe mir Gott.

Übrigens: ich war diesen Nachmittag eine halbe Stunde bei Haller[43] im Atelier. Hallers rechneten darauf, mit Ihnen Beiden abends im ›Schnäbeli‹ (heißt es so?) am Limmat-Quai zusammenzutreffen; bis gegen neun werden auch Wätjen's (Marie Laurencin)[44] dort sein, die dann reisen. Aber Hallers bleiben länger und ich ließ es offen, ob ich mich nicht am Ende auch noch einstelle, was aber nicht gelingen wird, denn Marthe[45] (denken Sie) ist auf einmal da und ich kann sie *nur diesen* Abend sehen. Was kommt nicht alles zusammen, jede Stunde müßte einen Kreis kleiner Dépendencen haben, daß man ihr gerecht würde. Genug. Wie sollen Sie Zeit finden, einen Sprüngli-Bogen auf zwei Seiten zu lesen? Genug. Gutes, Gutes, Freundliches von Stadt zu Stadt. Wer weiß, in *welcher* Stadt ich Ihre Wiederkunft erwarte und begrüße? In Paris vielleicht. Oder ich tauche plötzlich auch ›drüben‹ auf,

---

[43] Hermann Haller, Schweizer Bildhauer (1880–1950). Die in Zürich lebende Witwe, die Bildhauerin Hedwig Haller-Bruns, besitzt lediglich einen Zementabguß seiner 1919/20 geschaffenen Büste von Clotilde Sacharoff, die 1951 in der Kunsthalle Basel ausgestellt wurde. Wo sich der Bronzeabguß heute befindet, ist auch ihr nicht bekannt. Eine Reproduktion der von Hermann Haller selber stammenden Atelieraufnahme findet sich in Alfred Kuhns Monographie *Der Bildhauer Hermann Haller* (Zürich, 1927).

[44] Marie Laurencin, zur Avantgarde moderner Kunst gehörende französische Malerin (1885–1956), damals mit dem aus Düsseldorf stammenden Otto von Wätjen verheiratet, von 1914 bis 1920 auf Reisen in Spanien, Deutschland und der Schweiz, seitdem in Paris ansässig, befreundet mit Guillaume Apollinaire, Braque, W. Somerset Maugham, Picasso, Paul Valéry und zahlreichen anderen Künstlern und Dichtern von Rang. Vgl. Rilkes Brief an Frau Gudi Nölke vom 13. Januar 1920 in Paul Obermüllers Briefausgabe, Nr. 2, a.a.O., S. 36–38.

[45] Gemeint ist Marthe Hennebert, die 1894 geborene französische Arbeiterin, seit 1911 Rilkes Schützling, in erster Ehe mit dem Künstler Jean Lurçat verheiratet, 1925 geschieden und wiederverheiratet als Mme Baillou, wohnhaft in Paris.

wenn mein Übersetzer Mr. Trausil[46] sehr insistiert. Wer kann jetzt wissen, wohin es ihn treibt? Europa war nie so welk.
Donc: lieber Alexander Sacharoff und liebe Clotilde! *Auf Wiedersehen!*

Ihr Rilke.«

Damit endet der Briefwechsel, von dem uns – bis auf die wenigen, in Nr. 37 zitierten Antwortschreiben Clotildes – nur die Briefe Rilkes zur Verfügung standen. Nach etwa einjährigem Aufenthalt in Nordamerika kehrt das Ehepaar Sacharoff in die Schweiz zurück, 1921 schon findet im Théâtre des Champs Elysées ihr Pariser Debut statt. Lange Gastspielreisen führen sie von nun an immer wieder ins Ausland, und erst 1925, während seines letzten mehrmonatigen Pariser Aufenthaltes, geht Rilkes Wunsch endlich in Erfüllung, die beiden geliebten und verehrten Freunde auf der Bühne zu erleben – anläßlich der Exposition des Arts décoratifs in Paris. Bald danach findet die letzte Begegnung statt, ein gemeinsames Mittagessen in seinem Hotel Foyot. An ihrem Namenstag empfängt Clotilde ein letztes Geschenk aus seiner Hand, das zweite Heft der von Paul Valéry herausgegebenen Zeitschrift *Commerce: Cahiers trimestriels* (Paris, automne 1924, cahier II) mit Rilkes Gedichtzyklus »La dormeuse«, in das er ihr die Widmungsworte eingetragen hat:

> »Danser: est-ce remplir un vide? Est-ce taire l'essence d'un cri? / C'est la vie de nos astres rapides prise au ralenti. A Clotilde Sacharoff – au jour de Ste / Clotilde – admirativement, amicalement, / depuis tuojours: R. (Paris, ce 3 juin 1925).«[47]

In den Jahren nach Rilkes Tod lebt das Ehepaar meist in Paris, wo beide häufig im Palais Chaillot sowie in mehreren anderen Theatern auftreten. Bald schon verbreitet sich ihr Ruf über ganz Europa und andere Kontinente, und Einladungen kommen aus allen Weltteilen zu ihnen: große Reisen führen sie nun nach Spanien, Afrika, und zweimal in den Fernen Osten, nach China, Indo-China, Japan und Korea. Zwischen diesen ausgedehnten Tourneen durchreisen sie 1931 bis 1933 Europa und tanzen an zahlreichen Orten der Schweiz, wo sie die alten freundschaftlichen Beziehungen zu Jawlensky und Helene von Werefkin wieder aufnehmen. 1935 erleben sie auf einer ersten Reise nach Südamerika ungeahnte Erfolge, behalten aber bis zum Ausbruch des Zweiten Weltkriegs in Paris

---

[46] Hans Trausil, deutscher Schriftsteller und Übersetzer (1890 geboren), wohnhaft am Starnberger See. Lebte lange Jahre in Amerika, damals verheiratet mit Jessie Lemont, mit der zusammen er englische Übertragungen von Rilkes Gesammelten Gedichten sowie seiner Rodin-Monographie herausgab.

[47] R. M. Rilke, *Sämtliche Werke*, a.a.O., Bd. VI, S. 1238.

ihren ständigen Wohnsitz. 1939 entgehen sie mit knapper Not den
Kriegsereignissen und flüchten nach Portugal, ein Jahr später nach Südamerika, wo sie das nächste Jahrzehnt meist in Argentinien verbringen.
Erst 1950 kehren sie nach Europa zurück, bleiben bis 1955 in Paris und
siedeln sich dann in Rom an, wo sie im Palazzo Doria eine Tanzschule
eröffnen. 1956 tritt Sacharoff in der Krypta der Kathedrale San Domenico
in Siena in religiösen Tänzen zum letzten Mal öffentlich auf. Auf Ersuchen
des Grafen Chigi Saracini verbringt Alexander Sacharoff alljährlich die
Sommermonate als Gastprofessor an der Accademia Musicale Chigiana
in Siena, wo ihn am 25. September 1963 der Tod ereilt. Sein Grab liegt
auf dem Friedhof der Misericordia in Siena.

Gegen Ende des Zweiten Weltkriegs, im Jahre 1943, hatte die Gattin
des Schweizer Botschafters in Argentinien, Mme Yvonne Vallotton, geb.
de Watteville, ebenfalls eine große Freundin Rilkes, ein eigenartiges, ihr
unvergeßliches Erlebnis: in einem Fahrstuhl in Buenos Aires begegnete
sie ganz kurz der ihr aus früheren Zeiten in der Schweiz gut bekannten
Clotilde Sacharoff. Bei einem Zusammensein mit ihr und ihrem Gatten
am Genfer See berichtete mir Mme Vallotton ausführlich von Rilkes fast
grenzenloser Bewunderung für dieses Künstlerpaar, an dem er bis zu
seinem Ende mit besonderer Liebe hing. In einem Brief an Mme Vallotton
aus dem Jahre 1919, den die Besitzerin mir freundlicherweise für die vorliegende Studie zur Verfügung stellte, findet sich wohl die schönste Würdigung dieser beiden Menschen aus Rilkes Feder:

»Darum aber handelt es sich, die Sacharoffs lieb zu haben, Alexandre Sakharoff, und seine jetzige Schülerin und Frau, diese einst so zauberhaft liebliche
Clotilde von der Planitz, die noch immer rührend und süß ist, ein Wunder,
ein kleines Wunder, das gerade nicht geschieht. Über sieben Jahre hin fühl
ich noch das Herzklopfen meiner ersten Begegnung mit ihr; das war im
Hause ihrer Mutter in München, ihre jung verheiratete Schwester reiste
gerade ab, es war Unruhe in den Zimmern, ich war nicht eben passend gekommen, – aber das störte nicht, unterbrach an keiner Stelle das Staunen
aller meiner Gefühle. – Nun sitz ich ihr gegenüber ruhig, behäbig beinahe
(wenn ich's gleich dem Ledersessel überlassen muß, diese Behäbigkeit auszudrücken), und das süße, von den Verwirklichungen und »Aufgaben« des
Lebens überholte Geschöpf spricht sich gegen mich aus, verwundert, zu
Einem so gut, wie sie es nie vermochte, von sich reden zu können, und gar
nicht ahnend, daß meine einstige Ergriffenheit zu ihr die Voraussetzung
dafür war, ja das überlebende Gefäß, in das sie nun ein übervolles Unbe-
greifliches, ohne einen Tropfen zu verschütten, übergießt – Schmerzlich immerhin, so ungeheuer alt zu sein, schmerzlicher noch, ein so Wunderschönes
ermeßlicher in den Händen des Lebens wiederzufinden: wieviel Spalten überall, ins Enttäuschtsein zu fallen. Ich bin es nicht: aber auch dies gehört zu

den Prüfungen meines Moments: an der gleichen Gestalt das Große verhäng-
nisvoller, das Schöne herabgesetzter oder doch begreiflicher zu erleben.«

Allen denen, die ihn und seine Kunst kannten und schätzten, galt Alexander Sacharoff als der »*poète de la danse*«, wie Rilke ihn einmal
nannte, als der reinste Vertreter jenes absoluten Tanzes, den er selber als
»Musik der freien Bewegung« zu bezeichnen pflegte. Im Gegensatz zu
Clotilde Sacharoff, die alles andere als Theoretikerin war, blieb Alexander
zeit seines Lebens erfüllt von Ideen über die Kunst des Tanzes. Was er
selbst als die Quintessenz, als das Charakteristische seiner Welt des
Tanzes angesehen hat, das hat er einst in den viel zitierten Worten
ausgedrückt: »Wer das Schweigen hört, kann auch Töne sehen und Ge-
bärden hören. Ich habe häufig und mit besonderem Nachdruck betont,
daß wir – Clotilde und ich – nicht *mit* der Musik tanzen und daß die
Musik unsere Tänze auch nicht begleitet, sondern daß wir Musik selber
tanzen. Das soll heißen, daß wir die Musik in visueller Form verwirklichen, indem wir mit den Mitteln der Bewegung das ausdrücken, was
der Komponist in Tönen ausgedrückt hat.«[48]

---

[48] Deutsche Übersetzung aus Alexander Sacharoffs Buch *Réflexions sur la danse et la
musique* (Viaux, 1943), S. 13; deutsche Erstveröffentlichung im Ausstellungskatalog,
Nr. 4, a.a.O., Blatt (4). Vgl. auch eine Stelle in seinem posthum erschienenen Buch
Esprit et art de la danse, Nr. 2, a.a.O., S. 18–19: »Rainer-Maria Rilke qui avait une
oreille absolue pour tout ce qui est ›intérieur‹, n'a-t-il pas dit, dans une poétique
définition de la danse: ›danser, c'est taire l'essence d'un cri?‹ Qu'est-ce qui peut
mieux exprimer le sens de tous les silences dont est si singulièrement doté l'art de
la danse? Et qui, mieux que Clotilde Sakharoff, nous les révélerait? Complètement
immobile pendant des mesures entières – ce qui, chez les autres, pourrait facilement
paraître trop long ou ennuyeux – elle fait naître une émotion d'une éloquence
inouïe . . .«

Hans Egon Holthusen

Wilhelm Lehmanns Daphne-Gedicht

Für J. Alan Pfeffer mit dankbaren Erinnerungen

Die Quitte schwillt. Wie heiß die Lüfte,
Sie kühlt die Hand, die sie umspannt.
So tasteten Apollons Finger,
Von Daphnes junger Brust entbrannt.

Wir sind schon über Jahresmitte,
Doch steigt rhapsodisch noch und fällt
Ein menschenscheuer Elf, Grasmücke,
Aus grünem Zelt in grünes Zelt.

Indes die gleiche Strophe schallte,
Froh der gewissen Wiederkehr,
Wie viele Leben, die sich wagten,
Wie viele Schöße wurden schwer!

Kein Ekel scheucht die Schmetterlinge
Vom Liebesspiel, kein Todgestank,
Und immer wieder greift Isolde,
Greift Tristan nach dem Zaubertrank.

Zu Früchten bändigt sich das Feuer,
Zu Abendkühle Mittagbrand.
Apollon schreckt nicht mehr, und heiter
Birgt Daphne sich in meiner Hand.

Wilhelm Lehmann, der Verfasser dieses Gedichts, lebte von 1882 bis
1968. Er hat als Haupt der sogenannten naturlyrischen Schule in der Geschichte der deutschen Poesie Epoche gemacht und durch seinen stilbilden-
den Einfluß auf mindestens zwei Generationen von Schülern und Schüler-
schülern so deutliche Spuren hinterlassen, wie kein anderer zeitgenössi-
scher Meister neben ihm, ausgenommen Bertolt Brecht. Doch ist er im
Unterschied zu Brecht – oder Benn oder Rilke – nie ein sehr volkstüm-
licher Autor gewesen. Sein Ruhm ist esoterisch geblieben, seine öffent-

liche Präsenz hat sich immer wieder gleichsam verwischt, aber sie ist auch nie ernstlich in Frage gestellt worden. Dieser Widerspruch zwischen entschiedener Wirkung und halber Verborgenheit erklärt sich aus dem streng »hermetischen«, zu deutsch verschlossenen Charakter seiner Dichtung, aus ihrer abweisenden Haltung gegen alles Aktuelle, Öffentliche und Gesellschaftliche, letzten Endes wohl aus ihrer kategorischen Weigerung, im Jetzt und Hier des geschichtlichen Daseins ein triftiges Thema zu erkennen.

Lehmanns poetisches Muster ist eine moderne Spielart des Hirtengedichts, jener grundsätzlich heiter und friedlich gestimmten, auf ländliche Szenerien und entsprechendes Personal festgelegten »idyllischen« Gattung, die seit den Tagen Theokrits und Vergils bis zu Gessner, Goethe und Mörike neben dem Epos und der Tragödie stets ihren hochgeehrten Platz in der europäischen Literatur behauptet hat. Daß diese Form gegen Ende der zwanziger Jahre wieder möglich werden konnte, hängt sicherlich mit bestimmten Degenerationserscheinungen des abklingenden Expressionismus zusammen, mit seinen pathetischen Gemeinplätzen, seinem rhetorisch aufgepumpten »O Mensch-Geschrei«, überhaupt mit der sprachlichen Verwahrlosung einer Bewegung, die ihre Zeit gehabt und nun nichts Neues mehr zu sagen hatte. Gleichzeitig mit seinem Freunde Oskar Loerke und einigen anderen, jüngeren Lyrikern hat damals Wilhelm Lehmann in einer Rückkehr zur Natur, einer Emigration in die »chlorophyllgrüne Wildnis« der heimischen Landschaft den Weg gefunden, der dem deutschen Gedicht neue Möglichkeiten erschließen sollte. Eine neue Anschaulichkeit, eine zum Äußersten entschlossene Präzision des Ausdrucks war das Gebot der Stunde, eine radikale Vergegenständlichung in der Motivbildung. Das Gedicht sollte wieder werden, was es in der Definition des vorkantischen Ästhetikers Alexander Gottlieb Baumgarten seinem Wesen nach ist: »vollkommen sinnliche Rede«.

Niemand ist auf diesem Wege weiter gegangen als der Autor unseres Gedichts, und niemand hat an der einmal gefundenen Formel so unbeirrbar festgehalten wie er. Für ihn ist Welt immer dasselbe wie Natur, denkbar nur a l s Natur, Zeit ist Jahreszeit, das heißt nicht geschichtlich-linearfortschreitende, sondern zyklisch kreisende Zeit, Zeit der »gewissen Wiederkehr«. Auch das Menschliche, das Seelenhafte, Charakter- und Schicksalsfähige erscheint als ein jeweils W i e d e r-kehrendes, nicht als ein einmaliges Nun und Nimmermehr. Es erscheint unter mythischen Namen, als mythische Figur. Es ist das Menschliche in einer verallgemeinerten, durch und durch wesentlichen Gestalt, das Menschliche als archetypisches Nun in immer wieder neuer, immer wieder möglicher Aktualisierung. Apollon und Daphne, Tristan und Isolde, Peter von Provence und die Schöne Magelone, aber auch Namen aus der Kunst- und Geistesgeschichte wie Dürer, Gluck oder Eichendorff, ja sogar solche von berühmten Zeitgenossen wie Picasso und Chaplin: sie alle haben einen Hof von sagenhafter Aura um sich, stehen als mythische Chiffren ihrer selbst, als wiederkehrende Stimmungen der Wahrheit.

Lehmanns Lieblingssaison ist der Sommer, seine Lieblingsstunde ist der hohe Mittag, die Stunde des bocksfüßigen Hirtengottes Pan, in der alles ruht, die Zeit gleichsam still steht, das heißt alle Zeitunterschiede gleichsam aufgehoben sind in einer »panischen«, geschichtslosen Indifferenz. Es ist die Stunde, in der dichterischerweise alles möglich ist, die Stunde einer zauberhaften Wiedervergegenwärtigung archetypischer Vorgänge und Sinnverhältnisse. Das Gedicht »Daphne« bestätigt diese Beobachtung: es ist heiß, es ist Hochsommer, es ist Mittag. Des Dichters Hand greift nach der schwellenden Frucht, und durch diese Berührung – »sie kühlt die Hand, die sie umspannt« – wird augenblicklich eine erotische Sensation hervorgerufen und mit ihr eine mythologische Reminiszenz:

> So tasteten Apollons Finger,
> Von Daphnes junger Brust entbrannt.

Was hier angesprochen wird, ist eine der bekanntesten Geschichten aus Ovids »Metamorphosen«: Apoll auf der Jagd nach der Nymphe Daphne, die schließlich seinem Liebeseifer durch Verwandlung in einen Lorbeerbaum entrückt wird.

Soweit die erste Strophe, die auf einen erregten und anekdotisch pointierten Ton gestimmt ist. Die zweite klingt sehr viel gelassener; hier ist die Aufmerksamkeit auf den umgebenden Schauplatz gerichtet. Hier wird datiert:

> Wir sind schon über Jahresmitte –

und beobachtet, die Verfassung der hochsommerlichen Landschaft am Beispiel einer charakteristischen Einzelheit beschrieben:

> Doch steigt rhapsodisch noch und fällt
> Ein menschenscheuer Elf, Grasmücke,
> Aus grünem Zelt in grünes Zelt.

Gezeigt wird die Grasmücke, ein kleiner, in Mitteleuropa verbreiteter Sing- und Zugvogel, der im dichten Laubwerk zu Hause ist. Auch ihm wird ein sagenhafter Beiname verliehen: »ein menschenscheuer Elf« –,

sein zelthaft intimer Wohnbezirk ist so ungemein, so ausweglos grün,
daß das Grün, unseres Dichters Haupt- und Grundfarbe, keine andere
mehr neben sich zu dulden scheint; sein Steigen und Fallen wird »rhapsodisch« genannt, es wird verglichen, genauer: gleichgesetzt mit dem Gesang jener wandernden Dichter und Vortragskünstler, die man im alten
Griechenland unter dem Namen Rhapsoden verehrte.

Offenbar gibt es zwischen dem Leben der Naturgeschöpfe und dem Leben
der Poesie eine Beziehung, die tiefer ist, als eine bloß romantische Sehnsucht des dichterischen Subjekts, die sich der Natur noch gegenüber weiß,
würde ermessen können. Gleich die nächsten beiden Zeilen:

> Indes die gleiche Strophe schallte,
> Froh der gewissen Wiederkehr –

bestätigen unsere Vermutung auf eine überraschende Weise. »Strophe«
ist ein Begriff aus der Theorie des Dichtens. Er bezeichnet ein rhythmisch
und metrisch geordnetes Gebilde, das sich in immer gleicher Gestalt
mehrmals wiederholt. In unserm Text wird dieser Begriff auf den Natur-
vorgang übertragen, er steht hier als Metapher für das Erlebnis der »gewissen Wiederkehr« jahreszeitlich-zyklisch bestimmter Erscheinungen.
Durch einen solchen Sprachgebrauch gibt der Dichter zu verstehen, daß
in seinen Augen das Gesetz der Poesie und das Gesetz der natürlichen
Welt im Grunde ihres Wesens miteinander übereinstimmen. Diese Deutung könnte durch zahlreiche Parallelstellen aus Lehmanns Werk erhärtet
werden.

Übrigens hat das Wort »Wiederkehr« bei Lehmann einen andern Klang
als etwa Nietzsches tragisch-pathetische Formel von der Ewigen Wiederkehr. Sein Sinn ist Freudigkeit, eine robuste, unerschrockene, auch die
Gefährdung und die lebensbedrohenden Wagnisse lebendiger Wesen
mitwissende Freudigkeit. Das zweite Verspaar der dritten Strophe lautet:

> Wie viele Leben, die sich wagten,
> Wie viele Schöße wurden schwer!

Hier taucht das Daphne-Motiv der ersten Strophe in abgewandelter Form
wieder auf: aus der erotischen Pantomime des Anfangs ist Selbstpreis-
gabe, sexuelle Erfüllung und Schwangerschaft geworden. Die Gleichnis-
haftigkeit der schwellenden Quitte wird uns zum zweiten Male und nun
in einem neuen Sinne bewußt.

Strophe Vier setzt den Gedankengang fort: die freudige Bewegung des
Bejahens steigert sich zu einem Lobgesang auf die unwiderstehliche All-

macht des Eros trotz Tod und stinkender Verwesung. Das Gedicht erreicht
ein Maximum von Ausdruckskraft:

> Kein Ekel scheucht die Schmetterlinge
> Vom Liebesspiel, kein Todgestank,
> Und immer wieder greift Isolde,
> Greift Tristan nach dem Zaubertrank.

Sehr zu bewundern ist es, wie hier die elementare Gewalt des Liebes-
triebs, seine Mißachtung des Todes am leichten, unendlich sensiblen Flat-
tern zudringlicher Schmetterlinge demonstriert wird, und wie dann im
zweiten Verspaar dieselbe Gewalt, die in den Insekten am Werke ist,
als menschliche Leidenschaft von sagenhaft-zeitloser Vorbildlichkeit erscheint. »Immer wieder«, sagt der Dichter, wird und muß das geschehen,
was zwischen Tristan und Isolde gewesen ist. Dies »Immer wieder« zielt
diesmal nicht nur auf die Wiederholbarkeit mythischer Konstellationen.
Gemeint ist vor allem die Übermacht des Liebesverlangens über das Bewußtsein des unvermeidlichen »Risikos«, die »Unbelehrbarkeit« der
Liebe durch Tragik und Tod. Es ist derselbe Gedanke, den einmal, fast
vierzig Jahre vor Lehmann, auch Rainer Maria Rilke zur Sprache gebracht hat – in einem kurzen, nur sechs Zeilen umfassenden lyrischen
Meisterstück aus dem Jahre 1914:

> Immer wieder, ob wir der Liebe Landschaft auch kennen
> und den kleinen Kirchhof mit seinen klagenden Namen
> und die furchtbar verschweigende Schlucht, in welcher
>   die andern
> enden: immer wieder gehn wir zu zweien hinaus
> unter die alten Bäume, lagern uns immer wieder
> zwischen die Blumen, gegenüber dem Himmel. –

Mit dem leidenschaftlichen Aufschwung der vierten Strophe hat Lehmanns Gedicht den höchsten Punkt seiner vitalen Kurve erreicht. Der
Rest – noch einmal vier Verse – ist Beruhigung, Entspannung, Abkühlung. Doch wird auch hier nicht ein subjektives Erlebnis des Sprechers
zum Ausdruck gebracht, sondern, was wir Beruhigung und Entspannung
nennen, erscheint als objektiver Prozeß des natürlichen Lebens:

> Zu Früchten bändigt sich das Feuer,
> Zu Abendkühle Mittagbrand.

Wieder erkennen wir, daß das Lehmannsche Gedicht sich mit den Natur-
geschöpfen auf das innigste verschwistert weiß: sein Werdegang ist eine
Analogie zu dem, was sich als jahreszeitlich bedingtes Wachstum in der

Landschaft vollzieht. Könnte man nicht beinahe sagen, daß das unbewußte Lebensgeheimnis der Natur in Lehmanns Gedicht zum Bewußtsein seiner selbst gelangt? Was den Gott antreibt, die Nymphe zu jagen,
was die Schmetterlinge erregt, was Tristan und Isolde zueinander zwingt,
hier wird es in einem machtvollen Wort zusammenfassend definiert:
»Feuer.« Aber nun ist die Stunde des Feuers vorbei, es herrscht Abendkühle – und das Wort Abend steht in seiner ganzen Schönheit und Sinn-
fülle so musterhaft kühl und so musterhaft abendlich in dieser Zeile, daß
man sich unwillkürlich nach vergleichbaren Stellen bei andern Dichtern
umsieht und beispielsweise an die berühmte Arie in der Matthäuspassion
denkt, die mit »Am Abend da es kühle war« beginnt. Abendkühle und
ein Vorgefühl von Herbst. Die schwellende Quitte, die ja der unmittelbare Anlaß der dichterischen Bewegung gewesen ist, nun erscheint sie als
ausgetragene Frucht, nicht mehr als junge Mädchenbrust und Gegenstand
hitzigen Begehrens. Zwar ist die Situation noch die gleiche wie am Anfang, aber ihr Sinn hat sich verändert. Der panische Schrecken hat sich
gelegt, der Liebesbrand ist erloschen, die Stimmung wird heiter genannt,
und die Nymphe weiß sich nicht mehr gejagt, sondern geborgen:

> Apollon schreckt nicht mehr, und heiter
> Birgt Daphne sich in meiner Hand.

Es ist übrigens die einzige Stelle des Textes, wo der Dichter von sich
selber spricht. Wie tut er das aber, in welchem Zusammenhang? Indem
er sich mit Apollon identifiziert, im erotischen Gegenüber zur Nymphe
an seine Stelle tritt. Nicht als menschliches Subjekt, sozusagen als dichterisch bemühte Privatperson will er sich einmischen in das große Spiel,
das sich da unter Pflanzen und Tieren, Nymphen und Göttern begibt.
Nur in mythologischer Verkleidung wagt er den Schauplatz zu betreten,
unter der Maske des Gottes. So kann er, indem er für die Dauer eines
Verses gleichsam die Rolle des Gottes übernimmt, die Wiedervergegenwärtigung seiner Wesensmacht in der eigenen Person glaubhaft bezeugen. Apollinisch ist ja nicht nur die Begierde, die nach Nymphen jagt,
apollinisch ist vor allem die Kraft, die in den Dichtern mächtig ist.

Gunilla Bergsten

Liebe als Grenzübertritt:
Eine Studie über Ingeborg Bachmanns Hörspiel

Der gute Gott von Manhattan

»Ich glaube, daß die Liebe auf der Nachtseite der Welt ist, verderblicher als jedes Verbrechen, als alle Ketzereien [...] Ich glaube, daß die Liebe unschuldig ist und zum Untergang führt.«[1] Dieses Bekenntnis ist Ingeborg Bachmanns Hörspiel ›Der gute Gott von Manhattan‹ (1958) entnommen, es könnte sich aber auch als Motto für einen großen Teil ihres bisher veröffentlichten lyrischen und erzählerischen Werkes eignen, – eines Werkes, das zwar alles andere als umfangreich ist, doch dank der Intensität des Gefühls und der Kühnheit der expressiven Bildsprache, die es auszeichnet, der jetzt vierzigjährigen Verfasserin einen Platz unter den besten Vertretern der deutschen Gegenwartsliteratur eingetragen hat. ›Der gute Gott von Manhattan‹ weist in der dramatischen Anordnung der Fabel einen unverkennbaren Einschlag des Absurden auf. Den Rahmen der Handlung bildet ein Prozeß, in dem der gute Gott des Mordes an der Hauptperson des Stückes beschuldigt wird. In der Haupthandlung hingegen wird eine Liebesgeschichte aufgerollt, die zu Beginn nichts Aufsehenerregendes an sich hat.
Der Ort des Geschehens ist das New York der fünfziger Jahre. Auf dem Grand Central Bahnhof dieser Stadt stoßen an einem Hochsommertag, mitten im Gedränge und Gewimmel der Reisenden, zwei junge Menschen – Jan und Jennifer – aufeinander. Man erfährt nicht sehr viel über ihre Lebensumstände. Beide sind mit dem eben eingelaufenen Schnellzug von Boston gekommen. Jan ist Europäer; ein Wunsch oder vielmehr ein Zwang aufzubrechen und etwas Neues zu erleben, hat ihn zur Reise nach Amerika veranlaßt. Er hat Boston besucht und ist nun nach New York gefahren, um sich dort »ein paar Stunden oder ein paar Tage« aufzu-

---
[1] Bachmann, I., *Gedichte. Erzählungen. Hörspiele. Essays*, München 1964, S. 233 f. Seitenangaben in Klammern hinter einem Zitat beziehen sich auf diese Ausgabe.

halten. Dann will er das Schiff nehmen und zu seinem gewohnten Leben in Europa zurückkehren. Jennifer ist dreiundzwanzig Jahre alt; sie studiert politische Wissenschaften in Boston und hat sich aufgemacht, die Welt anzusehen. In New York fühlen sich Jan und Jennifer als Fremdlinge; sie leisten einander Gesellschaft, gehen zusammen essen, treiben sich in der Stadt herum, besuchen eine Nachtbar und nehmen schließlich ein Zimmer im Erdgeschoß eines schäbigen Stundenhotels. Und hier lieben sie sich. Auch den folgenden Tag und die folgende Nacht verbringen sie zusammen, dieses Mal im Atlantic City Hotel, im 7. Stock. Ihre Liebe wächst, liebestrunken und weltvergessen gehen sie durch die lärmende Großstadt, die beide gleich »einem wiedererstandenen Ninive oder Babylon« umgibt. Sie heißt zufälligerweise New York, genauso gut könnte sie Wien oder noch anders heißen. Im Stück wird sie zu einem Symbol für das unbändige, sich überstürzende Leben, das Ingeborg Bachmann in lyrischen Tönen – zugleich haßerfüllt und liebevoll – besingt. Seite an Seite schweifen die Liebenden im Schein greller Pepsi Cola- und Lucky Strike-Leuchtreklame am Brodway umher; sie besuchen ein Puppentheater, in dem tragische Liebesgeschichten aus der Weltliteratur auf einer kleinen Bühne aufgeführt werden, sie suchen die erfrischende Kühle einer Kirche auf, und sie lassen sich vom mitternächtlichen Schweigen auf der Brooklynbrücke berauschen. Später beschließen sie, sich zu trennen – Jans Schiff liegt zur Abfahrt bereit. Sie verabschieden sich voneinander, und Jennifer geht. Doch Jan stürzt hinter sie her in der verzweifelten Gewißheit, daß eine Trennung für sie unmöglich ist. Aber noch unmöglicher ist ihre Liebe, davon ist Jennifer überzeugt, und sie entgegnet ihm: »Ich weiß nur keinen Platz mehr für uns.« Doch Jan erfaßt nicht die Tiefe dieses Wortes. Er besorgt andere Hotelzimmer, die jedesmal höher gelegen sind – im 30. Stockwerk, im 57. Stockwerk. Und er verspricht Jennifer, er werde sie immerdar lieben, auch über alle Zeit hinaus, denn diese sei in bezug auf ihre Liebe gegenstandslos. In dem Augenblick, da Jan Jennifer seine Liebe erklärt, geht Ingeborg Bachmanns Sprache in feurig flammende Poesie über. Für die Liebe, meint Jan, sei »viel zu wenig Zeit« vorhanden in diesem Dasein. Darum werde er nicht nur ihren lebendigen Körper lieben, sondern:

> . . . darum will ich dein Skelett noch als Skelett umarmen und diese Kette um dein Gebein klirren hören am Nimmermehrtag. Und dein verwestes Herz und die Handvoll Staub, die du später sein wirst, in meinen zerfallenen Mund nehmen und ersticken daran. Und das Nichts, das du sein wirst, durchwalten mit meiner Nichtigkeit. Bei dir sein möchte ich bis ans Ende aller

Tage und auf den Grund dieses Abgrundes kommen, in den ich stürze mit dir. Ich möchte ein Ende mit dir, ein Ende. Und eine Revolte gegen das Ende der Liebe in jedem Augenblick und bis zum Ende. (231)

Und darauf verkündet er: So komm. Ich bin mit dir gegen alles. Die Gegenzeit beginnt. (232)

Trotz dieses Versprechens und trotz der Einsicht, die Jan als furchtbare Ahnung gepackt hat, zieht es ihn zum gewöhnlichen Leben zurück. Auf dem Wege zur Schiffahrtsgesellschaft, wo er seine Passage abbestellen will, kehrt er in eine Bar ein, fragt nach der Uhrzeit und bittet um eine Zeitung – lauter Dinge, die während des Zusammenlebens mit Jennifer nicht von Bedeutung waren. Aus dem Radio des Barkeepers strömen monotone Stimmen, immerfort leiernd: »KEINE GNADE KEINE ZEIT FÜR GNADE DENK DARAN DU KANNST ES NICHT HALT! STEHENBLEIBEN BEI LICHT HALT.« Diese monotonen Sprechchöre verfolgen Jan und Jennifer im Verlauf des ganzen Stückes mit ihren Warnungen und Ermahnungen.[2] Der Radioapparat verstummt nach einem dumpfen Knall – dem Echo der Bombe, die soeben im 57. Stock des Atlantic City Hotels explodiert und durch welche Jennifer ums Leben gekommen ist. Der Einschlag des Absurden, der bis jetzt noch nicht berücksichtigt wurde, bricht gerade hier, mit dem Bombenattentat, durch das realistische Geschehen hindurch.

Wie schon oben erwähnt wurde, bildet ein Prozeß, in dem ein Verbrecher wegen des auf Jennifer verübten Mordanschlages vor Gericht beschuldigt wird, den äußeren Rahmen der Handlung. Und in das Schuldgeständnis dieses Verbrechers wird Jans und Jennifers Liebesgeschichte in Form von fragmentarischen Szenenbildern eingeblendet. Der Angeklagte ist kein Geringerer als der »gute Gott von Manhattan«. Manhattan, so wird mitgeteilt, heißt Ma-na Hat-ta in der Indianersprache und bedeutet »die himmlische Erde«. Der gute Gott gesteht, er habe sich genötigt gesehen, Jan und Jennifer aus dem Wege zu räumen, weil er dafür kämpfe, die gewohnte, die das Leben fördernde Ordnung auf der Erde aufrecht zu erhalten, und dies ihn dazu zwinge, die Saboteure der Ordnung, »jene Wahnsinnsstoffe, mit Strahl- und Brandkraft, die alles zersetzen und die Welt in Frage stellen«, unaufhörlich zu verfolgen. Der gute Gott ist jedoch keine eindeutige Gestalt. In seinen Antworten auf die Fragen des Richters schimmert untrügliches Mitgefühl und Sympathie für die Liebes-

---

[2] Die strukturelle Funktion dieser Stimmen wurde von Michael Gäbler unterstrichen (›Manhattan, Liebe und Untergang. Notizen zu dem Hörspiel Der gute Gott von Manhattan‹, In: *Text + Kritik*, Jg. 6 (1964), S. 16.)

tollen durch. Schon zu Beginn des Dramas nimmt er mit einer Mischung aus müder Genugtuung und Enttäuschung in der Stimme Stellung zu Jans Rückkehr in die alte Ordnung, zu dessen Charakterschwäche bzw. seinem Wortbruch:

> Ah! Sehen Sie: und dieser Mensch hatte geschworen, er werde das Schiff nicht nehmen, sondern leben und sterben mir ihr, sich Ungewißheit und Not überantworten, seine Herkunft und seine Sprache vergessen und mit ihr reden in einer neuen bis ans Ende seiner Tage. Und er nahm das Schiff, und er hat sich nicht einmal die Zeit genommen, sie zu begraben, und geht dort an Land und vergißt, daß er beim Anblick ihres zerrissenen Körpers weniger Boden unter sich fühlte als beim Anblick des Atlantik. (191)

Und er fügt hinzu: »Nicht einmal begraben! Er verdient wirklich zu leben.« (191)

Der Zug des Absurden, der dem guten Gott anhaftet, wird noch durch die in seinem Dienste stehenden Eichhörnchen hervorgehoben. Die wichtigsten sind Billy und Frankie, die die Entwicklung hin zur endgültigen Katastrophe mit teuflischer Begeisterung antreiben. Sie erfüllen etwa die Funktion von Versuchern oder Verführern; sie machen es möglich, daß Jan und Jennifer ein Hotelzimmer im 57. Stock bekommen und sie schicken ihnen ominöse Briefchen, versehen mit der Aufschrift: »Sag es niemand« – einer im Zusammenhang mit Teufelspakten unumgänglichen Ermahnung. Als gewiegte Puppenspieler bestreiten sie die Theatervorstellung mit der Darstellung berühmter Liebestragödien – Tristan und Isolde, Paolo und Francesca, das heißt Offenbarungen »jener Wahnsinnsstoffe«, denen der gute Gott den Kampf angesagt hat, und sie brechen in Jubelschreie aus, wenn die Verliebten buchstäblich zur Hölle niederfahren. Sie hüpfen umher gleich kleinen Teufeln und genießen den Feuer- und Brandgeruch. Auch diese Eichhörnchen sind rätselhafte Gestalten; man weiß nie recht, auf welcher Seite sie stehen, welcher »Ordnung« sie dienen. Am Anfang des Stückes heißt es über diese dienstfrigen Geister des guten Gottes: »Es soll Länder geben, in denen diese Nagetiere scheu und unschuldig sind; aber sie sehen gemein und verdorben aus bei uns, und es heißt, sie seien mit dem Bösen im Bund.« (189) Und nachdem Jennifer der Bombe zum Opfer gefallen ist, äußert sich Frankie befriedigt: »Pfui, da sieht's aus. Schwarz wie in der Hölle. Brandig. Raucht noch. (Hustend). Ach wie gut.« (241)

Warum war dieses Bombenattentat erforderlich? Warum war Jans und Jennifers Liebe so unmöglich? Von einem normalen Standpunkt aus betrachtet war sie es, wie leicht einzusehen ist, überhaupt nicht. Denn Jan hatte angedeutet, daß in Europa wohl jemand auf ihn warte, daß es ihm aber nicht viel ausmachen würde, Europa hinter sich zu lassen und sich von jener Frau zu trennen. Und Jennifer war ohnehin frei. Doch an die Liebe der beiden darf kein normaler Maßstab angelegt werden, handelt es sich hier doch um das, was Ingeborg Bachmann an anderer Stelle »die unmögliche Liebe« nennt, – eine Liebe, die in sich selbst den Keim zum eigenen Untergang trägt, eine Liebe, die in ihrer Intensität und Feurigkeit nicht nur ein Loch in die »verkrustete Welt« brennt, sondern sich selbst aufzehren muß. Sie schließt, nach den Worten des guten Gottes, einen grenzübertretenden, einen anderen Zustand in sich. Sie mache nicht nur untauglich für das Leben, sondern sei schlechthin lebensfeindlich. Ihr fehle nicht nur die Zukunft, sondern jegliche Zeitdimension. Sie sei nicht auf Gemeinschaft und auf Fortpflanzung des Lebens ausgerichtet, sondern auf restlose Einschmelzung und Austilgung des Lebens. Sie könne infolgedessen niemals eingefügt werden in die allgemeine Ordnung, in das normale Leben, wo die Möglichkeiten der Liebe im »Heilsunternehmen gegen die Einsamkeit [...], Kameradschaft und wirtschaftlicher Interessengemeinschaft«, die die Ehe bedeuten, ersticken.

Jan und Jennifer erproben in Form eines Gedankenexperiments jenen Ausweg in die Ehe und entwerfen umrißhaft eine Zukunft: Man würde ins Kino und ins Theater gehen, Musik hören, sich mit »Frittaten, Saucen und Desserts unterhalten«. Auch ließe sich finden, was beide zusammenhielte: »Kinder, zum Beispiel, Sorgen und schlechtes Wetter.« Man könnte Vertrauen für einander hegen, einander schützen und trösten. Doch die Verwirklichung dieser Dinge erweist sich als undenkbar. Und Jans von außen betrachtet paradoxales Liebesbekenntnis erreicht seinen Höhepunkt in der Äußerung:

> Du bist der erste Mensch, der kein Trost für mich ist. Meine Freunde und meine Feinde waren zu ertragen, auch wenn sie mich lähmten und meine Langmut verbrauchten. Alles war zu ertragen. Du bist es nicht. (226)

Aus diesem Grunde bedeutet die Liebe etwas Unheilvolles, etwas Unerträgliches. Zu lieben nimmt »mehr Kraft in Anspruch, als zu arbeiten und zu leben« (89) steht in der Erzählung ›Das dreißigste Jahr‹. Anschließend heißt es: »Die Augenblicke glühten, die Zeit wurde zur schwarzen Brandspur dahinter.« Allein diese Brandspur und die rauchenden Reste von Jennifer bleiben zurück, zur Freude der Eichhörnchen.

Ist denn die Liebe teuflischen Ursprungs, etwas Dämonisches, ein Übel? Das Dämonische wird vor allem durch das Eingreifen der Eichhörnchen

betont. Auf das in jeder vernichtenden Leidenschaft enthaltene dämonische Element haben die berühmten Liebesschilderungen zur Genüge
aufmerksam gemacht. Ob teuflischen Ursprungs oder nicht, das mag eine
Frage der Terminologie sein, wenn auch bisweilen theologische Konsequenzen gezogen werden. Tatsache ist, daß alle Schilderungen sich jedenfalls einig sind in der Feststellung, die Liebe sei eine Kraft, die außerhalb
des menschlichen Beziehungszusammenhanges beheimatet ist und die
Menschheit gleich einem unausweichlichen Schicksal befällt. Man darf
vermuten, daß Ingeborg Bachmann mit den Hinweisen auf Tristan und
Isolde oder Paolo und Francesca hat zeigen wollen, daß Jan und Jennifer
nur eine neue Variante eines ewigen Themas darstellen. In dem einen
Falle ist ein Zaubertrunk die verhängnisvolle Ursache, in dem anderen
ein Buch, das den »Kuppler« abgibt. Hier sind es Eichhörnchen, welche
die Katastrophe herbeiführen. Und stets ist die sogenannte Strafe, die
auf die unerlaubte, die sogenannte *verbrecherische* Liebe steht, der Tod
oder die mehr oder weniger buchstäblich verstandene Niederfahrt zur
Hölle. Doch in allen diesen Fällen handelt es sich nicht in erster Linie um
Verbrechen gegen die Sitten und die Weltanschauung einer bestimmten
Zeit. Das Verbrechen läuft nicht auf einen gewöhnlichen Treubruch
hinaus; nein, es liegt auf einer tieferen Ebene und besteht in einem Vergehen gegen die Ordnung, die unser Dasein begründet. Deshalb ist die
Liebe immerzu eine Herausforderung an diese wohlgeordnete, mit Eti-
ketten versehene Welt, wo jede Sache ihren Namen trägt in einer Sprache,
die Ingeborg Bachmann »Gaunersprache« nennt und die nichts anderes
ist als unsere eigene Sprache mit ihren genau bestimmten Spielregeln.
Für die Aufrechterhaltung *dieser* Ordnung kämpft der gute Gott. Es ist
selbstverständlich, daß jeder Versuch, dieses Dasein zu übersteigen, einen
Ausbruch aus ihm zu wagen, ein Verbrechen, ja ein Unheil bedeuten muß.
Genau so selbstverständlich ist es, daß solch ein Grenzübertritt meistens
als Ehebruch oder als sogenannte unglückliche Liebe literarisch gestaltet
wird.

Auch wenn die Liebenden als Frevler und dämonisch Besessene dastehen,
so zeigen Zaubertrunk und Eichhörnchen doch, daß die Liebe sträflich
und unschuldig zugleich ist, und daß die Liebenden sowohl verbrecherisch
als auch rein von Schuld sind. Aber der Frevel ist größer und das Unglück
unerhörter, als der gewöhnliche Sprachgebrauch ahnen läßt. Denn dieser
Frevel ist schlimmer als irgend ein anderer innerhalb der gegebenen Ordnung, er ist schlimmer als Mord. Der gute Gott legt folgendes Glaubens-
bekenntnis ab:

Ich glaube an eine Ordnung für alle und für alle Tage, in der gelebt wird jeden Tag. Ich glaube an eine große Konvention und an ihre große Macht, in der alle Gefühle und Gedanken Platz haben, und ich glaube an den Tod ihrer Widersacher. Ich glaube, daß die Liebe auf der Nachtseite der Welt ist, verderblicher als jedes Verbrechen, als alle Ketzereien. Ich glaube, daß, wo sie aufkommt, ein Wirbel entsteht wie vor dem ersten Schöpfungstag. Ich glaube, daß die Liebe unschuldig ist und zum Untergang führt; daß es nur weitergeht mit Schuld und mit dem Kommen vor alle Instanzen. Ich glaube, daß die Liebenden gerechterweise in die Luft fliegen und immer geflogen sind. Da mögen sie vielleicht unter die Sternbilder versetzt worden sein. (233 f.)

Diese Liebe entstammt nicht dem Leben; sie ist nicht auf Gemeinschaft, Fortpflanzung, Zukunft ausgerichtet; sie führt die Liebenden nicht dazu, einander besitzen oder mit »Polypenarmen« einfangen zu wollen, sondern eher dazu, nichts anderes zu wünschen als ineinander aufzugehen bis zur völligen Verschmelzung. Dieses Ineinanderverschmelzen bringt Vernichtung der Identität mit sich, das heißt, einen neuen Zustand, der nur im Tode Wirklichkeit werden kann. »Denn die hier lieben«, sagt der gute Gott, »müssen umkommen, weil sie sonst nie gewesen sind. Sie müssen zu Tode gehetzt werden – oder sie leben nicht.« (237) Hier liegt die gleiche Erfahrung vor, die Rilke in seinen *Duineser Elegien* zu gestalten versucht. Man könnte sie gut und gern mit seinen Worten, die zuweilen in denen von Ingeborg Bachmann widerhallen, ausdrücken. Die Liebenden bekommen die Gelegenheit, »das Offene«, den »reinen Raum« zu schauen, das, was die Dichterin »die helle« oder »die größere Ordnung« (86), das Absolute nennt, weil die Liebe einer jener Zustände ist, die an die Grenzgebiete unseres gewöhnlichen Daseins, an die Grenze von Rilkes »gedeuteter Welt« oder von Ingeborg Bachmanns »alter Ordnung« führen, wo ein jedes Ding einen Namen in unserer alten »Gaunersprache« hat. In der Ekstase der Liebe erfolgt ein momentaner Grenzübertritt, da kann man in blitzschneller Sekunde einen Blick in den »reinen Raum« werfen. Ingeborg Bachmann läßt Jan und Jennifer sich dem Raume nähern und allmählich dem Irdischen entrücken, ganz im Sinne Rilkes. Beim Eintritt in ihr im 57. Stock gelegenes Hotelzimmer empfinden sie ganz eindeutig das Freiwerden von der alten Welt: Genau hier ist es zu spüren, wo es wenig Erde gibt. Hier ist Raum. (229)
Aber bei Rilke vermögen die Liebenden – mit Ausnahme der glücklichunglücklichen Fälle, die zum Tode führen – niemals den Fuß über die Grenze zu setzen. Stets gleiten sie zurück in die gewöhnliche Vorstellungswelt. Sie seien nahe, heißt es in der 8. Elegie:

Liebende, wäre nicht der andere, der
die Sicht verstellt, sind nah daran und staunen ...

Doch schon in der 1. Elegie ist die Rede von einem Hindernis:

Ach sie verdecken sich nur miteinander ihr Los.

Sie nehmen einander die Sicht, und so schließt sich wieder die Öffnung
zur Unendlichkeit und die Möglichkeit geht nicht über in Wirklichkeit.
In gleicher Weise wird Jan in die alte Ordnung zurückgezerrt, nachdem
er den »neuen Zustand«, der die Perfektion der Liebe bedeutet, geahnt
hat.

Es ist Jennifer, die diese Liebe verkörpert. Nicht umsonst steht im Rollen-
verzeichnis »Jan, ein junger Mann aus der alten Welt« und »Jennifer,
ein junges Mädchen aus der neuen Welt«. Sie ist Opfer der Liebe und
gleichzeitig eine Art Heilige oder Märtyrerin, die anderen den Weg
weist. Andeutungen über Jennifers herannahenden Opfertod bringen
sie assoziativ in Verbindung mit Christus, z. B. bei der Gelegenheit, da
Jennifer darauf hinweist, ihre Hände zeigten Wunden nach jeder Umarmung mit Jan. »Er hat seine Nägel hineingeschlagen.« (196) Es erscheint nicht richtig, dem Stück eine spezifisch christlich ausgerichtete
Deutung abzuzwingen. Die Christusgestalt ist e i n Ausdruck für den
Grenzübertritt, für dieses mystische Verschmelzen mit jener anderen
größeren Ordnung, die den Namen Gottes tragen mag. Durch diese
Assoziationen in religiös-mystischer Richtung kann Jennifer in die Schar
derer eingereiht werden, die erhört worden sind und Gottes Stimme ver-
nommen haben, genauso wie die »Unmöglichen« in Rilkes 1. Elegie,
diese Heiligen, die alles Unwichtige aufgegeben haben und niederknien,
bis sie »hörend« werden.

Die Mystik ist e i n Weg, mit dem reinen Sein, der lichten Ordnung oder
Gott in Berührung zu kommen, die Liebe ist vielleicht ein anderer: ge-
fühlsbetonter, dem Erlebnisvermögen vieler Menschen eher zugänglich
als der heilige Weg der Erwählten. Doch diese Liebe darf sich nicht in
Gemeinschaft, in Treue, Hingebung und anderen ehrbaren Dingen der
alten Ordnung äußern. Sie muß vielmehr über sich selber hinausgehen,
und Vollendung kann sie erst im Tode finden. Deshalb ist auch die schick-
salhafte Liebe, die Tristan und Isolde verbindet, nicht unglücklich im
gewöhnlichen Sinne des Wortes. Sie ist einfach unheilbringend, tragisch,
zumal es für sie keinen anderen Ausweg gibt als den Tod. Dieser enthält jedoch ein Endziel: die Perfektion der Liebe, den endgültigen Grenzübertritt. Es handelt sich dabei um eine Verschmelzung der gleichen Art

wie die in der Mystik vorkommende, um etwas im eigentlichen Sinne Unaussprechbares. Bei Ingeborg Bachmann findet sie einen poetischen Ausdruck, der nicht nur wie bei Wagner aus übersinnlichen, ätherisch-lichtvollen, raumerfüllten Bildern besteht, sondern bis in die sprachliche Prägung hinein Züge des wahrhaftigen mystischen Vokabulars aufweist.

Überhaupt spielt die Sprache mit ihren Ausdrucksmöglichkeiten eine wichtige Rolle in Ingeborg Bachmanns Schaffen. »Keine neue Welt ohne neue Sprache«, (105) dieses Wort legt sie dem Icherzähler in der Novelle ›Das dreißigste Jahr‹ in den Mund. Der gleiche Gedanke kehrt in Jan und Jennifers Gesprächen wieder. Da heißt es, sie könnten ihre Liebe nicht in der alltäglichen Sprache ausdrücken, denn täten sie es, würde diese Liebe durch dahingelallte Zärtlichkeitsbeteuerungen profaniert werden. Die heilige, unmögliche Liebe entbehre der Worte. »Sag es niemand« ist die ständige Mahnung der Eichhörnchen. Auch Jan hat das Empfinden, daß seine sprachlichen Mittel unzureichend sind und das Unfaßbare nicht wiederzugeben vermögen. Er versichert, er werde mit der Geliebten in einer neuen Sprache sprechen, und diese Sprache, in der er sich stammelnd ausdrückt, ist die uralte Sprache der Mystik:

> Und in der neuen Sprache, denn es ist ein alter Brauch, werde ich dir meine Liebe erklären und dich »meine Seele« nennen. Das ist ein Wort, das ich noch nie gehört und jetzt gefunden habe, und es ist ohne Beleidigung für dich.
> Jennifer: Oh, sag es niemand.
> Jan: Mein Geist, ich bin wahnsinnig vor Liebe zu dir, und weiter ist nichts. Das ist der Anfang und das Ende, das Alpha und Omega ... (237)

Es gibt im Stück noch weitere Hinweise auf die mystische Tradition. Zum Beispiel besuchen Jan und Jennifer einmal eine Kirche und entwenden zur Erinnerung zwei Pappfächer mit Darstellungen aus dem Leben der heiligen Katharina von Siena. In der Sprache selbst ist an mehreren Stellen der Widerhall bedeutender Mystiker bemerkbar, wobei nicht zuletzt an Novalis, den bedeutenden Vorläufer der modernen deutschen Liebes- und Todesmystik, zu denken ist. Die ekstatische Vereinigung von Liebe und Tod in den ›Hymnen an die Nacht‹ ist ein Erlebnis, dem vergleichbar, das in Tristans und Isoldes Liebestod einen nur etwas anders gearteten poetischen Ausdruck gefunden hat, und das in Jan und Jennifers »unmöglicher Liebe« variiert wird. Absichtlich wurde auf Ingeborg Bachmanns philosophische Vergangenheit bis jetzt noch nicht eingegangen; ich glaube nämlich, daß jenes Erlebnis, das sie in ›Der gute

Gott‹ gestaltet hat, sich auf einer sehr primären Erfahrungsebene verstehen und deuten läßt. Natürlich hat die Dichterin Heidegger nicht
umsonst gelesen – ihre Dissertation hat Heideggers philosophisches Denken zum Gegenstand, und die Heideggersche Existentialphilosophie ist
ohne Zweifel als eine Quelle zu betrachten, die ihrer Dichtung Gedanken-
impulse von zentraler Bedeutung zugeleitet hat.[3] Dieser Ausgangspunkt
läßt es auch natürlich erscheinen, daß man bei ihr solche Züge antreffen
kann, die sie mit anderen von Heidegger inspirierten Dichtern der exi-
stentialistischen oder absurdistischen Phalanx gemein hat.

Es soll hier nicht der Versuch gemacht werden, einen Exkurs in Heideggers abstrakte und schwer begreifliche Terminologie zu unternehmen.
Der Grenzübertritt in die reinen Räume der Metaphysik, hinüber in den
»neuen Zustand«, den ich mit Rilkes poetischen, den *Duineser Elegien*
entnommenen Worten zu verdeutlichen versucht habe, ist doch im Grunde
das gleiche Phänomen, das Heidegger mit Hilfe eines rational-philoso-
phischen Begriffsapparates in Worte zu fassen sich bemüht. Unser »Dasein« ist ein »In-der-Welt-sein«, ist Dasein in einer Welt mit vorgege-
bener Struktur, vorgegebenen Vorstellungen und Bezeichnungen, – ist
Rilkes »gedeutete Welt«, wenn man es so nennen will. Das den Menschen
Auszeichnende ist, daß er sich »immer schon in einem Seinsverständnis«
bewegt, aus dem das unaufhörliche Fragen nach dem »Sinn vom Sein«
erwächst. Und dieser »Sinn vom Sein« wird darin gesehen, daß das
Leben des Menschen ein »Sein zum Tode« ist, so Heideggers bekannte
Formulierung. »Die Angst offenbart im Dasein das *Sein zum* eigensten
Seinkönnen, das heißt das *Freisein für* die Freiheit des Sich-selbst-
wählens . . .«[4] Die Angst ermöglicht somit die Einsicht in das Sein zum
Tode. Und der Tod ist Vervollkommnung, nicht ein Ende: »Das mit dem
Tod gemeinte Ende bedeutet kein Zu-Ende-sein des Daseins, sondern
ein Sein zum Ende dieses Seienden.«[5] Dieser Gedanke wird im Stück in
Jans Erwiderung variiert:

> Ich möchte ein Ende mit dir, ein Ende. Und eine Revolte gegen das Ende der
> Liebe in jedem Augenblick und bis zum Ende. (231)
> - - - - - - - -
> Ich will dich jetzt nicht verlassen, betrügen in Traumwelten und mich be-
> trügen lassen in Schlafwelten. Ich will, was noch niemals war: kein Ende.
> (232)

[3] Bachmann, I., *Die kritische Aufnahme der Existentialphilosophie Martin Heideggers*,
Wien 1949. (Diss.)
[4] Heidegger, Martin, *Sein und Zeit*, 8. unveränderte Aufl., Tübingen 1957, S. 188.
[5] Heidegger, S. 245.

Dieses Ende, dieses Übersteigen des Daseins, bedeutet eine unheilbringende Verwirklichung der äußersten Möglichkeit, der äußeren Freiheit oder Befreiung. In einem visionären, hymnischen Passus der Erzählung ›*Das dreißigste Jahr*‹ läßt Ingeborg Bachmann die Hauptperson triumphierend ausrufen:

> Wenn der neue Status geschaffen ist
> Wenn die Nachfolge in keinem Geist mehr angetreten wird
> Wenn endlich endlich kommt
> Dann
> Dann spring noch einmal auf und reiß die alte schimpfliche Ordnung ein.
> Dann sei anders, damit die Welt sich verändert, damit sie die Richtung
> ändert, endlich! Dann, tritt du sie an! (87)

Doch die Welt ändert nicht so leicht die Richtung. Der Triumph in der Stimme verhallt: der »neue Zustand« bedeutet nämlich notwendigerweise Untergang, ein »Scheitern«, vom Gesichtspunkt des Lebens aus gesehen, und kann nur vorübergehend innerhalb der Grenzen der gewöhnlichen Ordnung wirklich eintreten. Deshalb muß Jan zurückkehren, deshalb liegt stets ein Schiff bereit, das uns zur alten Ordnung zurückführt. Das einzige, das erreicht werden kann, ist ein gesteigerter Einblick in die Tatsache, daß unser Dasein ein »Sein zum Tode« ist, ist – mit anderen Worten – ein Wissen um die andere Dimension.

»Der neue Zustand« kann auch nicht in einer philosophischen Terminologie sprachlich aktualisiert werden. Nachdem Ingeborg Bachmann die negativen Stellungnahmen registriert hat, die verschiedene philosophische Schulen – die logisch positivistische, historisch materialistische, neukantische, – zu Heideggers Philosophie zeigen, erklärt sie, die Ablehnung müsse daran liegen, daß Heideggers Philosophie »eine intellektuelle Erkenntnis im Bereich der Philosophie entwertet und an Stelle des Verstandes ein ›Erleben‹, eine Stimmung (die ›Angst‹) einsetzt, um den Zugang zur Wirklichkeit zu bekommen«.[6]

Dieses Erlebnis, diese Erfahrung, die die Grenzen unseres normalen Daseins übersteigt, diese »unaussprechbaren, unfixierbaren Unmittelbarkeiten des emotional-aktualen Bereichs des Menschen«, wie Ingeborg Bachmann es in ihrer philosophischen Terminologie formuliert – ist es wirklich unmöglich, es philosophisch, rational zu bestimmen? Es gibt eine im Zeichen der Resignation stehende Antwort: solche Versuche würden immer den Schein »gefährlicher Halbrationalisierungen« von etwas

---

[6] Bachmann, I., *Die kritische Aufnahme . . .*, S. 113.

im Grunde Unaussprechbarem an sich haben. Und sie zitiert Wittgenstein: »Wovon man nicht sprechen kann, darüber muß man schweigen«. »Sag es niemand«, wie es die Eichhörnchen ausdrücken. Das Drama »*Der gute Gott von Manhattan*« mündet in der Tat in ein großes Schweigen ein. Der Angeklagte fragt nach seiner Strafe, bekommt aber keine Antwort.

> Guter Gott: Schweigen – bis zuletzt?
> Richter (allein): Schweigen. (242)

So wie wir Menschen, die wir in der alten Ordnung leben, dazu verurteilt sind, niemals Glück mit unseren Ausbruchsversuchen zu haben, so wird es auch die Philosophie niemals mit ihrem Begriffsapparat schaffen, das Unaussprechliche einzufangen und zu artikulieren. Dieses unabweisliche Faktum braucht aber nicht zum Pessimismus zu führen. In der Dankrede anläßlich des Preises, den Ingeborg Bachmann für »*Der gute Gott von Manhattan*« verliehen bekommen hat, ist sie auf diese Frage eingegangen:

> Es ist auch mir gewiß, daß wir in der Ordnung bleiben müssen, daß es den Austritt aus der Gesellschaft nicht gibt und wir uns aneinander prüfen müssen. Innerhalb der Grenzen aber haben wir den Blick gerichtet auf das Vollkommene, das Unmögliche, Unerreichbare, sei es der Liebe, der Freiheit oder jeder reinen Größe. Im Widerspiel des Unmöglichen mit dem Möglichen erweitern wir unsere Möglichkeiten. Daß wir es erzeugen, dieses Spannungsverhältnis, an dem wir wachsen, darauf, meine ich, kommt es an; daß wir uns orientieren an einem Ziel, das freilich, wenn wir uns nähern, sich noch einmal entfernt. (295 f.)

Auch wenn die Philosophie bei ihren Versuchen zu kurz kommt, so gibt es immer noch eine Möglichkeit, das Unfaßbare zu gestalten – nämlich in der Kunst, in der Dichtung. In den Schlußworten ihrer Heidegger-Dissertation stellt Bachmann fest:

> Dem Bedürfnis nach Ausdruck dieses anderen Wirklichkeitsbereiches, der sich der Fixierung durch eine systematisierende Existentialphilosophie entzieht, kommt jedoch die Kunst mit ihren vielfältigen Möglichkeiten in ungleich höherem Maß entgegen.

Gerade dieses Ausdrucksbedürfnis versucht Ingeborg Bachmann in ihrem dichterischen Schaffen zu befriedigen. Formuliert hat sie es in der Gestalt Jennifers. Jennifer geht unter, doch in der Dichtung verewigt, »vielleicht unter die Sternbilder versetzt«, erinnert sie immerdar an die äußersten Möglichkeiten des Menschen. ›*Der gute Gott*‹ ist ein dramatisches Gebilde, das den gleichen Gedanken, bzw. das gleiche Erlebnis zum Gegenstand hat, das Bachmann schon früher in eindringlicher lyrischer Form auszudrücken versucht hat:

Die Liebe hat einen Triumph und der Tod hat einen,
die Zeit und die Zeit danach.
Wir haben keinen.

Nur Sinken um uns von Gestirnen, Abglanz und Schweigen.
Doch das Lied überm Staub danach
wird uns übersteigen. (58)

Gastvorlesungen 1963-1971 University of Pittsburgh

1963

12. November   Otto Mann, Heidelberg. Das Drama des Expressionismus.

1964

11. Februar   Herman Meyer, Amsterdam. Hütte und Palast: Vom Leben eines Motivs der Weltliteratur.

28. Februar   Herman Meyer, Amsterdam. Die Internationalität der Germanistik.

25. März   Herman Meyer, Amsterdam. Space in Modern Fiction and Art.

31. März   Frederick Sternfeld, Oxford. Goethe und die Musik.

15. Oktober   Horst Rüdiger, Bonn. Weltliteratur in Goethes ›Helena‹.

19. November   Wolfdietrich Rasch, Münster. Die deutsche Literatur um 1900.

1965

27. Februar   Adolf D. Klarmann, Philadelphia. (University of Pennsylvania) Franz Werfels Horizonte.

29. März   August Closs, Bristol. The Shattered Image.

29. Juni   Hans E. Holthusen, München. The Novel in Contemporary German Literature.

15. Oktober   Wolfgang Preisendanz, Münster. Die Bedeutung der Musik für die romantische Poetik.

12. November   Achim Bonawitz, Ithaca, N. Y. (Cornell University). Die Bilder der Großen Heidelberger Liederhandschrift.

1966

17. Januar   Jakob Amstutz, Bern. Sickness and Evil in Modern Literature: Sartre, Camus, and Kafka.

3. März   Frederick Norman, London. Jakob Grimm.

29. März   Robert M. Browning, Clinton, N. Y. (Hamilton College). Mörike's Poem ›Auf eine Christblume‹.

5. April   Achim Bonawitz, Ithaca, N. Y. (Cornell University). Das Problem der Sprache bei Goethe.

22. Oktober	Edwin H. Zeydel, Cincinnati. Demokratische Ideale in der Literatur der deutschen Klassik.
28. September	Gerald Gillespie, Binghampton (State University of New York). The German Novelle and the English Short Story.
16. November	Armand Nivelle, Lüttich. Die romantische Ironie.
21. November	Kurt W. Andreae, Philadelphia (Deutsches Konsulat). Overcoming the Past as a Way to the Future.

1967

25. Januar	Werner Vordtriede, München. Mythos und Symbolfindung in der Romantik.
17. Februar	Lawrence Ryan, Houston, Texas (Rice University). Kleist und die Dichtkunst.
13. März	Werner Betz, München. Grenzen deutscher Sprachkritik.
19. Oktober	John M. Spalek, Los Angeles (University of Southern California). Oskar Kokoschka as a Dramatist.
21. Oktober	Hans E. Holthusen, Bloomington, Ind. (Indiana University). Eduard Mörikes Gedichte.
3. November	Walter Müller-Seidel, München. Medizin und Dichtung im Werk Arthur Schnitzlers.
4. November	Walter Müller-Seidel, München. Wallenstein und das Geschichtsdrama der deutschen Klassik.
11. November	Herman Meyer, Princeton. Vom Geist der Verse.
27. November	Paul Thieme, Tübingen. Philosophy of Grammar in Ancient India.
1. Dezember	John M. Spalek, Los Angeles (University of Southern California). Exilliteratur in der Forschung.

1968

20. Februar	Jakob Steiner, Münster. Das Dinggedicht.
2. März	Reinhold Grimm, Madison (University of Wisconsin). Begriff und Gattung, ›Humoreske‹ im 19. Jahrhundert.
30. März	Robert M. Browning, Clinton, N. Y. (Hamilton College). Love in the Baroque.
16. November	Eckehard Catholy, Berlin. Die mimische Sprache bei Goethe.
2. Dezember	Hans-Bernhard Moeller, Austin, Texas (University of Texas). Der Film in der Gegenwartsliteratur.

1969

13. Februar	Werner Betz, München. Humor in Goethes Landschaft.
22. Februar	Hans-Joachim Schrimpf, Bochum. Goethes ›Faust‹ und die moderne Welt.
26. Februar	Hans-Bernhard Moeller, Austin, Texas (University of Texas). Deutsche Bildungswege.
10. März	Horst Rüdiger, Bonn. Die Metapher vom Herzen in der Literatur.
2. April	Johannes Hansel, Marburg. Probleme und Entwicklung der Neueditionen.

3. Mai	Richard Samuel, Melbourne. Novalis' ›Heinrich von Ofterdingen‹.
28. Juli	Albert Fuchs, Straßburg. Von Goethes Deutschtum.
7. Oktober	René Wellek, New Haven (Yale University). A Map of Contemporary European Criticism.
24. Oktober	Robert M. Browning, Clinton. N. Y. (Hamilton College). The Numerical Composition of Friedrich von Spee's ›Trutznachtigall‹.
12. November	Victor Lange, Princeton. Neue Formen der modernen deutschen Lyrik.

1970

29. Januar	Hugh Powell, Leicester. Andreas Gryphius.
26. Februar	Rio Preisner, State College, Pa. (The Pennsylvania State University). Franz Kafka und die Tschechen.
8. März	Tankred Dorst, München. Einführung und Lesung des Dramas ›Toller.‹
25. Juni	J. Hermann Tisch, Hobart. (The University of Tasmania.) Schiller und die Schweiz. Wirklichkeit und dichterische Vision im ›Wilhelm Tell‹.
2. Oktober	Hubert Heinen, Austin, Texas (University of Texas). Aufbau und Interpretation im Minnesang.
14. Oktober	Karl S. Guthke, Cambridge, Mass. (Harvard University). Der Alptraum der Vernunft: Irrwege der Theodizee in der Literatur der Aufklärung.

1971

24. Februar	W. T. H. Jackson, New York (Columbia University). Game Rules and the Rules of the Game.
12. März	Rolf F. Pauls, Washington, D. C. (Deutsche Botschaft). Germany Between East and West.
6. April	Werner Betz, München. Latin and Goethe in Thomas Mann's ›Lotte in Weimar‹.
24. Mai	Robert F. Bareikis, Bloomington (Indiana University). Two Hundred Years of Gottsched Since Lessing's Seventeenth *Literaturbrief:* Facts, Fallacies, and Fiction.
6. Oktober	Wilhelm Emrich, Berlin. Modernes Theater und klassisches Drama.
21. Oktober	Winfried Schlote, Philadelphia (Deutsches Konsulat). Deutschland von heute.
11. November	Horst S. Daemmrich, Detroit (Wayne State University). E. T. A. Hoffmann's ›Design of the Caged Man‹.
17. November	Peter de Mendelssohn, München (Goethe-Institut). Probleme einer Thomas-Mann-Biographie.
18. November	Marvin S. Schindler, De Kalb (Northern Illinois University). Fontane's ›Irrungen, Wirrungen‹.
30. November	Donald H. Crosby, Storrs (The University of Connecticut). Zur Amphytrion-Problematik.

Veröffentlichungen von J. Alan Pfeffer

1937

Realia in American Modern Language Instruction. In: *The German Quarterly*, 20. Jg., Januar 1937, S. 1–11.

1938

Registration Trends in Modern Foreign Languages. In: *Monatshefte für deutschen Unterricht*, Jg. 19, Januar 1938, S. 20–26.

Less Formal English? In: *The Modern Language Journal*, Jg. 33, Oktober 1938, S. 3–5.

1943

Civil and Military German. New York: Farrar & Rinehart, 1943. 216 S.

1944

[Rez.] Burton Crane, ed., Military German Lingo, Elizabeth. N. J., 1943. In: *The German Quarterly*, Jg. 17, Januar 1944, S. 54–55.

1945

German-English and English-German Dictionary of Everyday Usage. Washington: American Council of Learned Societies, 1945; New York: Henry Holt & Co., 1947, 1965. 504 S.

1946

[Rez.] Maxim Newmark, Dictionary of Science and Technology in English-French-German-Spanish, New York, 1943. In: *The Germanic Review*, Jg. 21, April 1946, S. 150–151.

1948

The Proverb in the Letters of Frau Rath Goethe. In: *The Journal of English and Germanic Philology*, Jg. 48, April 1948, S. 156–164.

The Proverb in Goethe. New York: King's Crown Press, Columbia University,

1948. 200 S.

[Rez.] F. H. Reinsch, The Correspondence of Johann Caspar Goethe, Berkeley und Los Angeles, 1946. In: *The Modern Language Quarterly*, Jg. 9, September 1948, S. 375–376.

1952

Essays on German Language and Literature in Honor of Theodore B. Hewitt, Hrsg., University of Buffalo Studies, Bd. 20, Nr. 1, 1952. 87 S.

1953

A Goethean Hymn? In: *University of Buffalo Studies*, Bd. 20, 1952, S. 33–37. – Auch in: *The Hymn*, Jg. 4, 1953, S. 83 ff.
Modern Languages and the University. In: *The University of Buffalo Alumni Bulletin*, Jg. 20, Februar 1953, S. 6.
[Rez.] Ernst Grumach, Goethe und die Antike, mit einem Nachwort von Wolfgang Schadewaldt, 2 Bde., Berlin, 1949. In: *The Modern Language Quarterly*, Jg. 14, September 1953, S. 318–319.
[Rez.] Edwin H. Zeydel und Bayard Quincy Morgan, Hrsg., The Parzival of Wolfram von Eschenbach, Chapel Hill, 1951. In: *Symposium*, Jg. 7, November 1953, S. 409–410.

1954

Modern Language Requirements of the Universities and Colleges of Western and Eastern New York. In: *The Modern Language Journal*, Jg. 38, April 1954, S. 177–185. [In Zusammenarbeit mit Helen N. Mayo und Henry M. Hollenstine].
One Language for a Wall: Two for a Gate. In: *The Nation's Schools*, Jg. 54, Oktober 1954, S. 86.
Identification of Proverbs in Goethe. In: *Modern Language Notes*, Jg. 69, Dezember 1954, S. 96–98.
[Rez.] Louis de Vries und Alfred P. Kehlenbeck, Essentials of Reading German, New York, 1953. In: *The German Quarterly*, Jg. 27, Januar 1954, S. 73–74.
[Rez.] Gilbert J. Jordan, Southwest Goethe Festival: A Collection of Nine Papers, Dallas, 1949. In: *The Modern Language Quarterly*, Jg. 15, Juni 1954, S. 189.

1955

Modern Languages in the American College Curriculum. In: *The Modern Language Journal*, Jg. 39, Februar 1955, S. 64–68.
[Rez.] Helmuth Kissling, Hrsg., Reclam's Dictionary: English-German and German-English, New York, 1953. In: *The German Quarterly*, Jg. 28, November 1955, S. 292–293.

1956

Bilingual Lexicography. In: *The Modern Language Journal*, Jg. 40, März 1956, S. 127–128.
Modern German. [In Zusammenarbeit mit Theodore B. Hewitt]. New York: The Dryden Press, 1956. 256 S.

[Rez.] Goethe's ›Faust‹. Hrsg. R. M. S. Heffner, H. Rehder, W. F. Twaddell, New York, 1950–1955. In: *The Modern Language Journal*, Jg. 40, Januar 1956, S. 55–56.

[Rez.] Werner Rüdenberg und Käthe Pearl, 4000 German Idioms and Colloquialisms, London, 1955. In: *The Modern Language Journal*, Jg. 40, Januar 1956, S. 55–56.

[Rez.] Karl Wildhagen und Willi Héraucourt, English-German, German-English Dictionary in Two Volumes, Wiesbaden, 1953, 1956. In: *Monatshefte*, Jg. 48, Oktober 1956, S. 284–286.

[Rez.] Alfred G. Steer, jr. Goethe's Social Philosophy as Revealed in ›Campagne in Frankreich‹ and ›Belagerung von Mainz‹, Chapel Hill, 1955. In: *The Modern Language Journal*, Jg. 40, Oktober 1956, S. 367–368.

[Rez.] Edmund P. Kremer, German Proverbs and Proverbial Phrases with their English Counterparts, Stanford, 1955. In: *The German Quarterly*, Jg. 29, November 1956, S. 291–292.

[Rez.] Edwin H. Zeydel, Goethe the Lyrist, Chapel Hill, 1955. In: *Symposium*, Jg. 10, Herbst 1956, S. 349.

1958

[Rez.] Modern Language Association of America, Beginning German in Grade Three, New York, 1956. In: *The Modern Language Journal*, Jg. 42, März 1958, S. 156.

[Rez.] Jeanne V. Pleasants, Audio-Visual Aids and Techniques in the Teaching of Foreign Languages, New York, 1956. In: *The Modern Language Journal*, Jg. 42, Februar 1958, S. 109.

[Rez.] Otto Hietsch, Hrsg., Der moderne Wortschatz des Englischen, Wien, 1957. In: *The Modern Language Journal*, Jg. 42, April 1958, S. 110.

[Rez.] Edwin H. Zeydel, Poems by Goethe, Chapel Hill, 1957. In: *The Modern Language Journal*, Jg. 42, Mai 1958, S. 257–258.

[Rez.] Ernst Grumach, Hrsg., Goethe. Jugendwerke, Bd. III. Prosaschriften (1757–1775), Berlin, 1956. In: *Books Abroad*, Jg. 32, Frühjahr 1958, S. 156.

1959

Modern Language Statesmen. In: *The Modern Language Journal*, Jg. 43, Dezember 1959, S. 365–372.

[Rez.] Hugo Wehrle, Deutscher Wortschatz: Ein Wegweiser zum treffenden Ausdruck, Stuttgart, 1954. In: *Books Abroad*, Jg. 33, Winter 1959, S. 73.

[Rez.] Helmuth Leonhardt, Hrsg., Der lachende Lesering, Gütersloh, o. J. In: *The Modern Language Journal*, Jg. 43, Mai 1959, S. 265.

[Rez.] James B. Conant, The American High School Today, New York, 1959. In: *The Modern Language Journal*, Jg. 43, Mai 1959, S. 265.

1960

[Rez.] Virginia B. Potter, Fellowships in the Arts and Sciences 1959–60, New York, 1959. In: *The Modern Language Journal*, Jg. 44, Oktober 1960, S. 288.

1961

German Review Grammar. New York: D. C. Heath, 1961. 2. Aufl., 1970. 270 S.

[Rez.] Paul Dickson, Foreign Language Instruction: A Manual for Teachers, München, 1960. In: *The Modern Language Journal,* Jg. 45, Mai 1961, S. 234.

1962

Grunddeutsch: Werden und Wesen. In: *The German Quarterly,* Jg. 31, März 1962, S. 179–186.

La Mécanisation dans la Préparation Statistique de l'Allemand Fondamental. In: *Cahiers de Lexicologie,* Jg. 3, 1962, S. 90–93.

1964

Basic (Spoken) German Word List, Level I. Englewood Cliffs, N. J.: Prentice-Hall, 1964. IX, 79 S.

1965

Index of English Equivalents for the Basic (Spoken) German Word List, Level I. Englewood Cliffs, N. J.: Prentice-Hall, 1965. VII, 107 S.

1966

[Rez.] Hans-Heinrich Wängler, Rangwörterbuch hochdeutscher Umgangssprache, Marburg, 1963. In: *Phonetica,* Jg. 15, 1966, S. 247.

1968

Basic (Spoken) German Idiom List, Level I. Englewood Cliffs, N. J.: Prentice-Hall, 1968. 91 S.

1969

Grunddeutsch. In: *Zeitschrift für deutsche Sprache,* Bd. 25, Heft 3, 1969, S. 132–141.

1970

Basic (Spoken) German Dictionary for Everyday Usage. Englewood Cliffs, N. J.: Prentice-Hall, 1970. 350 S.

[Rez.] Herbert Lederer, Reference Grammar of the German Language, New York, 1969. In: *The German Quarterly,* Jg. 43, November 1970, S. 819–820.

1971

Das Institut für ›Grunddeutsch‹. In: *Jahrbuch für Internationale Germanistik.* Jg. 3, Teil 1, 1971, S. 92–94.

Tabula Gratulatoria

THEODOR W. ALEXANDER
Texas Tech University

JAKOB J. AMSTUTZ
University of Guelph

KURT W. ANDREAE
Brüssel

D. L. ASHLIMAN
University of Pittsburgh

STUART ATKINS
University of California, Santa Barbara

LEONHARD E. BAAK
Morningside College

ANNE F. BAECKER
University of North Carolina at
Greensboro

DAVID BATHRICK
University of Wisconsin

LYDIANE BAUM
Margaretenhöhe ü. Königswinter

WOLFGANG M. BAUR
University of Southern California

CARL F. BAYERSCHMIDT
Columbia University

FREDERICK J. BEHARRIELL
State University of New York, Albany

CHRISTIANE BERG
University of Pittsburgh

ROBERT BERGMANN
Bronx, New York

GUNILLA BERGSTEN
Uppsala Universitet

CLIFFORD ALBRECHT BERND
University of California, Davis

WERNER BETZ
Universität München

WALTER BOEDDINGHAUS
Rand Afrikaans University
Johannesburg

PETER BOERNER
Indiana University, Bloomington

HERMANN BOESCHENSTEIN
University of Toronto

ROY A. BOGGS
University of Pittsburgh

ACHIM BONAWITZ
Wayne State University

JÜRGEN BORN
University of Massachusetts

BRIGITTE BRADLEY
Barnard College

URSULA G. BRAMMER
University of Pittsburgh

ANNEMARIE MEIER-GRAEFE BROCH
Saint Cyr sur mer

ROBERT M. BROWNING
Hamilton College

GISELA BRUDE-FIRNAU
University of Waterloo

JOACHIM BRUHN
City University of New York

GEORGE C. BUCK
University of Washington

ARTHUR BURKHARD
Cambridge, Mass.

JAMES und JUNE CAMPBELL
University of Pittsburgh

STEVEN CERF
Bowdoin College

AUGUST CLOSS
Bristol University

KLAUS CONERMANN
University of Pittsburgh

JOHN D. CRONIN
District of Columbia Teachers College

ERHARD DABRINGHAUS
Wayne State University

HORST S. DAEMMRICH
Wayne State University

WILLARD TICKNOR DAETSCH
Ithaca College

JAMES C. DAVIDHEISER
University of Delaware

HANS B. DELLEFANT
München

DAVID B. DICKENS
Washington and Lee University

CHRISTA DIXON
La Salle College

ILSEDORE EDSE
Ohio State University

HANS EGGERS
Universität Saarbrücken

HILDEGARD EMMEL
University of Connecticut

WALTRAUT EMRICH
Berlin

WILHELM EMRICH
Freie Universität Berlin

HEIDI E. FALETTI
University of Pittsburgh

JAIME FERREIRO ALEMPARTE
Universität Frankfurt a. M.

IGNACE FEUERLICHT
State University College, New Paltz, N. Y.

GONTHIER-LOUIS FINK
Université de Strasbourg

SISTER M. THECLA FLECKENSTEIN
Carlow College

LEONARD FORSTER
University of Cambridge

ERICH A. FREY
Occidental College, Los Angeles

ALBERT FUCHS
Université de Strasbourg

ULRICH FÜLLEBORN
Universität Erlangen-Nürnberg

ERICH FUNKE
University of Iowa

N. A. FURNESS
University of Edinburgh

EBERHARD GALLEY
Heinrich-Heine-Institut, Düsseldorf

EDMUNDO GARCÍA-GIRÓN
Prentice-Hall, Inc.

BARBARA GLAUERT
Akademie der Wissenschaften und
der Literatur, Mainz

ALBRECHT GOES
Stuttgart-Rohr

HANS J. von GOETZ u. SCHWANENFLIESS
Wiesbaden

REINHOLD GRIMM
University of Wisconsin

DORIS STARR GUILLOTON
New York University

PAUL HABERLAND
Lawrence University

DIETHER H. HAENICKE
Wayne State University

DOROTHY HANKS
University of Pittsburgh

KURT HANNEMANN
Badische Landesbibliothek, Karlsruhe

HELLMUT A. HARTWIG
Southern Illinois University at
Carbondale

HUBERT HEINEN
University of Texas at Austin

ROBERT R. HEITNER
University of Illinois at Chicago Circle

ROBERT E. HELBLING
University of Utah

ERICH HELLER
Northwestern University

DOROTHEE HENSSEN
Nelly-Sachs-Gymnasium, Neuß

LARS HERMODSSON
Uppsala Universitet

RUDOLF HERRIG
Westminster College

HENRY HOLLENSTEIN
Opernhaus Zürich

HANS EGON HOLTHUSEN
Northwestern University

ERNST HUEBER
Max Hueber Verlag

ANTON M. HUFFERT
Adelphi University

RAYMOND IMMERWAHR
University of Western Ontario

HORST ISAK
VHS Ottakring, Wien

JOHN A. und JO ANNE P. JAROS
Berkeley, California

BENJAMIN JEGERS
Northern Illinois University

ILSEDORE B. JONAS
Carnegie-Mellon University

MANFRED JURGENSEN
University of Queensland, Australien

ROBERT M. W. KEMPNER
Frankfurt a. M.

PHILIP KOCH
University of Pittsburgh

BYRON J. KOEKKOEK
State University of New York at Buffalo

JACK KOLBERT
University of New Mexico

FRANK KRESS
New College, Sarasota, Florida

RUTH L. KUSCHMIERZ
University of Pittsburgh at Greensburg

HEDWIG KUX
Belo Horizonte/Minas Gerais, Brasilien

RAINER LANDSCHÜTZ
Kurhaus Bühlerhöhe, Post Sand,
Schwarzwald

ECKHARD LANGE
Förch über Rastatt

VICTOR LANGE
Princeton University

KLAUS LANZINGER
University of Notre Dame

RICHARD LAWSON
San Diego State College

ERNEST LEO
Brooklyn College of the City University
of New York

WILLIAM A. LITTLE
University of Virginia

PAUL MICHAEL LÜTZELER
Indiana University

BARBARA MA
University of Pittsburgh

KARLA MCBRIDE
University of Pittsburgh

ULRICH MACHÉ
State University of New York at Albany

OTTO MANN
Universität Heidelberg

CHESTER MANOFF
Takoma Park, Md.

FRITZ MARTINI
Universität Stuttgart

GERHART MAYER
Johannes-Gutenberg-Universität Mainz

WILLIAM MEADS
University of California, Riverside

PETER DE MENDELSSOHN
München

MICHAEL und ERIKA METZGER
State University of New York at
Buffalo

SIEGFRIED MEWS
University of North Carolina
Studies in the Germanic Languages and
Literatures

HERMAN MEYER
Universität Amsterdam

JOHN MILFULL
University of New South Wales
Australien

ERNEST MOLNAR
North Hills School District
Pittsburgh, Pa.

KATHARINA MOMMSEN
Carleton University, Ottawa

MOMME MOMMSEN
Carleton University, Ottawa

GORO MORI
Musashi-Universität, Tokio

HUGO MOSER
Universität Bonn

WILLIAM G. MOULTON
Princeton University

HUGO J. MUELLER
American University

PAUL E. MUELLER
Thiel College

WALTER MÜLLER-SEIDEL
Universität München

ARMAND NIVELLE
Université de Liège

GUSTAV OBERMAIR
Universität Regensburg

LUISE M. OPPENHEIMER
University of Pittsburgh

RODOLFO PAOLI
Università di Bologna

HERBERT PENZL
University of California at Berkeley

CHRISTA POPCKE
University of Pittsburgh

HUGH POWELL
Indiana University, Bloomington

WOLFGANG PREISENDANZ
Universität Konstanz

HARRY PROSS
Freie Universität Berlin

WILLIAM WEBB PUSEY III
Washington and Lee University

HORST P. PÜTZ
Universität Tampere, Finnland

PETER PÜTZ
Universität Giessen

HANS CARL RADEMACHER
Düsseldorf

HERBERT RAUTER
Säckingen

ANTHONY W. RILEY
Queen's University/Canada

LAVERN J. RIPPLEY
St. Olaf College, Minn.

WERNER ROSS
Bibliothek des Goethe-Instituts, München

HORST RÜDIGER
Universität Bonn

HEINZ RUPP
Universität Basel

JOHN T. RYAN, JR.
Mine Safety Appliances Co.
Pittsburgh, Pa.

LAWRENCE RYAN
University of Massachusetts

LAURITS SALVEIT
Universität Oslo

JEFFREY L. SAMMONS
Yale University

RICHARD SAMUEL
University of Melbourne

HANS-JOACHIM SANDBERG
Universität Bergen

HEINZ SAUERESSIG
Biberach/Riss

ULRICH SCHARF
King's College, London

MARGO DRECHSLER SCHEFFER
Purdue University

JOST SCHILLEMEIT
Technische Universität Braunschweig

MARVIN SCHINDLER
Northern Illinois University

WIELAND SCHMIDT
Freie Universität Berlin

GEORGE C. SCHOOLFIELD
Yale University

HANS JOACHIM SCHRIMPF
Ruhr-Universität Bochum

MARY H. SCHUBERT
Sam Houston State University

WILLI SCHUH
Zürich

H. STEFAN SCHULTZ
University of Chicago

GERHARD SCHULZ
University of Melbourne

LEO SIMOENS
Gentbrugge, Belgien

JOHN R. SINNEMA
Baldwin-Wallace College

MANON GRÄFIN ZU SOLMS-LAUBACH
Marburg a. d. Lahn

STEFAN SONDEREGGER
Universität Zürich

JOHN M. SPALEK
State University of New York at Albany

GÜNTER SPITZBART
Ruhr-Universität Bochum

LOTHAR STIEHM
Lothar Stiehm Verlag, Heidelberg

JOSEPH STRELKA
State University of New York, Albany

RANSOM TAYLOR
Marquette University

ROMEDIO GRAF THUN-HOHENSTEIN
Salzau, Schleswig-Holstein

JOHANNES HERMANN TISCH
University of Tasmania, Australien

MASAMI TOBARI
Universität Tokio

KARL TOBER
University of the Witwatersrand
Johannesburg

GORDON TRACY
University of Western Ontario

JAMES TRAINER
University of Stirling, Schottland

MANFRED TRIESCH
Goethe Institut Boston

DANA VON UEXKÜLL
Helsinki

BERNHARD ULMER
Princeton University

FRITZ USINGER
Friedberg/Hessen

AGNES M. VARDY
Robert Morris College, Pittsburgh, Pa.

CHRISTIAN VIRCHOW
Hochgebirgsklinik, Davos-Wolfgang

UTE-MARIA SUESSMUTH VISWANATHAN
University of Pittsburgh

FRANK W. WADSWORTH
State University of New York at
Purchase

HANS WALDMÜLLER
Darmstadt

H. EBERHARD und BRIGITTE VON WALDOW
Pittsburgh Theological Seminary

ALBRECHT A. WEBER
Universität Augsburg

HAROLD W. WEIGEL
Shippensburg State College

KARL S. WEIMAR
Brown University

ERNEST L. WEISER
Florida Atlantic University, Boca Raton

BERNHARD WENDT
Buch am Ammersee

ANDREW WHITE
State University of New York at
Stony Brook

ROGER WILLIAMS
Indiana University of Pennsylvania

MANFRED WINDFUHR
Universität Düsseldorf

Mr. and Mrs. LEO WINER
Williamsville, N. Y.

TAMARA PLOEGERT WITTKUGEL, M. D.
Eggertsville, N. Y.

GERD WOLANDT
Universität Bonn

RENATE WOLFF
Berlin

ALICE S. WOODHULL
State University of New York at
Buffalo

HANS VON WYL
Bellinzona

EDWIN H. ZEYDEL
University of Cincinnati

KLAUS ZIEGLER
Universität Tübingen

OTTO ZITZELSBERGER
Rutgers University

University of Aberdeen Library,
Kings' College, Aberdeen, Schottland

Amherst College Library
Amherst, Mass.

Arizona State University Library
Tempe, Arizona

Germanistisches Institut
Ruhr-Universität Bochum

Germanistisches Seminar der Rheinischen
Friedrich-Wilhelms-Universität Bonn

Abteilung Germaanse Filologie
Vrije Universiteit Brussel

Bryn Mawr College
Bryn Mawr, Pa.

Department of Literature
University of California at San Diego

Hunt Library, Carnegie-Mellon
University, Pittsburgh, Pa.

Cornell College Library
Mt. Vernon, Iowa

Cornell University Library, Ithaca, N. Y.

Deutsche Forschungsgemeinschaft
Dieter Oertel, Bad Godesberg

Deutsches Literaturarchiv
Schiller-Nationalmuseum
Marbach am Neckar

Dudenredaktion, Mannheim

Robert W. Roodruff Library
Emory University, Atlanta, Georgia

Deutsches Seminar der Universität
Neue Abteilung
Freiburg i. Br.

Bibliothèque Cantonale et Universitaire,
Fribourg/Suisse

Goethe-Institut zur Pflege deutscher
Sprache und Kultur im Ausland,
München

Harvard College Library
Cambridge, Mass.

The Modern Language Department of
D. C. Heath and Company

Max Hueber Verlag, Ismaning/München

Library, University of Illinois at
Chicago Circle

Universität Innsbruck
Institut für deutsche Philologie

Iowa State University Library,
Ames, Iowa

Ithaca College Library,
Ithaca, New York

Bedford College, University of London

John Brister Library, Memphis State
University, Memphis, Tennessee

The University of Michigan
Ann Arbor, Mich.

Monash University
Department of German
Clayton, Victoria, Australien

Seminar für Deutsche Philologie I,
Universität München

Instituut Duits,
K. Universiteit Nijmegen

Department of Germanic Languages and
Literatures, New York University

University of North Carolina Library
Chapel Hill, North Carolina

Northwestern University Library,
Evanston, Illinois

Pennsylvania State University Libraries
University Park, Pa.

Háskólabókasafn, Reykjavik, Island

The Fondren Library, Rice University
Houston, Texas

Institut für Vergleichende Literaturwissenschaft, Universität des
Saarlandes, Saarbrücken

Universität Salzburg, Institut für
Deutsche Sprache und Literatur

Swarthmore College Library
Swarthmore, Pa.

Taylor Institution, University of Oxford

The University of Texas
Department of Germanic Languages
Austin, Texas

The Library, Trinity College, Toronto

Department of German, Victoria College,
Toronto

Washington State University Library
Pullman, Washington

Washington University Libraries
St. Louis, Missouri

Zentralbibliothek
Zürich